本書出版得到國家古籍整理出版專項經費資助

中國古代地理總志叢刊

讀史方輿紀要

一

〔清〕顧祖禹撰
賀次君　施和金點校

中華書局

圖書在版編目(CIP)數據

讀史方輿紀要/(清)顧祖禹撰;賀次君,施和金點校.—北京:中華書局,2005.3(2025.4重印)
(中國古代地理總志叢刊)
ISBN 978-7-101-01910-0

Ⅰ.讀… Ⅱ.①顧… ②賀… ③施… Ⅲ.地理志-中國-明清時代 Ⅳ.K928.64

中國版本圖書館CIP數據核字(1998)第16104號

特約編輯:張忱石
責任編輯:胡 珂
責任美編:周 玉
責任印製:陳麗娜

中國古代地理總志叢刊
讀史方輿紀要
(全十二册)
〔清〕顧祖禹 撰
賀次君 施和金 點校
*
中華書局出版發行
(北京市豐臺區太平橋西里38號 100073)
http://www.zhbc.com.cn
E-mail:zhbc@zhbc.com.cn
大廠回族自治縣彩虹印刷有限公司印刷
*
850×1168毫米 1/32 · 200⅝印張 · 3587千字
2005年3月第1版 2025年4月第15次印刷
印數:29201-30000册 定價:760.00元

ISBN 978-7-101-01910-0

總目

前言

讀史方輿紀要一百三十卷，附輿圖要覽四卷，清顧祖禹撰。顧祖禹，字景范，江蘇無錫人，生于明崇禎四年（公元一六三一年），卒于清康熙三十一年（公元一六九二年），享年六十二。因其家對宛溪，學者又尊稱爲宛溪先生。其父顧柔謙，爲贅壻常熟譚氏，故祖禹生于常熟，常自署「常熟顧祖禹」。他生逢明亡變故，隨父隱居，潛心著述，終身不仕。其生平著作，雖然只有讀史方輿紀要一種流傳下來，却是「數千百年所絶無而僅有之書」（魏禧序）。這部書，他從二十九歲做起，「集百代之成言，考諸家之緒論，窮年累月，矻矻不休」（總叙二），「遠追禹貢、職方之紀，近考春秋歷代之文，旁及稗官野乘之説，參訂百家之志」（總叙二），「雖十易草所不憚，經二十年始成是書」（彭士望序）。書稿初成之後，祖禹並不滿足已有成果，對稿本仍不斷的有修改和潤色。五十歲以後，他客崑山徐乾學家，得乾學脡餼筆札書史之佽助，不求聞達，又潛心讀史方輿紀要一書多年。至康熙二十六年，徐乾學奉命修大清一統志，延致祖禹及太原閻若璩、常熟黄儀、德清胡渭于幕下，共同研討及編著。祖禹在志局，得恣意博覽四方圖籍，復與閻若璩、黄儀、胡渭等參稽窮討，對讀史方輿紀要一書又有所增訂。不久，祖禹即卒于家。所以，彭士望說祖禹之書「二十年始成」，殆非定稿，而事實是顧祖禹畢精萃力于此書達三十多年，至臨終前亦未嘗輟筆。

顧祖禹不惜以畢生精力創作讀史方輿紀要，一是秉厥考之遺言，二是抱亡國之痛感，故能「踽踽窮餓妻子之不惜，獨身閉一室之中，心周行大地九萬里之內外」（彭士望序）。其總敍一自述先世云：高祖父顧大棟于明嘉靖時「好談邊徼利病，躍馬游塞上，與大司馬靈寶許公論善，撰次九邊圖說，梓行于世」。其子奉訓大夫文耀，萬曆中「奉使九邊，還對，條奏甚悉，天子稱善」。祖禹祖龍章，早卒，即所謂「請纓有志，攬轡無年」者。祖禹父柔謙，身遭明亡之變，痛心疾首，得病且卒，呼祖禹命之曰：「及余之身，而四海陸沉，九州騰沸，僅獲保首領，具衣冠，以從祖父于地下耳。嗟呼！園陵宮闕，城郭山河，儼然在望，而十五國之幅員，三百年之圖籍，泯焉淪没，文獻莫徵，能無悼歎乎？余死，汝其志之矣。」祖禹匍伏嗚咽而對曰：「小子雖不敏，敢放棄今日之所聞。」所以，其父卒後不久，祖禹即動手創作讀史方輿紀要，爲的是「不負先人提命之意」（總敍一）。同時，他又痛感明統治者因不明「邊防利病之處，兵戎措置之宜」，不諳「疆域之盤錯，山澤之藪慝，與夫畊桑水泉之利，民情風俗之理」（總敍三），而造成亡國之恨，所以，其讀史方輿紀要之創作，又特別着重于經世致用，着重于山川險易及古今戰守成敗之蹟，而景物名勝所在皆略。其凡例有云：「是書以廣陽雜記，推崇顧祖禹書爲「千古絶作」，梁啓超在論中國學術思想變遷之大勢中也説讀史方輿紀要是「曠古一絶作」，又在近代學風之地理分布一文中説「景范之讀史方輿紀要實稱絶學」，而清史稿顧祖禹傳更列此書爲清代三大奇書（另外二書爲梅文鼎歷算全書、李清南北史合鈔）之一。凡此，均可見世人對祖禹書是極爲推重的。

正因爲讀史方輿紀要價值甚高，所以自始初成書以來，社會上就有許多抄本流布，後來刻本也日漸增多。據清人錢泰吉所撰甘泉鄉人稿跋舊刻方輿紀要州域形勢説及今人錢穆所寫跋康熙丙午刊本方輿紀要（見禹貢四卷三期），讀史方輿紀要的最早刊本，當是康熙五年華長發所刊刻之丙午本。是書僅刻五卷州域形勢説，書名爲二十一史方輿紀要，總卷數爲七十二，凡例中顧祖禹自稱「棘人」，首頁又有「華府藏板」印，蓋是時祖禹父柔謙去世不久，祖禹在喪服中，悲痛未已，無暇以詳，一應刻印事宜，皆助纂讀史方輿紀要之華長發所爲，故刊行甚促，而卷數亦少。其本凡例與後來各刻本之凡例迥然不同，文中曾言及助采稽者六人，即李滌庵潭、趙月琴駿烈、鄧丹丘大臨、范鼎九賀、秦湘侯沅、華商原長發。這六人是否還參與後來的重修工作，今天已無從得知。祖禹歿後，其子孫既貧窮，無力刊刻，又尊奉藏弆，「誓不將書過户限示人」（乾隆無錫縣志），故一時竟無新刻本問世。然至嘉慶十六年龍萬育于成都刻印敷文閣本以後，此書一刻再刻，一印再印，至今竟有多種版本流行于世，其中以光緒五年蜀南桐華書屋薛氏家塾修校本、光緒二十五年新化三味書室鄒代過校本、光緒二十六年廣雅書局刻本、光緒二十七年圖書集成局排印本、光緒三十年慎記書莊石印本、商務印書館萬有文庫本、中華書局一九五五年鉛印本等較爲常見。在這些不同版本中，敷文閣本是刻印最早的一百三十卷足本，其餘各本，大都源于此本，惟新化三味書室鄒代過校本與衆不同，其校勘之精審，輿圖之精美，遠非各本所及。除上述版本外，又有只印前九卷歷代州域形勢的一些刻本，如朱棠刊本、友蘭堂本、道光長沙黄冕本等（均據葉景葵、顧廷龍討論方輿紀要函札六通，見禹貢四卷九期），今已不多見。而最值得世人慶幸的是抗日戰争前杭州藏書家葉景葵先生于書肆購得讀史方輿紀要稿本，並出資修補一新，又請錢穆、張其昀等人鑒定，葉氏本人也作了許多校對考證工作，寫有專文在册首（今已收入卷盦書跋），這對我們今天重新整理與研究讀史方輿紀要，無疑是最可寶貴的材料。

我們這次重新整理出版讀史方輿紀要，本應以顧祖禹稿本爲底本，無奈此本年代久遠，紙張已朽，缺頁既多，字蹟又屢有漫漶不清者。如山東四、浙江一，這二册原書已無，今本不缺，乃後人據他本抄録補配而成，而所補之山東四的一册，至今又有數頁字蹟大部蝕去，無從識見。其餘各册也有類似情況。爲此，我們只得忍痛割愛，另覓了北京圖書館特藏善本「商丘宋氏緯蕭草堂寫本」爲底本。商丘宋氏即宋犖，據清史稿卷二七四宋犖傳記載，他于康熙二十六年遷山東按察使，再遷江蘇布政使。二十七年擢江西巡撫。三十一年，調江蘇巡撫，直至五十三年才離任去京師。因此，他之派書手至無錫抄寫讀史方輿紀要，很可能是在其江蘇巡撫任内。此本「丘」、「玄」二清諱字均未減筆或改易，容易引起清廷猜疑的「胡」、「虜」等字則以□相代，作缺字處理。對照現傳敷文閣等刻本來看，此本抄寫時間較早，與原著十分接近。我們曾用此本與其它刻本相校，發現了敷文閣以下所有各本均漏刻的三條文字，共一百五十字，即：

一、卷六九四川夔州府巫山縣：

巫山，縣東三十里。亦曰巫峽，有十二峰，蜀人謂之東峽，以在蜀境東也。晉咸和中涼張駿欲通使建康，假道于成李雄，雄欲使盜覆其使者張淳于于東峽，不果。餘詳見名山。

二、卷六九四川重慶府璧山縣：

來鳳驛，縣東南五十里，馬驛也。東去府城百五十里，舊屬巴縣，成化以後改今屬。志云：縣境有璧山巡司。今革。

三、卷一〇七廣西永寧州義寧縣：

桑江，縣北八十里，南流合智慧水入義江。縣東又有石壕江，亦流入于義江。○山末江，在縣西南，下流入永福江。

上述三條文字，核諸葉景葵先生所得顧祖禹原稿本，完全相符，一字不差，這就説明宋氏抄本抄寫質量甚高，確與原著十分接近。尤爲可貴的是，此本繕寫極其精美，錯字也很少，選作底本是比較合適的。此外，該抄本卷首又題有「南昌彭氏知聖道齋重校」朱筆十字，蓋乾隆間彭元瑞所批校。書中的朱筆眉批及改字，皆元瑞手筆。彭元瑞對原抄錯字脱文有所改補，間有附記他本異文，這是他的功德；但有時竟以清代行政區劃改易原著的明朝建制，致失顧著原意，這是他的過失。所幸原本朱墨二色分明，我們今天用作底本，還不致混淆，仍能按抄本原文刊出。從忠于顧祖禹原著這一點來説，將此本選作底本，意義也是重大的。

不過宋氏抄本也存在一個嚴重問題，即抄書者忌於清廷禁令，往往將顧祖禹原稿中一些帶有明顯反清復明思想的文字任意芟除，而記載女真族（即滿族前身）早年如何臣服明朝、後來如何興起等等文字更是大量被删改，總數約在八千字左右。嘉慶年間龍萬育刻印敷文閣本，情況一如宋氏抄本。爲了彌補這一缺憾，使廣大讀者能全面了解顧祖禹當年創作讀史方輿紀要的真實思想和動機，我們這次在書後附録了施和金同志發表在二〇〇二年第四期文史上的讀史方輿紀要删改考辨一文，並在有關正文中加以標注，説明何處被删、何處被改，希望廣大讀者予以關注。

本書的整理工作，最初由賀次君先生擔任。他完成了全書的標點並撰寫了部分校勘記，因積勞成疾，卧病床褥。適南京師範大學歷史系施和金先生有志於此書的整理工作，遂由其繼續加以整理。他首先擴大了底本的校勘範圍，除核校敷文閣本外，又互校了職思堂本和鄒代過本，重新撰寫了所有校勘記；其次對全書標點標綫檢查一過，統一體例。應當説，本點校本是他們兩人共同合作，辛勤勞動的結果。遺憾的是畢生致力於歷史地理研究和古籍整理工作的賀次君先生，已於一九八八年四月病逝，未及見到本書的出版。

此書爲歷史地理名著，卷帙浩繁，内容廣博，在整理工作中難免有缺點錯誤存在，請廣大讀者隨時批評指正。

中華書局編輯部　一九八九年六月初稿，二〇〇四年改定

點校説明

（一）版本：這次點校出版的讀史方輿紀要，是以北京圖書館特藏善本「商丘宋氏緯蕭草堂寫本」爲底本。該寫本字蹟清楚，錯誤很少，抄寫的時間又早，約在康熙中後期，與原著十分接近，用作底本是適合的。但此本只有正文一百三十卷，附録輿圖要覽四卷没有抄録，顧祖禹原稿本也没有這四卷文字，而其它刻本中如敷文閣本等所刻輿圖要覽四卷，不但文字訛錯很多，且輿圖亦不精確，唯鄒代過本字蹟清楚，輿圖也重新繪制一過，較爲清新悦目，故底本所缺四卷輿圖要覽即以此本補配之。

（二）校勘：藏于上海圖書館的顧祖禹原稿本，因其每葉中縫有「職思堂」三字，故又稱職思堂本，我們又簡稱它爲「職本」；上海圖書館又藏有光緒二十五年新化三味書室鄒代過校本，我們又簡稱它爲「鄒本」；中華書局藏有嘉慶十六年龍萬育所刊敷文閣本，我們又簡稱它爲「敷本」。這三種本子是我們這次點校的參校本，而得益最多的是職本和鄒本。另外，歷代正史、資治通鑑和各種全國性地理總志（如元和郡縣志、太平寰宇記等）、區域性方志（如華陽國志等）也是我們這次校勘讀史方輿紀要的重要依據，因爲紀要的取材大多來自于這些書籍。至于各地的州縣方志，則因紀要在引用時大多省稱爲「志」、「舊志」、「近志」、「縣志」、「府志」之類，無由查考，而未能一一核校。

（三）體例：本書創作時間很長，上下達三十多年，中間又有多次修改，體例上有不盡一致的地方。我們這次校點，順便在這方面作了一些統一工作，主要有以下三端：

（1）明朝的南直、北直和應天府、承天府等行政建制，清初曾改爲江南、直隸和江寧府、安陸府，底本中有時是明朝建制，有時又改作清初建制，全書頗不統一。顧祖禹創作讀史方輿紀要，本以明兩京十三司爲行文綱目，其書中忽又出現清初建制，蓋晚年忌清廷禁網所作局部改易，非出本願。今天如果仍然保存原貌，不但于全書體例有礙，且與原著旨意不相符合，所以我們這次將清初地名全部改易，一律恢復明代的南直、北直和應天府、承天府等行政建制。

（2）讀史方輿紀要最初寫作時，凡遇「胡」、「虜」等字，皆直書不諱。後清廷禁令漸嚴，顧氏遂將書中「胡」、「虜」等字塗成墨點，或改成「狐」、「羅」等同音字。因全書卷帙浩繁，改不勝改，往往有遺漏未改者。爲此，底本中「胡」、「虜」二字就有三種情況：或以□相代作缺字處理，或以「狐」、「羅」等同音字相代，或保留原字未作改動，今爲使全書體例統一，凡作缺字處理者均補書之，凡改爲「狐」、「羅」等字者均改回原字。

（3）顧祖禹最初撰寫讀史方輿紀要時，凡叙述明代事實，均用「國初」、「國朝」等字樣，晚年修改書稿時，又改作「明初」、「明朝」。同樣因爲卷帙浩繁的緣故，圈改多有遺漏者。我們這次整理校點，發現全書尚有十一處未作改動，其中卷九有三處，卷三一、卷四二、卷四七、卷五一、卷九六、卷一〇七各一處，卷五〇有二處。爲使全書體例統一，今一律改作「明初」、「明朝」。

除上述三事外，讀史方輿紀要中還出現四處清初改置州縣的文字記載，即：

一、卷一一北直漷縣：「本朝順治十六年裁併通州。」

二、卷一一北直豐潤縣：「本朝康熙十五年改隸遵化州。」

三、卷一一北直遵化縣：「本朝康熙十五年升爲州。」

四、卷二四南直松江府：「婁縣，附郭。本華亭縣地，今析置于府治東偏。編户。」（據清史稿卷五八地理志，婁縣析置于順治十三年。）

按照原著以明兩京十三司爲行文綱目的編著體例，在書中忽又出現四處清代改置州縣的文字記載，這實際上也是爲例不純的表現，本應删去。但果要删去這些文字，一則無版本依據，二則此四例均在康熙十五年之前，是時顧祖禹健在，很難説是他人筆墨，或確係祖禹所記也説不定。爲慎重起見，整理校點時仍保留了這四條文字，没有删去。

（四）校記：這次整理校點讀史方輿紀要，全書共寫有一千三百二十六條校勘記。凡底本有誤，均據其它版本及歷代正史、地理總志等改正，並在校勘記中説明改正理由及依據；凡底本不誤而他本有誤者，一般不出校勘記；若底本有字句訛錯或衍脱，而又没有版本依據可資改正，一般也不作變動，只在校勘記中説明；如果幾種版本各執一辭，而一時又很難作出判斷，則并存各説，以俟智者。

（五）標點：古人引書往往用其大意，文字常有增删。書中徵引典籍，今雖未逐一核實，但仍加以引號，是爲與顧祖禹之記述截然分開，有助於讀者閲讀。本書標點，大體上與二十四史標點體例相同。但由于版本等原因，没有使用破折號、括號二種標點符號，因此在某些語句的標點和語氣的表達上略有缺憾，未能盡饜人意，這是要請廣大讀者諒解的地方。

讀史方輿紀要敍

寧都魏　禧

讀史方輿紀要一百三十卷，常熟顧祖禹所撰述也。其書言山川險易，古今用兵戰守攻取之宜，興亡成敗得失之迹所可見，而景物遊覽之勝不録焉。歷代州域形勢凡九卷，南、北直隸十三省凡一百十四卷，山川源委凡六卷，天文分野一卷。職方廣輿諸書，襲訛踵謬，名實乖錯，悉據正史考訂折衷之。祖禹沉敏有大略，爲人奇貧而廉介，寬厚樸摯，不求名于時，與寧都魏禧爲兄弟交。禧既篤服其書，祖禹因請爲之敍。禧愀然而歎曰：有是哉，此數千百年所絶無而僅有之書也！惟禧學不足貫穿諸史，足跡不及天下五分之一，顧何足推明祖禹意，然竊嘗得舉其論之最偉且篤者，以示子弟。蓋其大者有二：一以爲天下之形勢，視乎建都，故邊與腹無定所，有在此爲要害而彼爲散地，此爲散地而彼爲要害者；一以爲有根本之地，有起事之地，立本者必審天下之勢，而起事者不擇地。嗚呼！古今豪傑，暴起草昧，往往迫而應天人之會，初未嘗遷地而謀形勝也。用其地之人，因其地之勢，以驅策天下，而天下無以難之，蓋其故可思矣。失其術，則據十二百二之雄，而可以亡；得其術，則雖迫狹瘠弱，而無不可批郤導窾，以中天下之要。祖禹貫穿諸史，出以己所獨見，其深思遠識，有在於言語文字之外，非方輿可得紀者。嗚呼！非其人誰與知之，此則禧所欲爲祖禹叙，而不復辭讓者也。北平韓子孺時從余案上見此書，瞪目視余曰：「何哉？吾不敢他論，吾儕家雲南，出入黔、蜀間者二十餘年，頗能知其山川道里。顧先生閉户宛溪，足不出吴會，而所論攻守奇正荒僻幽仄之地，一一如目見而足履之者，豈不異哉！」禧于是并識之。

讀史方輿紀要敍

南昌彭士望

讀古今上下數千百年之書以自成一書，兼括數千百年之上，使數千百年下之人不能不讀，此其志豈文人經生之所能及者哉！而成是書者，則有數難，識難朗而精，資難敏而決，斷制嚴而難確，心胸闊而難細，此難之在己者也。其待資於外者，博攷難於書，明辯難於友，取給繁費難於財，遊涉方域難於徧，爲尤難焉。夫使其書爲懸解冥悟，綜核事理，殫一夫之精力，雖極窮困無聊時，猶或可以坐致，古之人有能之者矣；惟撰述方輿之書，則高山大川之寥闊，瀆壑丘陵之瑣細，古今名號之建置不一，崩築疏鑿之因創損益各異，或僑設而名存，或陵谷變遷而實没，舟車之所不通，人力之所罕至，容竝有之。而是人則踽踽窮餓妻子之不惜，獨身閉一室之中，心周行大地九萬里之内外，别白真僞，如視掌中，手畫口宣，立爲判決，召東西南北海之人，質之而無疑，聚魁奇雄傑閎深敏異之士，辯之而不窮，據之而有用，此其人之資賦，蓋喬嶽翕河之所降生，使之續禹書之遺，以詔告于天下萬世，爲開闢之所僅見。望行年七十，得此一士，則常熟顧祖禹之爲方輿紀要是矣。祖禹之創是書也，年二十九。秉厥考之遺言，及先祖所爲之地志，九邊之圖説，僻處宛溪，不交州府，間藉資於館穀。遊歷所至，惟有借書，隨即鈔纂，睹記所及，更獲新勝，即改竄增益之，雖十易草所不憚。經二十年，始成是書，自爲歷代州域形勢通論，〔一〕至天文分野，共百三十卷，可六千頁。祖禹嘗語望曰：「歷代之書，世遠言湮，難窮其蘊，惟覽者能自得其指歸。禹之爲是書也，以史爲主，以志證之。形勢爲主，以理通之。河渠溝洫，足備式遏，關隘尤重，則增入之。朝貢四夷諸蠻，嚴别内外，風土嗜好，則詳載之。山川設險，所以守國，遊觀詩賦，何與人事，則汰去之。」此書之立體者也。其采用之書，自二十一史地志而下，凡百十種，具見於發凡。是其志之超邁，用力之專勤，而成書之浩博，亦既無復加矣。乃其意中絶不自矜喜，若身未嘗與其事。望故尤篤服祖禹之爲人，其膽似韓稚圭，而先幾旁矚，不敢置勝負于度外；智似李長源，而願學鄒、魯，不好神仙；德量似婁師德，含弘光大，唾面自乾，而人卒不能唾其面；清操似盧懷慎，吐納萬有，而不爲無口匏；寬静似謝安石，絶意聲色，不事矯情；奇才博學似王景略，雖去桓温，必不爲苻堅所用。祖禹之人如是，望蓋觀摩朝夕，陰察其人而得之。〔二〕惟有其人，而後可用其書，有其書而益知其人之用大，寧都魏禧已備言其書之用，望第述其書與人之本末如是，天下後世當共見之矣。

校勘記

〔一〕自爲歷代州域形勢通論　底本原脱「州域」二字，今據職思堂本（以下簡稱職本）、敷文閣本（以下簡稱敷本）、鄒代過本（以下簡稱鄒本）補。

〔二〕陰察其人而得之　「人」，底本、職本均作「天」，敷本、鄒本作「人」，今從敷本、鄒本。

原序一

嘉魚熊開元

昔司馬子長好遊，足徧天下；宗少文少遊，不出户庭，俱善遊者也。宛溪景范氏負奇才，具大略，劉覽古今，積其年力，成方輿一書，取材富，考覈精，不出户庭，周知天下，視少文壁上一丘一壑，相去何啻倍蓰？其筆勢縱横，又如子長，文得所歷，探益遨翔容與，奔放靡極，宛溪洵善遊哉！余楚人，習聞三楚之要，莫如荆、襄，又熟履其地，考往事得失，嘗欲借籌三楚。及令崇邑，知海外一區，爲三吴保障；再令松陵，知江南水利，在導三江，而東江已非其故，罔非身履而知。今宛溪坐籌一室，出入二十一史，縱横千八百國，凡形勢之險阨，道里之近遥，山水之源委，稱名之舛錯，正其訛，核其實，芟其蔓，振其綱。宛溪未嘗足徧天下，乃淹博若此哉！古來博物推張華，多聞推宏景，乃宏景考沙苑不詳，張華談鴻溝不備，他若山海、水經之書，郭璞、道元之注，杜佑目爲詭誕，爲迂繆，蓋文采有餘，而摭實不足也。宛溪不徵奇，不探異，網羅放失，於古今成敗利鈍之際，三致意焉。使其展籌運策，伏波聚米，宏策畫圖，抑何多讓，乃落落寡諧，人難衣食，日擁是書，快遊一過，雖千乘之尊、猗頓之富不易此。或者謂地非身履，不足取信。如孟德攻張魯，聽降人言，以陽平城下，南北遥遠不可守，及至其地，不如所聞，意阻欲還，此其驗。然而地非身履，可以遥斷。如宋劉敞使遼，遼人導之，自古北至柳河，迴環殆千里。敞曰：「自松亭趣柳河，徑且易，不數日可抵中京。」遼人駭愧。由此言之，何用身履哉？必俟身履而知，即如劉輿密視水陸形默記之，亦一隅智耳！使讀宛溪書，不煩舟車，不曠日月，楗户而窺，可以得天下之全形，亦可以知一方之險易，彼宗少文區區壁上觀何足數？即子長東登泰山，南探禹穴，徒重繭其足，安得謂善遊哉！若宛溪者，洵善遊者也。

原序二

延陵吴興祚

凡有志於用世者，河渠、邊防、食貨、兵制，皆其所有事也。然而莫重於輿圖，何也？輿圖者，史學之源也。粤自黄帝，畫野分州，得百里之國萬區，遂均土設井，立步定畝，經之以君臣，緯之以制度，而紀綱、名法、賦税、文章之跡始有所麗。堯爲九州，舜分十二，夏、商以還，天下之勢，幾幾月異而歲不同矣。然封建井田，卒弗改匠人之舊，則其時之山川道里，猶有所沿而易識也。秦人棄古變常，郡縣阡陌，盪柱下之書，以爲煙塵，即無論循蜚攝提之紀也。雖春秋列國，無全文焉。學者固不得不荒忽置之。漢、唐以降，宋、元以前，載册頗繁，似有可考，然二千餘年之間，統有正閏，地有分合，祚有短長，制有沿革，於是中原片壤，不待陵谷遷變，而山川不可復識矣。士人閉户讀史，記憶其文，謂之淹洽，常試叩之以九州之内，所謂道里阨塞者幾何，户口殷耗幾何，謡俗嗜慾之甚者幾何，與夫上之人體國經野，設險制防者何在，緯繣變化以導民善俗者，何途之從也，則有口而瘖，不能指數其崖略，况於取二十一代之編録而説之乎？此無他，由學者以史爲史，而不能按之於輿圖；以輿圖爲輿圖，而不能稽之於史。是以紀事雖多，猶拾瀋也；車轍雖廣，猶望洋也。因是以著之辨論，數因革之宜，較得失之勢，猶捫槃也，而於經濟之學奚補焉？宛溪顧子，博洽人也，歎史學之蓁蕪，閔經生之固陋，於是方輿紀要作焉。昭時代則稽歷史之言，備文學則集百家之説，詳建設則誌邑里之新舊，辨星土則列山川之源流。至於明形勢以示控制之機宜，紀盛衰以表政事之得失，其詞簡，其事覈，其文著，其旨長，藏之約而用之博，鑒遠洞微，憂深慮廣，誠古今之龜鑑，治平之藥石也。有志於用世者，皆不可以無此篇。余因華子商原，始睹其書，爰序之，以明其非篆刻之詞，無益而灾木者比也。

讀史方輿紀要總敘一

昔在神禹，克平洪水之災，作爲禹貢。孔子删書，列於六經。其竝傳者又有山海經，其詞迂誕。太史公曰：「言山川者，斷自禹貢。」允矣。自禹以神聖平成天下，傳之子孫，其支庶列爲侯伯，其在商頌曰「韋、顧既伐」，説詩者曰「顧亦桀黨也」。嗚呼！桀之暴虐，天下皆知棄之，顧爲同姓國，葛藟相庇，宗社無隕，義也。湯欲傾夏，則不得不先翦顧，顧亡而夏隨之矣。然則顧非黨於桀也。後有棄其宗祀，獻符瑞於仇讐之庭者，是則顧之罪人也已。自湯伐顧，而顧遂微於商、周之世。及漢興，顧始得姓於江、淮之南。蓋少康封少子於會稽，以奉禹祀，至春秋時越子允常而始大，其子勾踐遂以其國霸，滅吴而有其地，通盟於上國。又數傳爲楚所滅，子孫竄處於江南，各保城邑，自爲君長。而海陽侯以滅秦誅項功，分符漢室，五傳侯絶。侯之子孫，皆以顧爲姓，保氏族於江南。及吴丞相雍以功名顯，累傳以降，皆有功德文章，載在史册。至黄門侍郎野王，則以著述顯於梁、陳之際，所著書數百卷，而輿地志尤見重於世，至今學者猶宗師而俎豆之。由隋、唐以迄兩宋，子孫代有名人，而徵君原九，於宋端平元年由臨安避地梁谿，耕讀於宛谿之上，子孫奉遺命，歷元世皆隱居不仕。

明成化中，徵仕郎允敬，始官於朝。曾孫光禄丞大棟，當嘉靖間，好談邊徼利病，躍馬遊塞上，與大司馬靈寶許公論善，撰次九邊圖説，梓行於世。子奉訓大夫文耀，萬曆中以光禄大官正奉使九邊，還對，條奏甚悉，天子稱善。文耀生郡諸生龍章，早卒。龍章生柔謙，九歲而孤，好讀書，補邑弟子員，深慨科舉之學，不足裨益當世，慨然欲舉一朝之典故，討論成書。年及强仕，而遭流寇之變，遂遯入山，焚筆瘞硯，率子祖禹，躬耕於虞山之野。久之益窮困，憤懣無聊，得奇疾，將卒，呼小子命之曰：「吾家自兩漢以來，稱爲吴中文獻，先代所著述，小子可考而知也。士君子遭時不幸，無可表見於世，亦惟有掇拾遺言，網羅舊典，發舒志意，昭示來兹耳。嘗怪我明一統志，先達推爲善本，然於古今戰守攻取之要，類皆不詳，於山川條列，又復割裂失倫，源流不備。夫以一代之全力，聚諸名臣爲之討論，而所存僅僅若此，何怪今之學者，語以封疆形勢，惘惘莫知，一旦出而從政，舉關河天險委而去之，曾不若藩籬之限，門庭之阻哉！先光禄在世廟時傍徨京邑，岌岌乎有肩背之慮，圖論九邊，以風示謀國者。先奉訓當神廟中，四方無虞，以邊備漸弛，伏戎可慮，先事而憂，卒中忌諱，仕不獲振。先文學請纓有志，攬轡無年。及余之身，而四海陸沉，九州騰沸，僅獲保首領，具衣冠，以從祖父於地下耳。嗟乎！園陵宫闕，城郭山河，儼然在望，〔一〕而十五國之幅員，三百年之圖籍，泯焉淪没，文獻莫徵，能無悼歎乎？余死，汝其志之矣！」小子匍伏嗚咽而對曰：「小子雖不敏，敢放棄今日之所聞。」卒一年，而祖禹以疾廢。又三年疾愈，不揣愚陋，思欲遠追禹貢、職方之紀，近考春秋歷代之文，旁及裨官野乘之說，參訂百家之志，續成昭代之書，垂之後世，俾覽者有所攷鏡。而貧賤憂戚，雜亂其中，上之不能涉江逾河，登五岳，浮沅、湘，探禹穴，窮天下之形勢；次之不能訪求故老，參稽博識，因以盡知天下險易扼塞之處；下之不能備圖志，列史乘，不出户而周知山川城郭里道之詳。惟是守殘抱缺，寤歎窮廬，吮筆含毫，消磨歲月，庶幾無負先人提命之意，若以語於著作之林，余小子夫何敢。

校勘記

〔一〕儼然在望　「在」，底本原作「而」，職本、敷本、鄒本並作「在」，今據改。

總敘二

客謂顧子曰：「子所著方輿紀要一書，集百代之成言，考諸家之緒論，窮年累月，矻矻不休，至於舟車所經，亦必覽城郭，按山川，稽里道，問關津，以及商旅之子，征戍之夫，或與從容談論，考核異同。子于是書，可謂好之勤、思之篤矣。後有起者，考求險要，辨别攻守，遠而周知天下之故，近而都邑之間，非子之書，何所適從焉。」余曰：「否否，不然。古人有言，『尺有所短，寸有所長』，明於匠石之任者，或昧於雕鏤之細。予也未嘗泝江、河，登恒、岱，南窮嶺、海，北上燕然，〔一〕間有涉歷，或拘於往返之程，或困於羈旅之次，不獲放曠優游，博觀廣詢，間嘗按之圖畫，索之典籍，亦舉一而廢百耳。又或了了於胸中，而身至其地，反若瞶瞶焉。所謂所見異辭，所聞異辭，所傳聞又異辭者，不可勝數也。予之書其足據乎！且孫子有言：『不知山林險阻沮澤之形者不能行軍，不用鄉導者不能得地利。』夫論兵之妙，莫如孫子，而論地利之妙，亦莫如孫子。使信余之書，而不取信於鄉導，譬之掩耳而求聞，閉目而求見，所悮必多矣。且夫地利亦何常之有哉？函關、劍閣，天下之險也，秦人用函關，却六國而有餘，迨其末也，拒羣盜而不足。諸葛武侯出劍閣，震秦、隴，規三輔，劉禪有劍閣，而成都不能保也。故金城湯池，不得其人以守之，曾不及培塿之丘、汎濫之水，得其人即枯木朽株，皆可以爲敵難。是故九折之阪，羊腸之徑，不在邛崍之道，太行之山；無景之谿，千尋之壑，不在岷江之峽，洞庭之津。及肩之墻，有時百仞之城不能過也；漸車之澮，有時天塹之險不能及也。知求地利於崇山深谷，名城大都，而不知地利即在指掌之際，烏足與言地利哉？善乎孫子之言曰：『我不欲戰，雖畫地而守之，敵不能與我戰。我欲戰，敵雖高壘深溝，不得不與我戰。』然則變化無窮者，地利也。地利之微，圖不能載，論不能詳，而變化於神明不測之心，所謂可以意會不可以言傳者乎！故曰方圓奇偶，千秋不易也，伏羲以之畫八卦，大禹以之演九疇。伍兩卒旅，千秋不易也，武侯以之列八陣，李靖以之變六花。城郭山川，千秋不易也，起於西北者可以并東南，而起於東南者又未嘗不可以并西北。故曰不變之體，而爲至變之用；一定之形，而爲無定之準。陰陽無常位，寒暑無常時，險易無常處，知此義者而後可與論方輿。使銖銖而度之，寸寸而比之，所失必多矣。吾嘗考蒙古之用兵，奇變恍惚，其所出之道，皆師心獨往，所向無前，故其武略比往古爲最高，彼豈嘗求之於山海之圖，里道之志哉？然則求地利於吾書，無乃猶是刻舟之見乎？吾慮舉足動步，或將有礙焉者也，客其益廣所聞，無過恃吾之書也已。」

校勘記

〔一〕北上燕然　「燕然」，職本同，敷本、鄒本作「燕冀」。燕然者，燕然山也。後漢書卷二三竇憲傳有「憲、秉遂登燕然山，去塞三千里，刻石勒功，紀漢威德」之文，本書卷四五亦有燕然山條。此舉燕然山，謂極北也，與下文「嶺海」極南對。後人刻印時妄改爲「燕冀」，蓋不知有燕然山也。今不取。

總敘三

或曰：「審如子言，則鄉導之于地利重矣，然則子之書其可廢乎？」曰：「何可廢也。孫子言『不用鄉導者，不能得地利』，然不得吾書，亦不可以用鄉導。夫南行之不可以北轅也，東泛之不可以西檝也，此易知也。西北多山，而未嘗無沮洳之地；東南多水，而未嘗無險仄之鄉。此易知而不易知者也。且夫一指蔽前，則泰山不見，十步易轍，則日景不分，使其惘惘焉。左陷大澤而不知，前入深谷而不悟，乃欲執途之人，而求其爲鄉導，鄉導其可恃乎哉。何也？鄉導用之于臨時者也，地利知之于平日者也。平日未嘗于九州之形勝，四方之險易，一一辨其大綱，識其條貫，而欲取信于臨時之鄉導，安在不爲敵所愚也。是故先知馬陵之險，而後可以定入魏之謀；先知井陘之陿，而後可以決勝趙之計。不然，曹瞞之智，猶惕息于陽平，武侯之明，尚遲回于子午，乃謂求地利于臨時，而不求地利于平日，豈通論哉？是故途有所必由，城有所必攻，此知之于平日者也。欲出此途，而不徑出此途者，乃善于出此途者也；欲攻此城，而不即攻此城者，乃善于攻此城者也。此知之于平日，而不得不資于臨時者也。攻則攻敵之所不能守，守則守敵之所不能攻，辨要害之處，審緩急之機，奇正斷于胸中，死生變于掌上，因地利之所在而爲權衡焉。此固大將之任，而非可問之于鄉導者也。凡吾所以用多用少，用分用合，用實用虚之處，既已灼然知之，而後博求之于鄉導，從其可信，缺其可疑，以善吾地利之用。豈徒寄耳目于僕夫云爾哉？此吾書所以必不可廢也。且不獨行軍之一端也。天子内撫萬國，外蒞四夷，枝幹强弱之分，邊腹重輕之勢，不可以不知也。宰相佐天子以經邦，凡邊方利病之處，兵戎措置之宜，皆不可以不知也。百司庶府，爲天子綜理民物，則財賦之所出，軍國之所資，皆不可以不知也。監司守令，受天子民社之寄，則疆域之盤錯，山澤之藪慝，與夫畊桑水泉之利，民情風俗之理，皆不可以不知也。四民行役往來，凡水陸之所經，險夷趨避之實，皆不可以不知也。世亂則由此而佐折衝，鋤强暴；時平則以此而經邦國，理人民；皆將於吾書有取焉耳。」「然則孫子之説，固未當乎？」曰：「非也。孫子之言，固以地利者，行軍之本，而鄉導者，地利之助也。先知地利，而後可以行軍，以地利行軍而復取資於鄉導，夫然後可以動無不勝。凡吾所以爲此書者，亦重望夫世之先知之也。不先知之，而以惘然無所適從者，任天下之事，舉宗廟社稷之重，一旦束手而畀之他人，此先君子所爲憤痛呼號，扼腕以至於死也。予小子既已奉遺命，採舊聞，旁搜記載，規之正史，稍成一家之言，合爲一十八部，分爲百三十卷，藏之家塾，以俟來者。」

凡例 二十六則

天下之形勢，視乎山川；山川之絕絡，關乎都邑。然不考古今，無以見因革之變；不綜源委，無以識形勢之全。是書首以列代州域形勢，先考鏡也；次之以北直、南直，〔一〕尊王畿也；次以山東、山西，爲京室之夾輔也；次以河南、陝西，重形勝也；次之以四川、湖廣，急上游也；次以江西、浙江，東南財賦所聚也；次以福建、廣東、廣西、雲南、貴州，自北而南，聲教所爲遠暨也；又次以川瀆異同，昭九州之脉絡也；終之以分野，庶幾俯察仰觀之義與。

地道靜而有恒，故曰方；博而職載，故曰輿。然其高下險夷，剛柔燥濕之繁變，不勝書也；人事之廢興損益圮築穿塞之不齊，不勝書也；名號屢更，新舊錯出，事會滋多，昨無今有，故詳不勝詳者，莫過於方輿。是書以古今之方輿，衷之於史，即以古今之史，質之於方輿。史其方輿之鄉導乎？方輿其史之圖籍乎？苟無當於史，史之所載，不盡合於方輿者，不敢濫登也，故曰讀史方輿紀要。

天地位而山川奠，山川奠而州域分，形勢出於其間矣。是書以一代之方輿，發四千餘年之形勢，治亂興亡，於此判焉。其間大經大猷，創守之規，再造之績，孰合孰分，誰强誰弱，帝王卿相之謨謀，奸雄權術之擬議，以迄師儒韋布之所論列，無不備載。或決於幾先，或斷於當局，或戒於事後，皆可以拓心胸，益神智。書曰「與治同道罔不興，與亂同事罔不亡」，俯仰古今，亦可以深長思矣。

禹平水土，主名山川，職方辨州，惟表山藪川浸。司馬遷作史記，昔人謂其能言山川條列，得禹貢之意，班、范諸家所不逮。是書亦師其意，兩京十三司之首，皆列疆域、名山、大川、重險，俾一方之形勢，燦列在前，而後分端别緒，各歸條理，亦以詳前人之所略也。

王者體國經野，于是乎有城邑。城邑定而方位列焉，緩急分焉，于是乎有山藪川浸。山川布而相其陰陽，察其險易，于是乎有關梁阻阨，爲城邑之衛。自古及今，經理方輿者，不能異也。是書于兩京十三司各郡邑中，皆以此爲次第，從同者則以例附焉，所以便于考索也。

城邑山川關隘之屬，有特見者，如專言某城某山是也。有附見者，如言某山而附以某山，言某川而復及某水是也。有互見者，如言某山而旁及于某川某關，言某關而旁及于某城某山是也。

地理志始于班固，最爲雅馴。劉昭補後漢郡國，參入古今地名，爲功不少，所惜微有繆誤耳。晉志僅存郛郭，齊志略標形似，沈約州郡詳而未精，魏收地形穢而不備。隋志兼及梁、陳、齊、周，裨益頗多，而經緯未盡。劉昫唐志略于天寶以後，歐陽氏略于天寶以前，功過不相掩也。五代史薛志曾見數條，較歐志頗勝，歐志無乃過略，與宋志詳略失倫。遼、金二志，金志差勝。國初元志缺漏，又在宋志之下也。是書參考沿革，大約本之正史，而他書所見，亦節取焉。雖然秦、漢城邑，其不可見于今者，蓋什之二三；六朝以降，廢置紛更，其不可見于今者，乃什之四五也；隋、唐以來，邊荒蠻落，時有興革，其不可考者，亦什之一二矣。

從來沿革，有竟不入是書者，王莽篡漢，盡易天下郡縣名號，侯景陷臺城，契丹入汴，皆妄有改易之類是也。若夫晉棄中原，南北淆亂，州郡縣邑，紛紜僑置，河南有廣陵、丹陽之名，江渚有晉陽、太原之號。又疆埸戰爭，得失屢變，荒左依附，有無頓岐，循名責實，大都湮廢。余力爲考訂，其引據不誣，義類可據者，悉爲採入。至傳聞互異，史氏浮靡，史臣撰述，往往地屬前朝，而諱從當代，如晉書、隋書皆諱「虎」爲「武」，諱「淵」爲「泉」之類。或地名相同，而方域絶異，地名本異，而里道正同，千里毫釐，未嘗敢忽也。

古人著述，類皆慎重，左氏傳析實白羽，夷實城父，慎之也。杜氏釋傳，或但曰魯地、齊地，或竟曰地闕，不敢强爲之辭也。蓋寡陋之過小，繆戾之罪大。近世言方輿者，依據失倫，是非莫主，或一事而彼此相懸，一説而前後互異，稱名偶同，漫爲附會，傳習不察，竟昧谿來，欲矜博洽之名，轉滋繆戾之罪，余不敢妄爲附和也。

方輿之書，自經史而外，彬彬成家者，魏、晉以降，代有其人。余輯方輿書目凡二卷，約千有餘家。然自唐以前，傳者絶少，由唐以迄宋、元，可見者亦不過數家耳。括地志序于唐太宗，稱其度越前載，然在宋時已不可多得。宋崇文目云：坤元録一本，即括地志。按杜氏通典，坤元與簡地志並列，則非一書也。「括」，唐大曆中諱曰「簡」。其聞于世者，有江、融、鄭虔及賈耽之書，亦不可復見也。余嘗讀元和志，善其敷陳時事，條列兵戎，然考古無乃太疏。寰宇記自謂遠軼賈、李之上，賈耽、李吉甫。而引據不經，指陳多悮。紀勝山川稍備，求其攻守利害則已迂。廣記考核有餘，而於形勢險夷，則未盡晰也。勝覽以下，皆偏于詞章之學，於民物遠，猶無當焉。國家著作之材，雖接踵而出，大都取裁于樂史、祝穆之間，求其越而上之者，蓋鮮也。

近代一統、寰宇、名勝諸志，及十三司通志，余皆得見之，其天下郡縣志得見者，十未六七也。跼蹐田野，無從搜集，間有已得其書，而時會徂牾，未及採録，旋復失之者，故雖耳目流傳之書，而闕略正不能免。雖然，形勢詳而名勝略，如録衡山而不載七十二峰之號，志太湖而不及百瀆、七十二漊之名之類。中國詳而四裔略，亦有邊陲詳而中土反略者，覽者當得其大意，毋遽以聞見淺陋斥之，則幾矣。

地利有錯見於他條，而不載於郡邑之下者，有兩説互異，而並存之者，疑以從疑也。宋葛文康公曰：「記問之博，當如陶隱居，耻一事不知。記問之審，又當如謝安，不悮一事。」世皆稱胡氏注通鑑，見聞博而取舍精，然除口見於水經注，而悮引蘧除水；萬歲縣見於晉志，而悮改爲延壽。他如永世未辨其在溧陽，定陵不知其近洺水，甚哉著作之難也。要亦耳目偶遺，無關大故。余生而椎魯，困窮失學，讀書無多，自省多悮。偶有所見，悮則正之，甚者削之，不敢妄爲争辨，求勝於古人也。

高都、丹城，一城也，而誤以爲二。昭信、濟陰、睢陵，一城也，而誤以爲三。雲中、雲州，勝州、東勝，夏州、靈夏，皆兩地也，而誤以爲一。至於宛唐、死虎、慮虒、驢夷，字之訛也。居庸、翳螉，土軍、吐京，聲之變也。舉一例餘，類難悉數。每見近代諸志，一水一山，方位偶移，輒列爲數處，千里百里，聲稱相似，則牽爲一端，見聞日荒，義理日繆，安能與古人相上下乎？

六經而外，左、國、史、漢皆有詮釋。古人散逸之書，見於古人援引者爲多，是書悉爲搜討。至杜、鄭、馬三家之書，其言方輿，皆足採取，而杜氏尤長。王厚齋玉海一書，中所稱引，類多精確，而通釋一種爲功於通鑑甚巨，胡身之從而益暢其説，搜剔幾無餘藴，余尤所服膺，故採輯尤備。

水道遷流，最難辨晰，河渠、溝洫，班、馬僅紀大端，而餘史或缺焉。其詳爲之辭者，惟酈氏水經注，而杜佑甚病其荒繆。蓋河源紆遠，尚依史、漢舊文，而江、漢以南又皆意爲揣測，宜其未盡審也。若其掇拾遺聞，參稽往蹟，良爲考古之助。余嘗謂酈氏之病，在立意脩辭，因端起類，牽連附合，百曲千回，文采有餘，本旨轉晦，使其據事直書，從原竟委，恐未可多求也。後世河防、水利之書，作者相繼，至於晚近記載，尤多浮雜相仍，鮮裨實用。余所見河防、海防、江防、水利、泉河、籌海諸書，不下十餘種，惟潘氏河防、張氏三吳水利兩書，差有可採。川瀆一書，略倣水經之文，仰追禹貢之義，務期明確，無取辭費。

名山支山，山之大端也，其間有特峙者焉，有並峙者焉，連峙、疊峙者焉。山主分而脉本同，其間或起或伏，有突然獨起者，有判然並峙者，有連接千百里雖異名而實一山，又或一山而中包數山，一山而上起數山，詭異不可名狀。經川支流，水之大端也，其間有匯流者焉，分流者焉，並流、絕流者焉。水主合而源各異，其間或合或離，有數流而匯爲一川者，一川而散爲數川者，有兩川勢敵、既合而並流數里，仍分二川者，有水性勁弱不同，清濁互異絕流各出，竟不相通者，詭異亦不可名狀也。蔡氏曰：「山本同而末異，水本異而末同。」丘氏曰：「山體陽而用陰，用陰故靜而能深，天下之幽奇險奧，莫過於山也。水體陰而用陽，用陽故動而多變，天下之縱橫恣肆，莫甚於水也。」此可以語山川之性情矣。

水之至濁者，莫如河，故河最善決。北紀大川，漳水最濁，南條大川，漢水最濁，故漳、漢之水，亦多潰溢。水道既變，小而城郭關津，大而古今形勢，皆爲一易矣。余嘗謂天至動，而言天者不可不守其常；地至靜，而言地者不可不通其變，此亦一驗也。

管子曰：「不知地利者，不能行軍。」孫子曰：「地形者，兵之助。」鼂錯曰：「用兵臨戰，合刃之急者三，一曰得地形。」何承天曰：「山陵水泉，地陣也。」蓋地利之於兵，如養生者必藉於飲食，遠行者必資於舟車也。孫子十三篇，大都推明地利，不特九攻、九地之文而已。李吉甫序元和志曰：「今言地利者，凡數十家，尚古遠者，或搜古而略今，採謠俗者，或傳疑而失實，至於丘壤山川，攻守利害，皆略而不書，此微臣所以精研，聖后所宜周覽也。」自宋寰宇記以後，凡兵戎戰守之事，皆略而不書，豈欲公之天下，如漢人所云「史記載山川險易遠近，不當在諸侯王」者乎？

正方位，辨里道，二者方輿之眉目也，而或則略之。嘗謂言東，則東南東北皆可謂之東，審求之，則方同而里道參差，里同而山川回互。圖繪可憑也，而未可憑，記載可信也，而未可信，惟神明其中者，始能通其意耳。若并方隅里道而去之，與面墻何異乎？

前代之史易讀，近代之史難讀。司馬公作通鑑，於史、漢、三國採取最多，晉、宋而降，則旁稽博考，參取成書，其正史所存，什或未能三四也。十七史以後，宋、元二史最爲蕪繆。通鑑續編引蔓延流，開卷欲卧。續綱目因襲義例，稍成體裁，然而疏漏不少矣。近時史學益荒，方輿一家尤非所屬意。余嘗謂五代以前，尚可據史以繩志，五代以後，又當據志以律史，蓋志猶憑實，而史全蹈虛也。是書於宋、元諸史，不敢盡存，而近時聞見，尤用闕如，蓋不欲以可據之方輿，亂以無稽之記載也。

儲氏瓘曰：「知古非難，知今爲難。」夫古不參之以今，則古實難用；今不考之於古，則今且安恃。自世廟以來，黄河决塞，朝暮不常，邊塞震驚，出入無候，至於倭夷突犯，流毒縱横，盗賊乘釁，播惡未已，其間城堡之覆敗，亭障之消亡，村落之塗炭，留心民社者，不忍委於不知也。知之亦必考前人之方略，審從來之要害，因時而發，擇利而行，弭灾消患，不虞無術耳。然則真能知古而知今，正不難矣。

編户多寡不同，大約以嘉、隆間爲斷。水陸道里，遠近不同，大約以水道爲主。其後先迂直之數，可折衷而得之也。

九邊阨口，盤互紆回，西南洞寨，紛歧錯雜，累舉難詳，繁稱未盡，苟非事實可稽、圖籍可據者，無庸漫存其名，徒眩耳目爲也。

説者曰：風后受圖，九州始布，此輿圖之始也；山海有經，爲篇十三，此地志之始也。周禮大司徒而下，職方、司書、司險之官，俱以地圖周知險阻，辨正名物。戰國時蘇秦、甘茂之徒，皆據圖而言天下險易。蕭何入關，先收圖籍，鄧禹、馬援，亦以此事光武成功名。儒者自鄭玄、孔安國而下，皆得見圖籍，驗周、漢山川。蓋圖以察其象，書以昭其數，左圖右書，真學者事也。余初事方輿，即採集諸家圖說，手爲摸寫。舊藏朱思本畫方圖及羅洪先廣輿圖，尋得宋人南北對境圖及近時長江、海防及九邊圖凡數種。既成，病其疏略，乃殫力於書。蘇氏曰：「圖者，所以輔書之成也。」書以立圖之根柢，圖以顯書之脉絡，以圖從書，圖舉其要可也，不患其略也。

洪武初有天下，即編列天下地理形勢爲書，藏之太府。既又詔天下各獻圖籍，以求山川險易之實。英廟時，詔大臣撰一統志，所成乃僅如此，惜當時爭其事者，不詔之以祖訓，而遽格於陳循之詖說也。倘有任脩明之責者，明示體裁，使郡邑各上圖志，正封域，稽里道，驗山川、城池、關塞之大，郵亭烽堠之細，無不具載，而古今政事、貢賦、風俗，以次詳焉，散而爲百國之車書，合而爲一朝之典故，此亦度越古今之一端與？

方輿所該，郡邑、河渠、食貨、屯田、馬政、鹽鐵、職貢、分野之屬是也。禹貢記九州，亦叙田賦、貢物、貢道及島夷、西戎，職方則兼詳人民、六畜、土宜、地利，唐六典亦載貢賦、外夷。余初撰次歷代鹽鐵、馬政、職貢及分野，共四種，尋皆散軼，惟分野僅存。病侵事擾，未遑補綴，其大略僅錯見於篇中，以俟他時之審定，要未敢自信爲已成之書也。

校勘記

〔一〕次之以北直南直　職本、鄒本均作「次之以南、北直」。

讀史方輿紀要目次

南直十一　徐州　滁州　和州　廣德州

校勘記

〔一〕明　底本原無此「明」字，今據鄒本補。

〔二〕潞安府　底本原作「潞州府」，職本、敷本、鄒本並作「潞安府」。明史卷四一地理志（以下簡稱明志）潞安府下云：「元潞州……嘉靖八年二月升爲潞安府。」此當作潞安府，今據改。

〔三〕潼川州　底本原作「潼州府」，職本、敷本、鄒本並作「潼川州」。明志卷四三潼川州下云：「元潼川府……洪武九年四月降爲州。」則底本作「潼州府」誤，今據職本等改。

歷代州域形勢紀要序

天下不能有治而無亂也。繇亂而之治，則州域奠定，而形勢操於一人。繇治而之亂，則州域紛更，而形勢散於天下。蓋有都會焉，有藩服焉，有疆索焉，此州域也，而即一人之形勢也。封域不可恃爲强，城郭不可恃爲固，山谿不可恃爲險，一夫荷戈，羣雄角逐，天下各有其形勢，而州域於是乎不可問矣。有大力者出焉，提衡握機，取天下之形勢，而獨決於指掌之中，於以芟除僭僞，削平禍亂，而形勢復定。嗚呼，自生民以來，亂則必歸於治也。其治也，必有所以致之者也。治則必趣於亂也。其亂也，亦必有所以致之者也。時代之因革，視乎州域，州域之乘除，關乎形勢。州域之建置有定，而形勢之變動無方。譬之奕焉，州域其畫方之道也，形勢其布子之法也。譬之治田者焉，州域其疆理之迹也，形勢其墾闢之宜也。布子同而勝負不同，則存乎奕者之心手而已矣。〔一〕墾闢同而穫否不同，則存乎田者之材力而已矣。禹跡茫茫，其得失成敗之故，不越於此也，覽者盍亦知其大指焉。

校勘記

〔一〕存乎奕者之心手而已矣　職本與此同，敷本、鄒本「手」作「思」。

歷代州域形勢目次

讀史方輿紀要卷一

歷代州域形勢一　唐虞三代　春秋戰國　秦

昔黄帝方制九州，列爲萬國。周公職録：「黄帝割地布九州。」漢志：「黄帝方制萬里，畫野分州。」或曰九州顓帝所建，帝嚳受之。帝王世紀：「冀、兖、青、徐、揚、荆、豫、梁、雍九州，顓帝所建。」通典亦云。堯遭洪水，天下分絶。舜攝帝位，命禹平水土，以冀、青地廣，分冀東恒山之地爲并州，恒山在北直曲陽縣西北百四十里。詳北直名山。舜之并州，今北直之真定、保定、山西之太原、大同等府皆是。又東北醫無閭之地爲幽州，醫無閭山，在遼東廣寧衛西五里。幽州，今北直之順天、永平府及遼東廣寧等衛以西北皆是其境。又分青州東北、遼東之地爲營州，遼東地，在遼水東也。遼水在遼東都司城西百六十里。營州，今在瀋陽、定遼諸衛以北，又東至朝鮮之境。書曰「肇十有二州」是也。

劉氏曰：「舜分幽、并，内固王畿，外維疆索，包天下後世之慮也。」葉氏曰：「祭法云共工氏霸九州，然則九州之名舊矣。共工氏在黄帝以前。春秋緯云人皇氏分九州。又鄒衍淮南所稱九州，其辭甚誕，大抵九州者，古今之通謂也。」

夏有天下，還爲九州，禹貢所稱，其較著矣。

都邑攷：夏都安邑，安邑，今山西解州屬縣。其後帝相都帝丘，帝丘今北直開州西南三十里，舊濮陽城是。少康中興，復還安邑。又曰：昔伏羲都陳，即今河南陳州。神農亦都陳，又營曲阜。即今山東曲阜縣。黄帝邑於涿鹿之阿。涿鹿，地理總要云：「即今涿州。」括地志：「媯州懷戎縣東南五十里有涿鹿山，城在山側，黄帝所都也。」涿州，今北直順天府屬州。唐媯州懷戎縣，今爲宣府鎮懷來衛。少昊自窮桑登位，窮桑，在曲阜北。後徙曲阜。顓帝自窮桑徙帝丘。見上。帝嚳都亳。今河南偃師縣。至堯始都平陽。世紀：堯始封唐縣，後徙晉陽。今山西太原縣。及爲天子，都平陽，即今山西平陽府治臨汾縣。舜都蒲阪，今山西蒲州。禹都安邑，世紀：鯀封崇伯，地在秦、晉之間。或曰即陝西鄠縣。禹封夏伯，今河南禹州也。及受禪，都平陽，或云安邑，或又以爲晉陽。堯、舜、禹之都，相去不過二百里，皆在冀州之内。

冀州，今北直、山西及河南之彰德、衛輝、懷慶三府，及遼東之廣寧諸衛皆是。

孔氏曰：「冀州，帝都也，三面距河。」河，大河也。自積石入中國，歷禹貢雍、豫、冀、兖四州之域。冀州東、西、南三面皆距河。大河，詳川瀆異同，下倣此。蔡氏曰：「禹貢冀州，不言所至，蓋王者無外之義。」

濟、河惟兖州，濟水發源河南濟源縣王屋山，至山東利津縣入海。詳川瀆異同。兖州，今山東東昌府及濟南府北境、兖州府西境，又兼有北直大名府及河間府景、滄諸州境。

孔氏曰：「兖州東南據濟，西北距河。」

海、岱惟青州，海，大海，今環遼青、登、萊三府之境。詳見川瀆異同，下倣此。岱，泰山，在山東泰安州北五里。詳見山東名山。青州，今青、登、萊三府以至濟南府之西境，又遼東定遼諸衛，亦禹貢青州地也。

孔氏曰：「青州東北據海，西南距岱。」

海、岱及淮惟徐州，海在南直淮安府東北。淮水出河南桐柏縣桐柏山，至南直安東縣東北入海。詳見川瀆異同。徐州，今山東兖州府及南直徐州，又鳳陽府之宿州、泗州、淮安府之邳州、海州皆是其地。

孔氏曰：「徐州之域，東至海，北至岱，南及淮。」

淮、海惟揚州，海在古揚州東境。揚州，今南直、浙江、江西、福建皆是。

孔氏曰：「揚州北據淮，東南距海。」

荆及衡陽惟荆州，荆山在湖廣南漳縣西北八十里，衡山在湖廣衡山縣西三十里。詳見湖廣名山。荆州，今湖廣州郡至四川遵義府及重慶府南境，又貴州思南、銅仁、思州、石阡等府及廣西之全州、廣東之連州皆是其地。

孔氏曰：「荆州北據荆山，南及衡山之陽。」

荆、河惟豫州，豫州，今河南州郡及湖廣襄陽、鄖陽府境皆是其地。

孔氏曰：「豫州西南至荆山，北距河。」

華陽、黑水惟梁州，華山，在陝西華陰縣南十里。詳陝西名山。黑水，或以爲雲南境之瀾滄江。詳川瀆異同。梁州，今四川州郡及陝西漢中府境。

孔氏曰：「梁州東據華山之陽，西距黑水。」

黑水、西河惟雍州。黑水，今陝西肅州衛西北十五里有黑水。河在古雍州東，曰西河者，主冀州而言也。雍州，今陝西州郡皆是。

孔氏曰：「雍州西據黑水，東距河。」

鄭氏曰：「州縣之設，有時而更，山川之形，千古不易。所以禹貢分州，必以山川定疆界，使兗州可移，而濟、河之兗不能移；梁州可遷，而華陽、黑水之梁不能遷。是故禹貢爲萬世不易之書。」

蔡氏曰：「禹貢作于虞時，而繫之夏書者，〔一〕禹之王以是功，又即夏有天下以後之成制也。」

殷商革命，詩稱「九有」，因夏之制，無所變更。

都邑攷：契始封商，今陝西商州。相土遷商丘，今河南歸德府附郭縣。湯居亳，括地志：「宋州穀熟縣西南三十五里南亳故城，湯所都也。」又蒙城西北有亳城，爲北亳。河南偃師爲西亳，帝嚳始居此，湯即位，自南亳徙都焉，故書序曰從先王居也。今詳見商丘之亳城。仲丁遷囂，世紀：「今河南敖倉是也。」括地志：「今鄭州滎澤縣西南十七里，故滎陽城是。」詳見河南滎陽縣。河亶甲居相，今河南彰德府西北五里有相城。祖乙圮于耿，今山西河津縣南十三里有耿城。史記：「祖乙遷于邢。」或以爲今北直順德府治邢臺縣。索隱曰：「邢即耿也。」

盤庚遷殷，即西亳。武乙徙朝歌，今北直濬縣西七十里廢衛縣是，亦見河南淇縣。所謂「沬邦」也。王氏曰：「爾雅『兩河間曰冀，河南曰豫，濟東曰徐，河西曰雍，漢南曰荆，江南曰揚，燕曰幽，濟、河間曰兖，齊曰營。』孫氏炎以爲分禹貢之冀而復舜之幽，又并青于徐，而復舜之營，殷之九州，燦然可攷。」陸氏佃亦云：「禹貢有青、徐、梁而無并、幽、營，爾雅有徐、幽、營而無青、梁、并，職方有青、幽、并而無徐、梁、營，三代不同故也。」然班氏志地理，以爲殷因于夏，無所變改。杜佑亦曰：「殷湯受命，亦爲九州，分統天下。」爾雅之文，未可據爲商制矣。

陳氏曰：「商書言『九有之師』，商頌曰『奄有九有』，又曰『式于九圍』，王制于商亦曰『九州千七百七十三國』，商之九州，蓋襲夏而已。孫炎以爾雅與禹貢、周禮不同，故疑爲商制，亦無明文言殷改夏也。」

周既定鼎，亦曰九州，屬職方氏。

都邑攷：后稷始封邰，今陝西武功縣西南二十里故斄城是。斄、邰同。公劉徙邑于豳。今陝西三水縣西三十里有古豳城。太王遷于岐，今陝西岐山縣東北五十里岐山鎮是也。南有周原，改號曰周。王季宅程，亦曰郢。今陝西咸陽縣東二十里有安陵城，古程邑也。文王遷豐，通典：「今長安西北靈臺鄉豐水上。」文王作邑于豐，即其地也。又今陝西鄠縣東有豐城。武王徙都鎬。通典：「長安西北十八里，昆明池北有鎬陂。」鄭康成曰：「豐邑在豐水西，鎬京在豐水東，相去蓋二十五里。」括地志：「周豐宮在鄠縣東二十五里，鎬在雍州西南二十五里。」未詳孰是。成王營洛邑，西曰王城，今河南府治西偏。東曰下都，在今河南府城東、洛水北，西去王城三十餘里，亦謂之成周。今詳見河南府城。名曰東周，懿王徙犬丘，今陝西興平縣東南十里槐里城是。平王避犬戎之難，東遷于洛，即洛邑也。

東南曰揚州，山會稽，在浙江紹興府城東南十三里。詳見浙江名山。藪具區，即太湖也，在南直蘇州府城西南五十里，與常州府及浙江湖州府分界。詳見南直大川。川三江，三江，一曰松江，自太湖分流，由蘇州府吴江縣長橋口至嘉定縣東南四十里吴淞口入海；一曰婁江，亦自太湖分流，經蘇州府城東至太倉州東南七十里劉家河口入海；一曰東江，亦自太湖分流，從吴江縣東南入浙江嘉興府境，至海鹽縣東北三十五里入海，今由南直松江府合松江入海。詳南直大川。浸五湖。五湖，孔氏曰：「太湖東岸五灣也。」水彌漫而灘淺者曰藪，窪下而鍾水者曰浸。

正南曰荆州，山衡山，衡山，見禹貢荆州。藪雲夢，在湖廣德安府城南五十里。川江、漢，江水，發源四川茂州西北之岷山，歷梁、荆、揚三州之域，至南直海門縣入海。漢水，發源陝西寧羌州東北之嶓冢山，至湖廣漢陽府城東北入大江。俱詳川瀆異同。浸潁、湛。潁水，發源河南登封縣陽乾山，至南直潁上縣東南入淮，詳河南大川。湛水，出河南汝州魚齒山，經葉縣北下流入汝。二水在禹貢爲豫州域内。

河南曰豫州，山華山，華山，見禹貢梁州。藪圃田，圃田澤，在河南中牟縣西北七里。川滎、洛，滎，或以爲滎澤，誤也。滎、灉同。鄭氏曰：「河出爲灉。」〔二〕今之汴水是矣。洛水，出陝西商州南冢嶺山，至河南鞏縣北入河。俱詳河南大川。浸波、溠。波水，出河南魯山縣西北歇馬嶺，流入汝水。溠水，出湖廣棗陽縣東北黄山，流入涢水。

正東曰青州，山沂山，沂山，在山東臨朐縣南百五十里。詳見山東名山。藪孟諸，孟諸澤，在河南歸德府東北，于禹貢爲豫州境。川淮、泗，淮水，見禹貢徐州。泗水，出山東泗水縣陪尾山，至南直清河縣南入淮。詳見南直大川清河。二水于禹貢皆徐州川也。浸沂、沭。沂水，出山東臨朐縣沂山，至南直邳州南入泗水。沭水亦出沂山，至南直安東縣入淮水。

河東曰兖州，山岱山，見禹貢青州。藪大野，大野澤，在山東鉅野縣東五里。川河、泲，河，見禹貢冀州。泲，見禹貢兖州。浸盧、濰。盧水，通典曰：「在濟陽郡盧縣。」今山東長清縣有廢盧縣，盧水湮廢，不可考。濰水，源出山東莒州西北箕屋山，至濰縣北入海，于禹貢爲青州川也。

正西曰雍州，山岳山，吴岳山也，在陝西隴州南百四十里。藪弦蒲，弦蒲藪，在隴州西四十里。川涇、汭，涇水，出陝西平涼府西南幵頭山，〔三〕至高陵縣西南入渭。詳陝西大川。汭水，出弦蒲藪，至邠州長武縣合于涇水。亦詳見大川涇水。浸渭、洛。渭水，出陝西臨洮府渭源縣西南谷山，至華陰縣北入于河。洛水，出陝西合水縣北白於山，南流合漆沮水，至朝邑縣南入渭水，此雍州之洛水也。俱詳見陝西大川。

東北曰幽州，山醫無閭，醫無閭山，見舜十二州。藪貕養，貕養澤，在山東登州府萊陽縣東，于禹貢屬青州境。川河、泲，浸菑、時。菑水出山東萊蕪縣東原山，至壽光縣東北入于海。亦曰淄水。時水出山東青州府臨淄縣西二十五里，西至博興縣合小清河入海。二水于禹貢皆在青州境。

河内曰冀州，山霍山，霍山，在山西平陽府霍州東南三十里。詳山西名山。藪揚紆，水經注：「大陸澤一名揚紆藪。」今在北直寧晉、隆平及鉅鹿縣境。川漳，漳水有二，濁漳出山西潞安府長子縣西發鳩山，清漳出山西太原府平定州樂平縣西南少山，至河南臨漳縣西合焉。其下流復分爲二，經流自北直獻縣合滹沱河，支流自山東東昌府館陶縣合于衛河，俱經北直静海縣北小直沽入海。今詳見北直大川。浸汾、潞。汾水，出山西静樂縣北管涔山，至滎河縣西入大河。詳見山西大川。潞水，闞駰曰：「即濁漳水。」今濁漳經潞安府城西南二十里，土人猶呼爲潞水。通典：潞水在密雲縣。今北直通州之白河，即潞水也。

正北曰并州，山常山，即恒山，見舜十二州山注。藪昭餘祁，昭餘祁藪，在山西太原府祁縣東七里。川滹沱、嘔夷，滹沱水，出山西代州繁峙縣東北泰戲山，至北直河間府静海縣北小直沽入海。詳北直大川。嘔夷水一名唐河，出山西大同府西靈丘縣西北高是山，至北直保定府安州北而合于易水也。浸淶、易。淶水在北直淶水縣北，一名拒馬河，下流合于易水。易水出易州西山，有三源並導，分流東注合衛河及滹沱河以入于海。今詳北直大川。

魏收曰：「夏書禹貢、周禮職方，中畫九州，外薄四海，析其物土，書其疆域，此蓋王者之規模也。」

李氏曰：「禹貢無幽、并，職方無梁、徐，蓋周合梁、徐于雍、青，分冀野爲幽、并。考工記言天下之大勢，兩山之間必有川焉，兩川之間必有涂焉。廣谷大川，風俗之所以分，故推其高且大者，先正之，然後九州可别，如大山定而山之西爲兖，大山謂泰山。大河定而河之南爲豫，此分畫之要也。」

陳氏曰：「古者名山大川，皆天子使吏治之，而入其貢賦，是以九州川浸山藪，各在職方，不屬諸侯之版。夫子作春秋，虎牢不係鄭，虎牢，今在河南汜水縣西二里，成皋關也。詳見河南重險。春秋襄二年：「仲孫蔑會諸侯之大夫于戚，遂城虎牢。」所謂虎牢不繫鄭也。沙鹿不係晉，沙鹿山在北直大名府城東四十五里。春秋僖十四年書「沙鹿崩」，不言晉也。緣陵不係杞，緣陵，在今山東諸城縣東。春秋僖十四年：「諸侯城緣陵。」是時杞避淮夷，遷于緣陵也。楚丘不係衛，楚丘，今北直滑縣東六十里廢衛南縣。春秋僖二年：「城楚丘。」傳曰：「諸侯城楚丘而封衛也。」蓋別天子之守地也。一云詩不以圃田係鄭，春秋不以沙鹿係晉。周季諸侯，始擅不肦之利，齊斡山海，晉守郇、瑕、桃林之塞，郇、瑕，今山西臨晉縣東北有郇城，東南有瑕城。桃林塞，今河南陝州西至潼關地。宋有孟諸，楚有雲夢，皆不入于王官。此諸侯所以僭侈，王室所以衰微也歟？

傳稱禹會諸侯于塗山，塗山，在南直懷遠縣東八里。執玉帛者萬國。成湯受命，其存者三千餘國。武王觀兵，有千八百國。東遷之初尚存千二百國，迄獲麟之末，二百四十二年，諸侯更相吞滅，其見于春秋經、傳者，凡百有餘國，而會盟征伐，章章可紀者，約十四君：

魯，今自山東兖州府以東南，南直邳、泗之境，皆魯分也。

都邑攷：魯都曲阜，故少皞都也，故春秋傳曰：「命伯禽而封于少皞之墟。」

衛，今自北直大名府開州以西至河南衛輝、懷慶府之境，皆衛分也。都邑攷：衛都朝歌，即殷紂都也，故酒誥曰「明大命于妹邦」。妹、沬通。其後戴公廬曹，今北直滑縣。文公遷楚丘，見前。成公徙帝丘即顓頊都也，故春秋傳曰「衛顓頊之墟」。又傳云：衛成公夢康叔曰：「相奪予享。」蓋夏后相亦徙帝丘也。亦謂之濮陽，戰國時名。至元后徙野王而祀絶。野王，今懷慶府河内縣。

齊，今自山東青州府以西，至濟南、東昌之間，又北至北直河間府景、滄諸州，東南則際于海，皆齊分也。都邑攷：太公初封營丘，營丘即山東臨淄縣。或曰：昌樂縣東南廢營陵城爲古營丘。胡公徙薄姑，今青州府博興縣東北十五里有薄姑城。獻公徙臨淄。即今縣。

晉，今自山西平陽、太原以東，至北直廣平、大名之間，皆晉分也。都邑攷：虞叔封唐，今山西太原縣北有古唐城。燮父徙居晉，今太原縣治東北晉陽故城是。穆侯徙絳，今山西翼城縣東南十五里故翼城是。孝侯改絳曰翼。既而曲沃滅翼，曲沃，今山西聞喜縣東左邑故城是，晉文侯弟成師所封。復都絳。按左傳隱五年：「曲沃莊伯伐翼，翼侯奔隨。」是年桓王立翼侯子哀侯于翼。六年，晉人迎翼侯于隨，納諸鄂，謂之鄂侯。桓八年，曲沃滅翼，王命立哀侯弟緡于晉。莊十六年，曲沃武公并晉。僖王因就命爲晉侯。二十六年，獻公城絳，自曲沃徙都之。隨，晉別邑，或曰在今汾州府介休縣東。鄂，晉陽故城之別名也。即晉與絳亦翼也，遷新田後謂之故絳。景公遷新田，今曲沃縣西南二里之絳城是也。仍稱絳。

宋，今自河南歸德府以東至南直徐州境，皆宋分也。

都邑攷：宋都商丘，即相土所遷者。

鄭，今河南開封府以西至成臯故關，皆鄭分也。

都邑攷：鄭都新鄭。今河南新鄭縣。又陝西華州西北有故鄭城，則鄭桓公始封邑也。

陳，今河南開封府以東南，至南直亳州之西境，皆陳分也。

都邑攷：陳都宛丘，今陳州治。即伏羲所都，故春秋傳云「陳，太皞之墟」也。春秋哀十七年：爲楚所滅。

蔡，今河南汝寧府以東北，即蔡分也。

都邑攷：蔡叔始封蔡，今汝寧府上蔡縣。平侯徙新蔡，今汝寧府新蔡縣。昭侯徙州來，今南直壽州北三十里下蔡城是也。哀二年爲吳所遷。亦曰下蔡。

曹，今山東曹州以南，即曹分也。

都邑攷：曹都陶丘。今山東定陶縣西故陶城是。一云都曹，今曹州城也。哀八年爲宋所滅。

許，今河南許州以東，即許分也。

都邑攷：許都許，今許州東三十里故許昌城是。靈公遷于葉，今河南葉縣。悼公遷夷，實城父，今南直亳州東南七十里廢城父縣是。旋還葉。昭九年楚靈王遷許于夷，十二年平王復許于葉。又遷於析，實白羽。今河南内鄉縣。許男斯遷容城，爲鄭所滅。容城，或曰在葉縣西。自葉以下皆爲楚所遷也。左傳定四年：「許遷容城。」「六年，鄭滅許。」其後仍見于春秋，蓋楚所復也。

秦，今自陝西西安府以西，皆秦分也。

都邑攷：非子封秦城，秦紀：「非子居犬丘，周孝王分土爲附庸，邑之秦。」括地志：「今秦州清水縣故秦城也。犬丘，即周懿王所都。」莊公復居犬丘，秦紀：莊公居其故西犬丘。襄公徙居汧，秦紀：「平王封襄公爲諸侯，賜之岐以西之地，于是始國焉。」世紀云：「襄公二年徙居汧。」括地志：「今隴州南三里有汧城是也。」文公復卜居汧、渭間，秦紀：「文公居西垂宫，東獵至汧、渭之會，乃卜居之。」括地志：「鳳翔府郿縣東北十五里故郿城，即文公卜遷處也。」寧公徙平陽，今郿縣西四十六里有平陽故城。德公徙居雍，今鳳翔府治。秦紀：「德公初居雍城大鄭宫。」括地志：「雍縣南七里故雍城是也。」獻公徙櫟陽，即今西安府臨潼縣北五十里故櫟陽縣。孝公作爲咸陽，徙都之。今西安府咸陽縣東三十里咸陽故城也。自孝公至子嬰，凡十世，皆居咸陽也。

楚，今自湖廣荊州府以北至河南裕州、信陽州之境，皆楚分也。

都邑攷：熊繹封丹陽，今湖廣歸州東南七里丹陽故城是。本號曰荆，春秋：僖公初始改稱楚。文王始都郢，今荆州府北十里有紀南城，即故郢城也。平王更城郢而都之。今荆州府東北三里故郢城是。昭王遷鄀，今襄陽府宜城縣西南九十里有鄀城。旋還郢。至襄王東北保陳城，即故陳國。考烈王遷鉅陽，或曰南直潁州西北四十里細陽城，即古之鉅陽。又遷壽春，今南直壽州。亦曰郢。最後懷王孫心都盱眙，今南直盱眙縣。又徙長沙郴縣而亡。郴縣，今湖廣郴州也。

吳，今自南直淮、泗以南至浙江嘉、湖之境皆吳分也。

都邑攷：吳都吳。今南直蘇州府治。史記正義：「泰伯居梅里。」今常州府無錫縣東南四十里有泰伯城，至闔閭始築吳郡城都之，今猶謂之闔閭城。哀二十二年爲越所滅。

越，今自浙江杭州府以南，又東至于海，皆越分也。

都邑攷：越都會稽。今浙江紹興府治。又勾踐嘗徙琅邪，今山東青州府諸城縣東南百四十里有琅邪城。

司馬遷曰：「齊、晉、秦、楚，其在成周微甚，封或百里，或五十里。晉阻三河，冀州三面距河也。齊負東海，楚介江、淮，秦因雍州之固。四國迭興，更爲霸主，文武所褒，大封皆威而服焉。」

其子男附庸之屬，今考定百有十三國。則悉索幣賦，以供大國之命者也。

邾，今兖州府鄒縣。左傳文十三年「邾文公遷繹」。今鄒縣東南二十五里有繹山。魯繆公時邾改曰鄒，今國語亦作「鄒」。

杞，今開封府杞縣。宋忠曰：「周封杞于雍丘，至春秋時杞已遷東國，故隱四年莒伐杞，取牟婁，牟婁近莒也。」杜預曰：「桓六年淳于公亡國，杞似并之，遷都淳于。僖十四年又遷緣陵。襄二十九年晉人城杞之淳于，杞又遷于淳于。」列國攷：「周武王封東樓公于杞。」先春秋時徙魯東北，其故地入于鄭、宋，傳二十一世至杞簡公，爲楚惠王所滅。雍丘，即今之杞縣。牟婁、緣陵，俱在山東諸城縣。淳于，見下州國。

茅，今兗州府金鄉縣東舊有茅鄉。

滕，今兗州府滕縣西十四里有古滕城。

薛，今滕縣西南四十里有薛城。左傳定二年：〔四〕薛宰曰：「薛之皇祖奚仲居薛，爲夏車正。奚仲遷于邳，仲虺居薛，爲湯左相。」邳，今南直邳州也。

莒，今山東青州府莒州。

向，今山東沂州南百里故向城是。隱二年「莒人入向」。

紀，今青州府壽光縣西南三十餘里有紀城。左傳莊四年「紀侯大去其國」，違齊難也。

夷，今山東膠州即墨縣西廢壯武城即古夷國。隱元年「紀伐夷」。

郳，滕縣東南有郳城。僖七年「改爲小邾」。

鄫，今兗州府嶧縣東有鄫城。襄六年「莒人滅鄫」。

遂，今兗州府寧陽縣北有遂城。莊十三年「齊滅遂」。〔五〕

譚，今濟南府東南七十里有譚城。莊十年「齊滅譚」。

偪陽，嶧縣南五十里有偪陽城。襄十年「晉及諸侯滅偪陽以與宋」。

郜，今兗州府城武縣有郜城。僖二十年「郜子來朝」。

鑄，寧陽縣西北有鑄城。

郙，兖州府濟寧州東南有郙城。襄十三年「取郙」。〔六〕

鄟，或曰在山東沂州郯城縣東北。成六年「取鄟」。

宿，兖州府東平州東二十里無鹽城即古宿國。莊十年「宋人遷宿」。

任，今濟寧州即古任國。

須句，即今東平州。左傳僖二十二年：邾人取須句，魯伐邾，取須句而復封之。文七年「取須句」。

顓臾，今沂州費縣西北九十里有顓臾城。

郯，今郯城縣西南有古郯城。宣四年「公及齊侯平莒及郯」。

州，今青州府安丘縣東有淳于城。薛瓚曰：「州國都也。桓六年經書州公如曹，傳曰：淳于公也。」周國地名云「杞改國號曰州」，誤。蓋其地并于杞耳。

於餘丘，或曰在沂州境。莊二年「魯伐於餘丘」。

牟，山東泰安州萊蕪縣東二十里有牟城。桓十五年「牟人來朝」。

郚，東平州東六十里有郚城。莊三十年「齊人降郚」。

郕，東平州汶上縣北二十里有郕城。隱五年「衛人入郕」。

鄅，今沂州東南故開陽城即鄅國也。〔七〕昭十八年「邾入鄅」。

極，或曰在兗州府魚臺縣西南。隱二年「魯入極」。

根牟，莒州沂水縣南有牟鄉，即古根牟國。宣九年「取根牟」。

陽，沂水縣南有陽都城，故陽國。或曰陽國本在今益都縣東南，齊偪遷之于此。左傳閔二年「齊人遷陽」。

介，青州府諸城縣東北有黔陬城，〔八〕即古介國。僖二十六年「介葛盧來朝」。

萊，今登州府黄縣東南有萊子城，亦曰郲。襄六年「齊滅萊而遷之于郳」，或曰即今萊州府治。

虞，今山西解州平陸縣東北四十餘里有虞城，即虞國都也。僖五年「晉滅虞」。

虢，今河南陝州城東南有上陽城，即古虢仲國都也，杜預謂之西虢。其鄭州汜水縣，古虢叔所都，謂之東虢。杜佑曰：「陝州之虢爲北虢，汜水之虢爲東虢。」又陝西鳳翔府南三十五里有虢城，謂之西虢，亦曰小虢。東虢爲鄭所滅，在春秋之前；小虢爲秦所滅，在魯莊公之季；北虢爲晉所滅，在僖公五年，是爲三虢也。

祭，開封府鄭州東北十五里有祭城。隱元年「祭伯來」。

共，今衛輝府輝縣即古共國。隱元年「鄭叔段出奔共」，杜預曰：「共國也。」

南燕，今衛輝府胙城縣。本胙國，春秋時爲南燕國。或曰胙爲南燕所并也。春秋傳凡稱燕者皆南燕，而召公所封之燕則曰北燕。

凡，今輝縣西南二十里有凡城。隱七年「凡伯來聘」。

蘇，今懷慶府温縣西南二十里故温城，蘇子國都也。亦曰温。僖十年「狄滅温」。或曰「自是温子徙邑于河南」。

原，今懷慶府濟源縣西北十五里有原城。僖二十五年「襄王以温、原與晉」，自是原在河南。温、原皆畿内國也。

周，畿内國也。其采邑在今陝西岐山縣，東遷以後，其采邑在洛陽東郊。

召，亦畿内國。其采邑即今陝西鳳翔府治，後徙而東。今山西垣曲縣東有邵亭，是其采地云。

毛，畿内國。在河南府境。僖二十四年「狄伐周，獲毛伯」。

甘，畿内國。今河南府西南二十五里有甘城，襄王弟子帶之封邑。

單，或曰今在河南孟津縣東南，亦畿内國。

成，在河南府境，亦畿内國也。成十年，「成肅公會晉侯伐秦」。

雍，懷慶府修武縣西有雍城。〔九〕

樊，畿内國。或曰今濟源縣西南十五里曲陽城是古陽樊也。晉語「陽有樊仲之官守焉」，蓋仲山甫采邑，後徙于河南。

尹，畿内國。或曰在今河南府新安縣東南，東遷初自岐西遷于此。

劉，畿内國。今河南府偃師縣南三十五里有劉聚。宣十年「劉康公來報聘」。

鞏，畿内國也。今河南府鞏縣。

芮，今陝西同州即古芮國。又山西解州芮城縣西有古芮城，桓三年「芮伯萬出居于魏」，即此城也。

魏，芮城縣東北有古魏城。閔元年「晉滅魏」。

荀，亦曰郇。今山西蒲州臨晉縣東北十五里有古郇城。

梁，今同州韓城縣南二十二里少梁城即古梁國。僖十九年「秦取梁」。

賈，今陝西華州蒲城縣西南十八里有賈城，即古賈國。左傳桓九年「虢仲、芮伯、梁伯、荀侯、賈伯伐曲沃」。〔一〇〕時曲沃滅翼也。

耿，今蒲州河津縣有耿城，即殷祖乙都也。閔元年「晉滅耿」。

霍，今山西霍州。閔元年「晉滅霍」。

冀，今河津縣東北有冀亭，僖三年晉荀息所稱「冀爲不道」者。

崇，或曰在同州境。又西安府鄠縣東五里有酆城，即殷崇侯國也。宣元年「晉侵崇」。杜預曰：「崇，秦之與國。」

黎，今山西黎城縣東北十八里有黎侯城。宣十五年「晉滅潞氏而立黎侯」，蓋先爲潞氏所滅。

鄧，今南陽府鄧州。莊十六年「楚滅鄧」。

申，今南陽府北二十里有申城，即故申國都也。莊六年「楚滅申」。

滑，今河南府偃師縣南二十里廢緱氏縣，古費邑，滑都也。僖三十三年「秦人滅滑」。

息，今河南光州息縣北有故息城。莊十四年「楚滅息」。

黄，今光州西十二里有黄城。僖十二年「楚滅黄」。又山西境内亦有黄國，子産所謂「沈、姒、蓐、黄，晉主汾而滅之」者。

江，今汝寧府真陽縣東南有故江城。文四年「楚滅江」。

弦，今光州西南有弦城。僖五年「楚滅弦」。又昭三十一年「吳圍弦」，蓋楚復其國也。

道，今息縣西南十里故陽安城即春秋時道國。

栢，今汝寧府西平縣即古栢國。

沈，今陳州沈丘縣。杜預曰「平輿縣有沈亭」。蓋在今汝寧府東北。定四年「蔡滅沈」。

頓，今陳州商水縣北有南頓城，即古頓國。僖二十五年「楚圍陳，納頓子于頓」。定十四年「楚滅頓」。

項，今陳州項城縣。僖十七年「魯滅項」。

鄀，今南陽府内鄉縣西丹水城即古鄀國。文五年「秦人入鄀」。杜預曰：「後遷于南郡鄀縣。」即今湖廣宜城縣之故鄀城也，楚昭王所都。

胡，今南直潁州西北二里有胡城。定十五年爲楚所滅。

隨，今湖廣德安府隨州。

唐，今隨州西北八十里有唐城。定五年「楚滅唐」。

房，今汝寧府遂平縣，即春秋時房國。

戴，今河南睢州考城縣故城即古戴國。隱十年「鄭取戴」。

葛，今歸德府寧陵縣北十五里有故葛城。桓十五年「葛人來朝」。

蕭，今南直徐州蕭縣。宣十二年「楚滅蕭」。

徐，今南直泗州北五十里有徐城。昭三十年「吴滅徐，徐子奔楚，楚遷徐于夷」，即許國所嘗遷者。

六，今廬州府舒城縣東南六十里有六城。文五年「楚滅六」。

蓼，今壽州霍丘縣西北有蓼城，古蓼國也。文五年「楚滅蓼」。又宣八年「楚滅舒蓼」。或曰楚改封蓼，而復滅之。杜預曰：「湖陽縣亦古蓼國。」今河南唐縣南九十里，故湖陽城是也。桓十一年「與鄖、隨伐楚」，蓋湖陽之蓼國云。

宗，或曰在今廬州府廬江縣西境。文十二年「楚執宗子」。

巢，今南直無爲州巢縣東北有居巢城。文十二年「楚圍巢」。

英氏，在南直六安州西。僖十七年「齊人、徐人伐英氏」。

桐，今南直安慶府桐城縣。杜預曰：「廬江舒縣西南有桐鄉，古桐國。」舒，即今舒城縣。定二年「桐叛楚」。

舒，今廬州府舒城縣。僖三年「徐人取舒」。杜預曰：「舒有舒庸、舒鳩之屬。」文十二年「羣舒叛楚」是也。宣八年「楚滅舒」。

舒鳩，在南直廬州府境。襄二十五年「楚滅舒鳩」。

舒庸，在南直安慶府境。成十七年「楚滅舒庸」。

鍾吾，今南直邳州宿遷縣即古鍾吾國。昭三十年「吳執鍾吾子」。

穀，今湖廣襄陽府穀城縣西北七里故穀城是。桓七年「穀伯來朝」。

貳，在隨州應山縣境。

軫，在德安府應城縣西。桓十一年「楚屈瑕將盟貳、軫」。

鄖，亦作邧。今德安府治，即故鄖都也。

絞，在湖廣鄖陽府西北。桓十二年「楚伐絞」。

羅，今襄陽府宜城縣東北二十五里有羅州城，又南漳縣南八十里有羅國城。桓十三年「楚伐羅」。杜預曰：「羅在宜城縣西山中，後徙南郡枝江縣。」又今岳州府平江縣南亦有羅國城，志云：楚自枝江徙羅于此。

賴，今河南光州商城縣南有賴亭。昭四年「楚滅賴，遷賴于鄢」，即湖廣宜城縣也。

州，今荆州府監利縣東有州城，即古州國。桓十一年「鄖與隨、絞、州、蓼伐楚師」，此則楚境之州國也。

權，今湖廣荆門州當陽縣東南有權城。左傳：「楚武王克權，遷權于那處。」今荆門州東南故那口城是也。

厲，今隨州北境有厲鄉，即古厲國。僖十五年「齊師、曹師伐厲」。

庸，今鄖陽府竹山縣東四十里有上庸城。文十六年「楚滅庸」。

麇，今鄖陽府治，古麇國也。又岳州府境有東西二麇城。文十一年「楚伐麇」。

夔，今湖廣歸州東二十里有古夔城。僖二十六年「楚滅夔」。

巴，今四川重慶府治巴縣是。王氏曰：「夔州以西，叙州以北，皆古巴國地。」

邢，今北直順德府治，即古邢國。僖元年「邢遷于夷儀」。今山東東昌府西南十二里有夷儀聚，又順德府西百四十里有夷儀城。僖三十五年「衛滅邢」。

北燕，今北直順天府治，春秋時燕都也。元和志云：「本古薊國，武王封堯後于此。」燕故都在易州城東南，後并薊地，遂遷于薊。

焦，今河南陝州南二里有焦城，古焦國。

揚，今山西平陽府洪洞縣東南十八里有揚城，古揚國。

韓，今陝西韓城縣南十八里有古韓城。襄二十九年「晉女叔侯曰，虞、虢、焦、滑、霍、楊、韓、魏，皆姬姓也」。杜預曰：

「八國皆晉所滅。」

不羹。羹音郎。今河南許州襄城縣東南有西不羹城，又裕州舞陽縣西北有東不羹城。左傳昭十一年「楚子城陳、蔡、

不羹。」杜預曰：「陳、蔡、二不羹，子革所謂四國者也。」

又有九州夷裔，約十八國。則參錯于列國間者也。

戎蠻，河南汝州西南有蠻城，即戎蠻子國。哀四年「楚圍蠻氏，盡俘以歸」。

陸渾，今河南府嵩縣北三十里有陸渾廢縣。僖二十二年「秦、晉遷陸渾之戎于伊川」。昭十七年「晉滅陸渾」。

鮮虞，今北直真定府西北四十里新市城，即鮮虞國都。定四年「晉荀寅曰中山不服」，又哀三年「齊、衛求援于中山」。

中山即鮮虞也，蓋自是改稱中山。

無終，今北直薊州玉田縣，即山戎無終子國。或曰無終本在太原東境，後爲晉所敗滅，徙于燕、薊之東。昭元年「晉敗

無終及羣狄于太原」是也。

潞氏，今潞安府潞城縣，春秋時潞子嬰兒國也。宣十五年「晉滅赤狄潞氏」，十六年「滅甲氏及留吁、鐸辰」，皆潞氏之屬

也。

廧咎如，或曰在山西太原府境，亦赤狄別種。咎讀曰皐。其屬又有皐落氏，閔二年「晉伐東山皐落氏」。

白狄，在陝西延安府境及山西汾州府西境，亦白狄。

驪戎，今陝西西安府臨潼縣即古驪戎國。

犬戎，在陝西鳳翔府北境。杜預曰：「西戎別在中國者。」

山戎，今北直永平府境。莊三十年「齊伐山戎」。或曰即北戎也。

茅戎，在河南陝州境。成元年「劉康公伐茅戎敗績于徐吾氏」。杜預曰：「茅戎，戎之別種，徐吾氏又茅戎之別種也。」

盧戎，今湖廣南漳縣東五十里廢中盧縣，襄陽耆舊傳云：「古盧戎國。」

鄋瞞，在山東濟南府北境。亦曰長狄，文十一年「叔孫得臣獲長狄僑如」。或曰今青州府高苑縣有廢臨濟城，古狄邑，即長狄所居。

北狄，在山西大同、蔚州諸境，即莊公末伐邢伐衛之狄也。

淮夷，在南直徐、邳諸州境，亦曰東夷。

肥，山西平定州樂平縣東五十里有昔陽故城，肥國都也。昭十二年「晉滅肥」。又今北直永平府西北有肥如城，真定府藁城縣西南有肥纍城，又山東濟南府有肥城縣，或曰皆晉滅肥後，其族類散處之地。

鼓，今北直晉州即故鼓國也。左傳昭十五年：「晉取鼓而反之。」二十二年，晉滅鼓。

戎，杜預曰：「陳留濟陽縣東南有戎城，古戎國。」今山東曹縣東南有楚丘城，括地志：「即春秋戎州己氏邑也。」濟陽亦見曹縣。

濮，亦曰百濮。文十六年「麇人率百濮伐楚」。杜預曰：「今建寧郡有濮夷。」建寧，今雲南曲靖府境也。或曰湖廣常德、辰州府境即古百濮地。

左傳僖二十四年：富辰曰：「管、今河南鄭州治即古管城。蔡、郕、霍、魯、衛、毛、聃、亦作「冉」，又爲「郍」，今湖廣荊門州那口城。孔氏曰：「那讀曰然。」即故郍國，本作「郍」。又見上權國。郜、雍、今河南修武縣西有雍城，即古雍國。曹、滕、畢、今陝西咸陽縣北有畢原，即畢公高所封。原、酆、杜氏曰：「酆在鄠縣東。」見上崇國。郇，文之昭也；邘、今懷慶府西北三十里有邘城，即古邘國。晉、應、今河南魯山縣東三十里有應城。韓，武之穆也；凡、蔣今河南固始縣西北有期思城，即故蔣國。邢、茅、山東金鄉縣西北有茅鄉，古茅國。胙、祭，周公之胤也。」又昭九年景王使詹桓伯辭於晉曰：「我自夏以后稷，魏、駘、即郃也，后稷始封。芮、岐、畢，我西土也；及武王克商，蒲姑、即齊胡公所徙薄姑城，亦曰蒲姑，商末諸侯國。商奄，今山東曲阜縣有奄至鄉，即古奄國。我東土也；巴、濮、楚、鄧，我南土也；肅慎、杜預曰：「肅慎在玄菟郡北三千餘里。」燕、亳，亳夷在陝西北境，秦紀「寧公與亳戰」，皇甫謐曰：「西夷之國。」我北土也。」

國語：史伯曰：「當成周者，南有荊蠻、即楚也。申、呂、今南陽府西三十里有呂城，故呂國。應、鄧、陳、蔡、隨、唐；北有衛、燕、翟、鮮虞、路、即路氏。洛，在今陝西慶陽府東北境。漢匈奴傳「武王放逐戎夷涇、洛之北」，又西羌傳「洛有大荔之戎」，即洛戎矣，蓋以洛水爲名。泉、左傳所云泉皋之戎也。今河南府西南有泉亭。徐、或曰即徐吾氏之戎，茅戎之屬也。蒲；亦赤翟之屬。西有虞、虢、晉、隗、或曰隗即白狄也。白狄隗姓，言隗者別於上文之北翟也。霍、揚、魏、芮；東有齊、魯、曹、宋、滕、薛、鄒、即邾國。莒；是非王之支子母弟甥舅也，則皆荆蠻、戎、狄之人也。」按杜佑曰：「春秋經、傳所載之國凡百七十，百三十九知土地所在，三十一國不知其處。」今攷定大小諸國以及戎、蠻之屬，凡百四十有五國，而春秋以前之國不録焉。

黄氏曰：「荆宛、并韓，荆州之宛，并州之韓。宛即申也。其國都皆近京師，宛衛武關以制楚，武關在陝西商州東北八十里。詳陝西重險。韓扞臨晉以制翟，臨晉關即蒲津關，在山西蒲州西門外黄河西岸。詳山西重險蒲津。皆天下形勝，故宣王中興，特著二詩焉。大抵周人幽據全燕，齊據海、岱，燕制翟，齊制淮夷。兗、冀翼蔽洛陽，并、荆控扼咸、雍，此天下全勢也。觀九州山川險要之處，與其建牧規模，而經略大體可見矣。」

莫不弱者先滅，强者後亡，凌夷至於戰國，存者惟有七君，而田齊、三晉，又非春秋之舊。

吕氏曰：「秦變於戎者也，楚變於蠻者也，燕變於翟者也，趙、魏、韓、齊以篡亂得國者也，周以空名匏繫其間，危矣哉！」

周室衰微，所有者河南、即王城也。洛陽、即下都也。穀城、今河南府城西北十八里有故穀城。平陰、故城在今孟津縣東。偃師、今縣。鞏、今縣。緱氏故城在今偃師縣南二十里。七城而已。

呂氏曰：「周都岐、豐，復卜鞏、洛，被山帶河，形勢甚壯。班氏言『洛邑與宗周通封畿，東西長而南北短，短長相覆爲千里』是也。平王東遷，賜秦以岐、豐之地，而周始弱；既又割虎牢畀鄭，虎牢見前。酒泉畀虢，酒泉，或曰今河南府澠池縣地。襄王又畀溫、原數邑於晉，溫、原俱見前，子男國。畿甸益削矣。」

既又分爲東西二周，秦人入寇，周遂先亡。

杜氏曰：「西周，河南也；東周，鞏也。平王初遷於河南曰王城，子朝之亂，敬王居狄泉曰下都，今洛陽故城是也。洛陽故城中有狄泉，敬王既定子朝之亂，改都下都，晉率諸侯之衆修繕其城，以下都城小，包狄泉以廣之是也。考王封其弟揭於河南，以續周公之官職，是爲河南桓公。威烈王時，桓公孫惠公又封少子班於鞏，以奉王於洛陽，是爲東周惠公。顯王二年，韓、趙即其所封，分周爲二，河南、緱氏、穀城三邑屬西周，洛陽、平陰、偃師、鞏四邑屬東周。是東、西周同於列國，顯王特寄居東周之洛陽而已。赧王復遷於西周，而周乃亡。」○吳氏曰：「敬王四年，子朝奔楚，事在春秋昭二十六年。王雖返國，然以子朝餘黨多在王城，乃徙都成周，而王城之都廢。至考王封弟揭於王城，是爲周桓公。自此以後，東有王，西有公，而東西之名未立也。桓公生威公，威公生惠公，惠公少子班又別封於鞏，以奉王，是爲東周惠公，而班之兄則仍父爵，居王城，爲西周武公。自此以後，西有公，東亦有公，二公各有所食，而周尚爲一也。顯王二年，韓、趙分周地爲二，二周公治之，王寄焉而已。周之分東、西，自此始也。史記謂赧王時東、西周分治者，非是。自慎靚王以上，皆在成周，赧王立，復徙於王城。蓋東、西周之名，前後凡三變，初言東、西周者，以鎬京對洛邑而言；中間言東、西周者，以王城對成周而言；春秋昭二十三年：「王子朝在王城，時謂之西王；敬王居狄泉，在王城之東，時謂之東王。」最後言東、西周，則以河南對鞏而言也。」

夫秦，七國之雄也；都邑見前。

戰國策：蘇秦曰：「秦西有巴、蜀、漢中之利，巴、蜀、漢中見後四十郡。史記作「西有漢中，南有巴、蜀」。北有胡、貉、代馬之用，胡在北方，貉在東北方。王氏曰：「胡如樓煩、林胡之屬，貉如辰韓之屬。」今山西太原府嵐州以北故樓煩胡地，大同府朔州以北故林胡地，遼東三萬衛以東北即貉地，而大同蔚州之境古代地也，三處皆產良馬。胡與代本屬趙，貉屬燕，蘇秦時巴蜀、胡、代皆非秦有也，蓋侈言之。南有巫山、黔中之限，巫山，在四川巫山縣東三十里，詳四川名山。黔中，見後黔中郡。東有崤、函之固。崤，崤阪，在河南永寧縣北六十里，見河南名山三崤。函，函谷關，在河南靈寶縣南十里。今曰潼關，在陝西華陰縣東四十里，見陝西重險潼關。沃野千里，地勢形便，此所謂天府，天下之雄國也。」○范雎曰：「秦四塞以爲固，高誘曰：「四面有關山之固也。」徐廣曰：「東函谷，南武關，西散關，北蕭關，故曰四塞，亦曰關中。」北有甘泉、谷口，甘泉山，在西安府涇陽縣西北百二十里。谷口在西安府醴泉縣東北四十里，亦曰塞門。南帶涇、渭，涇、渭見前職方。涇水從咸陽東南合渭。故曰南帶。史記：「秦被山帶渭，東有關、河。」右隴、蜀，隴即隴坻，在鳳翔府隴州西北六十里。詳見陝西名山隴坻。左關、阪，關即函關，阪即崤阪。此霸王之業也。」○蘇秦謂趙王：「秦下軹道，軹，今懷慶府濟源縣南三十里有軹城。則南陽動；今懷慶府境，春秋時晉人自太行以南，皆謂之南陽。又今修武縣北有南陽故城。劫韓包周，則趙自銷鑠；據衛取淇，今衛輝府淇縣有淇水，流經北直濬縣界合於衛河。則齊必入朝。秦欲已得行於山東，則必舉甲而向趙。秦甲涉河逾漳，河在南，漳在北。今懷慶府南境之河，彰德府北境之漳，皆所應涉所應逾者也。據番吾，番吾，據括地志，即今真定府平山縣。或曰在今彰德府磁州境。則兵必戰於邯鄲之下。」邯鄲，趙都也。○楚人謂頃襄王：「秦左臂據趙之西南，右臂搏楚之鄢郢，鄢郢見前子男賴國及楚都。膺擊韓、魏，垂頭中國，處既形便，勢有地利。」

荀子曰：「秦國塞險形勢便，山林川谷美，天府之利多，此形勝也。」

史記：田肯曰：「秦，形勝之國也。帶河阻山，隔絶千里，持戟百萬，秦得百二焉。地勢便利，其以下兵於諸侯，譬猶居高屋之上建瓴水也。」

韓，秦、魏之門户也；

都邑考：晉封韓武子於韓原，即故韓國，見前。宣子徙居州，今懷慶府東南五十里武德城是。貞子徙平陽，即堯都也。景侯徙陽翟，陽翟，今河南禹州也。本鄭地，爲韓所并，於是韓亦兼鄭之稱。哀侯徙新鄭。故鄭都也。哀侯二年滅鄭，自陽翟徙都之。或云懿侯復遷於陽翟。

戰國策：蘇秦曰：「韓北有鞏、洛、成皋之固，鞏、洛、成皋，俱見前。西有宜陽、商阪之塞，宜陽，今河南府有宜陽縣。商阪，即商洛山，在陝西商州東南九十里。司馬貞曰：「商阪在商、洛間，適秦、楚之險塞。」東有宛、穰、洧水，宛即申，穰即鄧也。洧水出禹州密縣，至陳州西華縣而入於潁水。南有陘山，陘山，在新鄭縣西南三十里，亦名陘塞。地方千里。」○張儀請秦伐韓曰：「親魏善楚，下兵三川，三川謂成周也，河、洛、伊爲三川。塞轘轅、緱氏之口，轘轅山在鞏縣西南七十里，緱氏山在偃師縣南四十里，皆險道也。史記作「塞什谷之口」。什谷口即洛水入河之口云。斷屯留之道，屯留，今山西潞安府有屯留縣。高誘曰：「即太行羊腸阪道也。」魏絶南陽，楚臨南鄭，南陽謂河内之南陽，南鄭即指新鄭。秦攻新城、宜陽，新城，在今河南府南七十五里。以臨二州之郊。」○張儀説韓曰：「秦下甲據宜陽，斷絶韓之上地，上地，猶云上游。東取成皋、滎陽，故滎陽縣也。見前仲丁遷囂。則鴻臺之宮，桑林之苑，鴻臺、桑林，即宮苑名也，在韓都城内。非王有已。夫塞成皋，絶上地，則王之國分矣。」○范睢謂秦昭王曰：「秦下兵而攻滎陽，則成皋之道不通。北斬太行之道，太行山，在懷慶府城北二十里，有羊腸阪道，北通山西澤、潞諸州。詳見河南名山。則上黨之兵不下。一舉而攻宜陽，則其國斷而爲三。」○蘇代約燕王，秦正告韓曰：「吾起乎少曲，少曲，在懷慶府濟源縣西。史記索隱謂地近宜陽，悞也。一日而斷太行。我起乎宜陽而觸平陽，平陽，故韓都也。二日而莫不盡繇。〔二〕我離兩周而觸鄭，五日而國舉。」

魏，山東之要，天下之脊也：

都邑考：晉封畢萬於魏城，即故魏國，見前。悼子徙霍，故霍國。莊子徙安邑，夏都也。至惠王徙大梁，今開封府。因稱梁。

戰國策：蘇秦曰：「魏地南有鴻溝，鴻溝即汴河也，舊自滎陽東南至南直泗州入於淮，今詳河南大川汴水。東有淮、潁，淮、潁二水，見前禹貢及職方。西有長城，史記：「魏惠王十九年築長城，塞固陽以備秦及西戎。」又秦紀云：「魏築長城，自鄭濱洛以北，有上郡。」固陽，今陝西榆林衛北有稒陽塞。鄭即今華州治。洛，洛水，職方：「雍州浸也。」上郡，今延安府綏德州有古上郡城。魏惠王初，河西之地皆魏有也，其後築長城於滎陽、陽武間矣。北有河外，河外，司馬貞曰：「河南邑，對河內而言也。」地方千里。」○蘇代約燕王，秦正告魏曰：「我舉安邑，故魏都。塞女戟，女戟，劉氏曰：「在太行山西。」韓氏太原卷。太原劉氏曰：「當作『太行』。」卷，絶也。蘇代謂齊王亦曰：「秦舉安邑而塞女戟，韓之太原絶。」下軹道，軹，見上蘇秦謂趙王。道南陽、封、冀，南陽，亦見上。封，封陵也，今山西蒲州南五十里風陵關是。冀，見前冀國。兼包兩周，乘夏水，夏則水溢，故云。浮輕舟，强弩在前，銛戟在後，决滎口，滎口，滎澤之口，今河南河陰縣西二十里石門口是也。魏無大梁；決白馬之口，白馬口，今北直滑縣西白馬津是也。舊爲大河津渡處。魏無黄、濟陽；黄，今開封府杞縣東北六十里外黄城是。濟陽，今開封府蘭陽縣東五十里濟陽城是。決宿胥之口，宿胥，舊時淇水南入大河之口也。今大名府濬縣西南有故宿胥瀆。魏無虛、頓丘。虛即故朝歌也。頓丘，在今大名府清豐縣西南二十五里。二邑在河北，蓋決河北入灌之。陸攻則擊河内，今懷慶、衛輝、彰德三府，皆曰河内。水攻則滅大梁。」

趙，河北之强國也；

都邑攷：造父始封趙城，今平陽府趙城縣。趙夙邑耿，故耿國也。成子居原，趙衰爲原大夫是也。原即故原國。簡子居晉陽，故晉都也。獻侯治中牟，今河南湯陰縣西五十里有中牟城。後復居晉陽。肅侯徙都邯鄲。今北直廣平府邯鄲縣。竹書紀年：「周安王十六年，趙敬侯自晉陽徙都邯鄲。」胡三省曰：「成侯三十二年魏克邯鄲，三十四年魏歸邯鄲。成侯，敬侯子也。若敬侯已都邯鄲，安有魏克其國都而不亡者？至肅侯三年，公子范襲邯鄲，不勝而死，蓋是時趙方都邯鄲，以爲敬侯者，悮也。」

戰國策：蘇秦曰：「當今之時，山東之建國，莫如趙强。趙地方三千里〔三〕，西有常山，常山即恒山，見前。南有河、漳，河，見前禹貢。漳，見前職方。東有清河，清河，在北直廣平府清河縣西境。今湮。北有燕國。爲大王計，莫如一韓、魏、齊、楚、燕、趙六國從親，以擯畔秦。令天下之將相，會於洹水之上，洹水一名安陽河，出河南林縣西林慮山，至北直内黄縣合於衛水。約曰：秦攻楚，齊、魏各出鋭師以佐之，韓絶食道，食道，史記作「糧道」。索隱曰：「擁兵於崤關之外，又守宜陽也。」崤關，即今西安府藍田縣東南九十里之藍田關。宜陽，見前。趙涉河、漳，燕守常山之北。秦攻韓、魏，則楚絶其後，齊出鋭師以佐之，趙涉河、漳，燕守雲中。今大同府西北四百餘里有古雲中城。秦攻齊，則楚絶其後，韓守成皋，在河南汜水縣，見前。魏塞午道，鄭玄曰：「一縱一横爲午，謂交道也。」鮑彪曰：「北爲子，南爲午，秦南道也。」趙涉河、漳、博關，博關，今山東博平縣西北三十里故博平城是也。燕出鋭師以佐之。秦攻燕，則趙守常山，楚軍武關，武關，在陝西商州，見前。齊涉勃海，海之旁出者曰勃。自山東青、濟北向滄、瀛，即所涉處也。瀛，今河間府。韓、魏皆出鋭師以佐之。秦攻趙，則韓軍宜陽，楚軍武關，魏軍河外，見前北有河外。齊涉清河，燕出鋭師以佐之。六國從親以擯秦，秦必不敢出函谷關以害山東矣。」函谷關，在河南靈寶縣，見前。○蘇厲爲齊遺趙王書：「燕盡齊之北地，去沙丘、鉅鹿，沙丘，今順德府平鄉縣東北二十里有沙丘臺。鉅鹿故城，即今平鄉縣。斂三百里。斂，減也。韓之上黨，去邯鄲百里。燕、秦謀王之河山，間三百里而通矣。秦之上郡今延安府以北。近扞關，至於榆中者扞關，吕氏曰：「在晉陽以西。扞者，扞蔽之義，非關名也。」又曰：「趙之扞關，陸道之關；楚之扞關，水道之關。」榆中，即今榆林鎮東北故榆溪塞，時尚屬趙。千五百里。秦以三郡郡，當作「軍」。攻王之上黨，王氏曰：「上黨遠韓近趙，亦爲趙之險塞，故云。」羊腸之西，潞安府壺關縣東南百餘里有羊腸阪。今詳見山西重險天井關。勾注之南，勾注山在太原府代州西二十五里。詳見山西名山。非王有已。

踰勾注，斬常山而守之，三百里而通於燕，代馬胡犬不東下，代、胡之地俱在常山北也。昆山之玉不出巳。」昆山在塞外，或以爲即崑崙，國策多脱誤，今從史記。

燕附齊、趙以爲重者也；都邑見前。

戰國策：蘇秦曰：「燕東有朝鮮、遼東，朝鮮，今遼東塞外國。遼東，見舜營州。北有林胡、樓煩，林胡、樓煩，見前胡、貉。葉氏曰：「燕最近翟，戰國時林胡、樓煩雄於北方。」西有雲中、九原，雲中，見前燕守雲中、九原。今榆林西北古豐州是也。南有呼沱、易水。呼沱、易水，見前職方并州。地方二千里，南有碣石、鴈門之饒，碣石山，在今永平府昌黎縣西北二十里。詳北直名山。鴈門關，在太原府代州北三十里。今附詳名山句注。北有棗栗之利，此天府也。秦之攻燕也，踰雲中、九原，過代、上谷，代郡、上谷郡俱見後四十郡。彌地踵道數千里，雖得燕城，秦計固不能守也。秦之不能害燕亦明矣。鮑氏曰：「雲中、九原及鴈門，本趙地而兼言之者，與燕接壤也。」其後張儀脅燕，則曰：「王不事秦，秦下甲雲中、九原，驅趙而攻燕，則易水、長城非王有也。」蓋立説不同。今趙之攻燕也，發號出令，不至十日，而數十萬之衆，軍於東垣矣。東垣即今真定府。渡呼沱，涉易水，不至四五日，而距國都矣。故曰，秦之攻燕也，戰於千里之外；趙之攻燕也，戰於百里之内。」

齊，東海之表也；都邑見前。

戰國策：蘇秦曰：「齊南有泰山，泰山，見禹貢海岱。東有琅邪，琅邪山，在青州府諸城縣東南百四十里。見山東名山。西有清河，北有勃海，所謂四塞之國也，地方二千餘里。夫韓、魏之所以畏秦，以與秦接界也。秦攻齊則不然，倍韓、魏之地，過衛陽晉之道，陽晉，在今山東曹縣北，戰國時屬衛，爲適齊之孔道。徑亢父之險，亢父城，在今山東濟寧州南五十里。車不得方軌，馬不得並行，百人守險，千人不能過也。秦雖欲深入，則狼顧，恐韓、魏之議其後也。」○國子曰：「安邑者，魏之柱國也。晉陽者，趙之柱國也。鄢郢者，楚之柱國也。三國與秦壤界，秦伐魏取安邑，伐趙取晉陽，伐楚取鄢郢矣。覆三國之軍，兼二周之地，舉韓氏取其地，且天下之半。又劫趙、魏，疏中國，疏，離散也。封衛之東野，猶東鄙。兼魏之河內，河以北地也。絶趙之東陽，春秋時晉以太行山東爲東陽，杜預曰「魏郡、廣平以北」是也，即今大名、廣平、順德府之境。則趙、魏亦危矣。趙、魏危，非齊之利也。韓、魏、楚、趙恐秦兼天下而臣其君，故專心一志以逆秦。逆，拒也。三國與秦壤界而患急，齊不與秦壤界而患緩。是以天下之勢，不得不事齊。秦得齊則權重於中國，趙、魏、楚得齊則足以敵秦。故秦、楚、趙、魏得齊者重，失齊者輕。齊有此勢，不能以重於天下者何也？其用者過也。」

史記：田肯曰：「齊東有琅邪、即墨之饒，即墨，今山東平度州東有故即墨城。南有泰山之固，西有濁河之限，即大河也。北有勃海之利。持戟百萬，縣隔千里之外，齊得十二焉，此東秦也。」

楚，南服之勁也。都邑見前。

戰國策：蘇秦曰：「楚，天下之强國也，西有黔中、巫郡，通典：「夔州巫山縣，楚置巫郡於此。」黔中，見前。東有夏州、海陽，夏州，車胤曰：「夏口城北數里有洲名夏州。」夏口，今武昌府城西之漢口也。詳見湖廣重險夏口。海陽，劉伯莊云：「楚并吳、越地，東至海。」海陽，蓋楚之東南境。南有洞庭、蒼梧，洞庭湖，在岳州府城西南一里。詳湖廣大川。蒼梧，山海經注云：「即九疑山也。」在今湖廣寧遠縣南六十里。詳見湖廣名山。北有陘塞、郇陽。陘塞，一作「汾陘之塞」，即陘山也，蓋與韓接境。見韓南有陘山。郇陽，洵水之陽也，今陝西洵陽縣即其處。地方五千里，此霸王之資也。秦之所害於天下，莫如楚，王不從親以孤秦，秦必起兩軍，一軍出武關，見前。一軍下黔中，則鄢郢動矣。」○張儀説楚曰：「秦下甲據宜陽，韓之上地不通；下河東，今平陽、蒲州之間。取成皋，韓必入臣於秦。韓入臣，魏則從風而動。秦攻楚之西，韓、魏攻其北，社稷豈得無危哉？是故願王熟計之也。秦西有巴蜀，方船積粟，起於汶山，汶山即岷山，在四川茂州西北。詳四川名山。循江而下，至郢三千餘里。舫船載卒，一舫載五千人，與三月之糧，下水而浮，一日行三百餘里，里數雖多，不費汗馬之勞，不至十日而距扞關；扞關，在湖廣長陽縣南七十里。或曰即四川夔州府東八里之瞿唐關也。詳四川重險。扞關驚，則從竟陵以東，竟陵故城，在今湖廣景陵縣西南。盡城守矣，黔中、巫郡非王之有。秦舉甲出武關，南面而攻，則北地絶。謂楚之北境。秦兵之攻楚也，危難在三月之内。而楚恃諸侯之救，在半歲之外，此其勢不相及。」○蘇代約燕王，秦正告楚曰：「蜀地之甲，輕舟出於汶，汶即上汶山。乘夏水而下江，五日而至郢。漢中之甲，漢中，見前。輕舟出於巴，巴，孔氏曰：「巴嶺山也。」在今漢中府南百餘里。乘夏水下漢，四日而至五渚。五渚，劉氏曰：「在宛、鄧間漢水上。」胡氏以爲西漢水道出今四川之嘉陵江，似悞。寡人積甲宛，今南陽府治，見前。東下隨，即隨州，見前。智者不及謀，勇者不及怒，寡人如射隼矣。」淮南子：「楚地南卷沅、湘，沅水，出貴州鎮遠府境，至湖廣常德府東境注洞庭湖。湘水出廣西興安縣南海陽山，至湖廣長沙府北境入洞庭湖。俱詳湖廣大川。北繞潁、泗，潁，見職方荆州。泗，見職方青州。西包巴蜀，東裹郯、淮，郯，見郯國。淮，見禹貢徐州。潁、汝以爲洫，汝水，出河南魯山縣大盂山，至南直潁州東南入淮。詳河南大川。江、漢以爲池，江、漢，見職方荆州。垣之以鄧林，鄧林，林氏曰：「鄧州西多山林，故名。」綿之以方城，方城山，在河南裕州東北四十里。山高尋雲，谿肆無景。」

秦用范睢遠交近攻之策，先滅韓，次滅趙，次滅魏：

戰國策：范睢曰：「韓、魏，中國之處而天下之樞也。」又曰：「秦、韓之地形，相錯如繡。秦之有韓，如木之有蠹，人之病心腹，天下有變，爲秦患者莫大於韓。王不如收韓。」○頓弱曰：「韓，天下之嚥喉。魏，天下之胸腹。」

杜牧曰：「秦萃銳三晉，經六世乃得韓，遂折天下脊。復得趙，因拾取諸國。」

次滅楚，次滅燕，并滅代，趙滅後，羣臣奉公子嘉爲代王。代，今大同蔚州地。乃滅齊。

史記六國表：「東方物所始生，西方物之成熟。夫作事者，必於東南，收功實者，常於西北。故禹興於西羌，湯起於亳，周之王也，以豐、鎬伐殷，秦之帝用雍州興，漢之興自蜀、漢。」

林氏曰：「六國之所以滅者，以不知天下之勢也。六國之勢莫利於從，而卒敗於衡者，禍在於自戰其所可親，而忘其所可讎也。齊、楚自恃其强，有并包燕、趙、韓、魏之志，而緩秦之禍。燕、趙、韓、魏自懲其弱，有疑惡齊、楚之心，而脅秦之威。是以蘇秦之説阻，而張儀之志申也。秦知天下之勢，取韓、魏以執天下之樞，故能并天下。是故後之有爲者，必先審知難易之勢。唐憲宗欲平藩鎮，李絳以爲先淮蔡而後恒冀；周世宗欲平天下，王朴以爲先江南而後河東，良有以也。」

於是罷侯置守，分天下爲三十六郡：

内史，今陝西西安府、鳳翔府。秦都咸陽，此其畿内也。

三川，今河南之河南府、開封府、懷慶府、衛輝府。郡治洛陽，周故都也。

河東，今山西平陽府。治安邑。故魏都也。

上黨，今潞安府及遼、澤、沁等州。魏收曰：「上黨郡，秦治壺關，漢治長子。」壺關，今潞安府治長治縣是。長子，今潞安屬縣。

太原，今太原府、汾州府。郡治晉陽，趙故都也。

代郡，今大同府北及蔚州之境皆是。

鴈門，今太原府代州以北、大同府之應州、渾源州、朔州皆是其地。

雲中，今陝西榆林鎮東北四百餘里廢勝州一帶是其地。

九原，今榆林西北七百餘里廢豐州一帶是其地。

上郡，今延安府及榆林鎮。

北地，今慶陽府、平凉府及寧夏鎮是其地。郡治義渠，慶陽之寧州也。

隴西，今臨洮府、鞏昌府。郡治狄道，今臨洮府附郭縣。

潁川，今開封府之禹州、陳州及汝寧府以至汝州之境。郡治陽翟，故韓都也。

南陽，今南陽府及湖廣之襄陽府。郡治宛，即今南陽府治南陽縣。

碭郡，今河南歸德府及山東濟寧、東平二州，又南直碭山縣至鳳陽府之亳州皆是其境。郡治碭，即碭山縣。

邯鄲，今北直廣平府及河南之彰德府。郡治邯鄲，故趙都也。

上谷，今保定府、河間府及順天府之南境、西境，又延慶、保安二州至宣府鎮境内皆是。

鉅鹿，今順德府及真定府。郡治鉅鹿，今順德府平鄉縣也。

漁陽，今順天府東至薊州一帶。
右北平，今永平府至薊州，又北至廢大寧衛之西南境。
遼西，今永平府以北至廢大寧衛，又東至遼東之廣寧等衛境。
遼東，今遼東定遼等衛境。
東郡，今北直大名府及山東東昌府、濟南府之長清縣以西是其境。郡治濮陽，故衛都也。
齊郡，今青州府、登州府、萊州府及濟南府之境。郡治臨淄，故齊都也。
薛郡，今兖州府東南至南直海州一帶是其境。
琅邪，今兖州府東境，沂州、青州府南境，莒州、萊州府南境，膠州一帶皆是其境。
泗水，今南直徐州，鳳陽府泗州、宿州、淮安府邳州皆是其境。郡治沛，今徐州沛縣也。
漢中，今陝西漢中府及湖廣鄖陽府。
巴郡，今四川保寧府、順慶府、夔州府、重慶府及瀘州境皆是。郡治巴，即故巴國也。
蜀郡，今成都府、龍安府、潼川州、雅州、邛州及保寧府劍州以西皆是，即故蜀國也。
九江，今南直鳳陽、淮安、揚州、廬州、安慶等府及滁、和二州、江西境内州郡皆是其地。郡治壽春，因楚都也。
鄣郡，今應天、太平、寧國、徽州、池州諸府及廣德州，又浙江之湖州、嚴州府境皆是其地。郡治鄣，今湖州府長興縣西南有故鄣城。

會稽，今蘇州、常州、鎮江、松江諸府及浙江境内州郡皆是。郡治吴，今蘇州府附郭吴縣是也。

南郡，今湖廣荆州、承天、漢陽、武昌、黄州、德安諸府及襄陽府之南境，又施州衛，亦是其地。郡治郢，故楚都也。

長沙，今長沙、岳州、衡州、永州、寶慶諸府，又郴州至廣東之連州皆是。郡治湘，今長沙府附郭長沙縣也。

黔中。今辰州府、常德府至岳州府之澧州，又永順、保靖諸衛皆是其地。杜佑曰：「今黔中、寧夷郡亦是其地。」宋白曰：「隋、唐之黔州，非秦、漢之黔中也。自後周保定四年，涪陵首領田思鶴歸化，以其地立奉州，尋改黔州，隋因之，亦曰黔安郡，唐亦曰黔中郡。説者遂以唐黔州及夷、費、思、播皆爲古黔中地。不知涪陵之黔州與古黔中隔越峻嶺，以山川言之，炳然自分。」唐黔州治今四川彭水縣，夷、費、思、播四州俱見唐十道州郡。

又平百越，置四郡：

閩中，今福建州郡。郡治侯官，今福州府附郭縣。

南海，今廣東廣州、肇慶、南雄、韶州、潮州、惠州及高州府北境、廣西平樂府東境及梧州府東南境皆是其地。郡治番禺，今廣州府附郭縣。

桂林，今廣西境内州郡。

象郡。今廣東雷州、廉州、高州諸府及廣西梧州府之南境，以至安南州郡皆是。

合四十郡，郡一守焉。其地西臨洮而北沙漠，東縈南帶，皆臨大海。史記：「秦地東至海暨朝鮮，西至臨洮羌中，南至北嚮户，北據河爲塞，旁陰山至遼東。」北嚮户謂南裔之地，漢曰南郡，即北嚮户也。陰山，在今榆林塞外。

呂氏曰：「春秋之時，郡屬於縣，周書作雒篇：「千里百縣，縣有四郡。」釋文：「周制天子地方千里，分爲百縣，縣方百里，郡方五十里。」趙簡子誓衆，所謂『上大夫受縣，下大夫受郡』是也。戰國之時，縣屬於郡，秦紀『惠文十一年，魏納上郡十五縣』是也。方孝公、商鞅時，并小鄉爲大縣，縣一令，尚未有郡牧守稱。秦紀：「孝公十二年，聚小都鄉邑爲三十一縣，置令丞。」此廢鄉邑爲郡縣之始。及魏納上郡之後十餘年，秦紀始書『置漢中郡』。或者山東諸侯先變古制，而秦效之歟？」按戰國策「楚王以新城爲主郡」，新城在今河南府南，見前。郡之所治，必居形勝控扼之地，郡者縣之主，故謂之「主郡」。又三川、河東在諸郡之首者，蓋所以陪輔關中，地勢莫重焉，即漢所謂三河也。漢分三川爲河南、河内與河東，號爲三河。史記貨殖傳曰：「昔唐人都河東，言唐以該虞、夏也。殷人都河内，謂朝歌也。周人都河南。」夫三河，在天下之中，若鼎足，王者所更居也。○孫氏曰：「郡縣之制，盡剗根著之舊，以爲空虛之天下。匹夫亡秦，五胡覆晉，盜賊篡唐，此非有秦人取天下之威，而失之反掌。」

始皇既没，山東之衆，起而亡秦。

史略：初，陳勝起兵於蘄，今鳳陽府宿州南四十六里廢蘄縣是。略地至陳，見前陳國。爲楚王。於是沛公起兵於沛，見前泗水郡治。項羽起兵於吴，見前會稽郡治。而田儋、景駒等亦各據地稱王。田儋略定齊地，爲齊王。秦嘉起兵於郯，奉景駒爲楚王。郯，見前郯國。史記有郯郡，蓋楚、漢間所置。既而項羽破章邯軍於鉅鹿，見上鉅鹿郡。秦軍皆降。沛公引兵，自南陽見上南陽郡。入武關，見前。繞嶢關，在陝西藍田縣東南九十六里。踰簣山，在藍田縣東南二十五里。破秦軍於藍田，即今縣。至霸上，今西安府城東二十里霸水上。子嬰降，遂入咸陽。見前。既而項羽亦引兵至河南，入函谷關，見前關阪。屠咸陽而東。

項羽還自咸陽，分王諸將：楚分爲四，

史略：羽自立爲西楚霸王，王梁、楚地，都彭城；彭城，今南直徐州。吴芮爲衡山王，都邾；邾，今黄州府附郭黄岡縣。英布爲九江王，都六；六，見前六國。共敖爲臨江王，都江陵。今荆州府附郭縣。

趙分爲二，

史略：張耳爲常山王，王趙地，都襄國；今順德府治邢臺縣是。趙王歇徙王代，爲代王。今大同府蔚州治是。

齊分爲三，

史略：田都爲齊王，都臨淄；故齊都也。田安爲濟北王，都博陽；博陽，今山東長清縣西南廢盧縣是，蓋在博關之南也。博關，見前蘇秦説趙。劉氏曰：「博陽當作博陵，今山東博平縣西北故城是。」徙齊王田市爲膠東王，都即墨。故城在山東平度州東，見前。

燕分爲二，

史略：臧荼爲燕王，都薊；故燕都也。徙燕王韓廣爲遼東王，都無終。見前無終國。

魏分爲二

史略：徙魏豹爲西魏王，王河東，都平陽；見前。司馬卬爲殷王，王河内，都朝歌。見前。

韓分爲二，

史略：韓王成爲韓王，都陽翟；因故都也。申陽爲河南王，都雒陽。見前。

秦分爲三，并漢中爲四。

史略：章邯爲雍王，王咸陽以西，都廢丘；即犬丘，見周都。司馬欣爲塞王，王咸陽以東至河，都櫟陽；見前秦都。董翳爲翟王，王上郡，都高奴。今延安府西北百里廢金明城是。

沛公爲漢王，王巴、蜀、漢中，都南鄭。今漢中府附郭縣。

司馬遷曰：「秦失其政，陳涉首難，豪傑蠭起。羽起隴畝之中，三年，遂將五諸侯滅秦，五諸侯，齊、趙、韓、魏、燕也。分裂天下，而封王侯，政由羽出，號爲『霸王』，位雖不終，近古以來未嘗有也。」

校勘記

〔一〕禹貢作于虞時而繫之夏書者　職本與此同，敷本、鄒本無「書」字。

〔二〕滎灘同鄭氏曰河出爲灘　底本原脱「同鄭氏曰河出爲灘」八字，今據職本補。

〔三〕涇水出陜西平凉府西南幵頭山　「幵」，底本原作「开」，鄒本作「幵」。漢書卷二八下地理志（以下簡稱漢志）安定郡涇陽縣下云：「幵頭山在西，禹貢涇水所出。」鄒本作「幵」是，今據改。

〔四〕左傳定二年　下所引「薛宰曰」云云，爲左傳定元年文，此作「定二年」誤。

〔五〕莊十三年齊滅遂　「十三年」，底本原作「十一年」，敷本、鄒本作「十年」。今核諸春秋：「十有三年……夏六月，齊人滅遂。」則作「十一年」、「十年」均誤，今依春秋改爲「十三年」。

〔六〕襄十三年取邿　「十三年」，底本原作「十七年」，彭元瑞校改爲「十三年」。春秋襄十三年：「夏，取邿。」左傳襄十三年：「夏，邿亂，分爲三，師救邿，遂取之。」此可證彭校不誤，今據改。

〔七〕今沂州東南故開陽城即鄅國也　職本與此同，敷本、鄒本「東南」作「北有」。

〔八〕青州府諸城縣東北有黔陬城　職本與此同，敷本、鄒本作「今膠州高密縣西有黔陬城」。

〔九〕雍懷慶府修武縣西有雍城　此十一字底本無，今據職本、敷本、鄒本補。

〔一〇〕左傳桓九年　「九」，底本原作「八」，彭元瑞校改爲「九」，職本亦作「九」。今核諸左傳，虢仲等伐曲沃確在九年，彭校是，據改。

〔二〕二日而莫不盡繇　「二」，底本原作「三」，鄒本作「二」。戰國策卷三〇燕策、史記卷六九蘇秦傳並作「二」，鄒本是，今據改。

〔三〕趙地方三千里　戰國策卷一九趙策二、史記卷六九蘇秦傳「三」均作「二」，本書引誤。

讀史方輿紀要卷二

歷代州域形勢二　兩漢　三國

漢還定三秦，見上卷秦分爲三。遂東向而争天下。

史略：初，沛公不欲得漢中，怒。將攻羽，蕭何曰：「願大王王漢中，養其民以致賢人，收用巴、蜀，見上卷秦四十郡。還定三秦，天下可圖也。」因薦韓信爲大將。信遂勸王東出陳倉，陳倉，今鳳翔府寶雞縣東二十里陳倉故城是，其南即褒斜道也。三秦悉定。漢王東如陜，今河南陜州。降河南，申陽也。定韓，鄭昌也。時項王廢殺韓王成，而以故吴令鄭昌爲韓王。漢遣韓襄王孫信擊降昌，立信爲韓王。還都櫟陽，即塞王司馬欣所都。乃自臨晉渡河，臨晉關，在山西蒲州。見上卷黄氏論并韓。降魏王豹於平陽，見前。虜殷王卬於河内，即朝歌也。見前。南渡平陰津，在今河南孟津縣。見前。至洛陽，合諸侯兵東入彭城。項羽都也。見前。項羽自齊還擊漢，漢王敗，而西過梁，謂梁地，今歸德府境。謂張良曰：「吾欲捐關以東棄之，誰可與共功者？」良曰：「九江王布與楚有隙，彭越與齊反梁地，此兩人可急使，而漢將獨韓信可屬大事，當一面，捐之此三人，則楚可破也。」漢王然其計，至滎陽，見前。收集散亡，軍復振，破楚兵於滎陽南京、索間，京城，在今滎陽東南三十里。索城，在故京城西二十里，亦曰大索城。城北四里又有小索城。此三城間楚、漢戰處也。楚是以不能過滎陽而西。漢築甬道，屬之河，以取敖倉粟，敖，敖山，在今鄭州河陰縣西二十里，秦時築倉於山上。又遣隨何使九江說布歸漢，拜彭越爲魏相國，使將兵侵掠梁、楚間以撓楚軍。會魏王豹復叛。漢即遣韓信擊之。信從夏陽渡河夏陽即陝西韓城縣，故少梁城，秦、漢間爲夏陽縣。襲安邑，見前。擊虜豹，悉定魏地；使人請漢王，願益兵三萬人北舉燕、趙，東擊齊，南絶楚糧道，西會於滎陽，楚於是始困。

堅守成皋，卒平强楚。

史略：初，楚圍滎陽急，漢王西入關，謂函谷關。收兵欲復東。轅生進說曰：「漢與楚相距滎陽數歲，漢常困。願君王出武關，見前。項王必引兵南走，王深壁，令滎陽、成皋間且得休息。使韓信等得輯河北趙地，連燕、齊，君王乃復走滎陽。如此，則楚所備者多，力分，漢得休息，復與楚戰，破之必矣。」王乃出軍宛、葉間。宛，今南陽府治。葉，今南陽府裕州葉縣。俱見前。久之，羽拔滎陽、成皋。漢王北渡河，軍於小修武，小修武城，在今懷慶府修武縣東四里。而使將將兵保鞏。今河南府鞏縣，見前。羽聞韓信已破趙收燕，將入齊，而彭越復反梁地，則分兵救之。時漢既數困，計捐成皋以東，屯鞏、洛以拒楚。洛即洛陽。酈食其曰：「敖倉天下轉輸久矣，聞其下藏粟甚多。楚拔滎陽不堅守敖倉，乃引而東，令適卒分守成皋，此天所以資漢，願急復進兵收取滎陽，據敖倉之粟，塞成皋之險，杜太行之道，太行道，見上卷七國韓范雎謂秦。距蜚狐之口，蜚狐口，在山西廣昌縣北二十里。詳山西重險飛狐口。守白馬之津，白馬津，在北直滑縣。見上卷七國魏蘇代約燕王。以示諸侯形制之勢，則天下知所歸矣。」王從之，乃復取成皋，就敖倉食，與楚軍相距於廣武。廣武山，在鄭州河陰縣東北十里。上有東西二城，即楚、漢相距處。既而韓信略定三齊，將南向，楚兵食少勢孤，漢王堅壁不戰，相持久，益困，乃與漢約，中分天下，解而東歸。漢王追至固陵，今開封府陳州西北四十三里有固陵聚。與信、越期會不至，爲楚所敗。張良曰：「楚兵且破，信、越未有分地，其不至固宜。信爲齊王，非君王意，不自堅；越本定梁地，意亦望。王今能取睢陽以北至穀城皆以王彭越，睢陽，即今歸德府治。穀城，今山東東阿縣即故穀城。從陳以東傅海與韓信，陳，見前陳國。使各自爲戰，則楚易破也。」王從之，而信、越之兵追至，破羽於垓下，垓下，在今鳳陽府虹縣西五十里。羽走死。天下大定，定都長安。

都邑攷：高祖初自南鄭徙都櫟陽，俱見前。既滅楚，還都洛陽。因周都也。既而從婁敬、張良之説，復還櫟陽，定都長安。今西安府城西北三十里長安故城是。

矯秦之弊，封建王侯，其初以異姓而王者凡七國：

楚，韓信初爲齊王，既滅楚，更立爲楚王，王淮北，都下邳，漢六年國除。下邳，今南直邳州。

梁，彭越封梁王，王魏故地，都定陶，漢十一年國除。定陶，今山東定陶縣。

趙，張耳封趙王，王趙故地，都襄國，五年子敖嗣，九年國除。襄國，見前。

韓，韓王信初封韓王，王故韓地，都陽翟。六年更以太原、雁門郡三十一縣爲韓國，徙都晉陽。信請治馬邑。是年信降匈奴，十一年擊斬之。晉陽，見前晉國。馬邑，今山西朔州東北有故馬邑城。

淮南，英布故封九江王，漢因其故封改稱淮南，仍都六。十年布叛，討滅之。六，見前。

燕，臧荼故封燕王，又并有遼東地，漢因而封之。旋叛滅，改立盧綰爲燕王，仍都薊。十一年綰叛降匈奴。

長沙。吴芮故封衡山王，項羽奪其地，稱番君。漢滅羽，更封芮爲長沙王，都臨湘，傳五世。臨湘即長沙郡治。

數年之間，以次翦除。自漢五年定封，至十一年皆相繼廢滅，惟長沙僅存。於是改封同姓子弟，分地過侈，寖以驕恣。

齊，漢六年以膠東、膠西、臨菑、濟北、博陽、城陽郡七十三縣立子肥爲齊王，都臨淄。文帝十六年分齊爲六國，立齊悼惠王肥諸子皆爲王。濟北、博陽，因楚、漢間舊名也。諸郡俱詳見下，餘倣此。

荆，漢六年分楚王信地，以淮東之故東陽郡、鄣郡、吴郡五十三縣立從兄賈爲荆王，都吴。十一年爲英布所敗滅，更以荆爲吴國，立兄仲之子濞爲吴王，都廣陵。東陽即臨淮也，鄣郡即丹陽郡，吴郡即今會稽郡也。

楚，漢六年分楚王信地，以淮北之薛郡、東海、彭城三十六縣立弟交爲楚王，都彭城。

淮南，十一年以淮南王英布地立子長爲淮南王，都壽春，文帝六年罪廢。十二年徙城陽王喜爲淮南王。十六年復以喜爲城陽王，分淮南爲三國，立淮南厲王長三子皆爲王。

燕，十二年以燕王盧綰地立子建爲燕王，都薊。吕后七年國除，更以吕通爲燕王。文帝元年徙琅邪王劉澤爲燕王，元朔二年國除。元狩六年更立子旦爲燕王。

趙，八年以趙王張敖地徙代王如意爲趙王，都邯鄲。惠帝元年徙淮陽王友爲趙王。吕后七年又徙梁王恢爲趙王，未幾國除，立吕禄爲趙王。文帝元年封故趙幽王友子遂爲趙王。

梁，十一年分梁王彭越地，又益以東郡地，立子恢爲梁王，都睢陽。吕后七年徙恢爲趙王，以吕産爲梁王。明年大臣徙吕后所名孝惠子濟川王太爲梁王。文帝二年立子揖爲梁王。十一年又徙淮陽王武爲梁王。

代，六年以雲中、雁門、代郡五十三縣立兄喜爲代王，都代。七年匈奴攻代，代王喜棄國自歸，因改立子如意爲代王。八年徙爲趙王，立子恒爲代王，兼有韓王信故地，都晉陽，後徙中都。中都，今汾州介休縣有中都城。吕后薨，文帝入即位，二年分代地立子武爲代王，參爲太原王。五年徙武爲淮陽王，參爲代王，盡得故地。

淮陽。十一年分彭越地，又益以潁川郡地立子友爲淮陽王，都陳。惠帝元年徙友爲趙王。吕后元年立所名孝惠子彊爲淮陽王，五年改立所名孝惠子武爲淮陽王。文帝五年徙代王武爲淮陽王。十一年又徙爲梁王，而淮陽爲郡。

司馬遷曰：「高祖子弟同姓爲王者九國，惟獨長沙異姓，而功臣侯者百餘人。自雁門、太原以東雁門、太原見秦郡。至遼陽，遼水之陽也。括地志：「漢遼東郡有遼陽縣，即今遼東鎮城也。」爲燕、代國；常山以南，太行左轉，常山、太行俱見上卷。渡河、濟、阿、鄄以東阿，見山東東阿縣。鄄即今山東濮州治，故鄄城縣也。薄海，爲齊、趙國；自陳以西，南至九疑，九疑，見前七國楚蒼梧。東帶江、淮、穀、泗，穀即睢水也，自汴河分流逕徐州南境，下流入於泗。詳見南直大川睢水。薄會稽，會稽山見上卷職方。爲梁、楚、吳、淮南、長沙國，〔一〕皆外接於胡、越。而内地北距山以東盡諸侯地，大者或五六郡，連城數十，置百官宮觀，〔二〕僭於天子。漢獨有三河、東郡、潁川、南陽，自江陵以西至蜀，北自雲中至隴西，與内史凡十五郡，而公主列侯頗食邑其中。何者？天下初定，骨肉同姓少，故廣彊庶孽，以鎮撫四海，用承衛天子也。」

景帝時，吳、吳王濞也。楚，楚王戊，元王交之孫也。趙，趙王遂。膠東、膠東王雄渠，齊悼惠王肥之子。文帝十六年分齊地爲膠東國，都即墨。膠西、膠西王卬，亦悼惠王肥之子。文帝分齊爲膠西國，都高苑。高苑，今青州府高苑縣西北故城是。菑川、菑川王賢，亦肥之子。文帝分齊爲菑川國，都劇。劇，今青州府壽光縣西南三十里有故劇城。濟南濟南王辟光，亦肥之子。文帝分齊爲濟南國，都東平陵。今濟南府東六十里有東平陵城。七國變起，賴賈誼效謀於前，亞夫陳力於後，是以危而無患。

史略：初，文帝封三子於梁、代、淮陽，時吳、楚、齊、趙諸侯强，而梁王薨無嗣，代北邊匈奴，淮陽弱小。賈誼請：「舉淮南地以益淮陽，而爲梁王立後，割淮陽北邊二三列城與東郡以益梁；不可者，可徙代王而都睢陽。梁起於新郪而北著之河，新郪，在今鳳陽府潁州東八里。淮陽包陳而南揵之江，陳即淮陽都也。則大諸侯之有異心者，破膽而不敢謀。梁足以扞齊、趙，淮陽足以禁吴、楚，陛下無山東憂矣。」文帝於是徙淮陽王武爲梁王，北界泰山，西至高陽，高陽，今開封府杞縣西二十里有高陽城。得大縣四十餘城。及景帝三年，七國反，梁王城守睢陽，吴、楚兵不敢過而西，留攻圍之。漢遣酈寄擊趙，欒布救齊，時膠西、膠東、菑川、濟南共攻齊也。竇嬰屯滎陽監齊、趙兵，而命周亞夫擊吴、楚。亞夫請以梁委之，而東北走昌邑，今兖州府金鄉縣北四十里有昌邑故城。堅壁不戰，使輕騎出淮泗口，淮泗口，在今淮安府清河縣城南，泗水入淮之口也。亦曰清口。詳見南直大川清河。絶吴、楚兵後，塞其餉道，於是吴、楚散敗，齊、趙皆平。吴王之初發也，其臣田禄伯進説曰：「兵屯聚而西，無他奇道，難以立功。臣願得五萬人，别循江、淮而上，收淮南、長沙，謂淮南、長沙二國。入武關，見前。與大王會，此亦一奇也。」桓將軍亦曰：「吴多步兵，步兵利險；漢多車騎，車騎利平地。願大王所過城不下，直去，疾西據洛陽武庫，武庫在洛陽城内。食敖倉粟，阻山河之險以令諸侯，雖無入關，天下固已定矣。若徐行留下城邑，漢軍車騎至，馳入梁、楚之郊，事敗矣。」吴王不從，以至於敗。

迨主父偃之説行，諸侯益以衰息矣。初，賈誼勸文帝使諸侯得分國以封子弟，主父偃復勸武帝令諸侯得推私恩分子弟邑，於是藩國始分，而子弟畢侯，漢法益密，失國者衆。

司馬遷曰：「天子觀於上古，然後加惠，使諸侯得推恩分子弟國邑，故齊分爲七，齊、城陽、濟北、濟南、菑川、膠東、膠西，凡七國。趙分爲六，趙、河間、廣川、中山、常山、清河，凡六國。梁分爲五，梁、濟陰、濟川、濟東、山陽，凡五國。淮南分三，淮南、廬江、衡山，凡三國。及天子支庶子爲王，王子支庶爲侯，百有餘焉。吴、楚時，前後諸侯或以適削地，是以燕、代無北邊郡，吴、淮南、長沙無南邊郡，齊、趙、梁、楚支郡名山陂海咸納於漢。諸侯稍微，大國不過十餘城，小侯不過數十里，上足以奉貢職，下足以供養祭祀，以藩輔京師。而漢郡八九十，形錯諸侯間，犬牙相臨，秉其阨塞地利，彊本幹，弱枝葉之勢也。」

自漢興以來，郡國稍復增置，武帝逐匈奴，武帝遣衞青等擊走匈奴，取河南地，後又過焉支，逾祁連，取河西地，又絶大漠，匈奴遠遁，而幕南無王庭。河南，今陝西榆林鎮以北河套地。焉支山，在今甘肅鎮山丹衞東南。祁連山，在今甘州衞西南。詳見陝西名山祁連。河西，即今甘肅之境。大漠，今河套外陰山以北沙漠地也。平南越，漢十一年以故南海尉趙佗據有南越稱王，因立爲南越王，都番禺。元鼎六年國亂，遣路博德等擊平之。南越，今廣東、西及安南境内是。又東越國，漢五年封故粤王後無諸爲閩粤王，王閩中地，都冶。建元六年更立無諸孫繇君丑爲閩繇王，〔三〕又故王郢之弟餘善自立爲王，漢因立爲東越王，國分爲二。元封元年餘善叛，遣韓説等擊之，徙其民於江、淮間，而虚其地。又東海國，惠帝三年立閩粤君摇爲東海王，都東甌，亦曰東甌王。建元三年爲閩粤所侵，舉國内徙於江、淮間。東甌，今浙江温州府附郭永嘉縣也。及西南夷，元光五年武帝從唐蒙等言，始通西南夷，今陝西、四川以西南及貴州、雲南之境是其地。又通西域，元鼎二年武帝從張騫言，招烏孫、大夏之屬三十六國，自敦煌西至鹽澤、輪臺、渠犂皆起亭障，有田卒，置使者校尉領護。三十六國，俱在今甘肅徼外。敦煌今廢沙州衛，鹽澤在其西七百里，輪臺、渠犁又在其西。開朝鮮，元封二年遣楊僕等平朝鮮，即今朝鮮國。於是南置交阯，以南越地置交阯。胡廣記：「漢既定南越，置交阯刺史，別於諸州，令持節，治蒼梧。」北置朔方，取匈奴河南地立朔方郡。顔氏曰：「武帝初置朔方郡，別令刺史監之，不在十三州之限。」分天下爲十三部，而不常所治。

司隸校尉部：察郡七。漢紀：「成帝綏和元年罷刺史，仿古制更置州牧。哀帝建平元年復置刺史如故，元壽二年復爲牧。」

京兆尹，秦内史郡也，漢二年更爲渭南郡，〔四〕九年復爲内史，景帝二年分爲右内史，武帝太初元年更名京兆尹，領長安等縣凡十二。今西安府是其境。

左馮翊，秦内史地，漢二年析置河上郡，九年復爲内史，景帝二年分爲左内史，武帝太初元年更名左馮翊，領高陵等縣二十四。今西安府以東至同州是其境。高陵，今西安府屬縣。

右扶風，秦内史地，漢二年析置中地郡，九年復爲内史，景帝二年分爲主爵中尉，六年更名都尉，武帝太初元年更名右扶風，領渭城等縣二十一。今西安府以西至鳳翔府是其境。渭城，即秦咸陽，今屬西安府。以上所謂三輔也。志云：三輔皆治長安城中。

弘農郡，武帝元鼎四年分河南郡置弘農郡，領弘農等縣十有一。今河南府以西至陝州，又南陽府西境及西安府之商州，皆是其地。弘農縣，今見陝州靈寶縣境。

河内郡，秦三川郡也，漢二年改置，領懷縣等縣十有八。今懷慶、衛輝以至彰德府南境皆是其地。懷，見懷慶府武陟縣。

河南郡，秦三川郡也，漢二年改曰河南郡，領雒陽等縣二十有二。今河南府至開封府以西皆是其境。雒陽，見前。

河東郡。秦郡也，領安邑等縣二十四。安邑，見前。

豫州刺史部：察郡三，國二。

潁川郡，秦郡也，漢五年爲韓國，六年復故，領陽翟等縣二十。陽翟，見前。

汝南郡，秦潁川郡地，高祖分置汝南郡，景二年爲汝南國，後復爲郡，領平輿等縣三十七。今汝寧府北至開封府之陳州，東至南直潁州皆是其境。平輿，見汝寧府汝陽縣。

沛郡，秦泗水郡也，高帝改爲沛郡，領相縣等縣三十七。相，今南直宿州西北九十里有相城。

梁國，秦碭郡也，漢五年改爲梁國，都睢陽，有縣八。今歸德府及南直徐州碭縣是其境。睢陽，見前。

魯國。秦薛郡，初屬楚，呂后初分爲魯國，立張敖子偃爲魯王，後廢爲郡。景三年復爲魯國，都魯，有縣六。今兗州府是其境。魯，今曲阜縣也。

冀州刺史部：察郡四，國六。

魏郡，秦邯鄲郡地，高帝析置魏郡，領鄴縣等縣十八。今彰德府及北直大名府是其地。鄴縣，見彰德府臨漳縣。

鉅鹿郡，秦郡，領鉅鹿等縣二十。今順德府及真定府之南境是其地。鉅鹿，見前。

常山郡，本趙國地，吕后二年分置恒山國，文帝初復爲趙地，景帝中三年仍置常山國，元鼎四年爲常山郡，領元氏等縣十八。今真定府西南以至趙州之境是其地。元氏，真定府屬縣也。

清河郡，本趙地，景帝中二年分爲清河國，建元五年爲清河郡，元鼎二年復爲清河國，地節三年復爲郡，初元二年又爲清河國，永光初仍爲郡，領清陽等縣十四。今廣平府南至山東東昌府北境是其地。清陽，今清河縣。又漢紀：「平帝元始二年置廣宗國。」廣宗，或曰在清河境内。

趙國，秦邯鄲郡，漢四年爲趙國，景三年仍廢爲邯鄲郡，五年復爲趙國，都邯鄲，有縣四，今廣平府及順德府西境是其地。

廣平國，本趙國地，征和二年分趙地立爲平干國，五鳳二年改爲廣平國，都廣平，有縣十六。今廣平府至順德府之北皆是其地。廣平故城，在今順德府城北。漢紀：「鴻嘉二年置廣德國。」志云：今南直黟縣即廣德故治。或曰時分中山置廣德國。當亦在廣平境内。

真定國，本趙地，元鼎四年析常山爲真定國，都真定，有縣四。真定即今府治。

中山國，本趙地，景帝三年爲中山國，都盧奴，有縣十四。今真定府定州以北至保定府之境是其地。盧奴，今定州治也。

信都國，本趙地，景二年析爲廣川國，甘露二年國廢爲信都郡，建昭二年更爲信都國，都信都，有縣十七。今真定府冀州、深州及河間之景州皆是其地。信都，今冀州治。

河間國。本趙地，文二年分趙地爲河間國，十二年國除。景帝二年復爲河間國，都樂城，有縣四。樂城，今河間府獻縣也。

兖州刺史部：察郡五，國三。

陳留郡，本梁地，吕后七年分立濟川國，文帝初復爲梁地，景帝中六年又爲濟川國，武帝建元初國除。元狩初置陳留郡，領陳留等縣十七。今開封府東至歸德府西皆是其境。陳留，今開封府屬縣。又漢紀：「元帝永光三年立子康爲濟陽王，建昭五年徙爲山陽王。」濟陽，應劭曰：「即濟川。」今開封府蘭陽縣有廢濟陽縣。

山陽郡，亦梁國地，景帝中六年分爲山陽國，建元五年國除爲郡，天漢四年更爲昌邑國，後昌邑王廢，國除爲山陽郡，建昭五年復爲山陽國，河平二年仍曰山陽郡，領昌邑等縣二十二。今兖州府西至河南歸德府東境是其地。昌邑，見兖州府金鄉縣。

濟陰郡，亦梁地，景帝中六年分爲濟陰國，甘露二年改名定陶國，初元初爲濟陰郡，領定陶等縣九。今山東曹州至東昌府之濮州是其地。定陶，見前。

泰山郡，故齊國地，文二年分置濟北國，都盧，三年國除。十六年復分齊爲濟北國，元狩初濟北王獻泰山及其旁邑，於是立泰山郡，後元二年以濟北并入泰山郡，領奉高等縣二十四。今濟南府泰安州以北至兖州府之東北境皆是其地。盧，今濟南府長清縣有廢盧縣。奉高，見泰安州。

東郡，秦郡也，領濮陽等縣三十二。今北直大名府及山東東昌府之境是其地。濮陽，見前。

城陽國，本齊國地，文帝二年立朱虛侯章爲城陽王，十一年徙淮南，十六年復故，都莒，有縣四。今青州府莒州是其地。莒，見前。

淮陽國，本秦潁川郡地，漢十一年析置淮陽國，文十一年爲淮陽郡，宣帝元康三年復爲淮陽國，都陳，有縣九。今開封府陳州以南是其地。

東平國。本梁國地，景六年分爲濟東國，元鼎初廢爲大河郡，甘露二年更爲東平國，都無鹽，有縣七。今兗州府東平、濟寧二州是其地。無鹽，今東平州東二十里有無鹽故城。

徐州刺史部：察郡三，國三。

琅邪郡，秦郡，初屬齊國，吕后七年分爲琅邪國，文帝初復爲郡，領東武等縣五十一。東武，見今青州府諸城縣。

東海郡，秦薛郡地，徐廣曰：「楚、漢間有郯郡，高帝改爲東海郡。」初屬楚國，景帝二年削其地入漢，領郯縣等縣三十八。今兗州府東南至南直邳州以東至海皆是其地。郯，今見山東郯城縣。

臨淮郡，本楚國地，武帝元狩六年析置臨淮郡，領徐縣等縣二十九。今鳳陽府泗州以東，揚州府北境皆是其地。徐縣故城，今見泗州。或曰臨淮即楚、漢間東陽郡也，後屬於楚，郡廢。

泗水國，本東海郡地，元鼎四年析置泗水國，都淩，有縣三。今南直宿遷縣以東北是其地。縣有故淩城。

廣陵國，本楚國地，高祖六年屬荆，十一年屬吴，景帝四年更名江都國，元狩初國除。六年改爲廣陵國，都廣陵，五鳳四年國除。初元二年復爲廣陵國，都廣陵，有縣四。今揚州府是其境。廣陵，見前。

楚國。漢五年置，景帝三年廢，旋復置，地節元年更爲彭城郡，黃龍元年復爲楚國，都彭城，有縣七。今徐州及淮安府邳州之西境是其地。彭城，見前。

青州刺史部：察郡六，國三。

平原郡，秦齊郡地，高帝置平原郡，領平原等縣十九。今濟南府德州、武定、濱州之境皆是其地。平原，今德州屬縣。

千乘郡，秦齊郡地，高帝置千乘郡，領千乘等縣十五。今青州府以北至濟南府東境是其地。千乘故城，今見青州府高苑縣。

濟南郡，故齊國地，吕后元年割濟南爲吕國，文帝初復故，十六年别爲濟南國，景三年國除爲濟南郡，領東平陵等縣十四。今濟南府是其境。東平陵，見前。

北海郡，故齊地，景帝中二年分置北海郡，領營陵等縣二十六。今青州府以東是其境。營陵，今見青州府昌樂縣。

東萊郡，故齊地，高帝置郡，領掖縣等縣十七。今萊州、登州二府是其地。掖縣，即今萊州府治。

齊郡，秦郡也，高帝六年爲齊國，元朔四年國除。元狩六年復爲齊國，元封初廢爲郡，領臨淄等縣十二。今青州府是其境。臨淄，見前。

菑川國，齊國地，文十六年分置菑川國，都劇，有縣三。今濟南府東北至青州府西北境是其地。劇，見前。

膠東國，本齊地，文十六年别爲膠東國，都即墨，有縣八。今萊州府之平度州一帶是其地。即墨，見前。

高密國。本齊地，文十六年别爲膠西國，本始元年更爲高密國，都高密，有縣五。今萊州府膠州以西是其地。高密，今山東膠州屬縣。

荆州刺史部：察郡六，國一。

南陽郡，秦郡也，領宛縣等縣三十六。今南陽府至湖廣均州之境是其地。宛，見前。

江夏郡，秦南郡地，漢初置江夏郡，領西陵等縣十四。今德安、承天、漢陽、武昌、黄州府境皆是其地。西陵故城，在今黄州府西北百二十里。

桂陽郡，秦長沙郡地，漢初屬長沙國，文帝後七年爲桂陽郡，領郴縣等縣十一。今湖廣郴州及桂陽州，又廣東連州皆是其地。郴，見前。

武陵郡，秦黔中郡地，高帝時曰武陵郡，領索縣等縣十三。今常德府至辰州府之境是其地。索縣，即今常德府東漢壽城是也。

零陵郡，秦長沙郡地，漢初屬長沙國，武帝元鼎六年析置零陵郡，領零陵等縣十。今永州府至廣西全州是其境。零陵舊城，在今全州北三十里。

南郡，秦郡也，楚、漢間爲臨江國，高帝五年復故，景二年復曰臨江國，中二年仍爲南郡，領江陵等縣十八。今荆州府北至襄陽府境是其地。江陵，見前。

長沙國。吴芮所封也，文帝後七年國除爲郡，景帝二年復爲長沙國，都臨湘，有縣十三。今長沙府是其境。臨湘，見前。

揚州刺史部：察郡五，國一。

廬江郡，本淮南國地，文十六年析置廬江國，元狩初改爲郡，領舒縣等縣十二。今廬州府南至安慶府之境是其地。舒，今廬州府舒城縣。胡氏曰：「漢初廬江國在江南。」今池州、九江、饒、信之境當是其地，後移於江北，班志所載，非漢初故地也。

九江郡，秦郡，高帝改爲淮南國，元狩四年復曰九江郡，領壽春等縣十五。今鳳陽府壽州及滁、和州至廬州府境是其地。壽春，見前。

會稽郡，初屬吴國，景帝三年削吴會稽、豫章郡是也，領吴縣等縣二十六。吴縣，見前。

丹陽郡，秦鄣郡也，初屬吴國，景帝四年屬江都國，元狩初改屬揚州，元封二年更名丹陽郡，領宛陵等縣十七。宛陵，今寧國府治宣城縣也。餘見前。

豫章郡，秦九江郡地，高帝分置豫章郡，初屬吴，景帝初入於漢，領南昌等縣十八。今江西境内是其地。南昌縣，即今南昌府治。

六安國。初屬淮南國，文十六年分置衡山國，元狩元年國除。二年改爲六安國，仍都六，有縣五，今廬州府西境至壽州南境是其地。六，見前。

益州刺史部：察郡九。

漢中郡，秦郡也，領西城等縣十二。西城，今興安州治。

廣漢郡，本蜀郡地，高帝分置廣漢郡，領梓潼等縣十三。今潼川州及成都府之綿州、漢州與保寧府之劍州皆是其境。梓潼，今劍州屬縣也。

犍爲郡，本夜郎國地，武帝元光五年開南夷置犍爲郡，領僰道等縣十二。今叙州府及瀘州、嘉定州、眉州皆是其地。僰道，今叙州府治宜賓縣也。

武都郡，本廣漢西白馬氐地，武帝開西夷，元鼎六年置武都郡，領武都等縣九。今鞏昌府之階州、徽州及漢中府之寧羌州是其地。武都縣，今鞏昌府成縣西北故城是。

越巂郡，本西夷邛都地，元鼎六年置越巂郡，領邛都等縣十五。今建昌行都司是其地。邛都縣，今打沖河所西北故城是。

益州郡，本西夷滇國及斯榆地，武帝元封二年置益州郡，領滇池等縣二十四。今雲南、大理等府之境皆是其地。滇池，今雲南府治昆明縣。

牂牁郡，本南夷夜郎及且蘭地，元鼎六年置郡，領故且蘭等縣十七。今遵義府以南至貴州之思南、石阡等府皆是其境。故且蘭，今遵義府治也。

巴郡，秦郡也，領江州等縣十一。江州，今重慶府治巴縣是。

蜀郡。秦郡也，領成都等縣十五。今成都府、龍安府及邛、雅二州是其地。成都，今府治。又漢紀：武帝元鼎六年以西南夷筰都地爲沈黎郡，以冉駹地爲汶山郡，天漢四年并沈黎於蜀郡，地節三年又并汶山於蜀郡。今成都府之茂州即汶山郡地，黎州安撫司即沈黎郡地也。

涼州刺史部：察郡九。胡廣記：「武帝分雍州置朔方刺史。」雍州即涼州也，朔方刺史蓋察朔方、五原、雲中、上郡、安定、北地凡六郡。晉志云：「漢武别置朔方刺史，後漢建武十一年始省入并州。」大事記：「司隸不在十三部之數，而朔方、交阯竝列焉。」今從通典。

隴西郡，秦郡也，領狄道等縣十一。今臨洮府至鞏昌府西境是其地。狄道，見前。

金城郡，本隴西、天水、張掖郡地，昭帝始元六年增置金城郡，領允吾等縣十三。今臨洮府之蘭州、河州及西寧衛，又北至靖虜衛之西南境皆是其地。允吾，今蘭州西北有允吾故城。又宣帝神爵二年增置金城屬國以處降羌，治令居。平帝元始五年又增置西海郡，中興時廢。令居，在今西寧衛東北。西海，在西寧衛西三百餘里。詳陝西大川。

天水郡，本隴西地，元鼎三年分置天水郡，領平襄等縣十六。今鞏昌府以東秦州之境是其地。平襄，今鞏昌府伏羌縣西北有平襄故城。通典：「武帝元狩初置天水屬國，治勇士。」勇士城，見靖虜衛。

武威郡，故匈奴休屠王地，武帝元狩二年開其地置武威郡，領姑臧等縣十。今涼州永昌、莊浪、鎮番等衛是其地。姑臧，今涼州衛治是也。

張掖郡，故匈奴渾邪王地，武帝開河西，元鼎六年分武威、酒泉地置張掖郡，領觻得等縣十。觻讀禄。今甘州、山丹等衛是其地。觻得縣，即今甘州衛治。杜佑曰：「武帝元狩初置張掖屬國，治居延。」考元狩初未置張掖郡，杜氏悮也。居延，今見甘州衛。

酒泉郡，故匈奴地，元狩二年置酒泉郡，領禄福等縣十。今肅州衛是其地。禄福故城，在今肅州衛西南五十里。

敦煌郡，故月氏地，後爲匈奴所侵，武帝開河西爲酒泉郡地，元鼎六年分置敦煌郡，領敦煌等縣六。今廢沙州衛是其地。敦煌縣，故沙州治也。地志：武帝初開河西置武威等四郡，昭帝增置金城，是爲河西五郡。

安定郡，本北地郡地，元鼎三年分置安定郡，領高平等縣二十一。今平涼府是其境。高平，今平涼府鎮原縣也。通典：「漢元狩元年置安定屬國都尉，治三水。」三水，在今平涼府鎮原縣東北。

北地郡。秦郡也，領馬領等縣十九。今慶陽府北至寧夏衛是其境。馬領，在今慶陽府環縣南。通典：「五鳳三年置北地屬國，治參䜌。」參䜌城，在今慶陽府西北。

并州刺史部：察郡九。通典：「初爲朔方，後爲并州。」

太原郡，秦郡，漢初爲韓國地，又爲代郡，文帝二年又分爲太原國，五年復爲代國，元鼎二年復爲太原郡，領晉陽等縣二十一。今太原府至汾州府是其境。晉陽，見前。

上黨郡，秦郡，領長子等縣十四。長子，見前。

西河郡，秦太原、雲中等郡地，元朔四年析置西河郡，領富昌等縣三十六。今汾州府西北之永寧州以至延安府之葭州及榆林鎮之東北境皆是其地。富昌廢縣，在今榆林鎮故勝州境。通典：「漢五鳳三年置西河屬國，治美稷。」美稷廢縣，亦在今故勝州西南。

朔方郡，初爲匈奴河南地，元朔二年復收其地，置朔方郡，領三封等縣十。今榆林鎮西北故夏州是其地。三封，今廢夏州東南長澤故城是。漢紀：「元狩初置朔方屬國處匈奴降者。」

五原郡，秦九原郡也，漢初亦爲匈奴河南地，元朔二年收復，置五原郡，領九原等縣十六。今榆林鎮西北故豐州治，即廢九原縣也。漢紀：「五原屬國都尉治蒲澤。」蒲澤，在豐州東境。

雲中郡，秦郡也，領雲中等縣十一。今大同府西北四百餘里故雲中城，即秦、漢時雲中郡所治雲中縣也。漢紀：「元狩初置屬國都尉於此。」

定襄郡，秦雲中郡地，高帝析置定襄郡，領盛樂等縣十二。今大同府西北三百餘里有盛樂城，即漢郡治也。

雁門郡，秦郡，領善無等縣十四。今代州西北有故善無城是也。

上郡。秦郡，領膚施等縣二十三。膚施，今延安府治也。志云：上郡屬國治龜兹。龜兹，見寧夏後衛。又漢紀：「元狩初取匈奴河西地，分徙降者邊五郡故塞外，而皆在河南，因其故俗爲五屬國。」五屬國，孔氏曰：「隴西、北地、上郡、朔方、雲中也。」杜佑以安定、上郡、天水、張掖、五原爲五屬國。

幽州刺史部：察郡十，國一。

勃海郡，秦上谷、鉅鹿二郡地，高帝分置勃海郡，領浮陽等縣二十六。今河間以東之滄州，北至順天府通州、霸州之南，南至山東武定州、濱州之北皆是其地。浮陽，今滄州治也。

上谷郡，秦郡，漢初屬代，後復爲郡，領沮陽等縣十五。沮陽，今保安州東有沮陽故城。

漁陽郡，秦郡，漢初屬燕，後復爲郡，領漁陽等縣十二。漁陽，今薊州治也。

右北平郡，秦郡，漢初屬燕，後復爲郡，領平剛等縣十六。平剛，在今廢大寧衛西南境。

遼西郡，秦郡，初屬燕，後復爲郡，領且慮等縣十四。且慮，在今大寧廢衛境。

遼東郡，秦郡，初屬燕，後復爲郡，領襄平等縣十八。襄平故城，在今遼東都司城北。漢紀：「元朔元年東海薉君南閭等來降，因置滄海郡，三年而罷。」薉，薉貊也，在今遼東塞外。

玄菟郡，漢初爲燕地，後爲朝鮮所據，元封三年平朝鮮置玄菟郡，領高句驪等縣三。今朝鮮北境地也。高句驪，在今朝鮮咸鏡道界。

樂浪郡，亦朝鮮地，元封三年置郡，領朝鮮等縣二十五。今朝鮮西境是也。朝鮮縣，即平壤城，今朝鮮謂之西京。漢紀：「武帝初置玄菟、樂浪、臨屯、真番四郡，始元五年省臨屯、真番入樂浪郡。」

涿郡，秦上谷郡地，高帝置涿郡，領涿縣等縣二十九。今順天府之涿州至保定府之境，又真定府之東，河間府之西皆是其地。涿，今涿州也。

代郡，秦郡也，漢爲代國，元鼎三年改爲代郡，領桑乾等縣十八。桑乾，今大同東百五十里有廢桑乾縣。

廣陽國。本秦上谷及漁陽郡地，漢爲燕國，元鳳初國除爲廣陽郡，本始元年改爲廣陽國，都薊，有縣四。薊，見前。漢紀：「北地、朔方、五原、雲中、定襄、雁門、代郡、西河，謂之緣邊八郡，又益以上谷、漁陽、右北平、遼西爲緣邊十二郡。或曰緣邊九郡，則不言遼西、北地、西河。或曰十郡，則不言西河、北地。」又隴西、天水、安定、北地、上郡、西河皆環列畿輔，宿衛之士多取給焉，所謂「六郡良家子」也。後漢志有漁陽而無天水，亦曰六郡云。

交州刺史部： 察郡七。

南海郡，秦郡也，初爲南越國，元鼎六年平南越置郡，領番禺等縣六。今廣、惠、潮三府是其地。番禺，見前。

鬱林郡，秦桂林郡也，後屬南越，元鼎六年置鬱林郡，領布山等縣十二。今廣西潯州、柳州、南寧等府及梧州府之鬱林州是其境。布山縣，在今潯州府城西。

蒼梧郡，秦桂林郡地，後屬南越，元鼎六年置蒼梧郡，領廣信等縣十。今梧州、平樂二府及廣東肇慶府之境是其地。廣信，今梧州府治蒼梧縣是。

交阯郡，秦象郡地，後屬南越，元鼎六年置交阯郡，領羸𨻶等縣十。今安南國是其地。羸𨻶，今交州府西故交阯城是也。

合浦郡，秦象郡地，後屬南越，元鼎六年置郡，領徐聞等縣五。今雷、高、廉三府及肇慶府南境是其地。徐聞，今雷州府屬縣。

九真郡，秦象郡地，後屬南越，元鼎六年置郡，領胥浦等縣七。今安南國西南境是其地。

日南郡。秦象郡地，後屬南越，元鼎六年置郡，領朱吾等縣五。今占城國是其地。漢紀：「武帝開南越，置南海、鬱林及朱崖、儋耳凡九郡。昭帝始元五年罷儋耳，元帝初元三年罷朱崖。」今廣東瓊州府之儋州、崖州即其地也。又通典：「昭帝元鳳五年罷象郡，分屬鬱林、牂牁，而史不書建置之始，蓋闕文也。」

大約西漢之世，郡、國一百有三，新郡六十五，因秦郡者二十七，改秦郡者十一，廢秦郡者一，閩中也。縣、邑千三百有十四，道三十二，邑通蠻夷曰道。侯國二百四十一。左東海，右渠搜，古西戎國，今榆林北境有漢時渠搜故縣。或以爲渠犁，在今西域火州西境。前番禺，見前。後陶塗，今沙漠地。又揚子云「東南一尉，西北一侯」，謂會稽東部都尉，敦煌玉門關侯也。今浙江台州府，漢東部都尉治。玉門關，在今廢沙州西北二百六十里。東西九千三百二里，南北萬三千三百六十八里，可謂盛矣。

應劭曰：「自秦用李斯議，分天下爲三十六郡，至漢興復增置。凡郡，或以列國，陳、魯、齊、吳是也；或以舊邑，長沙、丹陽是也；或以山陵，泰山、山陽是也；或以川原，西河、河東是也；或以所出，金城之下得金，酒泉之味如酒，豫章樟樹生庭，雁門雁之所育是也；或以號令，禹合諸侯大計東冶之山，因名會稽是也。」○王氏曰：「秦地東不過浿水，在今朝鮮平壤城東，今名大通江。西不越臨洮，今府。漢益廣於秦矣。然郡縣益煩，牧守屢易，國無定民，民無固志，先王之制，寖以滅息。」

王莽盜竊神器，假名易號者四方蜂起：

赤眉據長安，

史略：王莽時琅邪樊崇等起兵於莒，今山東莒州，見前。轉掠青、徐間。更始入洛陽遂降，尋復叛，崇初留兵濮陽，與其徒詣洛陽降更始，政亂，崇遂亡歸。濮陽，見前。將兵入潁川，分爲二部，一自武關，一從陸渾陸渾關，在河南嵩縣北七十里。而西，俱會弘農，至鄭，即今陝西華州治，見前。立劉盆子爲帝，遂入長安。

王郎據邯鄲，

史略：更始初，邯鄲卜者王郎詐稱成帝子子輿，爲故趙王元之子林等所推，入邯鄲稱帝，分遣將帥徇下幽、冀，趙國以北，遼東以西，皆望風響應。

秦豐據黎丘，

史略：王莽末，南郡秦豐兵起，據黎丘，今湖廣宜城縣東有黎丘城。尋稱楚黎王，有邔、宜城等十餘縣。邔音忌，今亦見宜城縣。

李憲據廬江，

史略：更始初，莽廬江連率李憲據郡自守，郡治舒，見前。稱淮南王，尋稱帝，擁九城。漢志淮南郡十二城，蓋憲所得者九城也。

公孫述據成都，

史略：更始初，莽導江率正公孫述起兵，入成都，莽改蜀郡爲導江，治臨邛。更始初起，南陽人宋成等起兵略漢中，述迎成等入成都。未幾，述矯稱漢將軍、蜀郡太守、益州牧，擊殺成等而并其衆，尋擊敗更始將李寶等於綿竹，自立爲蜀王，都成都。臨邛，今邛州也。綿竹，今成都府漢州德陽縣北故綿竹城是。尋稱帝，號成家。既又北取南鄭，今漢中府。南服越巂，東下江州，據扞關，江州，今重慶府治巴縣是，見前。扞關，見今湖廣長陽縣。盡有益州之地。

隗囂據天水，

史略：更始初，成紀隗崔等起兵平襄，成紀，今陝西秦州治，即故成紀縣。平襄，漢天水郡治也。推隗囂爲上將軍，擊殺莽雍州牧及安定太守，分遣諸將徇隴西、武都及河西諸郡，皆下之。更始入長安，囂降，遂仕於更始。及長安亂，囂走還天水，復聚其衆，稱西州上將軍，據有安定、北地、天水、隴西四郡，居冀，陝西伏羌縣東有冀城。仍附於漢。復叛降公孫述，述封爲朔寧王。

竇融據河西，

史略：更始時竇融爲張掖屬國都尉，以威信撫結五郡，僚屬共推融行河西五郡大將軍事，遂撫定河西地。

盧芳據安定，

史略：王莽末，安定盧芳自稱武帝曾孫劉文伯，與三水屬國羌、胡起兵，芳居三水左谷中。三水即屬國治也。見前安定郡。更始入長安，芳降，仍使鎮撫安定。更始敗，三水豪傑共立芳爲上將軍、西平王，遣使與匈奴、西羌相結，匈奴乃迎芳入匈奴。匈奴以芳弟程爲中郎將，使將胡騎，還入安定。久之，五原人李興等自稱將軍，迎芳入寨，都九原，見前五原郡。掠有五原、朔方、雲中、定襄、雁門五郡地。

彭寵據漁陽，

史略：更始初彭寵爲漁陽太守，寵，宛人，亡命漁陽。其鄉人韓鴻爲更始使者徇北州，乃承制拜寵爲漁陽太守。建武二年以漁陽叛，攻幽州牧朱浮于薊。薊，見前燕國。既而涿郡太守張豐亦叛應寵，薊城飢窘，尋爲寵所得，因自稱燕王，復攻陷右北平及上谷數縣。

劉永據睢陽，

史略：更始初立故梁王立之子永爲王，仍都睢陽。永尋據國起兵，攻下濟陰、山陽、沛、楚、淮陽、汝南，凡得二十八城，又拜西防賊帥佼彊，西防，今山東金鄉縣西北故防城是也。東海賊帥董憲、琅邪賊帥張步皆爲將軍，督青、徐二州，與之連兵，遂專據東方，尋稱帝。

張步據臨菑，

史略：建武初，琅邪賊帥張步受劉永官爵，治兵於劇，劇在今山東壽光縣，見前。遣將狥泰山、東萊、城陽、膠東、北海、濟南、齊郡，皆下之。永尋立步爲齊王。步據郡十二，十二郡，城陽、琅邪、高密、膠東、東萊、北海、齊、千乘、濟南、平原、泰山、淄川也。雄長青、徐。

董憲據東海。

史略：王莽末，東海董憲等兵起，爲赤眉别校，屯梁郡，大破莽兵，後歸於劉永，掠有東海

郡邑，居郯，見前。永尋封爲海西王。世祖艱難一旅，次第翦除，

史略：光武初起舂陵，今襄陽府棗陽縣南三十里有故舂陵城，帝即位改爲章陵縣，後又嘗置章陵郡。略湖陽，故城在今南陽府唐縣南，見前。拔棘陽，今南陽府新野縣東北七十里有故棘陽城。屢破莽兵，進圍宛。見前。會新市、平林諸將新市，今承天府京山縣南三十里有新市城。平林，今德安府隨州東北八十里有平林城。推更始爲帝，光武與諸將將兵徇下昆陽、今河南葉縣北二十五里有昆陽城。定陵、今河南舞陽縣北有定陵城。郾今許州郾城縣。諸城邑。時王莽大發兵，遣王邑、王尋等至洛陽，出潁川，圍昆陽，光武大破之於滍水上，〔五〕滍水，在昆陽城北。於是四方響應。是時宛城亦下，更始入都之，復遣諸將分道攻洛陽、武關，三輔震動。武關降，所至摧陷，長安旁邑諸豪右相率起兵，入長安誅莽。洛陽亦拔，更始乃北都洛，而遣光武行大司馬事，持節徇河北，鎮慰州郡，所至吏民喜悦。會王郎入邯鄲，河北大擾。光武自盧奴今北直定州治，見前。北徇薊，見前。薊亦舉兵應王郎。光武乃南馳至信都，見前信都郡。因信都及和戎兵，和戎，王莽分信都置，郡治下曲陽，今北直深州也。招集遠近，進擊王郎，平之。時更始已西都長安，政事紊亂，河、濟之間，盜賊縱横，有銅馬、大彤、高湖、重連、鐵脛、大搶、尤來、上江、青犢、五校、五幡、五樓、富平、獲索等賊，各領部曲，或以山川土地爲名，或以軍容强盛爲號，衆合數百萬人。所在寇掠。更始方詔光武罷兵詣

行在，光武從耿弇計，不就徵，而更發兵擊銅馬諸賊，次第破降之，南徇河內，河內降。時赤眉自潁川而西，行入長安，光武將北徇燕、趙，度赤眉必破長安，又欲乘衅并關中，乃令鄧禹西入關，而命寇恂守河內，使恂繕兵積粟，爲河北根本，恂遂與更始將朱鮪等相持於洛陽。既而燕、趙悉定，乃即位於鄗南。今北直柏鄉縣北二十里故鄗城是，光武改曰高邑。鄧禹亦略定河東，自汾陰渡河而西。汾陰，見今山西河津縣。吳漢等諸將共圍洛陽，洛陽下，遂定都焉。是時赤眉已入長安，更始敗没，鄧禹畏赤眉之强，引軍北至栒邑，今陝西三水縣東北二十五里有栒邑城。徇上郡、北地、安定三郡。久之，長安益殘破，赤眉轉掠安定、北地、上、隴，爲隗囂所敗，復入長安，大掠而東。帝以鄧禹不能定三輔，遣馮異代禹西定關中。赤眉東至宜陽，帝親總六軍邀之，赤眉遂降，而蓋延等數破劉永于睢陽，永走死。其黨復立永子紆爲梁王，保垂惠，在今南直蒙城縣西北五十里。馬武等復攻克之。紆走西防依佼彊，後復依董憲，保郯。又祭遵等攻彭寵及張豐，拔涿斬豐，寵旋爲其下所殺。馬成等圍李憲于舒，克之。岑彭亦敗秦豐於黎丘，進拔夷陵，夷陵爲田戎所據，彭攻拔之。朱祐代彭圍豐，豐窮蹙出降。會龐萌叛，萌與蓋延共擊董憲，忽生疑沮，反攻延，與董憲連和，自稱東平王，攻破彭城，屯桃鄉之北。桃鄉，在山東濟寧州東北六十里。帝擊之於桃城，即桃鄉城。大破之，遂擊破董憲等於昌慮，昌慮，今山東滕縣東南有故城。進圍郯，留吳漢攻郯，郯破，劉紆敗死，董憲、龐萌走保朐。今南直海州治。耿弇亦討張步，屢破步兵，長驅至劇，步降。吳漢進拔朐，斬憲及萌，山東、江、淮悉定。乃西討隗囂，帝進至高平第一，高平之第一城也，見今陝西鎮原縣。竇融率五郡太守來朝，遂令軍攻囂，囂尋窮蹙而死。來歙等復攻其子純，破落門，今陝西伏羌縣西十里有落門聚。純降，隴右、河西平。遂命來歙等由隴道伐蜀，歙破河池，今鞏昌府徽州也。進克下辨，今鞏昌府成縣。蜀人懼，使賊刺殺歙。岑彭等復破田戎等於荆門，荆門，在今夷陵州宜都縣西北五十里。詳見湖廣重險。長驅入江關，江關即瞿唐關，在夔州府東，見前七國楚扞關注。前至江州，見前巴郡治。乘利直指墊江，今重慶府合州，即故墊江縣。又分遣臧宫從涪水上平曲。涪水源出松潘衛北小分水嶺，至合州城東南合嘉陵江。詳見四川大川。平曲，在合州定遠縣西。彭還自江州泝都江而上，大破述將侯丹於黄石，在今重慶府壁山縣及瀘州之間。兼行二千餘里，徑拔武陽，今眉州彭山縣東十里有武陽城。使精騎馳擊廣都，廣都，在成都府城南七十里。述大驚，復使賊刺殺彭。吳漢復自夷陵泝江而上代將其軍，進據廣都。臧宫亦破述將延岑於沈水，沈水在今潼川州射洪縣西。是時述使岑等軍於廣漢，今射洪縣東南有故廣漢縣城。進拔綿竹在漢州德陽縣，見前。以南諸城邑，與吳漢會於成都。述出戰敗死，延岑以城降，蜀地悉定。盧芳所據諸郡亦次第來降，芳亡入匈奴，尋復犯塞，既而請降，立爲代王，復叛去，竟死匈奴中。

光復舊物，改宅東京。

都邑攷：光武定都雒陽，時謂長安爲西京，雒陽爲東京，而南陽亦謂之南都。後董卓劫遷獻帝於長安，尋還雒陽，曹操復遷帝於許。今許州東三十里許昌故城是也。

仍分天下爲十三部：十三部各有專治。漢紀：「光武初刺史亦稱州牧，建武十八年乃罷州牧置刺史，靈帝中平五年復稱州牧。」劉氏曰：「時刺史仍舊職，而尊異者爲州牧也。」通釋：「光武都雒陽，於關中復置雍州，後罷。獻帝興平元年，以河西四郡言去州隔遠，因別置雍州，是爲十四州。建安十八年并十四州爲九州，於是省幽、并爲冀，司隸、涼爲雍，省交州入荆、益，謂復禹貢九州之舊。時操爲魏公，領冀州牧，欲廣冀州以自益，非復古也。」

司隸治河南，河南即雒陽也。建武十五年改河南太守爲尹，兼置司隸治焉，仍領郡七。○潘氏曰：「後漢都洛陽，不改三輔之號。其三輔舊治長安城中，長吏各在其縣治民。東都以後，扶風出治槐里，馮翊出治高陵。又中平六年嘗改右扶風曰漢安郡。」槐里即犬丘，見周都邑攷。高陵，見前左馮翊所領縣。

豫治譙，譙，今南直亳州。舊領郡、國凡五，今領郡二、國四：曰潁川郡，故郡也；曰汝南郡，永平十五年改爲國，建初四年復爲郡，七年又析汝南置西平國，治今汝寧府西平縣，章和二年仍省入汝南；曰梁國，故國也；曰沛國，故沛郡，建武二十年更爲沛國；曰陳國，本兗州之淮陽國，建武中改屬豫州，章和二年更爲陳國；曰魯國，本屬徐州，建武二十年改屬豫州也。

兗治昌邑，昌邑，見前。後移治鄄。舊領郡、國凡八，今領郡五、國三：曰陳留郡，曰東郡，曰泰山郡，皆故郡也；曰山陽郡，亦故郡也，建武十五年改爲山陽國，永平初改爲郡，獻帝建安十七年嘗置山陽國；曰濟陰郡，亦故郡也，永平十五年改爲國，建安十一年廢爲郡，十七年又爲濟陰國；曰東平國，故國也；曰任城國，元和初分東平國置，治任城縣，今山東濟寧州也；曰濟北國，本泰山郡地，永元二年析置，治盧縣，見前泰山郡。

徐治郯，郯見前。舊領郡、國六，今領郡二、國三：曰東海郡，故郡也，建武十八年爲東海國，二十八年以東海益魯，徙都魯，而東海仍爲郡，獻帝建安十七年亦嘗改爲東海國；曰廣陵郡，故國也，永平十年改爲郡，又有泗水國，建武十三年并入廣陵；曰琅邪國，故郡也，建武十三年以故兖州之城陽國并入琅邪郡，十五年改爲琅邪國，永元二年復析置城陽國，六年仍省入焉；曰彭城國，故楚國也，章和二年改爲彭城國；曰下邳國，故臨淮郡也，永平十七年改爲下邳國，治下邳，即今南直邳州。

青治臨菑，臨菑，見前。舊領郡、國凡九，今領郡二、國四：曰平原郡，故郡也，殤帝延平初改爲平原國，建安十一年國除爲郡；曰東萊郡，故郡也；曰濟南國，故郡也，建武十三年改爲濟南國；曰樂安國，故千乘郡也，建初四年改爲千乘國，永元七年更名樂安國；曰北海國，故郡也，建武十三年省菑川、膠東、高密三國，縣俱屬北海郡，二十八年改爲北海國；曰齊國，故郡也，建武十四年改爲齊國。

凉治隴，隴，今陝西秦安縣東北故隴城也。一云治冀，今陝西伏羌縣有冀城。舊領郡九，今領郡及屬國共十二：曰隴西郡，故郡也，永初五年以羌亂徙治襄武，延光四年復故。襄武，今鞏昌府治隴西縣是。曰漢陽郡，故天水郡也，永平十七年更爲漢陽郡。秦州記：「中平五年分漢陽置南安郡，領豲道等三縣。」豲道，今鞏昌府東南二十五里有故豲道城。曰武都郡，故益州部屬郡也，建武中改屬凉州。曰金城郡，故郡也，建武十二年省金城入隴西，十三年復置，永初四年以羌亂嘗徙治襄武，旋復故。又和帝永元十四年嘗繕修故西海郡，以金城西部都尉屯龍耆，今西寧衛東南龍支城是。曰安定郡，故郡也，永初五年以羌亂徙治美陽，今陝西武功縣西北美陽城是，旋復故。曰北地郡，亦故郡也，永初五年亦嘗徙治池陽，今陝西三原縣西北池陽城是。又順帝永和六年復以羌亂徙安定居扶風，北地居馮翊，旋復故。曰武威郡，曰張掖郡，曰酒泉郡，曰敦煌郡，皆故郡也。曰張掖屬國，安帝延光初置，別領侯官等五城。侯官，在今甘州衛北。曰居延屬國，亦延光初置，別領居延一縣，獻帝興平二年武威太守張雅請改置西海郡於此。居延在今甘州衛西北千二百里。郡國志「安帝命屬國別領比郡者六，涼州居二，益居三，幽州居一」是也。又獻帝起居注：「初平四年分上郡、漢陽置永陽郡，領平襄等三縣。」平襄，前天水郡治也，後漢漢陽改治冀，因置永陽郡治此。

并治晉陽，晉陽，見前。仍領郡九：曰太原郡，故郡也，建武二年改爲太原國，十四年復故；曰上黨郡，故郡也；曰西河郡，亦故郡，永和五年以南匈奴叛，郡徙治離石，今汾州府永寧州治也；曰五原郡，亦故郡，建武二十二年省入朔方，二十七年復故；曰雲中郡，故郡也；曰定襄郡，亦故郡，建武十年省入雲中，二十七年復置；曰鴈門郡，亦故郡；曰朔方郡，故郡也，永和五年嘗徙治五原，今榆林東北境故五原縣是也，永建四年復故；曰上郡，亦故郡也，安帝永初五年以羌亂徙治衙，今陝西白水縣東北故彭衙城是，永建四年復故，永和五年又以南匈奴叛徙治夏陽，今陝西韓城縣南少梁城是也，後亦復故。

冀治鄗，鄗，見前。舊領郡、國凡十，今領郡三、國六：曰魏郡，故郡也。曰鉅鹿郡，亦故郡，建武十三年并廣平入鉅鹿，永平二年復析置廣平國，後仍并入焉。又永平五年改鉅鹿郡爲國，建初四年復爲郡。又和帝永元五年分鉅鹿置廣宗國，〔六〕後廢。廣宗，今北直順德府屬縣也。曰勃海郡，故幽州屬郡也，建武中改屬冀州，本初元年改爲勃海國，熹平元年復爲郡，中平六年復爲國，尋又復故。曰常山國，故郡也，建武十三年并真定國入焉，十五年以常山郡益中山國，永平十五年復改常山郡爲國。曰中山國，故國也。曰安平國，故信都國也，永平十五年改爲樂成國，延光五年又改爲安平國，永初元年復析安平置廣川國，二年廢。廣川，今冀州棗强縣東北有廣川故城。曰河間國，故國也，建武十三年省入信都，永元三年復置。曰清河國，故郡也，建初七年改爲清河國，桓帝建和二年改爲甘陵國。曰趙國，故國也。晉紀：「桓帝增置高陽、博陵二郡。」高陽蓋分河間國置，治博陵縣，今保定府博野縣南故博陵城是也。博陵蓋分安平國置，治安平縣，今真定府晉州安平縣也。後漢志不載。

幽治薊，薊，見前。舊領郡、國凡十一，今領郡十、屬國一：曰涿郡，曰代郡，曰上谷郡，曰漁陽郡，曰右北平郡，曰遼西郡，曰遼東郡，曰玄菟郡，曰樂浪郡，皆故郡也；曰廣陽郡，故國也，建武十三年省入上谷，永平八年復置郡；曰遼東屬國，安帝時置，别領昌黎等六城。昌黎，今見人寧衛。獻帝起居注：「初平元年董卓以公孫度爲遼東太守，度分遼東置遼西、中遼二郡，兼置營州刺史，自稱平州牧。」

揚治歷陽，歷陽，今南直和州也。後治壽春，即前九江郡治。建安五年復移合肥，今廬州府治也。舊領郡、國凡六，今領郡六：曰九江郡，故郡也，永平十六年分置阜陵國於阜陵縣，仍屬九江郡，今南直全椒縣東南阜陵故城是；曰丹陽郡，曰豫章郡，皆故郡也；曰吴郡，本會稽郡地，順帝時分置，治吴，故會稽郡治也；曰會稽郡，治山陰，今浙江紹興府治；曰廬江郡，故郡也，建武十年省六安國入廬江，元和二年改廬江郡爲六安國，章和末仍爲廬江郡。晉紀：「靈帝分豫章置鄱陽、廬陵二郡。」二郡蓋建安中孫氏所置。

荆治漢壽，漢壽，今常德府東四十里有漢壽故城。初平二年，劉表爲荆州刺史，徙治襄陽。舊領郡、國七，今領郡七：曰南陽郡，故郡也；曰南郡，亦故郡，建初四年改爲江陵國，尋復故；曰江夏郡，亦故郡，建初四年析置平春國，治平春縣，仍屬江夏，今河南信陽州西南平陽故城是也；曰零陵郡，曰武陵郡，曰桂陽郡，皆故郡也；曰長沙郡，故國也，建武十三年改國爲郡。漢官儀「荆州領八郡」，蓋以章陵爲一郡云。又魏氏春秋「建安二十年吴分南郡巫、秭歸爲固陵郡，二十四年以房陵、上庸、西城并南郡之巫、秭歸、夷陵、臨川七縣爲新城郡」，蓋遥奪吴之南郡地也。巫，今四川巫山縣。餘見湖廣鄖陽府及荆州府境。

益治雒，雒，今成都府漢州也。中平五年劉焉爲益州牧，徙治綿竹，興平初復治成都。舊領郡九，今領郡九、屬國三：曰漢中郡，故郡也。曰巴郡，亦故郡。譙周巴記：「初平元年益州從事趙韙分巴爲二郡，以巴郡治墊江，而安漢以下爲永寧郡；建安六年劉璋以永寧爲巴東郡，閬中爲巴西郡，墊江仍爲巴郡，所謂三巴也。」墊江，即今重慶府合州治。安漢故城在今順慶府北三十五里。閬中，今保寧府附郭縣。曰廣漢郡，曰蜀郡，曰犍爲郡，曰牂牁郡，曰越巂郡，曰益州郡，皆故郡也。曰永昌郡，明帝永平二年分益州郡置，領不韋等縣八。不韋故城，在今雲南永昌軍民府城東北。曰廣漢屬國，别領陰平道等三城。陰平，今陝西文縣也。曰蜀郡屬國，别領漢嘉等四城。漢嘉，故青衣縣也，在今雅州名山縣東。曰犍爲屬國，别領朱提等二城。朱提廢縣，在今叙州府西。三屬國，皆安帝延光初所置。又通釋云：「靈帝時復置汶山郡，領汶江等三縣。」汶江，即今茂州治。

交治廣信。廣信，即今梧州府治蒼梧縣。仍領郡七。晉志：「桓帝置高凉郡，領高梁等縣。」今廣東陽江縣西有高梁故城，高州府亦其地也。沈約曰：「交趾刺史，本治龍編，獻帝建安八年改曰交州，始治廣信，十六年又徙治南海郡番禺縣。」龍編，今安南國奉天府治。

凡郡國百有五，晉志作「百有八」。按舊郡凡百有三，今省城陽、膠東、高密、菑川、真定、廣平、六安、泗水凡八郡，而增置永昌、任城、吴郡、濟北凡四郡，又合屬國比郡者六計之，是百有五也。續漢紀：「世祖中興，惟官多役煩，乃命并省，其後漸復分置，至於孝順，凡郡國百有五云。」縣、邑、道、侯國千一百八十。王氏曰：「後漢郡、國增於前者二，縣、邑、道、侯國少於前者三百九十有七。」〔七〕東樂浪，西敦煌，南日南，北雁門，西南永昌，四履之盛，幾於前漢。

董卓賊亂，曹操因之，遂取中原，

史略：初，關東州郡皆起兵討卓，推袁紹爲盟主。時董卓拜紹勃海太守，紹自稱車騎將軍。紹與王匡屯河内，匡，河内太守。韓馥留鄴給軍糧，馥時爲冀州牧。孔伷屯潁川，伷時爲豫州刺史。劉岱等與操屯酸棗，岱時爲兖州刺史，與陳留太守張邈、邈之弟廣陵太守超、東郡太守橋瑁、山陽太守袁遺、濟北相鮑信，與操俱屯酸棗。是時卓拜操爲驍騎都尉，遁還陳留，合兵討卓。酸棗，見開封府延津縣。袁術屯魯陽。時卓以術爲後將軍，術出奔南陽。魯陽，今汝州魯山縣。卓逼車駕遷長安，而自屯雒陽，諸軍畏其强，莫敢進，操曰：「使卓倚王室，據舊京，東向以臨天下，雖以無道行之，猶足爲患。今焚燒宮室，刼遷天子，海内震動，不知所歸，此天亡之時也。諸君能聽吾計，使勃海引河内之衆臨孟津，謂紹也。酸棗諸將守成皋，據敖倉，塞轘轅、大谷，轘轅山，在河南府鞏縣。見七國韓張儀請秦伐韓。漢置轘轅關於此。大谷，即陝州閿鄉縣南二十五里秦山谷，亦有大谷關。全制其險；使袁將軍帥南陽之軍謂術也。軍丹、析，丹，丹水；析，析川，在今南陽府鄧州内鄉、析川二縣界。入武關以震三輔：皆高壘深壁勿與戰，益爲疑兵，示天下形勢，以順誅逆，可立定也。」諸將不能用，食盡而散。既而紹奪韓馥冀州自領之，操知紹無能爲，欲規大河之南以待其變。會黑山賊于毒等略東郡，操討破之，黑山，在今北直濬縣西北八十里。紹因表操爲東郡太守。時郡治東武陽，在今山東朝城縣東。既而兖州刺史劉岱爲黄巾賊所殺，操乘間據兖州，領刺史。攻陶謙於徐州，謙走保郯，謙自彭城敗保郯。郯即徐州治也。復攻之。會吕布入濮陽，今北直開州，見前。兖州郡縣悉應布，惟鄄城、范、東阿不下，鄄城即山東濮州，見前。范，今濮州屬縣。東阿，亦見前。布進攻鄄，不克，還屯濮陽。操引還，敗布於定陶，見前。聞陶謙已死，欲遂取徐州後乃定布。荀彧曰：「昔高祖保關中，光武據河内，皆深根固本以制天下，進足以勝敵，退足以堅守，故雖困敗，而終濟大業。將軍本以兖州首事，且河、濟天下要地，是亦將軍之關中、河内也，不可不先定。」操遂擊走布，兖州復定。毛玠謂操曰：「今天下分崩，乘輿播蕩，生民廢業，饑饉流亡。夫兵義者勝，守位者財，宜奉天子以令不臣，脩耕植以畜軍資，霸王之業可成也。」會關中擾亂，帝還雒陽，操乃西迎天子遷都於許。命棗祗屯田許下，繕兵積穀，州郡皆置田官，所在倉廩皆滿，於是破袁紹，略烏桓，今北直廢大寧衛以北即烏桓地。兼幽、并，平關、隴，富强莫與之抗。

篡易漢祚，仍都洛陽。

都邑攷：魏武初封魏公，都鄴。今彰德府臨漳縣西二十里故鄴城是，見前。文帝篡漢，復都洛陽。黄初二年以譙爲先人本國，即故豫州治。許昌爲漢之所居，長安爲西京遺蹟，鄴爲王業本基，與洛陽號曰五都。魏志：文帝置五都，立石表，西界宜陽，北循太行，東北界陽平，南循魯陽，東界郯，爲中都地。

有州十三：通典：「魏以三河、弘農爲司隸，而三輔入於雍州。又分雍州之河西爲涼州，隴右爲秦州。又分遼東、昌黎、帶方、玄菟、樂浪爲平州，後復合爲幽州。亦兼置荆、揚二州。實得漢十三州之九。」

司隸，治河南，即漢治也。領郡六：曰河南，曰河内，曰河東，曰弘農，皆故郡也；曰平陽，正始八年分河東郡置，治平陽縣，即今山西平陽府；曰朝歌，黄初二年分河内郡置，治汲縣，即今衛輝府。

荆，治襄陽，因劉表舊治也，後治宛，魏主芳嘉平中又改屯新野，今南陽鄧州屬縣。領郡八：曰南陽，曰江夏，皆故郡也。曰襄陽，建安十三年魏武分南郡置，治襄陽縣，即今府。曰南鄉，亦魏武分南陽置，治順陽縣，今鄧州析川縣有順陽城。曰魏興，本建安二十四年先主分漢中郡所置西城郡也，明年曹丕并入新城郡，尋復改置魏興郡，治西城縣，即故漢中郡治。又建安六年分漢中置漢寧郡，治安陽縣，以張魯爲漢寧太守，尋廢，即今興安州漢陰縣。曰新城，本建安初劉表分漢中所置房陵郡也，延康元年曹丕改爲新城郡，治房陵縣，今鄖陽府房縣是也。曰上庸，亦建安中析漢中郡置。魏略：魏武初置上庸都尉，後爲上庸郡，治上庸縣，延康元年文帝并入新城郡，明帝復析置上庸郡。今鄖陽府竹山縣有上庸城，見前庸國。曰義陽，黄初二年分南陽郡置，治安昌縣，今汝寧府信陽州西北有故安昌城。志云：漢建安十三年魏武嘗得荆州之地，及敗於赤壁，南郡以南皆爲敵境。黄初三年五月，時孫權臣附，詔以江南八郡爲荆州，江北諸郡爲郢州。十月以孫權拒命，復郢州爲荆州。

豫，初治譙，尋治潁川。領郡九：曰潁川，曰梁郡，曰沛郡，曰陳郡，曰魯郡，曰汝南，皆故郡也；曰譙郡，建安中魏武分沛郡置，治譙；曰弋陽，黄初中分汝南置，治汝陰縣，今南直潁州也；又建安二年魏公操分汝南之安陽、朗陵二縣置陽安都尉，亦曰陽安郡。安陽、朗陵，見汝寧府真陽、確山二縣。

青，治臨菑，即漢治。領郡五：曰齊郡，曰濟南，曰樂安，曰東萊，皆故郡也；曰城陽，後漢并入琅邪郡，建安中魏武復分置，本屬徐州，今改屬青州。又平昌郡，黄初三年魏文帝分城陽郡置，治平昌縣，今青州府安丘縣西南平昌故城是，晉廢。又長廣郡，建安五年魏武分東萊郡置，治不其縣，今萊州府膠州即墨縣西南不其故城是。晉志云：「晉咸寧二年置。」

兗，治鄄，魏主芳嘉平中兗州屯平阿，今南直懷遠縣東北有平阿城。領郡八：曰陳留，曰東郡，曰濟陰，曰山陽，曰任城，曰東平，曰濟北，曰泰山，皆故郡也。

揚，初治合肥，後復治壽春。領郡三：曰淮南，漢九江郡也，建安初袁術改爲淮南，魏因之；曰廬江，漢故郡，建安中魏武省入淮南，後復置，治陽泉縣，蓋與吳分置郡也，陽泉故城在今壽州霍丘縣西；曰安豐，黃初二年分廬江郡置，治安風縣，今南直霍丘縣西南有安風故城。胡氏曰：「安豐宜屬豫州。」

徐，治彭城。領郡六：曰下邳，曰彭城，曰東海，曰琅邪，曰廣陵，皆故郡也；曰東莞，魏正始初分琅邪郡置，治東莞縣，今山東沂水縣也。又有東安郡，亦魏分琅邪郡置，治東安縣，今沂水縣南東安廢縣即故郡治也。東安尋廢。又有昌慮、利城二郡，魏武於建安三年分東海郡置，以處降帥。昌慮，在兗州府滕縣，見前。利城，今南直贛榆縣西六十里有故城，後廢。

凉，治武威。領郡八：曰金城，曰武威，曰張掖，曰酒泉，曰敦煌，皆故郡也；曰西平，建安中分金城郡置，治西都縣，即今西寧衛；曰西郡，亦建安中分張掖郡置，治日勒縣，今山丹衛東南有日勒廢城；曰西海郡，即故居延屬國也。晉志：「魏凉州刺史領戊己校尉，〔八〕護西域，如漢故事，至晉不改。」

秦，治上邽，今鞏昌府秦州西六十里有故城。領郡六：曰隴西，曰漢陽，曰武都，皆故郡也；曰南安，即靈帝時置；曰廣魏，即後漢初平中所置永陽郡改，治臨渭，今秦州秦安縣東南有臨渭城；曰陰平，本漢廣漢屬國也，建安中魏武改置陰平郡。太和三年武都、陰平皆入於蜀漢，晉志以爲晉泰始中置。

冀，治鄴。領郡十三：曰趙郡，曰鉅鹿，曰安平，曰勃海，曰河間，曰清河，曰中山，曰常山，曰魏郡，皆故郡也；曰平原，漢屬青州，魏改屬冀；曰樂陵，建安中魏武分平原郡置，今山東樂陵縣即故郡治；曰陽平，黃初中分魏郡置，治元城縣，今大名府是也；曰廣平，亦黃初二年分魏郡置，治廣平縣，即今廣平府。魏紀：「建安八年魏公操分魏郡置東西部都尉，後以東部都尉分立陽平郡，西部都尉立廣平郡，謂之三魏。」又有郡曰博陵，晉志：「漢桓帝時置，魏因之」；曰高陽，晉志亦曰桓帝置，後又云泰始初置；曰章武，晉志云魏武分勃海國置，後又云泰始中置，治東平舒縣，今北直大城縣是也。博陵、高陽，附見前後漢郡國。

幽，治薊，領郡十一：曰范陽，即漢涿郡也，黃初中更名；曰燕郡，即漢廣陽也，建安中魏武省漁陽入焉，黃初中復故名爲燕郡；曰右北平，曰上谷，曰代郡，曰遼西，曰遼東，曰玄菟，曰樂浪，皆故郡也；曰昌黎，本遼東屬國，景初中改爲昌黎郡；曰帶方，建安中公孫度分樂浪置，魏因之，治帶方縣，在今朝鮮境内。典略：「景初二年以遼東、昌黎、帶方、玄菟、樂浪五郡爲平州，後合爲幽州。」

并，治晉陽。領郡六：曰太原，曰上黨，曰西河，曰雁門，皆故郡也；曰樂平，建安中魏武分太原郡置，治沾縣，今山西樂平縣西廢沾縣是；曰新興，亦建安中魏武分太原地置，治九原縣，在今忻州西。漢魏春秋：「後漢靈帝末，羌、胡大擾，定襄、雲中、五原、朔方、上郡等五郡並流徙分散。建安十八年省并州入冀州，二十年始集塞下荒地郡置一縣，領其民，合爲新興郡。黃初元年復置并州，二年遷郡於嶺南，自陘嶺以北並棄之，以勾注爲塞。」陘嶺即勾注也，見前戰國蘇厲遺趙王書。

雍。治長安。領郡六：曰京兆，曰馮翊，曰扶風，曰安定，曰北地，皆故郡也；曰新平，建安中魏武分扶風郡置，治漆縣，今西安府邠州也。晉志：「魏改京兆尹爲太守，馮翊、扶風，各除左右。」初，三輔屬司隸，獻帝改置雍州，自三輔距西域皆屬焉，魏析爲涼、秦二州，而雍州不改。

郡國九十有一。晉志作「六十有八，得漢郡五十有四」，誤。東距吳，西拒蜀。以廣陵、壽春、合肥、今廬州府附郭縣，見前。沔口、亦曰漢口，亦曰魯口，即湖廣武昌府城西之夏口也。或曰今漢陽府城東北大別山之陰，爲魏所守之沔口。西陽、西陽，在今黃州府東南百三十里。襄陽、隴西、今臨洮府治狄道縣，即故隴西郡治。南安、即靈帝所置南安郡。祁山、在鞏昌府西和縣北七里。漢陽、志曰：漢陽治冀，在今鞏昌府伏羌縣。見前。陳倉今鳳翔府寶鷄縣有陳倉故城。爲重鎮。

魏明帝曰：「先帝東置合肥，南守襄陽，西固祁山，賊來必破於三城之下者，地有所必爭也。」

孫權席父兄之業，奄有江東，

史略：初，權父堅以討賊功封烏程侯，烏程，今浙江湖州府附郭縣。兄策乃略定江東地。孫策時略有會稽、吳郡、丹陽、豫章、廬江諸郡。及權嗣位，周瑜等破曹操於赤壁，赤壁，在今武昌府城東南九十里。〔九〕進取江陵，西至夷陵，瑜因說權曰：「今操新敗，憂在腹心，未能與將軍連兵相爭也。乞與奮威俱進取蜀，時孫堅弟子瑜爲奮威將軍。并張魯，因留奮威固守其地，與馬超結援，瑜意欲兼漢中以動關中，連隴右以規三輔。瑜還與將軍據襄陽以蹙操，北方可圖也。」瑜志未逮而卒。後吳屢伐魏，皆無功。最後魏主叡薨，權復議伐魏，殷札曰：「天棄曹氏，喪誅屢見。今宜滌荆、揚之地，强者執戟，羸者轉運；命益州軍於隴右，謂蜀漢也。朱然、諸葛瑾指襄陽，陸遜、朱桓征壽春，大駕入淮陽，謂淮北。歷青、徐，犄角並進，民必内應。一軍敗績，則三軍離心，便當乘勝逐北，以定華夏。若不悉軍動衆，循前輕舉，民疲威削，時往力竭，非策也。」權不能用，師卒無功。

奠基建業，

都邑考：孫策屯曲阿，曲阿，今鎮江府丹陽縣。策擊走揚州刺史劉繇於曲阿，遂屯焉。尋徙屯吴。今蘇州府治。權徙治丹徒，謂之京城，今鎮江府治，亦曰京口。尋遷秣陵，號曰建業，今應天府治。而武昌爲行都云。今武昌府武昌縣。吴於章武元年自公安徙都鄂，改曰武昌。黄龍元年還建業，陸遜輔太子登留武昌。歸命侯皓甘露元年復徙都武昌，寶鼎初還建業，命滕牧留鎮武昌。公安，今湖廣荆州府屬縣，吴南郡治也。

有州五：通典：「吴分漢交州之南海、蒼梧、鬱林爲廣，分荆州之江夏以東爲郢，得漢十三州之三。」又晉書：「晉滅吴得州四，謂揚、荆、交、廣也。」郢州似初置後廢。

揚，治建業。領郡十三：曰丹陽，曰吴，曰會稽，曰豫章，皆故郡也。曰廬江，吴與魏分置，治皖，今安慶府治是。曰廬陵，建安四年孫策分豫章置，治廬陵縣，今爲吉安府。曰鄱陽，建安十五年孫權分豫章郡置，治鄱陽縣，今爲饒州府。曰新都，亦建安十三年孫權分丹陽郡置，治始新縣，今爲南直徽州及浙江嚴州府。始新，今嚴州府淳安縣也。曰臨川，吴太平二年亦分豫章郡置，治臨汝縣，今爲撫州府。曰臨海，亦太平二年分會稽東部都尉置，治章安縣，今爲台州府。章安，今府東故城是也。曰建安，永安三年分會稽南部都尉置，治建安縣，今爲福建建寧府。曰吴興，寶鼎初分吴郡置，治烏程縣，今爲湖州府。曰東陽，亦寶鼎中分會稽郡置，治長山縣，今爲金華府。曰廬陵南部都尉，亦寶鼎初分廬陵郡置，治雩都縣，今贛州府雩都縣是。又東安郡，黄武五年以丹陽、會稽、吴三郡山民爲寇，分其地置郡，治富春縣，旋罷。富春，今杭州府富陽縣也。又建安四年孫策分豫章之海昏諸縣置建昌都尉，治海昏，今南康府建昌縣是。

荆，治南郡。領郡十四：曰南郡，曰武陵，曰零陵，曰桂陽，曰長沙，皆故郡也。曰宜都，建安十三年魏武得荆州，分南郡枝江以西爲臨江郡，旋敗還，十四年蜀先主因分置宜都郡，治夷陵，今荆州府夷陵州是也，二十四年入於吴。曰臨賀，黄武中分蒼梧郡置，治臨賀縣，今廣西平樂府賀縣也。曰衡陽，太平二年分長沙西部都尉置，治湘鄉縣，今衡州府南湘鄉城是。曰湘東，亦太平二年分長沙郡置，治酃縣，今衡州府東有故酃城。曰建平，永安三年分宜都郡置，治建平縣，今荆州府歸州也。或云建安末吴嘗置固陵郡，後廢，改置建平郡。曰天門，亦永安中分武陵郡置，治零陽，今岳州府澧州石門縣是。曰邵陵，寶鼎初分零陵北部都尉置，治邵陵縣，今寶慶府治是。曰始安，甘露初分零陵南部都尉置，治始安縣，今廣西桂林府治。曰始興，亦寶鼎初分桂陽郡置，治曲江縣，今韶州府治。又營陽郡亦寶鼎中分零陵郡置，治營道縣，今永州府道州是其地也。後廢。

郢，治江夏，今武昌府。領郡未詳。曰武昌，治武昌縣，漢江夏郡也，本治西陵，建安十三年孫權以程普領江夏太守，治沙羡，蓋江夏半入於曹氏，黄武初改曰武昌郡，移治武昌也。沙羡即今武昌府治武昌縣，見前都邑攷。曰蘄春，建安十二年孫權分江夏置，治蘄春縣，今黄州府蘄州也。曰安成，寶鼎二年分豫章、廬江郡置，治平都縣，今江西吉安府安福縣是。或曰郡仍屬揚州。又彭澤郡，建安十四年孫權分豫章、廬江郡置，領彭澤、柴桑、尋陽三縣，即今九江府境也，而地志不著。又漢昌郡，建武十五年孫權分長沙郡置，治漢昌縣，今岳州府平江縣也，後廢。

交，治龍編，今安南之東都，見後漢交州注。領郡七：曰日南，曰交趾，曰九真，曰合浦，故郡也。曰新昌，吳建衡三年置，治麋泠縣。沈約曰：「本名新興，晉太康三年改曰新昌。」曰武平，治武寧縣。曰九德，治九德縣。俱在今安南境內。晉志云：「武平、九德二郡，吳寶鼎初置。」

廣。治番禺。領郡七：曰南海，曰蒼梧，曰鬱林，故郡也；曰高凉，即後漢靈帝時所置郡；曰高興，吳分高凉置，治廣化縣，今廣東陽江縣西北有廢廣化城；曰桂林，寶鼎中分鬱林郡置，治潭中縣，即今柳州府治；曰合浦北部，永安六年分合浦郡置，治寧浦縣，今廣西南寧府横州也。晉志：「吳黄武五年分交州之南海、蒼梧、鬱林、高凉四郡立爲廣州，俄復舊，永安七年復分交州置廣州云。」

郡國四十三。得漢郡十有八。西拒蜀，北拒魏。以建平、見上荆州屬郡。西陵、即夷陵。又州西北二十五里爲西陵峽，詳湖廣重險。樂鄉、今荆州府松滋縣東七十里有樂鄉城。南郡、見前。巴丘、即岳州府附郭巴陵縣。夏口、吳所守之夏口，即今武昌府之城西漢口也。晉志：「夏口在荆江中，正對沔口。」見前七國楚夏州。武昌、見上。皖城、見前。牛渚圻、在今太平府北二十五里，亦謂之采石圻，詳見南直名山采石。濡須塢，在廬州府無爲州巢縣東南四十里，亦曰東關，又爲東興堤。詳見南直重險東關。後又得邾城、今黄州府治，見前。沔口、見魏重鎮。廣陵，同上。並爲重鎮。

陸抗曰：「西陵、建平，國之蕃表，既處上流，受敵二境，若敵汎舟順流，星奔電邁，非可恃援他部，以救倒懸也。臣父遜昔在西垂上言：西陵國之西門，雖云易守，亦復易失，若有不守，非但失一郡，荊州非吳有也。如其有虞，當傾國爭之，不然深可憂也。」○司馬懿曰：「東關、夏口，敵之心喉。」○何承天曰：「曹、孫之霸，才均智敵，江、淮之間，不居各數百里。魏舍合肥，退保新城，在今合肥城西北二十里，魏滿寵所築。吳城江陵，移入南岸，吳南郡移治公安，蓋在江南岸也。濡須之戍，聚屯羨溪。羨溪，在濡須東三十里。何者？斥堠之郊，非耕牧之地，故堅壁清野以俟其來，整甲繕兵以乘其弊也。及襄陽之屯，民居星散，司馬懿謂宜徙沔南，以實水北，即沔水北。曹爽不用，果亡柤中。」今襄陽府南沮水左右地，亦曰沮中。胡氏曰：「地有常險，則守亦有常勢。當孫氏時，上流欲爭襄陽而不得，故以良將守南郡。下流欲爭淮南而不得，故以大衆築東興見上濡須塢。與皖口。在今安慶府城西十里，亦曰山口鎮。中流欲爭安陸而不得，安陸，今德安府治是。故以三萬勁卒守邾城。」

先主以敗亡之餘，得一孔明，僅安巴蜀，

史略：先主初領徐州牧，屢爲袁術、呂布及曹操所敗，後依劉表，屯新野。今南陽府鄧州新野縣，見前。三顧孔明於隆中，今襄陽府城西二十三里有隆中山。孔明曰：「今操擁百萬之衆，挾天子而令諸侯，此誠不可與爭鋒。孫權據有江東，已歷三世，國險而民附，賢能爲之用，此可與爲援，而不可圖也。荊州北據漢沔，利盡南海，自桂陽、蒼梧跨有交州，則利盡南海也。東連吳會，吳會者，吳爲東南一都會也。西通巴蜀，此用武之國，而其主不能守，殆天所以資將軍也。益州險塞，沃野千里，天府之國，劉璋暗弱，張魯在北，民殷國富，而不知存恤，智能之士，思得明君。將軍既帝室之胄，信義著於四海，若跨有荆、益，保其險阻，西和諸戎，南撫蠻越，外結好孫權，内脩政理，天下有變，則命一上將將荆州之軍以向宛、雒，宛謂南陽，雒謂雒陽。將軍身帥益州之衆，出於秦川，猶曰秦中。百姓孰敢不簞食壺漿而迎將軍者乎？」

定都成都。

都邑考：都成都。

有州三：蜀分益爲梁，又以建寧太守遥領交州，得漢十三州之一。又延熙四年蔣琬奏以姜維爲凉州刺史，時凉州止有武都、陰平二郡，蓋亦遥領也。

益，治成都。領郡十二：曰蜀郡，曰犍爲，曰汶山，曰越嶲，曰牂牁，曰永昌，皆故郡也。曰江陽，劉璋於建安五年分犍爲郡置，治江陽縣，今四川瀘州也。曰漢嘉，本蜀郡屬國也；曰朱提，本犍爲屬國也；俱章武元年改置。曰建寧，即漢益州郡也，後主建興二年改爲建寧郡，治味縣，今雲南曲靖軍民府西廢味縣是。曰雲南，本益州永昌郡地，亦建興二年析置，治雲南縣，今大理府趙州雲南縣也。曰興古，亦建興二年析益州牂牁郡置，治律高縣，今曲靖府馬龍州東廢律高縣是也。又晉志：「後主分廣漢立東廣漢郡。」胡氏曰：「東廣漢郡治郪縣。」今潼川州也。又蜀紀「建安十九年先主入成都，以諸葛孔明領益州太守，法正領蜀郡太守」，蓋劉璋置益州，與蜀郡並治成都郭下云。梁，治漢中。領郡十：曰漢中，曰廣漢，曰巴郡，皆故郡也。曰梓潼，建安二十三年先主分廣漢置，治漢壽縣，今保寧府劍州廣元縣也。曰涪陵，亦建安中先主分巴郡置，治涪陵縣，今重慶府之涪州是。曰巴東，曰巴西，即劉璋分巴郡所置也。曰宕渠，亦建安中先主分巴郡置，治宕渠縣，今順慶府廣安州宕渠縣東北七十里有宕渠故城，尋省入巴西郡。曰陰平，本建安中魏公操置，建興七年入於漢，晉志云後主所置；曰武都，漢故郡也，亦建興中屬漢；蔣琬蓋分二郡爲凉州。交。治建寧，見上建寧郡。

郡國二十有二。得漢郡十有四。東拒吴，北拒魏。以漢中、見前。興勢、興勢，今漢中府洋縣北興勢山是。白帝今夔州府東五里，即白帝城。爲重鎮。吴賀邵云：「劉氏據三關之險。」三關者，一陽平關，在今寧羌州東北九十里，杜佑以爲即漢中府褒城縣西北二十里之漢陽關；一白水關，在寧羌州西南百里；一江關，即瞿塘關也。

黄權曰：「若失漢中則三巴不振。」三巴，見東漢郡國。○楊洪曰：「漢中益州咽喉，若無漢中，是無蜀也。」

胡氏曰：「魏人都許，不恃方城而守襄陽。方城，見前七國楚綿以方城。蜀人都益，不恃劍門而守漢中。劍門，在保寧府劍州北二十五里。詳四川名山。吴人都秣陵，不恃大江而守荆渚。」江陵城，楚渚宫也，故曰荆渚。

校勘記

〔一〕爲梁楚吴淮南長沙國　史記卷一七漢興以來諸侯王年表無「吴」字。此云高祖初封同姓子弟爲王者九國，吴封於高祖十二年，故不在九國之列，「吴」字宜删。

〔二〕置百官宫觀　「置」，底本原作「里」，鄒本作「置」。史記卷一七漢興以來諸侯王年表作「置百官宫觀」，鄒本是，今據改。

〔三〕建元六年更立無諸孫繇君丑爲閩繇王　「閩繇王」，史記卷一一四東越傳、漢書卷九五西南夷兩粤朝鮮傳並作「越繇王」。

〔四〕漢二年更爲渭南郡　「渭南郡」上底本原有「中」字，職本、鄒本無，漢志卷二八上京兆尹下作「二年更爲渭南郡」，亦無「中」字，此「中」字衍，今據職本等删。

〔五〕光武大破之於滍水上　「滍」，底本原作「溫」，鄒本作「滍」。説文解字：「滍水出南陽魯陽堯山。」水經滍水注同。又後漢書卷一上光武紀云：「莽兵大潰……滍川盛溢，虎豹皆股戰，士卒争赴，溺死者以萬數，水爲不流。」則鄒本作「滍」是，今據改。

〔六〕又和帝永元五年　「永元」，底本原作「永光」，彭元瑞校改爲「永元」，職本亦作「永元」。和帝年號無「永光」者，彭校是，今據改。

〔七〕縣邑道侯國少於前者三百九十有七　據漢志卷二八下，前漢有縣邑千三百一十四，道三十二，侯國二百四十一，縣、邑、道、侯國共有千五百八十七。此數減去上文所云後漢縣、邑、道、侯國千一百八十，所得差額當爲四百有七。王氏云「少於前者三百九十有七」，誤也。

〔八〕魏涼州刺史領戊己校尉　「己」，底本原作「巳」，今據晉書卷一四地理志（以下簡稱晉志）改正。漢書卷一九上百官公卿表云：「戊己校尉，元帝初元元年置。」注云：「甲乙丙丁庚辛壬癸皆有正位，唯戊己寄治耳。今所置校尉亦無常居，故取戊己爲名也。」

〔九〕赤壁在今武昌府城東南九十里　此赤壁即今武昌縣之赤磯山，在武昌府城（今武漢市）西南，非東南。大明一統志卷五九作「府城東南九十里」，本書因而誤也。

讀史方輿紀要卷三

歷代州域形勢三　晉　十六國

司馬晉世篡魏權，傾危弱主，西滅蜀，東滅吴，遂并天下。

史略：初，司馬昭謀侵吴、蜀，諭其衆曰：「吴地廣大而下溼，攻之用功差難，不如先定巴、蜀，三年之後，因順流之勢水陸竝進，此滅虢取虞之勢也。計蜀戰士九萬，居守成都及備他境不下四萬，然則餘衆不過五萬。今絆姜維於沓中，沓中，在今洮州衛西南，羌中地也。時維軍敗於洮陽，内畏黄皓，不敢歸成都，因求種麥沓中。洮陽，即今洮州衛治。使不得東顧，直指駱谷，駱谷，在今西安府盩厔縣西南百二十里，舊爲南入漢中之要路。詳見今漢中府儻駱道。出其空虚之地以襲漢中，以劉禪之弱，而邊城外破，士女内震，其亡可知也。」乃以鍾會都督關中規進取。姜維聞之，表後主宜遣軍分護陽安關口陽安關即陽平關也。見前蜀漢重鎮。及陰平之橋頭，在今鞏昌府階州文縣東南白水上。詳見階州陰平道。以防未然。後主不省。既而昭遣鄧艾督軍自狄道趨甘松、沓中，狄道，今臨洮府治。時艾爲征西將軍，屯狄道。甘松，在今洮州衛西南。以連綴姜維，諸葛緒督軍自祁山趨武街、橋頭，絶維歸路，緒爲雍州刺史屯上邽。武街，今鞏昌府成縣治，橋頭即陰平橋頭。鍾會統大軍分從斜谷、駱谷、子午谷趨漢中，斜谷在鳳翔府郿縣西南三十里。駱谷見上，子午谷在西安府西南百里，俱詳見漢中府褒斜等道。以衛瓘持節監軍事。時漢勅諸圍皆不得戰，退保漢、樂二城，漢城，今漢中府寧羌州沔縣西南西樂城是也。樂城，今漢中府城固縣東南舊城是也。初，諸圍皆據險拒敵，令不得入平地，姜維易其制，欲誘敵深入而後擊之。會遂平行至漢中，分軍圍漢、樂二城，徑趨陽安關，關口無備，遂下之，長驅而前。鄧艾擊維於沓中，維敗走，聞諸葛緒已塞道屯橋頭，乃入北道，欲出緒後。緒引却，維還從橋頭過至陰平，聞關城已破，即陽平關。乃退趨白水，白水，今保寧府昭化縣西百里景谷城，即故白水縣。合諸軍守劍閣劍閣，在四川劍州，即劍門也。見前。以拒會，會不能前。鄧艾進至陰平，上言：「敵已摧折，宜遂乘之。若從陰平由邪經漢德陽亭今龍安府東北有故德陽亭。趨涪，今成都府綿州治也。出劍閣西百里，去成都三百餘里，奇兵衝其腹心，出其不意，劍閣之守必還赴涪，則會方軌而進。劍閣之軍不還，則應涪之兵必寡矣。」遂自陰平行無人之地七百餘里，鑿山通道，造作橋閣，山谷高深，至爲艱險。先登至江油，今龍安府江油縣。進擊諸葛瞻於涪，瞻敗退住綿竹，綿竹故城，見前公孫述據成都。復擊破之。漢人洶懼，後主遂降，悉定蜀地。其後十餘年，羊祜鎮襄陽，請伐吳，曰：「期運雖天所授，而功業必由人而成。今若引梁、益之兵，水陸俱下，時王濬監益、梁諸軍。荆、楚之衆進臨江陵，即祜所統也。平南、豫州直指夏口，時胡奮爲平南將軍，王戎爲豫州刺史。徐、揚、青、兗竝會秣陵，徐、揚，王渾所統，青、兗，琅邪王伷所統。秣陵即吳都也。以一隅之吳當天下之衆，勢分形散，所備皆急，巴、漢奇兵，出其空虛，一處傾壞，則上下震動，雖有智者不能爲吳謀矣。吳緣江爲國，東西數千里，唯有水戰，是其所便。一入其境，則長江非復所保，還趨城池，去長入短，非吾敵也。」及祜卒，舉杜預自代。預復請伐吳，許之。命琅邪王伷出涂中，涂、滁通，今南直滁州。胡氏曰：「即滁州，取真州之路。」真州，今揚州府儀真縣。王渾出江西，渾時都督揚州。江西，自和州出橫江渡之路。王戎出武昌，胡奮出夏口，杜預出江陵，王濬、唐彬下巴、蜀，時彬爲巴東監軍。凡六道，而使賈充將中軍屯襄陽，節度諸軍。王渾出橫江，在今和州東南二十五里，即大江也。所向皆捷。王濬克丹陽，在荆州府歸州東南七里。進克西陵、荆門、荆門，見前岑彭破荆門。夷道。即今夷陵州宜都縣。杜預克樂鄉，見前吳重鎮。取江陵，於是沅、湘以南沅、湘，見七國楚南卷沅、湘。接於交、廣，望風降下。胡奮克江安，江安即公安，吳南郡治此，杜預定江南，改曰江安縣。王濬復進克武昌，長驅至建業，吳人或降或潰。濬舟師過三山，在應天府西南五十七里。入石頭，石頭城在應天府西二里。吳主皓出降，吳地悉定。

仍都洛陽。

都邑攷：晉都洛陽，愍帝都長安，南遷後都建康。即孫吳建業也。

分州十九。沈約志：「太康元年，天下一統，凡十六州，後又分雍、梁爲益，荆、揚爲江，益爲寧，幽爲平，凡二十州。」今從通典。

司州：治洛陽。統郡十二。晉改漢、魏之司隸爲司州，永嘉以後洛陽淪没，大興四年司州僑治合肥，尋治滎陽，咸康五年又治襄陽。永和十二年還治洛陽，後没於苻秦。太元五年收復，隆安中又没於姚秦。義熙十二年司州復治洛陽。

河南郡，漢郡也，領洛陽等縣十二。洛陽，即秦、漢時舊治。

滎陽郡，本屬河南郡，泰始三年分置，領滎陽等縣八。滎陽見前。

弘農郡，漢郡也，領弘農等縣六。弘農即漢舊治。渡江以後，僑立弘農郡於尋陽界内，今江西九江府有尋陽故城。

上洛郡，本漢之京兆及弘農郡也，泰始二年分置，領上洛等縣三。上洛，今陝西商州治也。

平陽郡，魏分漢河東郡置，領平陽等縣十二。平陽，即魏舊治。

河東郡，秦郡也，領安邑等縣九。安邑，即漢故郡治。渡江後嘗僑立河東郡於孱陵縣界之上明地。上明，今湖廣松滋縣西有故城。

汲郡，本魏之朝歌郡，後廢，泰始二年改置汲郡，領汲縣等縣六。汲縣，即魏朝歌郡治。其後石勒析置東燕郡，治燕縣，今衛輝府胙城縣也。

河内郡，漢郡也，領野王等縣九。野王，今懷慶府治河内縣是。

廣平郡，魏增置郡也，領廣平等縣十五。廣平即魏舊治。本屬冀州，晉屬司州。

陽平郡，亦魏所置郡，領元城等縣。元城，魏郡治也。本屬冀州。

魏郡，漢郡也，領鄴縣等縣八。鄴，漢郡治也。本屬冀州。

頓丘郡。漢東郡地，泰始二年分置，領頓丘等縣四。頓丘，今大名府清豐縣有頓丘故城。漢、魏俱屬兖州。

兖州：治廩丘，今東昌府濮州范縣東南有廩丘故城。統郡、國八。惠帝以後，兖州淪没。建武初兖州僑治鄒山，太寧三年寄治廣陵，建元二年寄治金城，永和八年僑治下邳，太和四年移治山陽，尋還廣陵。太元六年以廣陵爲南兖州，鄄城爲兖州，既而青、兖二州皆寄治淮陰。義熙七年復以兖州治廣陵，八年青、兖二州皆鎮京口。鄒山，今兖州府鄒縣東南故邾城是。金城，今應天府上元縣北三十五里有故金城。山陽，今淮安府附郭縣。淮陰，今淮安府西北四十里故淮陰城是也。餘竝見前。

陳留國，漢郡也，領小黄等縣十。小黄，今開封府陳留縣東北三十里有小黄故城。其後石虎改爲建昌郡，屬洛州。東晉咸康四年於北譙界僑置陳留郡。

濮陽國，本漢東郡地，晉泰始初分置，領濮陽等縣四。濮陽，即漢東郡治。南渡後僑治淮南。

濟陽郡，漢郡，領定陶等縣九。定陶，即漢濟陰郡治。南渡後僑治淮南。

高平國，漢山陽郡也，晉改爲高平國，領昌邑等縣七。昌邑，亦漢山陽郡治。晉安帝時僑置山陽郡，治山陽縣，即今淮陽府治。

任城國，漢故郡也，領任城等縣三。任城亦舊治。

東平國，漢故郡，領須昌等縣七。須昌，今兖州府東平州治是。

濟北國，漢郡，領盧縣等縣五。盧亦舊治也。

泰山郡。漢郡，領奉高等縣十一。奉高，漢郡治地也。

豫州：治項，今開封府陳州項城縣。統郡、國十。永嘉之亂，豫州淪没。大興中豫州寄治譙，尋又寄治雍丘。太寧初寄治壽春，咸和四年又寄治蕪湖，咸康三年寄治邾城，邾城旋陷於石趙，復治蕪湖。永和元年移屯牛渚，二年仍治蕪湖，九年治歷陽，十一年移鎮壽春。自是進取則屯壽春，守江則屯歷陽、蕪湖。隆和元年移鎮汝南，旋還壽春。太元初鎮姑孰。九年以姑孰爲南豫州，汝南爲豫州。既而以豫州寄治歷陽，謂之西府。義熙六年復鎮姑孰。沈約曰：「永和十一年豫州屯馬頭，升平元年戍譙，咸安元年鎮歷陽，寧康元年復徙姑孰，太元十年又戍馬頭，十三年又徙歷陽，義熙二年則復戍姑孰也。」雍丘，今河南杞縣，見春秋杞國。蕪湖，今南直太平府屬縣。姑孰，即今太平府治。馬頭，今南直鳳陽府懷遠縣南二十里有故城。餘並見前。

潁川郡，秦故郡，領許昌等縣九。許昌，即漢末舊都也。

汝南郡，漢郡，領新息等縣十五。新息，今河南息縣，見春秋息國。晉志：「惠帝分汝南立南頓郡，治南頓縣。」今河南商水縣是，亦見春秋頓國。又明帝分置汝陽郡，治汝陽縣，咸康中廢，尋復置，今汝寧府治是。

襄城郡，本潁川郡地，泰始二年分置，領襄城等縣七。襄城，今開封府許州襄城縣。南渡後元帝僑立襄城郡，治繁昌縣，今南直太平府屬縣也。

汝陰郡，魏增置郡，後廢。泰始二年復置，領汝陰等縣七。汝陰，即魏故郡治。晉志：「惠帝時分汝陰立新蔡郡，治新蔡縣。」今汝寧府屬縣。南渡後孝武又僑置南新蔡郡，屬南豫州，在今廬州府舒城縣境。

梁國，漢故郡也，領睢陽等縣十二。睢陽，亦漢梁國舊都。晉志：「武帝省陳郡入梁國，惠帝復分梁國立陳郡，治陳縣，即故郡治也。東晉孝武太元中僑立南梁郡，在壽春南界。」

沛國，漢舊郡，領相縣等縣九。相，即漢沛郡治也。

譙郡，魏增置郡也，領譙縣等縣七。譙，即魏故郡治。

魯郡，漢郡，領魯縣等縣七。魯縣，即漢魯國舊都是也。

弋陽郡，魏增置郡，領西陽等縣七。西陽，今黄州府東南百三十里西陽故城是。沈約云：「晉惠帝分弋陽郡爲西陽國，屬豫州，宋嘗改屬郢州，治西陽縣。」疑惠帝以後弋陽還魏舊治也。劉昫曰「吴分江夏置蘄春郡，晉改曰西陽郡，即唐之蘄州」云。

安豐郡。魏增置郡，領安風等縣五。安風即魏郡治。

冀州：治房子，今真定府趙州高邑縣西南十五里有房子故城。魏收曰：「治信都。」統郡、國十三。胡氏曰：「晉南渡後，幽、青、冀、并四州俱僑治於江北。孝武太元七年復取齊地，幽、冀二州皆徙治焉。」

趙國，漢郡，領房子等縣九。房子即州治。

鉅鹿國，秦郡也，領廮陶等縣二。〔一〕廮陶，今趙州寧晉縣西南二十五里故城是。

安平國，漢故郡也，領信都等縣八。信都，即漢信都國都也。

平原國，漢郡，領平原等縣九。平原即漢舊治。

樂陵國，魏增置郡，領厭次等縣五。厭次，今山東武定州治也。

勃海郡，漢郡，領南皮等縣十。南皮，今河間府滄州屬縣也。

章武國，魏置郡，後廢。晉泰始初復置，領東平舒等縣四。東平舒，即魏故郡治。

河間國，漢郡，領樂城等縣六。樂城即漢故國都也。

高陽國，漢郡，領博陸等縣四。博陸即漢治。晉志云「泰始元年置」，蓋中間或廢，後復置也。

博陵國，漢郡，領安平等縣四。安平即漢故治。

清河國，漢郡，領清河等縣六。清河，今廣平府西北故甘陵城是也。

中山國，漢郡，領盧奴等縣八。盧奴，即漢中山國故都。

常山郡。漢郡，領真定等縣八。真定，漢真定國舊都也。

幽州：治涿，見前涿郡。統郡、國七。太元中幽州寄治廣固，廣固故城在今青州府城西北八里。

范陽國，即漢涿郡也，魏改曰范陽，領涿縣等縣八。涿即州治。

燕國，漢故郡也，亦曰廣陽國，魏更舊名，領薊縣等縣十。薊，即漢廣陽國故都。

北平郡，秦郡，領徐無等縣四。徐無，今北直薊州玉田縣東故城是也。

上谷郡，秦郡，領沮陽等縣二。沮陽，即漢舊治也。

廣甯郡，本上谷郡地，太康中分置，領下洛等縣三。下洛，今北直保安州西百里有故城。
代郡，秦郡，領代縣等縣四。代縣，今大同府蔚州治是。
遼西郡。秦郡，領陽樂等縣三。陽樂，在今大寧廢衛故柳城郡東。
平州：治昌黎，今北直大寧廢衛故柳城東南有昌黎廢縣。統郡五。魏嘗置平州，後罷。晉咸寧二年復分幽州置，永嘉以後平州屬於慕容氏。
昌黎郡，魏增置，領昌黎等縣二。昌黎見上。
遼東郡，秦郡，領襄平等縣八。襄平，即漢舊治。
樂浪郡，漢郡，領朝鮮等縣六。朝鮮，即漢舊治。
玄菟郡，漢郡，領高句麗等縣三。高句麗，即漢舊治
帶方郡。本公孫度置，魏因之，領帶方等縣七。帶方，即魏舊治。
并州：治晉陽，即後漢舊治。統郡、國六。建興以後并州淪没，義熙五年嘗寄鎮淮陰，十四年移鎮蒲阪云。
太原國，秦郡，領晉陽等縣十三。晉陽見上。
上黨郡，秦郡，領潞縣等縣十。潞，今潞安府潞城縣。
西河國，漢郡，領離石等縣四。離石，今汾州府永寧州治。
樂平郡，魏增置郡也。晉志云：「泰始中置，領沾縣等縣五。」沾，即魏舊郡治。

雁門郡，秦郡也，領廣武等縣八。廣武，今太原府代州西十五里有故城。
新興郡。魏置，領九原等縣五。九原，即魏故郡治。
雍州：治京兆。統郡七。惠帝時河間王顒據長安，州治安定，又移新平。建興以後雍州淪没，元帝時雍州僑治於鄼城。孝武時於襄陽僑置雍州，太元十一年寄治洛陽以鎮衛山陵，尋還襄陽。鄼城，今襄陽府光化縣東有故城。
京兆郡，漢郡，領長安等縣九。長安見前。太元十二年分京兆、馮翊、弘農置華山郡，領鄭縣等縣五。鄭縣，今華州治，亦見前。
馮翊郡，漢郡，領臨晉等縣八。臨晉，今西安府同州朝邑縣西南二里故城是。
扶風郡，漢郡，領池陽等縣六。池陽故城，在今西安府三原縣西北，見前。惠帝初改爲秦國。
安定郡，漢郡也，領臨涇等縣七。臨涇，今平涼府鎮原縣東六十里有故城。
北地郡，秦郡，領泥陽等縣二。泥陽，今西安府耀州治是。
始平郡，本扶風郡地，泰始三年分置，領槐里等縣五。槐里，見前周都犬丘。南渡後僑立始平郡於武當城，今襄陽府均州也。
新平郡。魏置郡，領漆縣等縣二。漆即魏故郡治。
涼州：治武威。統郡八。永寧以後，其地爲張氏所據。
金城郡，漢郡，領榆中等縣五。榆中，今臨洮府蘭州西二百里有故城。

西平郡，魏置郡，領西都等縣四。西都，即魏故郡治。

武威郡，漢郡，領姑臧等縣七。姑臧，即漢郡治。

張掖郡，漢郡，領永平等縣三。永平，今甘州衛治是。

西郡，魏初置郡，領日勒等縣五。日勒，即故郡治。

酒泉郡，漢郡，領福禄等縣九。福禄，即漢舊治。

敦煌郡。漢郡，領昌蒲等縣十二。昌蒲，在今沙州廢衛西。又惠帝元康五年分敦煌及酒泉地置晉昌郡，領宜禾等縣八。宜禾，在今塞外故瓜州西北百三十里。

秦州：初治冀城，後治上邽。統郡六。晉志：「魏始分隴右置刺史，領護羌校尉，中間暫廢，泰始五年又以雍州隴西五郡及涼州之金城、梁州之陰平合七郡置秦州，鎮冀城，太康三年復并入雍州，七年復立，鎮上邽，統郡六。江左以秦州寄治梁州，又於氐池立北秦州。」氐池即仇池，今陝西成縣西北百里有仇池城。冀城，見後漢涼州注。上邽，見三國魏秦州治。

隴西郡，秦郡，領襄武等縣四。襄武，今鞏昌府城東南五里襄武故城是。惠帝分置狄道郡，領狄道等縣九。狄道，今臨洮府治，見前。

南安郡，漢郡，領豲道等縣三。豲道，即後漢故郡治。

天水郡，漢郡，後漢及曹魏皆曰漢陽，晉復曰天水。領上邽等縣六。上邽即州治。

略陽郡，魏廣魏郡也，泰始中更名。領臨渭等縣四。臨渭，即魏故郡治。

武都郡，漢郡，領下辨等縣五。下辨，今鞏昌府成縣是也。

陰平郡。魏置。晉志云：「泰始中置。」領陰平等縣二。陰平，即魏故郡治。南渡後復有南、北二陰平郡。南陰平，今四川龍安府東百里有陰平故城。

梁州：治南鄭。統郡八。東晉大興初梁州寄治襄陽，咸康五年寄治魏興，建元二年戍西城，太元二年復鎮襄陽，義熙初又移魏興，九年治苞中。西城，今漢中府興安州治，見前。苞中，即今漢中府褒城縣也。

漢中郡，秦郡，領南鄭等縣八。南鄭即州治。

梓潼郡，蜀漢置，領梓潼等縣八。梓潼，今保寧府屬縣。晉志：「江左孝武時分梓潼北界立晉壽郡，領晉壽等縣四。」晉壽，即蜀漢梓潼郡治漢壽縣也。

廣漢郡，漢郡，領廣漢等縣三。廣漢，今潼川州射洪縣東南有故城。晉志：「桓温平蜀，復置遂寧郡。」或曰譙氏所置，今潼川州遂寧縣是也。

新都郡，本廣漢郡地，泰始二年分置，領雒縣等縣四。雒即東漢益州治。太康三年郡罷，尋復置。

涪陵郡，蜀漢置，領漢復等縣五。漢復，今涪州南九十里故城是。

巴郡，秦郡，領江州等縣四。江州，即漢以來舊治。

巴西郡，蜀漢置，領閬中等縣九。閬中即故郡治。晉志：「蜀漢割巴郡置宕渠郡，尋省入巴西。晉惠帝復分置宕渠郡，又以魏荆州所統之新城、魏興、上庸俱改屬梁州。」東晉孝武又分巴西、梓潼置金山郡，或曰今綿州即故金山郡。

巴東郡。蜀漢置，領魚復等縣三。魚復，今夔州府治，亦即蜀漢故郡治也。晉志：「穆帝時嘗改屬荆州。」

益州：治成都。統郡八。惠帝永安以後没於李氏，益州寄治巴郡，後又移治巴東，永和三年桓温滅蜀還治成都。咸安二年又没於苻氏，太元十年復爲晉有，義熙初没於譙縱，九年益州平，仍治成都。

蜀郡，秦郡，領成都等縣六。成都即州治。

犍爲郡，漢郡，領武陽等縣五。武陽，今眉州彭山縣東十里有故城。

汶山郡，漢郡，領汶山等縣八。汶山，即漢郡舊治汶江道也。

漢嘉郡，蜀漢置，領漢嘉等縣四。漢嘉即故郡治。

江陽郡，蜀漢置，領江陽等縣三。江陽即蜀郡舊治。

朱提郡，蜀漢置，領朱提等縣五。朱提即蜀郡舊治。沈約曰：「懷帝分置南廣郡，領南廣等縣四。」南廣，今叙州府南溪縣是也。

越巂郡，漢郡，領會無等縣五。會無，今建昌行都司會川衛治是。

牂牁郡。漢郡。領萬壽等縣八。萬壽，今遵義府治是。晉志：「永嘉五年分牂牁立平夷、夜郎二郡，改屬寧州。」平夷，今雲南曲靖軍民府陸涼州即其治。夜郎，今遵義府桐梓縣東二十里有故城。又有西河郡，領芘蘇等縣，今雲南大理府雲龍州西有芘蘇城。

寧州：治雲南。統郡四。晉志：「泰始七年分益州置，太康三年復廢入益州，立南夷校尉護之。永寧二年復置寧州，咸和八年没於李雄，咸康五年復入於晉。」

雲南郡，蜀漢置，領雲平等縣九。雲平，今大理府趙州雲南縣北有故城。永嘉三年分雲南、永昌立河陽郡，治東河陽縣。或曰故河陽城在今大理府東北境，亦曰東河陽郡。沈約曰：「成帝分雲南置興寧郡，領梇棟等縣。」今姚安軍民府治是也。

興古郡，蜀漢置，領律高等縣十一。律高，即蜀漢舊治。沈約曰：「永嘉五年寧州刺史王遜分興古之東置西平郡，領西平等縣。」在今曲靖府東境。成帝時又分興古置梁水郡，領梁水等縣。梁水，今臨安府寧州東有故城。或曰梁水郡亦建興中王遜所表置。

建寧郡，蜀漢改置，領味縣等縣十七。味縣，即蜀漢舊治。晉志：「惠帝分建寧以西七縣别立益州郡，永嘉二年改爲晉寧郡，領建伶等縣。」建伶，今雲南府西有故城。成帝時又分建寧置建都郡，領新安等縣六。沈約曰：「郡去寧州建寧郡六十里。」

永昌郡。漢郡，領不韋等縣八。不韋，即漢郡治。

青州：治臨菑。統郡、國六。永嘉喪亂，青州淪没。大興二年，青州僑治淮陰。太元九年青州復歸於晉，僑置幽州於廣固。十五年青、兖二州俱寄治京口，其後仍鎮廣陵，義熙四年移鎮丹徒，六年始置青州於東陽，亦謂之北青州，而僑置青州曰南青州。十年南青州仍治廣陵。後省南青州，北青州直曰青州。東陽，今青州府治益都縣。廣固城，在今青州府城西北八里。

齊國，秦郡，領臨菑等縣五。臨菑即州治。

濟南郡，漢郡，領平壽等縣五。平壽，今萊州府平度州濰縣西南三十里有故城。〔三〕

樂安國，漢郡，領高苑等縣八。高苑，今青州府屬縣，見前。

城陽郡，漢郡，領莒縣等縣十。莒，即漢城陽國治。晉志：「惠帝元康十年分城陽置平昌郡，領平昌等縣。」本三國魏所置郡，後廢，晉復置。又分城陽置高密國，領高密等縣。」本漢高密國，後漢廢，晉復置。

東萊國，漢置，領掖縣等縣六。掖，漢郡舊治也。

長廣郡。魏置，領不其等縣三。不其，魏郡舊治也。

徐州：治彭城。統郡、國七。元康末改治下邳。永嘉之亂，徐州淪没者半。太寧二年寄治淮陰，咸和初寄治廣陵，尋又移鎮京口，永和八年復鎮下邳，隆和元年移屯山陽，太和二年還治京口，寧康二年復移廣陵，明年又還京口。太元九年始以京口爲南徐州，彭城爲徐州。義熙七年又以彭城爲北徐州。

彭城國，漢郡，領彭城等縣七。彭城，即漢郡治。渡江後亦曰沛郡。

下邳國，漢郡，領下邳等縣七。下邳，即東漢下邳國治。

東海郡，漢郡，領郯縣等縣十二。郯，即漢郡治。晉志：「元康初分東海置蘭陵郡，領蘭陵等縣。」今兗州府東六十里有蘭陵城。

琅邪國，秦郡，領開陽等縣九。開陽，今兖州府沂州東南有故城。元康七年分置東安郡，領東安等縣，即曹魏東安郡舊治也。江左僑置琅邪郡於江乘縣境，又改治臨沂。江乘、臨沂，竝在今應天府東北七十里。

東莞郡，魏置，後廢。太康中復置，領東莞等縣八。東莞，故魏郡治。

廣陵郡，漢郡，領淮陰等縣八。淮陰，故魏郡治。義熙中分廣陵置海陵、山陽二郡。海陵，今揚州府泰州治。山陽見前。

臨淮郡。漢郡，後漢改置下邳國，太康初復析置，領盱眙等縣十。盱眙，今鳳陽府泗州屬縣。晉志：「元康七年分臨淮置淮陵郡。」今盱眙西北九十里有淮陵故城。後又分臨淮、淮陵置棠邑郡，今應天府六合縣故棠邑也，義熙中改曰秦郡，又於盱眙改立盱眙郡。

荆州：初治襄陽，後治江陵。統郡、國二十二。晉志：「惠帝元康初分桂陽、武昌、安成三郡及揚之豫章、鄱陽、廬陵、臨川、南康、建安、晉安七郡爲江州。懷帝永嘉初又分長沙、衡陽、湘東、零陵、邵陵、桂陽及廣州之始安、始興、臨賀共九郡置湘州，咸和四年復并入荆州，義熙八年復置，十三年仍并入荆州，而江州如故。」通釋：「咸和四年陶侃嘗移荆州鎮巴陵，建始初仍鎮江陵，太元二年移鎮上明，後仍還江陵。其江州初治豫章，後移武昌，建元中寄治半洲，咸安末移鎮尋陽。」上明，今荆州府松滋縣西一里有故城。半洲，在今九江府西九十里。

江夏郡，漢郡，領安陸等縣七。安陸，今德安府治。晉志：「惠帝分江夏立竟陵郡，治竟陵縣。」今承天府沔陽州景陵縣西有竟陵故城。初屬江州，後還荆州。

南郡，漢郡，領江陵等縣十二。江陵，即州治也。晉志：「惠帝時蜀亂，分南郡僑立成都國，領華容等縣四。」華容，今荆州府監利縣東五里有故城。建興中復并入南郡。又安帝時析置武寧郡，領樂鄉等縣，今承天府荆門州北八十里樂鄉城是。又析置長寧郡，領長寧等縣，今荆門州西南有長寧廢縣。劉宋改曰永寧。

襄陽郡，魏置，領宜城等縣八。宜城，今襄陽府屬縣。又咸和初分置義成郡，領義成等縣。義成，今襄陽府穀城縣也。

南陽國，秦郡，領宛縣等縣十四。宛即秦以來郡治。晉志：「惠帝分南陽立新野郡，領新野等縣。」新野，今南陽府鄧州屬縣。

順陽郡，本魏所置南鄉郡，晉太康中改曰順陽，領酇縣等縣八。酇，今襄陽府光化縣東有故酇城。

義陽郡，本魏置，後廢。太康中復置，領新野等縣十二。新野見上。惠帝時義陽郡移治義陽縣，今信陽州南義陽故城是也。又分置隨郡，領隨縣等縣，今德安府隨州也。

新城郡，魏置，領房陵等縣四。房陵，即魏郡治。

魏興郡，魏置，領晉興等縣六。晉興，今興安州東有晉興故城。

上庸郡，亦魏置，領上庸等縣六。上庸，即魏舊治也。晉惠帝時分新城、魏興、上庸三郡屬梁州。又南渡後謂魏興、新城、上庸、襄陽、義成、竟陵、江夏爲沔中七郡云。

建平郡，本吴置，治秭歸。晉滅蜀，亦置郡，治巫縣。太康初以吴置郡并入，領巫縣等縣八。巫，即今夔州府巫山縣，見前。

宜都郡，吳置，領夷陵等縣三。夷陵，即吳郡治。

南平郡，本吳所置南郡，吳得江陵，移南郡治公安。晉平吳，南郡復治江陵，而改故南郡爲南平郡，領作唐等縣三。作唐，今岳州府澧州安鄉縣東北有故城。元康以後，南平仍治江安，即公安也。

武陵郡，漢郡，領臨沅等縣十五。臨沅，今常德府治武陵縣是。

天門郡，吳置，領零陽等縣五。零陽，即吳郡治。

長沙郡，漢郡，領臨湘等縣十。臨湘，即漢長沙國都也。沈約曰：「元康九年分長沙置建昌郡，領巴陵等縣四。宋元嘉十六年爲巴陵郡。」巴陵，今岳州府附郭縣。

衡陽郡，吳置，領湘鄉等縣九。湘鄉，即吳舊治。

湘東郡，吳置，領酃縣等縣七。酃，即吳舊治。

零陵郡，漢郡，領泉陵等縣十一。泉陵，今永州府治零陵縣是。晉志：「穆帝時分零陵立營陽郡，領營道等縣。」營陽亦孫吳舊郡也。

邵陵郡，吳置，領邵陵等縣六。邵陵，亦孫吳舊郡治。

桂陽郡，漢郡，領郴縣等縣六。郴，即漢郡治。

武昌郡，吳置，領武昌等縣七。武昌，即吳故都也。

安成郡。吳置，領平都等縣七。平都，亦吳故郡治。晉志：「吳屬揚州，晉改屬荆州。」

揚州：初治壽春，太康二年移治秣陵，即吴建業也。統郡十八。惠帝末復治壽春。東晉時治建康，興寧二年桓温自江陵移鎮赭圻，遥領揚州，三年移鎮姑孰，尋復故。赭圻，今太平府繁昌縣西南十里有故城。

丹陽郡，漢郡，領建鄴等縣十一。建鄴即州治。建興中改曰建康。元帝建都揚州，改丹陽太守爲尹。

宣城郡，本丹陽郡地，太康二年分置，領宛陵等縣十一。宛陵，即漢丹陽郡治。

淮南郡，秦、漢舊郡也，領壽春等縣十六，壽春即揚州舊治。惠帝永興初分淮南置歷陽郡，領歷陽等縣。歷陽，今和州治也。成帝時又分置鍾離郡，領鍾離等縣，屬南徐州，今鳳陽府東二十里鍾離故城是也。

廬江郡，漢郡，領陽泉等縣十。陽泉即曹魏廬江郡治。義熙中分置晉熙郡，領懷寧等縣。懷寧，今安慶府治。

毗陵郡，晉志：「吴分吴郡無錫以西爲屯田，置典農校尉，太康二年省校尉爲毗陵郡，領丹徒等七縣。」丹徒，今鎮江府附郭縣。見前。惠帝永興中以郡封東海王世子毗，因改爲晉陵郡。

吴郡，漢郡，領吴縣等縣十一。吴，即漢郡治。

吴興郡，吴置，領烏程等縣十一。烏程，即吴舊治。晉志：「永興中割吴興及丹陽郡置義興郡，領陽羨等縣。」陽羨，今常州府宜興縣是。

會稽郡，秦郡，領山陰等縣十。山陰，即漢郡治。

東陽郡，吴置，領長山等縣九。長山，即吴舊治。

新安郡，吴所置新都郡也，晉改曰新安，領始新等縣六。始新，即吴郡舊治。

臨海郡，吴置，領章安等縣八。章安亦吴郡舊治。晉志：「明帝太寧初分臨海立永嘉郡，領永寧等縣。」永寧，今温州府附郭永嘉縣也。

建安郡，吴置，領建安等縣七。建安，即吴舊郡治。

晉安郡，本建安郡地，太康二年分置，領原豐等縣八。原豐，即今福州府治閩縣是也。

豫章郡，漢郡也，領南昌等縣十六。南昌即漢郡治。晉志：「永興初分廬江、武昌郡地置尋陽郡，永嘉初又以豫章之彭澤縣屬焉，領柴桑等縣。」柴桑，今九江府南九十里有故城。蓋即孫吴所置彭澤郡，太康初廢，至是改置。

臨川郡，吴置，領臨汝等縣十。臨汝，即吴舊郡治。

鄱陽郡，吴置，領廣晉等縣八。廣晉，今饒州府北百五十里有故城。

廬陵郡，吴置，領西昌等縣十。西昌，今吉安府泰和縣西三里有故城。

南康郡。本吴所置廬陵南部都尉，太康三年改置郡，領贛縣等縣五。贛，今贛州府附郭縣。

交州：治龍編。統郡七。龍編，即吴交州治。

合浦郡，漢置，領合浦等縣六。合浦，今廉州府治。晉志：「太康初省珠崖入合浦郡。」

交阯郡，漢置，領龍編等縣十四。龍編即州治。

新昌郡，吴置，領麋泠等縣六。麋泠，即吴郡治也。

武平郡，吴郡，領武寧等縣七。武寧，即吴舊治。

九真郡，漢郡，領胥浦等縣七。胥浦，即漢舊治。

九德郡，吳置，領九德等縣八。九德，即吳舊治。

日南郡。秦象郡也，漢曰日南，領象林等縣五。象林，在今占城國境內。

廣州：治番禺。統郡十。晉志：「太康初吳平，以荆州之始安、始興、臨賀三郡來屬，懷帝永嘉初又以三郡屬湘州，成帝時又以三郡還屬荆州。」

南海郡，秦郡，領番禺等縣六。番禺即州治。成帝時分南海立東官郡，領寶安等縣。寶安，今廣州府東莞縣也。安帝又分東官立義安郡，領海陽等縣。海陽，今潮州府附郭縣。恭帝時又分南海立新會郡，領盆允等縣。盆允，在今廣州府新會縣境。

臨賀郡，吳置，領臨賀等縣六。臨賀，即吳郡治。

始安郡，吳置，領始安等縣七。始安，即吳舊治。

始興郡，吳置，領曲江等縣七。曲江，即吳舊治。

蒼梧郡，漢郡，領廣信等縣十。廣信，即漢郡治。晉志：「穆帝分蒼梧立晉康郡，領端溪等縣。」端溪，今肇慶府德慶州治。又立新寧郡，領新興等縣。新興，今肇慶府新興縣。又立永平郡，領安沂等縣。安沂，今梧州府藤縣南有故城。

鬱林郡，漢郡，領布山等縣九。布山，即漢郡治。又元帝大興初分置晉興郡，領晉興等縣。晉興，在今柳州府象州境。

桂林郡，吳置，領潭中等縣八。潭中，即吳郡治。

高涼郡，漢置，領安寧等縣三。安寧，在今肇慶府陽江縣境。

高興郡，吴置，領廣化等縣五。廣化，即吴舊治。晉志：「武帝後省入高涼。」

寧浦郡。吴合浦北部也，晉改置郡，領寧浦等縣五。寧浦，即吴都尉治。

郡國一百七十有三，晉太康初因後漢及三國之舊，其後改易及增置者一十五郡而已。晉志云「增置二十有三」，悮也。縣一千一百有九，幾於秦、漢之境矣。

史略：漢、魏以來，羌、胡、鮮卑降者，多處之塞内。魏嘉平中，鄧艾嘗言於司馬師，宜分并州境内匈奴左部爲二國，魏公操初分匈奴之衆爲五部，時左部最强，部帥左賢王豹單于於扶羅之子也。徙居雁門，其羌、胡與民同處者，亦以漸出之，使居民表議。未及行，至是郭欽上言：「戎、狄彊獷，歷古爲患。魏初民少，西北諸部皆爲戎居，内及京兆、魏郡、弘農，往往有之。今雖服從，若百年之後，有風塵之警，朔騎自平陽、上黨，不三日而至孟津，北地、西河、太原、馮翊、安定、上郡盡爲戰場矣。宜及平吴之威，謀臣猛將之略，漸徙内郡，雜部於邊鄙，峻四夷出入之防，明先王荒服之制，此萬世長策也。」不聽。元康末關中氐齊萬年等叛，事平，江統復作徙戎論警朝廷，朝廷不能用。統議徙馮翊、北地、新平、安定界内諸羌，著先零、罕幵、析支之地；徙扶風、始平、京兆之氐，出還隴右，著陰平、武都之界；其并州之地，本爲匈奴部落，散居六郡，今五部之衆户至數萬，皆可發遣，還其本域，庶華夏無纖介之憂云。先零、罕幵、析支之地，自湟中西至賜支河首是也，在今陝西西寧衛境内。

王氏曰：「晉承三分之季，復一統之規，分州列郡，依然秦、漢之疆矣，乃創守失經，用荒厥緒，永嘉以後，中原州郡，星離豆剖，莫可究極，先王之阪章不復見者垂數百年，豈非古今升降之大變也哉。」

迨賈氏煽亂，八王搆兵，八王，汝南王亮、楚王瑋、趙王倫、齊王冏、長沙王乂、成都王穎、河間王顒、東海王越也。羣翟起而乘之，於是中原板蕩，不可復問。南渡封域，廣狹無常，然上明、見晉荊州注。江陵、夏口、武昌、合肥、建初二年，合肥陷於後趙，永和六年復取之。壽陽、即壽春，咸和二年陷於後趙，永和二年復歸於晉。太和四年袁真以壽陽叛降燕，又降秦，六年克之。太元八年苻堅大舉入寇，壽陽爲所陷，旋復取之。淮陰，見上兖州注。往往爲邊圉重鎮，而漢中、建武初梁州陷於李雄，桓温平蜀，遂復梁州，北守漢中。寧康初爲苻堅所陷，太元九年復取之。義熙初譙縱作亂，漢中爲仇池楊盛所竊據，旋屬於姚秦，三年復爲盛所據，羈屬於晉，縱平漢中亦來歸。襄陽、大興初梁州寄治襄陽，咸和五年陷於後趙，七年復取之。永和五年以後，司、豫諸州多附於晉。十年桓温伐秦，出自襄陽，不克而還。十二年復引兵北出，收洛陽。興寧五年洛陽陷於慕容燕，太元四年襄陽爲苻堅所陷。九年復取襄陽，又北出宛、洛，置戍洛陽，司、豫多爲晉境。隆安三年，洛陽陷於姚秦，司、豫之間，多見侵没，以襄陽爲重鎮。彭城，太寧中，彭城陷於後趙。永和五年以後，後趙衰亂，徐、兖諸州漸歸於晉。太和四年桓温伐燕，直至枋頭，不克而還。太元三年彭城爲苻堅所陷，九年復歸於晉，於是進取青、兖諸州，河南郡縣皆來歸附。十年劉牢之軍於枋頭，尋入鄴城，既而慕容垂取鄴，河、濟以南爲所侵陷，於是以彭城爲重鎮。枋頭，在今大名府濬縣西南八十五里。亦間爲藩翰。

殷仲堪曰：「劍閣之隘，蜀之關鍵，巴西、梓潼、宕渠三郡，去漢中遼遠，在劍閣之內，而統屬梁州，蓋定鼎中華，慮在後伏。自南遷守在岷、邛，衿帶之形，事異曩日，是以李勢初平，割三郡隸益州，將欲重複上流爲習坎之防也。」〇李延壽曰：「壽春形勝，南鄭要險，乃建業之肩髀，成都之喉嗌。」

胡氏曰：「六朝增重上游。庾亮欲經略中原，則先分戍漢沔；劉裕欲伐魏，則先廣襄陽資力；晉何充有言：『荆楚，國之西門。』」

于斯時也，劉淵據離石今山西汾州府永寧州。稱漢，劉曜據長安，改漢曰趙。

史略：初，魏人居南匈奴五部於并州諸郡，漢魏春秋：「魏武於建安二十一年居匈奴左部於茲氏，右部於祁縣，南部於蒲子，北部於新興，中部於大陵。」茲氏，今汾州府南十五里有故城。祁縣，今太原府屬縣。蒲子，今平陽府隰州。新興見前。大陵，今太原府文水縣東北十二里有故城。左部帥劉豹最强。豹子淵襲位，惠帝初拜五部大都督，及晉亂，其黨推淵爲大單于，都離石。既而還都左國城，淵本居左國城，在今永寧州東北二十里。建國號曰漢，略取太原、上黨、西河境内數邑。永興二年離石饑，徙屯黎亭。今潞安府黎城縣。永嘉二年寇陷平陽及河東郡，於是徙都蒲子，遣王彌、石勒等寇掠冀州諸郡及兗、豫以東。明年徙都平陽，寇陷上黨郡邑，南犯洛陽。四年淵子聰篡立。五年寇陷洛陽，王彌、石勒等復分道東略。會蒲阪叛降漢，蒲阪，見舜都。遣劉曜等引兵陷長安，旋復失之。明年襲陷晉陽，尋亦不守。建興四年劉曜復陷長安，使曜督陝西諸軍事，封秦王。聰死，靳準作亂，盡誅劉氏。曜因討準，至赤壁，遂自立，赤壁，在今蒲州河津縣北，曜僭號於此，與石勒共討準等，平之。還都長安，改國號曰趙。大興三年曜取隴右諸郡，既又南降仇池，仇池，在今鞏昌府成縣西北，見前秦州注。楊氏世據此，詳見後。西脅涼州。太寧元年劉曜自隴上西擊涼州，軍於河上，張茂懼，遣使稱藩於曜。咸和三年曜攻後趙將石生於金墉，洛陽城西北隅曰金墉。先是大興三年趙洛陽守將尹安等叛降後趙，後趙將石生引兵赴之，安等復降司州刺史李矩於滎陽，矩亦遣兵入洛，河南民相率歸矩，洛陽遂空。既而爲石生所據守，太寧三年曜遣將攻之不克，至是復攻之。石勒馳救，爲勒所獲。曜子熙及允棄長安走上邽，尋復引兵趣長安，爲石虎所敗。虎乘勝取上邽，秦、隴悉入於後趙，趙亡。○二劉盛時，其地東不過太行，南不越嵩、洛，王彌、石勒以及曹嶷等雖寇略縱橫，東至青、齊，南抵江、漢，然皆不置戍守，或各私其地，名爲附漢而已。西不踰隴坻，劉聰時未有隴右，劉曜始取之。北不出汾、晉。時劉琨以并州拒守，石勒始有其地。劉淵嘗置雍州於平陽、幽州於離石。劉聰又置荆州於洛陽。其時又置殷、衛、東梁、西河陽、北兗五州，而未詳所治。劉曜以秦、涼二州並置於上邽，又置朔方於高平，今平涼府鎮原縣。并州於蒲阪，改置幽州於北地，又嘗置益州於仇池。至郡縣分合，類不能詳也。

李雄據蜀稱成，李壽尋改稱漢。亦謂之後蜀。

史略：漢末賨人李氏自巴西宕渠徙漢中，賨，賦名也。蜀人謂賦爲賨，蓋蠻户之賦。宕渠，見前蜀漢梁州置。依張魯，及魏武克漢中，復遷略陽，謂之巴氏。元康中，關中亂，歲饑，李特等帥流民就穀漢川，尋入劍閣，見前三國蜀胡氏論劍門。會益州刺史趙廞據州叛，特等依之。既而廞殺特弟庠，特等怨廞，引兵屯綿竹，故城在今漢州德陽縣北，見前。還攻成都，廞走死。朝議以梁州刺史羅尚爲益州刺史，特等共迎尚入成都。尚復與特等隙，又敦迫流民還秦、雍，特等因之作亂，復屯聚綿竹。攻辛冉於廣漢，冉，廣漢太守也，尚信其謀，故特攻之。冉敗走，遂據其城。攻羅尚於成都，屢敗晉兵，略取梓潼、巴西。尋入少城，在成都城西。成都舊有太城及少城。羅尚自太城襲特，斬之。特弟流等復還據綿竹，尋徙據郫城。今成都府郫城。〔三〕流旋卒，衆推特子雄爲益州牧，治郫城。進攻羅尚，尚遁走。雄入成都，即成都王位，尋稱帝，國號大成。建興二年漢中亂，郡人張成等以地歸，成於是北取漢中，東略涪陵、巴郡，西收漢嘉、越巂，涪陵、漢嘉，俱見蜀漢梁州。久之復取巴東及建平二郡，寧州亦盡入於成。雄卒，子期篡立。咸康四年李壽廢期自立，壽，特弟驤之子，封漢王，屯涪，引兵入成都，廢期而代之。改國號曰漢。壽卒，子勢立，永和二年桓温討滅之。〇李成盛時，東守三峽，三峽，在巴東、建平二郡之境，咸康中二郡復屬於晉。南兼僰、爨，南中蠻也。西盡岷、邛，北據南鄭。李雄置益州於成都，梁州於涪，寧州於建寧，又分梁州置荆州於巴郡，分寧州置交州於興古。領興古、永昌、牂牁、越巂、夜郎等五郡。晉志：「咸康四年李壽又分牂牁、夜郎、朱提、越巂四郡置安州，既又以興古、永昌、雲南、越巂、朱提、河陽六郡爲漢州。八年以安州并入寧州，既又以越巂還屬益州，省永昌郡。」晉紀云：「咸康二年夜郎、興古入於晉，五年寧州皆爲晉所得。壽或於境內遥領寧州諸郡也。」及雄卒而成業遂衰，李壽時寖以削弱，子勢繼之，亡不旋踵矣。

石勒據襄國，今北直順德府，見前。稱趙，史曰後趙。冉閔據鄴改趙曰魏。

史略：初，匈奴別種曰羯，入居上黨。匈奴傳：「北狄入居塞內者十有九種，羯其一也。」石勒生長於武鄉，武鄉，今山西沁州屬縣。後爲羣盜，寇掠冀、兗二州，爲晉兗州刺史苟晞所敗，乃降劉淵，統兵寇掠，所向有功，東越豫、兗，南極江、漢，悉被殘破。永嘉五年，與劉曜等攻陷洛陽，復引而東，屯於葛陂，今在汝寧府新蔡縣西北。尋北據襄國，山東郡縣多爲所陷。建興二年襲入幽州，時幽州治薊。勒執王浚殺之。大掠而還。州旋入於段匹磾。大興二年匹磾爲段末柸等所敗，南奔樂陵，薊始入於石勒。四年取并州，時并州治陽曲。劉琨失并州，走歸段匹磾。北至代郡。勒將孔萇追殺故代將箕澹於代郡。代郡，載記作「桑乾」。胡氏曰：「此後魏之代郡。」非也，漢代郡南境有桑乾川。大興初靳準作亂弑劉粲，勒與劉曜討滅之。勒入平陽，置戍而還。曜封勒爲趙公，既而貳於曜，稱趙王。勒自以河内等二十四郡爲趙國，改太守皆爲内史。倣古冀州之制，南至孟津，西至龍門，東至河，北至塞垣，皆爲冀州，兼領冀州牧云。四年攻取厭次，即樂陵郡治。於是幽、冀、并三州皆没於勒。太寧初又克廣固，時曹嶷據廣固，專制青、齊。廣固，見前青州注。并有青州。又略兖、豫之境，取許昌，與劉曜争洛陽。時洛陽亦附於勒，勒遣石生戍守。咸和三年，壽春叛附於勒。四年曜攻金墉，勒馳救，與曜戰，獲之。長安亦來降。進并秦、隴，凉州稱藩。於是淮、漢以北，悉爲趙境。勒自稱趙天王，旋稱帝，營鄴宫，以洛陽爲南都，置行臺。勒死，石虎簒立，復稱天王，尋遷於鄴，東取令支，今永平府東北有令支故城，時爲遼西鮮卑段遼所據，虎與慕容皝共攻滅之。久之復稱帝。虎死，養子閔與其子遵舉兵李城，今懷慶府温縣治即故李城。入鄴，遂簒立。閔尋殺遵而立鑒，閔悉誅諸羯，又更趙曰衛，易鑒姓曰李。既又殺之而自立，號大魏，復姓曰冉。閔本内黄冉氏子也。虎之子祗復稱帝於襄國，閔攻圍之，祗改稱趙王，旋爲其將劉顯所殺，降於閔。未幾，顯復稱帝於襄國。永和八年閔攻殺之，因游食常山、中山諸郡。燕將慕容恪擊閔，戰於廉臺，在今真定府無極縣西。獲閔。慕容評等復攻鄴，克之。○石趙盛時，其地南逾淮、漢，晉咸和三年石趙取壽春，五年取襄陽。七年襄陽復入於晉，而合肥、邾城皆爲所陷，其地遂南及於江。東濱於海，西至河，西北盡燕、代。石勒置冀州於信都，因晉舊治。并州於上黨，朔州於代北，晉志：「勒并朔方置朔州。」兖州於鄄城，後漢東兖州治也。徐州于廩丘，廩丘，晉兖州治。幽州於薊，因王浚舊治。青州於廣固，廣固，見前青州治。雍州於長安，秦州於上邽，揚州於壽春，豫州於許昌。皆因魏、晉舊治也。荆州初置於襄陽，復徙魯陽。今汝州魯山縣是。司州仍置於洛陽。石虎改置司州於鄴，而分置洛州於洛陽，又增置營州於令支，凉州於金城。及虎之殞，國隨以喪矣。

慕容氏據遼東，稱燕。

史略：三國魏景初中，鮮卑莫護跋自塞外入居遼西棘城之北，棘城，在今廢大寧衛故柳城東南百七十里。號慕容部，再傳至涉歸，遷遼東之北，數從中國征討有功，拜大單于。晉太康二年，涉歸始寇昌黎，昌黎故城，亦在柳城東，晉時爲平州治。又再傳至廆，廆即涉歸子也。涉歸死，弟删篡立，尋爲其下所殺，部衆乃復奉廆。歲犯遼東西境，擊破夫餘，夫餘國，在朝鮮北境。大爲邊患。十年，廆請降，拜鮮卑都督，以遼東僻遠，徙居徒河之青山，徒河故城，在柳城東百九十里，青山在焉。尋復徙居大棘城，永嘉初自稱大單于。建興初侵遼西段氏地，西至陽樂。鮮卑段氏國於遼西令支，與慕容氏接境。陽樂故城，在徒河西南。令支見前。大興二年平州刺史崔毖時平州與遼東郡同治襄平，今遼東都司城北七十里故城是也。構高句麗、高句麗時國於樂浪之丸都，今朝鮮王京東北有丸都故城。段氏、宇文氏鮮卑宇文氏國於遼西紫蒙川，在今柳城西境。共攻廆，廆以計先却高句麗、段氏之兵，乃擊宇文氏，大破之，遂引兵擊毖於遼東，毖遁去，廆使其子仁鎮遼東。既而晉拜廆平州牧、遼東公，廆又以其子翰鎮遼東，仁鎮平郭。平郭，在今遼東蓋州衛南。廆卒，子皝嗣。其弟仁以平郭叛，盡有遼東之境，皝尋擊平之。自稱燕王，西摧段氏，敗石虎，咸康四年皝與石虎約攻段氏，皝攻掠令支以北諸城，大獲而還。既而趙入令支滅段氏，以皝不會趙兵，自專其利，移兵擊皝，敗去。遷都龍城。即柳城也，皝更營之，號曰龍城。東破高麗，咸康四年擊高句麗，入丸都，毁其城而還。北滅宇文，建元二年皝擊滅宇文部。又兼夫餘，永和二年，時夫餘西徙近燕，皝使世子儁等襲之，拔夫餘，虜其王而還。日以强熾。子儁繼之，因趙之衰，席捲幽州，遷都於薊。永和六年儁伐趙，拔薊，幽州郡縣相繼降下，於是徙都薊，以龍城爲留都。進略冀州，擊滅冉閔，遂取鄴城，永和八年儁遣慕容恪等略定冀州郡縣，與閔戰，獲閔，進攻鄴，取之。儁遂稱帝。既又南并三齊，永和十二年，時段龕據廣固，雄於東方，儁使慕容恪攻之，悉平其地。漸規河南，乃遷于鄴，升平元年儁自薊遷都於鄴。於是西取并州，二年燕慕輿根等攻拔上黨，進收晉陽。既而平陽亦歸燕，尋入於秦。南略豫、兖。三年，許昌、潁川、譙、沛諸郡皆爲燕有，既而許昌復入於晉。儁殁，慕容恪輔政，復兼陳、汝，興寧二年燕將李洪等復攻取許昌及汝南、陳郡。取洛陽，三年，慕容恪取洛陽，略地至崤、澠，秦人屯陝城以備之。東至泗上，南至宛城，皆爲燕境。太和元年燕取魯、高平諸郡，又宛城亦叛降燕，明年晉復攻拔宛。及恪卒，桓温北伐，直抵枋頭，枋頭見前。不克而還。是年秦取洛陽，明年秦拔壺關，今潞安府治，即故壺關縣。克晉陽，破慕容評於潞水，即漳水也，在今潞安府潞城縣東。長驅圍鄴，鄴城下，追執燕主暐於高陽，即高陽郡。悉定燕地。○慕容燕盛時，南至汝、潁，東盡青、齊，西抵崤、黽，北守雲中。燕自慕容儁以後常戍雲中備代。初，平州仍置於襄平；幽州置於龍城，後徙於薊；冀州初置於常山，後還治信都；常山亦謂之北冀州。青州初置於樂陵，後還治廣固；兗州置於陽平，見前司州屬郡。或云後還廪丘。中州置於鄴，慕容儁改司州爲中州。洛州置於金墉，并州置於晉陽；荆州初置於梁國之蠡臺，在歸德府城南。後置於魯陽；即石趙荆州治，燕末與洛州並治洛陽。豫州初置於陳留，後置於許昌。迨其亡也，秦所得郡凡百五十有七焉。

張氏據河西，稱涼。

史略：張軌仕晉爲散騎常侍，永康二年軌以時方多難，隱有保據河西之志，乃求爲涼州，從之。軌至姑臧，即涼州治。芟夷盜賊，討破鮮卑，威著西土。再傳至茂，軌卒，子寔嗣。寔爲其下所弑，弟茂代爲涼州刺史。規取隴西、南安地，與劉曜相持。張駿時爲曜所敗，駿，寔之子也。金城、枹罕諸郡皆没於曜。曜亡，乃復收河南地，即金城、枹罕諸郡也。至於狄道。晉惠帝所置郡。時又遣將伐龜兹、鄯善，西域諸國焉耆、于闐之屬皆詣姑臧朝貢，諸國皆在今甘肅塞外。子重華始稱涼王。通釋云：「重華據敦煌。」考涼九世皆居姑臧，未始徙敦煌也。於時金城以東皆屬後趙，晉永和二年後趙伐涼取金城，進攻枹罕諸郡，不克。後趙亡，復略有隴西諸郡。再傳至玄靚，重華傳子曜靈，庶兄祚廢殺之，而篡其位。祚尋爲其下所殺，乃共立曜靈弟玄靚爲王。復稱涼州牧。既而重華弟天錫殺玄靚自立。晉太和二年，枹罕諸郡皆没於苻秦，先是永和十一年，涼河州刺史張瓘起兵枹罕討張祚，州郡皆附瓘。隴西人李儼獨據郡不受命，略有武始、大夏、枹罕諸郡。天錫討之，儼求救於秦，秦敗涼兵於枹罕東，天錫引還，枹罕諸郡遂入於秦。武始在今臨洮府北，大夏在今河州東北，皆張氏所增置。太元初爲秦所并。

○張氏盛時，嘗南逾河、湟，張駿因前趙之衰，南略至洮陽，置武街、石門、侯和、强川、甘松五屯護軍，是越河、湟而南也。洮陽，今洮州衛治。武街，在今岷州衛境。侯和、强川、甘松，俱在洮州衛境。東至秦、隴，西包葱嶺，葱嶺，在今甘肅塞外于闐西南。北暨居延。居延，即晉西海郡。張軌時分置武興、晉興諸郡，武興，今涼州衛西北有故城。晉興，在今蘭州西南。張寔復分置廣武郡。廣武，今蘭州西二百二十里有故城。其後增置益多，張茂嘗置秦州，永嘉初茂取隴西、南安地置秦州。又置定州。晉志：「茂分武興、金城、西平、安故爲定州。」安故，今臨洮府西南有故城。張駿更以武威等郡爲涼州，統十一郡：曰武威、西平、張掖、酒泉、西郡，皆故郡也；曰武興、建康、湟河、晉興、須武、安故，皆張氏所置。建康，今甘州衛西北二百里有故城。湟河，今西寧衛。南二百八十里廢廓州是。須武亦在西寧衛境。興晉等郡爲河州，統八郡：曰興晉，在今蘭州西，張氏所置，據西秦，乞伏乾歸以翟溫爲興晉太守，鎮枹罕，則興晉即今河州也；曰金城、南安，皆故郡也；曰武始、永晉、大夏、武成、漢中，皆張氏所置。永晉，在今河州東。武成、漢中亦在河州境。敦煌等郡爲沙州，統三郡、三營：曰敦煌、晉昌，皆故郡也；曰高昌，今甘肅西徼火州衛是，張氏所置郡，此三郡也。曰西城都護，曰西城校衛，曰玉門護軍，此三營也。玉門，今廢沙州衛西北有故玉門關。張祚又增置商州。晉志「祚以敦煌郡爲商州，其後張玄靚又增置祁連郡，張天錫又置臨松郡」云。祁連，今甘州衛西北有故城。臨松，亦在甘州衛東南。涼張瓘嘗言：「吾保據三州，西包葱嶺，東距大河。」蓋涼以涼、河、沙三州爲封域云。

苻健據長安，稱秦。

史略：晉永嘉四年，略陽臨渭氐蒲洪自稱護氐校尉、秦州牧、略陽公，臨渭，即晉略陽郡治。大興二年降於劉曜。曜亡，降於後趙，既又附於張駿。咸和八年復降於石虎。虎徙秦、雍民及氐十餘萬户於關東，以洪爲流民都督，居枋頭。及虎卒，鄴中亂，秦、雍流民相率西歸，路由枋頭，推洪爲主，石鑒以洪爲都督關中諸軍事、雍州牧，領秦州刺史，洪仍屯枋頭。尋自稱三秦王，改姓苻氏，未幾爲降將麻秋所酖死。子健統其衆，且請命於晉，稱雍州刺史，西入關，據長安，略秦、雍二州地。永和七年自稱天王，國號秦，尋稱帝。時并州亦附於秦，又并有隴西地。健卒，子生嗣。升平元年苻堅舉兵，廢生自立。是時平陽、弘農以東皆爲燕境，太和四年取燕洛陽，明年分軍攻上黨，略晉陽，長驅入鄴，遂滅燕，盡得其地。咸安元年取仇池。仇池，見前。寧康元年陷晉漢中，取成都，梁、益二州皆没，邛筰、夜郎悉附於秦。邛筰、夜郎，即漢志所稱西南諸夷也。太元初取晉南鄉郡，又攻涼，克姑臧，盡取河西地，至於高昌。既又擊定代地，分代爲東西二部。四年，陷晉襄陽及順陽郡，又東取彭城、下邳。時又拔淮陰、盱眙，略淮南地，爲晉所敗，淮陰、盱眙復入於晉。八年，大舉入寇，克壽陽及鄖城，鄖城，今湖廣德安府治。既而敗於肥水，在壽州城東。奔還。於是慕容垂稱兵於河北，慕容泓、姚萇等作亂於關中，晉亦乘間收河南及梁、益、徐諸州地，北戍黎陽、枋頭。黎陽，在北直濬縣，與枋頭俱見前。十年，堅爲慕容沖所逼，長安危困，乃留其太子宏守長安，出奔五將山，五將山，在今西安府醴泉縣西北二十里。爲姚萇所執。宏亦棄長安奔下辨，今鞏昌府成縣治。又自武都奔晉。堅世子丕守鄴，困於慕容垂，西奔晉陽稱帝。既而南屯平陽，爲慕容永所敗，走死。其族子登前爲狄道長，狄道，見前。枹罕諸氐共推爲雍、河二州牧，帥衆下隴，拔南安，丕因封爲南安王。及丕死，登稱帝，都雍，與姚萇戰於新平、安定、長安間。太元十九年姚萇卒，登自雍悉衆而東，敗於廢橋，在今西安府興平縣西北。衆潰，奔平涼馬毛山，馬毛山，在今平涼府固原州西。姚興追戰，殺登。登子崇奔湟中，今蘭州湟水之西。稱帝，爲乞伏乾歸所逐，奔楊定於秦州。定保據仇池，時兼有上邽，稱隴西王。定與崇共討乾歸，皆敗死，秦亡。○苻堅盛時，南至邛、僰，東抵淮、泗，西極西域，苻堅末，車師、鄯善皆來朝貢，又遣呂光將兵逾流沙擊西域之未服者。十六國春秋：「時東夷、西域凡六十二國入朝於秦。」北盡大磧。置司隸於長安，秦州於上邽，南秦州於仇池，雍州於安定，後并入司隸，太和六年復置於蒲阪。安定，今平涼府涇州也。涼州於姑臧，太和二年置於枹罕，四年移金城，太元初始移鎮於姑臧。并州於晉陽，初治蒲阪，後徙晉陽。冀州於鄴，升平初冀州治上黨，又徙晉陽，旋入於燕，滅燕後始治鄴。太元九年冀州移治信都，或謂之東冀州。豫州於洛陽，初置於許昌，旋移於弘農，又徙陜城，最後移治洛陽。又置東豫州於許昌。荆州於襄陽，初置於豐陽川，今陝西商州鎮安縣東南有豐陽廢縣。尋徙於魯陽，太元三年始徙襄陽。洛州於豐陽，初治宜陽，尋改治陜，太和五年移洛陽，太元四年復徙豐陽。梁州於漢中，初置於東倉。河州於枹罕，太和六年置於武始，旋徙於枹罕。晉州於晉興，或云置於平陽。益州於成都，初置於扶風界。寧州於墊江，即巴西郡治也。寧康初置於此。兗州於倉垣，今開封府陳留縣西有倉垣故城。太元中置於湖陸，今南直沛縣北五十里胡陵故城是。亦曰南兗州。苻登時兗州寄治新平。徐州於彭城，太元三年置。揚州於下邳，亦太元三年置。幽州於薊，初置於和龍，太元四年移治薊。平州於和龍，太元四年分幽州置。和龍即龍城也。青州於廣固。十六國中，爲最盛焉。

慕容垂據中山，爲後燕。

史略：初垂自燕奔秦，垂，慕容皝之子，以嫌忌奔秦。爲苻堅所寵任。晉太元八年堅入寇，敗還，垂軍獨全，以兵授堅，西行至澠池，今河南澠池縣。請安集北鄙，堅許之。垂渡河至鄴，冀州牧苻丕館垂於鄴西。會丁零翟斌起兵於新安，丁零世居康居，後徙中國。晉咸和五年翟斌歸於石趙，趙封斌爲句町王。趙亡，歸燕。永和七年慕容儁復封翟鼠爲歸義王，居中山。秦滅燕，徙其族居新安、澠池間，斌因起兵叛秦。新安，今河南府屬縣。康居，在今西域哈烈境内。句町，今雲南臨安府是其地，石趙取其名以授斌耳。謀攻洛陽，堅驛書使垂討之。垂因聚兵至河内，濟河焚橋，欲襲洛陽。豫州牧苻暉閉門固守，翟斌遂率其衆歸垂。垂以洛陽四面受敵，欲取鄴據之，乃引兵而東，取滎陽，自稱燕王。自石門濟河，石門，在鄭州河陰縣西二十里。長驅向鄴，遂攻之。而分兵略故地，冀州郡縣次第皆歸於燕。又北取薊城及和龍。時鄴中饑困，苻丕棄鄴奔晉陽，垂取鄴，又狥下勃海、清河諸郡，都中山，尋稱帝。十二年，垂遣軍南取歷城，今濟南府附郭縣。青、兗、徐諸州郡縣壁壘亦多附燕。會丁零翟遼據黎陽寇略河、濟間，初翟斌叛燕，慕容垂殺之。其黨翟真等相繼爲亂於中山、常山間，爲燕所敗滅。翟遼奔晉黎陽太守滕恬之，恬之愛信之。遼乘間作亂，遂據黎陽。尋稱魏天王，徙屯滑臺。滑臺今北直滑縣，見前。遼卒，子釗繼之。十七年垂擊釗，盡取其地。晉紀：「釗據有黎陽等七郡。」十九年復并西燕，又遣慕容農等濟河南略東平、高平、泰山、琅邪諸郡，進軍臨海，轉入臨淄而還。時臨淄以東爲辟閭渾所據。二十一年垂卒，子寶嗣位。魏拓拔珪侵奪并州，東圍中山，盡取常山以東郡縣，惟中山、鄴、信都爲燕城守。隆安元年魏拔信都，中山圍急，寶遂東保龍城，中山人推慕容詳爲主以拒魏。慕容麟復襲入中山，斬詳稱帝。詳，皝曾孫。麟，寶庶弟。既而魏克中山，取鄴，大河以北，悉爲魏地。龍城復亂，寶爲其臣蘭汗所弒。寶子盛尋殺汗，復有遼西、東地，又擊高句麗，拔其新城、南蘇二城。新城，在今遼東金州衛西。南蘇，即今金州衛治。十六國春秋：「盛伐高句麗，開境七百里，徙五千餘户而還。」隆安五年盛爲其臣段璣所弒，慕容熙代立。熙，垂之庶子。義熙五年馮跋等作亂，推高雲爲主，燕亡。○後燕盛時，南至琅邪，東訖遼海，西届河、汾，北暨燕、代。冀州仍治信都，初屯廣阿，後復舊。廣阿故城，在今真定府趙州隆平縣東十里。幽州治龍城，初治薊。平州治平郭，初治龍城。兗州治滑臺，初治東阿，太元十七年以兗、豫二州皆治滑臺。青州治歷城，徐州治黎陽，初置徐州於黃巾固，在今濟南府章丘縣北。後徙黎陽，太元二十一年又徙治鄄城。并州治晉陽，雍州治長子。及東保龍城，州郡類多僑置，幽州置於令支，晉隆安二年慕容盛置幽州於肥如，元興初慕容熙復移置於令支。肥如，在今永平府西北。令支，在今永平府東北。俱見前。平州置於宿軍，宿軍，在故龍城東北，義熙初慕容熙改置營州於此，其後馮跋復改爲平州。青州置於新城，新城，在柳城之東，慕容熙始置青州。并州置於凡城，凡城，在柳城西南。冀州置於肥如。慕容盛時幽州治也。其視前燕版圖，抑又末矣。

慕容永據長子，爲西燕。

史略：晉太元八年，苻堅入寇，敗還。九年，慕容垂起兵攻鄴，北地長史慕容泓聞之，泓，暐之弟。亡奔關東，收集鮮卑，還屯華陰。平陽太守慕容冲亦起兵平陽，進攻蒲阪，戰敗奔泓。泓進向長安，爲謀臣高蓋所殺，立冲爲皇太弟。冲屢敗秦兵，進據阿房，阿房城，在西安府西三十四里。稱帝，與秦兵相持。秦兵數敗，且饑困，旋棄長安，冲入據之。十一年，冲爲其將韓延所殺，推段隨爲燕王。未幾慕容恒、慕容永共殺隨，立慕容顗爲燕王，去長安而東至臨晉。在同州朝邑縣西南二里。恒弟韜誘殺顗，恒復立冲之子瑤爲帝。永與韜等相攻，衆皆去瑤奔永。永執瑤殺之，又立泓之子忠爲帝。至聞喜，今平陽府解州屬縣。刁雲等共殺忠，推永爲河東王，稱藩於燕。既而秦主丕自晉陽移屯平陽以拒永，永求假道東歸，弗許，戰於襄陵，今平陽府屬縣。丕大敗，走死。永東據長子稱帝，有上黨、太原、平陽、河東、樂平、新興、西河、武鄉武鄉，石勒所置郡也，今沁州武鄉縣。見前。八郡地。十九年，爲垂所滅。

姚萇據長安，亦稱秦。史謂之後秦。

史略：初，姚弋仲爲南安赤亭羌酋，赤亭，在今鞏昌府東五里。永嘉六年東徙隃眉，今鳳翔府隴州汧陽縣東三十里有隃麋故城。戎、夏襁負隨之者數萬，自稱護羌校尉、雍州刺史、扶風公。太寧初降於劉曜。曜亡，降於後趙。咸和八年石虎以弋仲爲西羌大都督，帥衆數萬，徙居清河之灄頭。今真定府冀州棗强縣東北有灄頭戍。永和八年弋仲卒，子襄降晉。尋復叛，侵擾淮、泗，出没許、洛間。升平初襄自河東圖關中，秦苻生遣苻黄眉等擊之，襄敗，死於三原，今西安府屬縣。弟萇帥衆降秦。太元八年苻堅入寇，以萇爲龍驤將軍，督益、梁諸軍事。堅敗還，慕容垂起兵關東，慕容泓等應之，軍於華陰。堅使苻叡討之，以萇爲司馬。叡敗死。萇懼罪奔渭北馬牧，馬牧即牧苑也。羌豪共推萇爲盟主。萇自稱秦王，進屯北地，攻新平，尋克之，復取安定。會堅自長安出奔五將山，注見前。萇遣將吴忠襲執堅，幽於新平，既而殺之。十一年萇以慕容顗去長安，乃自安定引兵而南，遂入據之稱帝，既而與秦王苻登相持於新平、安定間。時新平爲登所取，十六年新平復降於萇。十八年，萇卒，子興嗣，尋敗苻登於廢橋，見前。登走死。西取上邽，東收蒲阪。時平陽亦屬於姚秦。隆安初，略取弘農、上洛諸郡。三年陷洛陽，淮、漢以北諸城多降於秦。四年伐西秦，取枹罕，西秦王乾歸降。明年伐後涼，吕隆亦降。於是禿髮傉檀、沮渠蒙遜、李暠皆奉朝貢，爲藩臣。元興二年徵吕隆入朝，使王尚鎮姑臧。義熙元年割南陽諸郡歸於晉。晉紀：時劉裕請和於秦，且求南鄉諸郡，興割南陽、順陽、新野、舞陰十二郡歸於晉。二年，以姑臧畀傉檀。三年，赫連勃勃叛，嶺北郡縣多被侵陷。六年，乾歸復攻略隴西諸郡，秦日以弱。十二年，興卒，子泓嗣，明年爲劉裕所滅。○姚秦盛時，其地南至漢川，東逾汝、潁，西控西河，北守上郡。置司隸於長安，秦州於上邽，雍州於安定，亦曰北雍州。并州於蒲阪，又冀州亦置於蒲阪。河州於枹罕，凉州於姑臧，元興二年以王尚爲凉州刺史。時又有梁、益諸州，未詳所置。或曰梁州治下辨，亦稱南梁州。下辨見前。豫州於洛陽，兖州於倉垣，即苻秦兖州治。徐州於項城，見晉豫州治。荆州於上洛。較之苻秦，蓋及半而止矣。

乞伏乾歸據苑川，苑川城，在今靖虜衛西南。亦稱秦。史謂之西秦。

史略：初，隴西鮮卑乞伏述延居於苑川，乞伏，鮮卑部落名也，後以爲姓。歸劉曜。曜亡，述延懼，遷於麥田，在今靖虜衛北。再傳至司繁。晉咸安元年苻堅將王統攻司繁於度堅山，在靖虜衛西。司繁降，秦以爲南單于，留之長安，而以司繁從叔吐雷爲勇士護軍，勇士城，在靖虜衛西南二百里。撫其部衆。寧康元年還鎮勇士川，尋卒，子國仁嗣。太元八年堅入寇，以國仁爲前將軍，領先鋒騎。會國仁叔父步頽叛，堅命國仁還討之，步頽迎降。及堅敗，國仁遂迫脅諸部拒秦。十年，國仁自稱秦、河二州牧，載紀：「時國仁分其地置武城、武陽、安固、武始、漢陽、天水、歷陽、漒川、甘松、匡朋、白馬、苑川十二郡。」其地皆在今鞏昌、臨洮及洮、岷諸衛境内。築勇士城而都之。十二年，苻登封國仁爲苑川王，尋卒，衆推其弟乾歸爲河南王，時乞伏氏跨有涼州、河南地也。遷都金城。十四年苻登以乾歸爲金城王。後又改爲河南王，又進封梁王。十九年苻登爲姚興所敗，死，其子崇稱帝於湟中。乾歸逐之，崇奔隴西王楊定，定時據上邽及仇池之地。與定共擊乾歸，皆敗死。乾歸於是取隴西郡，稱秦王。二十年乾歸遷於西城。苑川西城也。二十一年略陽爲後秦所取。先是略陽爲休官夷權千成所據，是年姚興遣將姚碩德攻苻秦故將姜乳於上邽，降之，遂進取略陽。隆安四年，乾歸還都苑川。是年姚興伐西秦，乾歸兵敗，其部衆悉降於秦。興進軍枹罕，乾歸自金城奔允吾，在今蘭州西北。乞降於武威王利鹿孤，尋又南奔枹罕降於姚秦。秦以乾歸爲河州刺史，居長安。五年姚興使乾歸還鎮苑川，盡以其故部衆配之。義熙二年乾歸朝秦，復留之，而以其子熾磐監其部衆。既而秦河州刺史彭奚念叛降南涼，秦以熾磐行河州刺史。四年熾磐招結諸部築城於嵻峎山而據之。嵻峎山在蘭州南百七十里。五年熾磐克枹罕，時乾歸從秦主興於平涼，聞之，逃歸苑川，令熾磐鎮枹罕。乾歸徙都度堅山，見上。既而復稱秦王。六年攻拔秦金城，仍徙苑川。復攻秦略陽、南安、隴西諸郡，皆克之。七年復降秦，仍封爲河南王。會西羌彭利髮襲據枹罕，乾歸擊平之，又徙都譚郊，譚郊城，在今河州西北。攻南涼取三河郡。今西寧衞南白土城，即故三河郡治。尋爲乞伏公府所弑。公府，國仁子。熾磐遣兵討誅之，遷於枹罕，命其弟曇達等分鎮譚郊、苑川。自稱河南王。九年秦隴西郡降於熾磐。十年襲南涼，入樂都，在今西寧衞西。遂并其地，復稱秦王。十一年廣武爲北涼所拔，廣武城，在今蘭州西二百二十里。傉檀亦襲克其湟河郡。見張氏所置郡。十三年劉裕滅秦，熾盤因取秦上邽。元熙元年取㴲川。㴲川時爲西羌彭利和所據，今洮州衞南有㴲川城。宋永初元年，夏取上邽。元嘉三年熾磐與傉檀相攻，夏主昌遣兵攻苑川，拔南安，又敗秦兵於嵻峎山，進攻枹罕及湟河、西平，大略而還。五年熾磐卒，子暮末立。六年北涼拔西平。七年暮末爲蒙遜所逼，求迎於魏，如上邽，爲夏人所拒，乃保南安，其故地皆入於吐谷渾。自苑川至西平、枹罕是也。既而略陽復降於夏。八年夏主定遣將攻南安，暮末窮蹙出降，旋爲夏所殺。○乞伏盛時，其地西逾浩亹，今西寧衞東有浩亹城。東極隴坻，北距河，南略吐谷渾。置秦州於南安，初曰東秦州。河州於枹罕，又嘗置定州於此，義熙十年改置涼州，尋復爲河州。涼州於樂都，義熙十四年置沙州於此，尋改置涼州。梁州於赤水，赤水，今鞏昌府東五里赤亭水是也。元嘉四年熾磐置梁州於此，旋爲仇池所破，移置南漒，未幾又爲羌所破，梁州遂罷。南漒即漒川也。益州於漒川，元熙初置。商州於澆河，澆河城，在今西寧衛西百二十里。初張祚置商州於敦煌，熾磐又僑置於此。沙州於湟河。宋元嘉四年熾磐嘗改置沙州於西平，五年暮末又改置凉州於此。又乾歸初置秦、梁等州及北河州，皆未詳所治。蓋乞伏於西北諸國差爲盛强，歷年亦最久云。

楊茂搜據仇池，仇池，見前劉曜取仇池。亦稱秦。史略：漢建安中，天水氐楊騰者世居隴右，子駒徙居仇池，孫千萬附魏，魏封爲百頃王。仇池山有平田百頃，因名。千萬孫飛龍復居略陽，飛龍以其甥令狐茂搜爲子。晉元康六年關中齊萬年作亂，茂搜率部落還保仇池，自是益强。茂搜自稱輔國將軍、右賢王。建武初子難敵自稱左賢王，屯下辨；其弟堅頭自稱右賢王，屯河池。河池，今鞏昌府徽州也。永昌元年劉曜擊之，難敵請降。太寧初難敵奔漢中，降成，仇池歸於劉曜。未幾難敵襲據武都，武都，今成縣西北廢武都縣是。叛成自守。三年復襲據仇池，尋稱藩於晉。咸和九年，子毅稱下辨公。以堅頭之子盤爲河池公。既而其族互相爭殺，國亂。咸安初苻秦遣兵攻之，仇池亡。太元十一年秦苻丕以楊定爲雍州牧，定亦隴右氐，仕苻堅爲衛將軍，與慕容冲戰，爲所獲，亡奔隴右，收集舊衆，丕因而命之。定自上邽徙治歷城，今成縣西建安故城是也。置儲蓄於百頃，仍稱仇池公，稱藩於晉。又略取天水、略陽地，稱秦州刺史、隴西王。十九年與秦主登之子崇攻乞伏乾歸，敗死，隴西之地皆入於乾歸。其從弟盛先守仇池，復稱秦州刺史、仇池公。亦稱藩于晉。義熙元年，譙縱亂蜀時漢中空虛，盛遣其兄子撫據之。是年後秦伐仇池，攻漢中，拔成固，今漢中府城固縣。楊盛請降於秦。三年，盛復使其黨苻宣入漢中。仍通於晉，盛因以宣行梁州刺史。八年，後秦攻仇池，敗還。九年，漢中復歸於晉。宋永初三年封盛爲武都王，元嘉二年子玄嗣。四年魏主燾拜玄爲梁州刺史、南秦王。六年玄卒，其弟難當廢玄子保宗而代之。九年以兄子保宗鎮宕昌，今岷州衛南百二十里故宕州是。以其子順爲秦州刺史守上邽。是年赫連定西遷，難當因襲取上邽。十年魏拜難當爲南秦王，難當旋畔宋，取漢中地，以其黨趙温爲梁、秦二州刺史。明年宋復取梁州。十三年，難當自稱大秦王。既而魏主燾以難當擅有上邽，遣拓跋丕等伐之。難當懼，攝上邽守兵還仇池，以其子順爲雍州刺史鎮下辨，又以其子虎爲益州刺史守陰平。十七年復稱武都王。十八年入寇益州，宋遣裴方明等討之，克其武興、下辨、白水諸城，武興即今漢中府寧羌州略陽縣。白水在今寧羌州西南。遂平其地。二十年仇池爲魏所取。分其地爲武都、天水、漢陽、武階、仇池五郡。武階，今鞏昌府階州東七十里廢福津縣是。既而楊玄子文德復據白崖，在今寧羌州沔縣西北。徙屯葭蘆，在今階州東北。其後轉徙於葭蘆、白水、武興之間。至梁天監四年魏取漢中，楊集起等懼，率羣氏叛魏，復立其兄子楊紹先爲帝。魏人擊敗之，克武興，執紹先，遂滅之。其後紹先乘魏亂，自洛陽逃還武興，復稱王。西魏大統十七年達奚武入漢中，兼取武興，楊氏始亡。

呂光據姑臧，亦稱涼。史謂之後涼。

史略：呂光仕苻秦，爲驍騎將軍。晉太元七年車師前部及鄯善王朝秦，車師，在今甘肅塞外。鄯善，見前。請爲鄉導，以討西域之不服者。堅使光將兵伐西域。八年光行，越流沙三百餘里，流沙在今廢沙州衛西。焉耆等國皆降。焉耆，見前。九年光以龜兹不下，龜兹亦見前。攻之。獪胡王及温宿、尉頭諸國合兵救龜兹，獪胡諸國皆在龜兹西。爲光所敗，王侯降者三十餘國，遂入龜兹，撫定西域。尋引還，至高昌，高昌迎降。高昌，見前凉沙州注。入玉門，敦煌、晉昌皆降。敗凉州兵於安彌，今肅州西境有廢綏彌城。武威太守彭濟殺凉州刺史梁熙以降，光遂有凉州，自領州刺史，尋稱酒泉公、三河王。十七年擊南羌彭奚念，取枹罕。二十一年自稱天王。隆安三年，立子紹爲天王，自稱太上皇帝。旋卒，紹庶兄纂弑紹而代之。五年呂超殺纂而立其兄隆。隆，光弟寶之子。既而秦主興使姚碩德伐凉，自金城濟河直趨廣武，廣武本屬後凉，時爲秃髮利鹿孤所取，秦師至，利鹿孤攝守軍以避之。軍至姑臧，凉兵大敗，隆尋請降。元興二年秦徵隆入朝，以王尚代爲凉州刺史。○呂光初據姑臧，前凉舊壤，宛然如昨也。乃未幾而紛紜割裂，迨凉之亡，姑臧而外惟餘倉松、番禾二郡而已。倉松，在今莊浪衛西。番禾，在今永昌衛西。

禿髮烏孤據廉川，廉川城在今西寧衛西南百二十里。爲南涼。

史略：初，鮮卑禿髮樹機能雄長河西，其從弟曰務丸。務丸三傳至烏孤，晉太元十九年呂光遣使拜爲河西鮮卑大都統。二十年破乙弗、折掘部，二部在禿髮部之西。築廉川堡而都之。隆安初自稱西平王，治兵廣武，廣武，在蘭州西，見前。克涼金城。二年取涼嶺南五郡，嶺，洪池嶺，在涼州衛南。五郡，廣武、西平、樂都、湟河、澆河也。樂都、湟河、澆河三郡俱在今西寧衛境，見前。改稱武威王。三年徙治樂都。尋置涼州於西平，以其弟利鹿孤鎮之。明年利鹿孤嗣立，遂徙治西平，五年更稱河西王。元興元年克涼顯美及魏安，顯美，在今涼州衛西北。魏安，在今莊浪衛西。徙其民於樂都。利鹿孤卒，弟傉檀襲位，更稱涼王，遷於樂都。義熙二年傉檀獻羊馬於秦，秦王興使爲涼州刺史，代王尚鎮姑臧，傉檀遂入姑臧，使其弟文支鎮之而還，繼又遷於姑臧。三年與沮渠蒙遜相攻，蒙遜取西郡。又赫連勃勃來伐，入枝陽，今靖虜衛西南有故城。傉檀追之，大敗於陽武下峽。在今靖虜衛東北。四年秦遣兵襲姑臧，敗去，傉檀復稱涼王。既而屢爲蒙遜所敗，六年復還樂都，姑臧遂入於蒙遜。九年蒙遜進圍樂都，湟河降於蒙遜。十年傉檀西襲乙弗等部，留其子虎臺居守，西秦王熾磐乘虛襲樂都，樂都尋潰。傉檀還，降於熾磐，既而爲熾盤所殺。南涼之亡，有樂都、西平、廣武、浩亹四郡。〇南涼盛時，東自金城，西至西海，南有河、湟，北據廣武。至拱手而得姑臧，爲計得矣，乃卒不能守，并樂都而失之，然則廣地固不可恃哉！

沮渠蒙遜據張掖，爲北涼。

史略：蒙遜本匈奴左沮渠王之後，世爲張掖、臨松、盧水諸部帥。臨松城，在今甘州衛東南。見前。晉隆安初，蒙遜諸父沮渠羅仇等仕於吕光，爲光所殺，蒙遜因與諸部結盟，起兵攻拔臨松郡，屯據金山。金山，在永昌衛北二里。旋爲吕光子纂所敗，逃入山中。其從兄男成聞蒙遜起兵，亦聚衆屯樂涫，在今肅州衛東北五十里。攻拔酒泉，進攻建康，建康城，在甘州衛西北。見前。因推建康太守段業爲涼州牧。〔四〕蒙遜亦帥衆歸業，業拜爲鎮西將軍。二年業使蒙遜攻涼西郡，拔之，晉昌、敦煌皆降於業。又取張掖，因徙治焉。既又取西安郡。在今甘州衛東。三年業稱涼王，尋遷蒙遜爲張掖太守，又出爲西安太守。五年，蒙遜自西安襲擊業，殺之，其黨共推蒙遜爲涼州牧、張掖公。義熙三年蒙遜攻南涼，取西郡，又屢敗南涼兵，傉檀懼，引還樂都，姑臧降於蒙遜。七年蒙遜置秦州，鎮姑臧。八年蒙遜遷於姑臧，稱河西王。九年敗南涼兵，圍其樂都，取湟河郡。十年南涼爲西秦所滅。十一年蒙遜攻西秦，拔其廣武郡。十三年敗西涼兵，城建康而戍之。宋永初元年，蒙遜滅西涼，并其地。元嘉五年，攻西秦樂都郡。六年取西平郡。八年魏拜蒙遜爲涼州牧、涼王。王武威、張掖、酒泉、敦煌、西海、金城、西平七郡。時金城仍爲吐谷渾所據。九年卒，子牧犍嗣，魏復拜爲涼州刺史、河西王。十六年魏主圍姑臧，姑臧潰，牧犍出降。十七年牧犍弟無諱起兵敦煌，初牧犍滅，無諱奔於敦煌。拔魏酒泉；又攻張掖，不克，退保臨松。尋請降於魏，歸酒泉郡，魏因以爲涼州牧、酒泉王。既而其弟唐兒以敦煌叛，無諱擊殺之。魏復攻拔其酒泉，無諱乃遣其弟安周西擊鄯善，克其東城。在鄯善國都之東，因名。十九年無諱棄敦煌奔鄯善，鄯善王比龍懼，將其衆奔且末，且末國，在甘肅西徼曲先衛西。無諱遂據鄯善。旋襲取高昌而據之，高昌，今甘肅塞外火州也。見前。奉表降宋，宋封爲河西王。二十一年無諱卒，弟安周代立。二十七年襲車師前部，車師前部，今甘肅塞外吐魯番是其地。拔其城。大明四年，柔然攻滅之。○蒙遜盛時，西控西域，東盡河、湟，嘗置沙州於酒泉，牧犍以弟元津爲沙州刺史，督建康以西諸軍事，兼領酒泉太守。秦州於張掖，牧犍以弟宜得爲秦州刺史，督丹嶺以西諸軍事，領張掖太守。丹嶺，刪丹嶺也。而涼州仍治姑臧，前涼舊壤幾奄有之矣。較於諸涼，又其後亡者也。

李暠據敦煌，爲西涼。

史略：初，隴西李暠仕段業爲效穀令。今廢沙州衛東北有效穀廢縣。晉隆安四年，敦煌護軍郭謙等共推暠爲敦煌太守。既而晉昌太守唐瑤以郡叛，業移檄六郡，六郡，敦煌、酒泉、晉昌、涼興、建康、祁連也。涼興，在今廢瓜州西北七十里，段業所置郡。祁連，在今甘州衛西北。見前。推暠爲沙州刺史、涼公。暠遣兵東取涼興，西取玉門以西諸城。玉門，在今廢沙州衛西北。見前。五年，蒙遜所部酒泉、涼寧二郡來降。涼寧，在今肅州衛東北，後涼所置郡。義熙元年暠自稱秦、涼二州牧，遷治酒泉。胡氏曰：「暠遷酒泉，置瓜州於敦煌。」十二年卒，子歆嗣。宋永初元年爲蒙遜所滅。〇西涼有郡凡七，最爲弱小，其亡亦忽焉。七郡，曰敦煌，曰酒泉，曰晉興，曰建康，曰涼興，皆故郡也；又有會稽郡在今肅州衛西境，廣夏郡即今廢沙州衛之廣至城，皆李暠所置。涼亡時又有新城郡，或曰李歆所置，亦在今沙州廢衛境。

慕容德據滑臺，滑臺，今北直滑縣。見前。爲南燕。

史略：晉太元二十一年，後燕慕容寶嗣位，以范陽王德爲冀州牧，鎮鄴。德，垂之弟。既而魏拓拔珪取并州，自井陘進攻中山，井陘，在今真定府獲鹿縣西十里。詳北直重險。分軍攻鄴，德拒却之。隆安元年燕主寶東走龍城，中山尋爲魏所陷，將并軍攻鄴。會慕容麟自中山奔鄴，説德曰：「鄴城大難固，不如南趨滑臺，阻河以伺釁。」德從之，棄鄴南徙，自稱燕王。三年，德西討叛將苻廣，廣，秦主登之弟。滑臺叛降於魏，陳、潁之民亦多附魏，德無所歸，乃引師而南，兗州北鄙郡縣皆降。尋據琅邪取莒城，莒城，今山東莒州，見前。進克廣固，廣固城，在今青州府城西北。見前。遂都之。四年，德稱帝。義熙元年卒，其兄訥之子超嗣位。六年，劉豫討滅之。〇南燕之地，東至海，南濱泗上，西帶鉅野，北薄於河。置司隸於廣固，慕容德初置青州於廣固，荆州於東萊，慕容超改荆州爲青州，而以青州爲司隸也。兗州於梁父，今泰安州南六十里有梁父城。青州於東萊，并州於平陰，今兖州府東平州屬縣。幽州於發干，發干故城，在今東昌府堂邑縣西南五十里。徐州於莒城，慕容超自謂「據九州之地」者也。

譙縱亦據蜀，稱成都王。

史略：晉義熙元年，益州刺史毛璩以桓振陷江陵，振，桓玄族子也。將討之，使其弟瑾等出外水，即蜀江也。參軍譙縱出涪水。涪水源出松潘衛小分水嶺，至合州東南入嘉陵江，所謂内水也。見四川大川涪江。縱等至五城水口，在今潼川州中江縣東。其黨作亂，襲殺毛瑾於涪城，今成都府綿州治是。推縱爲凉、秦二州刺史。璩行至略城，晉書：「略城去成都四百里。」聞變還成都，遣軍討之，大敗。益州營户李騰開城納縱兵，殺璩，縱自稱成都王。二年，劉豫遣毛修之討縱，至宕渠，宕渠故城，在今四川渠縣。見前。軍中作亂，還屯白帝。白帝故城，在今夔州府城東五里。三年，使劉敬宣討之，不克。六年，縱使譙道福陷巴東。九年，豫復遣朱齡石討滅之。○譙縱之地，北不得漢中，南不踰邛、僰。初置益州於成都，巴州於白帝，又嘗僑置秦、梁二州，或曰梁州置於涪城，秦州置於晉壽。規模亦淺狹矣。

赫連勃勃據統萬，今榆林衛西北二百里故夏州城即統萬城。稱夏。

史略：初，匈奴劉務桓世爲鐵弗部落大人，務桓，南匈奴右賢王去卑之後。再傳至劉衛辰，降於苻秦，又叛附於代，尋復叛代。興寧三年秦將鄧羌討擒之於木根山，在今榆林衛西北。既而復使統所部。寧康二年，爲代王什翼犍所敗。太元元年衛辰患代之逼，求救於秦。秦王堅遣兵擊定代地，分代民爲二部，自河以西皆屬衛辰。尋復叛秦，劉庫仁擊破之，是時秦分代民，自河以東屬庫仁。追至陰山西北千餘里。陰山，在今榆林塞外。久之，堅以衛辰爲西單于，屯代來城，在今榆林衛北。士馬漸盛，雄於朔方。十六年，魏主珪擊滅之。少子勃勃奔薛干部，薛干部送之於没奕干。薛干、没奕干，俱鮮卑別部帥也。薛干在五原，今寧夏後衛境。没奕干在高平，今平涼府鎮原縣境。元興初，魏遣軍擊高平，没奕干棄部衆與勃勃奔秦州。既而姚興以勃勃爲安北將軍，使助没奕干鎮高平。尋又以勃勃爲五原公，配以三交五郡鮮卑三交城，在榆林衛故夏州西。及雜部二萬餘落鎮朔方。會秦復與魏通，勃勃怒，遂謀叛秦，襲殺没奕干於高平而并其衆。義熙三年自稱大夏天王。既而破鮮卑薛干等部，進攻秦三城以北諸戍，三城，在今延安府東南。侵略嶺北諸城，九嵕諸山以北曰嶺北。九嵕山，在今陝西醴泉縣西北六十里。秦人爲之困弊。又西擊禿髮傉檀於枝陽，枝陽，在靖虜衛西南。見前。大獲而還。七年攻秦平涼，拔定陽，定陽城，在今延安府鄜州洛川縣北。又寇隴右諸城鎮。九年，築統萬城而居之。十二年襲破秦上邽，毁其城，進陷陰密，今涇州靈臺縣西五十里有陰密城。又陷安定及雍，雍，今鳳翔府治。見前。復棄不守。十三年劉豫滅秦，勃勃乃進據安定，嶺北郡縣鎮戍皆降。十四年入長安，稱帝。東略至陝，又取蒲阪。宋元嘉二年，勃勃卒，子昌嗣。三年，魏主燾襲破統萬，分兵取弘農、蒲阪，遂入三輔，取長安。四年，魏復襲統萬，克之，昌奔上邽。既而安定亦降於魏。五年爲魏將尉眷所攻，自上邽退屯平涼。尋攻安定，爲魏將安頡所擒。其弟定奔還平涼稱帝，魏安頡追擊之，敗没，定因復取安定及長安。七年，定復爲魏所敗，走保上邽，魏取安定，圍平涼。既而隴西降魏，平涼亦下，於是長安、臨晉、武功諸城鎮臨晉故城，在今同州朝邑縣西南。武功，今乾州屬縣。俱見前。皆入於魏。八年定攻南安，滅西秦。尋畏魏人之逼，自治城濟河，治城，今河州西北有故城。欲擊沮渠蒙遜而奪其地，吐谷渾王慕璝遣兵邀擊，擒之，夏滅。○勃勃盛時，南阻秦嶺，東戍蒲津，西收秦、隴，北薄於河。置幽州於大城，在今榆林衛東北。朔州於三城，見上。雍州於長安，義熙七年置雍州於陰密，旋罷。元熙初於長安置南臺，并置雍州鎮焉。并州於蒲阪，秦州於上邽，初置於杏城，後移上邽。杏城，在陝西中部縣東南。梁州於安定，北秦州於武功，豫州於李閏，李閏，在同州東北。荆州於陜。其地不逮於姚秦，而雄悍則過之矣。

馮跋據和龍，亦曰龍城，見前燕慕容皝都龍城。爲北燕。

史略：初，慕容皝破高句麗，徙其支屬於青山，青山，在今大寧廢衛故營州東。見前。高雲仕燕主寶爲侍御郎。隆安元年寶遷龍城，其子會作亂，雲以功爲建威將軍，封夕陽公，爲寶養子，與中衛將軍長樂馮跋相友善。跋父和事慕容永爲將，〔五〕永敗徙和龍。及慕容熙即位，無道，跋得罪，亡命山澤。義熙三年因間入龍城，與其徒作亂，推雲爲主，殺熙，雲復姓高氏，於是幽州刺史慕容懿以令支降魏。令支，在今北直永平府東北。見前。跋爲雲所寵任，其弟弘等皆柄用。五年雲爲寵臣離班、桃仁所殺，衆推跋爲主，跋遂即天王位。宋元嘉七年跋卒，弟弘篡立。九年，魏人圍和龍，肥如諸城皆降魏。肥如亦在永平縣西北。見前。明年魏復攻弘，取凡城。凡城在故營州西南。見前。十二年魏兵復圍和龍，大略而還。燕日危蹙，因請迎於高句麗。十三年魏將娥清等復伐燕，高麗來迎，弘遂焚和龍而東，旋爲高麗所殺。○馮氏襲燕舊壤，司隸治和龍，以并、青二州鎮白狼，白狼城亦在故營州西南。幽、冀二州鎮肥如，其餘悉仍燕舊。

何氏曰：「曹魏承喪亂之餘，西北諸郡，地荒民少，戎夷僭居。晉之興，劉淵，匈奴也，而居晉陽；石勒，羯也，居上黨；姚氏，羌也，居扶風；苻氏，氐也，居臨渭。臨渭即魏、晉略陽郡治。慕容，鮮卑也，居昌黎。及劉淵一倡，并、雍之間乘機四起，始於永興之初，訖於元嘉之季，爲戰國者一百三十有六年。」○王氏曰：「志所稱十六國者，二趙、五涼、四燕、三秦、一蜀、一夏也。附劉淵於前趙，附冉閔於後趙，附西燕於後燕，附譙縱於李蜀，故不曰二十國云。」又仇池嘗臣附於南北間，故不稱國。

校勘記

〔一〕領廮陶等縣三　「廮」，底本原作「癭」，職本、鄒本並作「廮」，漢志卷二八上亦作「廮」，今據改。又本書此誤甚多，下不一一出校。

〔二〕平壽至有故城　底本原作「平壽，今青州府壽光縣東四十里故城」。彭元瑞校：「一本作『平壽，今萊州府平度州濰縣西南三十里有故城』，此似誤。」今從彭校。

〔三〕今成都府郫城　明志卷四三載明成都府屬縣有郫縣，則此「郫城」當作「郫縣」。

〔四〕因推建康太守段業爲凉州牧　「建康」，底本原作「建業」，彭元瑞校改爲「建康」，職本、鄒本亦作「建康」，晉書卷一二九沮渠蒙遜載記與職、鄒本同，作「建康」是，今據改。

〔五〕跋父和事慕容永爲將　晉書卷一二五馮跋載記云：「永嘉之亂，跋祖父和避地上黨。父安，雄武有器量，慕容永時爲將軍。」則此「跋父和」當作「跋父安」，和爲跋祖父，未嘗爲將軍也。

讀史方輿紀要卷四

歷代州域形勢四　南北朝　隋

劉裕奮自草澤，克翦逆元，北平廣固，南靖番禺，廣固、番禺俱見晉青州、廣州注。史略：劉裕初爲劉牢之參軍，以討海寇孫恩、盧循功，積官至彭城內史，居京口。京口，今鎮江府。見前。會桓玄自江陵入建康，僭大位，裕起義兵討除之，晉室復定。義熙五年，裕以慕容超據廣固，數入寇，表請伐之。帥舟師自淮入泗，至下邳，留船艦輜重，步進至琅邪大峴山，大峴山，在青州府臨朐縣東南百有五里，穆陵關在焉。詳山東重險穆陵關。襲克臨朐，進圍廣固，遂平齊地。會盧循等復熾，引兵自番禺至始興。初，劉裕追敗盧循於永嘉，又追敗之於晉安，循浮海南走。既而循寇南海，陷番禺，其黨徐道覆又攻陷始興據之，朝廷未暇征討，授循爲廣州刺史，道覆爲始興相。循寇長沙，徐道覆引舟師分道寇南康、廬陵、豫章，江州刺史何無忌拒戰敗沒，中外震駭。循復自巴陵趨尋陽，巴陵，今岳州府治；尋陽治柴桑，在今九江府南。俱見前。與道覆合兵東下，敗豫州刺史劉毅軍於桑落洲，桑落洲，在今九江府東北五十餘里。軍勢甚盛。裕方從伐燕還至下邳，聞警，即疾馳至石頭。石頭城，在今應天府城西。見前。循等進逼建康，裕督軍屯守。循以裕既還，建康有備，引還尋陽。裕因治水軍，遣將軍孫處等潛自海道襲番禺，傾其巢窟，而自引大軍西擊循前鋒，敗賊兵於南陵。今太平府繁昌縣西南故南陵戍是。裕進軍雷池，在今安慶府望江縣東南十里。循等逆戰，大破之於大雷。今望江縣即古大雷戍。循走尋陽，將趨豫章，乃悉力柵斷左里。杜佑曰：「左里即彭蠡湖口也。」今南康府都昌縣西南九十里有左里故城。裕拔柵而進，循大敗，單舸南走，徑還番禺，及至，官軍已入城數月矣。循走交州，窮蹙而死。

西定巴、蜀，又克長安，而晉祚以移。

都邑攷：自宋、陳皆因晉都。

史略：義熙三年，劉裕使劉敬宣討譙縱。敬宣既入峽，巴東三峽是也，見前。遣別將出外水，大江從成都府南境至瀘州曰外水。自帥諸軍出墊江，今重慶府合州。蓋由内水而進也。轉戰而前至黄虎，在今潼川州北。去成都五百里。縱遣將悉衆拒險，敬宣不得進，食盡引還。八年，復命朱齡石等進討，别函付齡石曰：「衆軍悉從外水取成都，臧熹從中水取廣漢，雒水自成都府漢州至瀘州入江曰中水。廣漢即漢州，晉曰新都，此從漢郡言也。老弱乘高艦十餘從内水向黄虎。」涪水自成都府綿州東南至合州入江曰内水。俱詳四川大川。時譙縱方屯重兵以備内水，齡石至白帝，白帝見前。遂兼行至平模，平模山在眉州彭山縣東十里，亦曰彭亡山，濱大江，由外水至成都必繇之道。去成都二百里，出敵不意，縱分兵拒守，齡石擊破之。臧熹亦破縱別軍於牛鞞，牛鞞城，在今成都府簡州城西，即中水所繇之道。縱諸營屯望風奔潰。齡石趣成都，縱走死，蜀地悉平。十二年，姚興死，裕遂伐秦，遣王鎮惡、檀道濟將步軍自淮、肥向許、洛，自淮、肥者，由壽春而北也。許，許昌，洛，洛陽。朱超石、胡藩趨陽城，超石時爲新野太守，蓋自南陽北出。陽城，今河南府登封縣。沈田子、傅弘之趣武關，自出襄陽，引軍西北也。武關見前。沈林子、劉遵考帥水軍出石門自汴入河，遵考時爲彭内史，蓋自彭城入汴。石門，水入河之門也。亦謂之滎口。見前七國魏蘇代論滎口。以王仲德督前鋒開鉅野入河。鉅野，見職方兗州浸。鎮惡等入秦境，所向克捷，漆丘、項城降，漆丘今歸德府南二十五里小蒙城是。項城，見晉豫州治。拔新蔡、許昌，克倉垣，倉垣，在開封府陳留縣西。滎陽、陽城皆來降，進至成皋。王仲德水軍入河，逼魏滑臺，魏人棄城走，遂入據之。道濟等進逼洛陽，洛陽降，進軍澠池，今河南府屬縣，見前。徑攻潼關，屢敗秦兵。裕亦將水軍自淮、泗入清河，即鉅野以北之濟水也。泝河西上，而遣別將留守碻磝，今濟南府長清縣西有碻磝故城。以防魏人侵軼，尋入洛陽，自陝抵潼關。沈田子等亦入武關，大敗秦軍於青泥。青泥城，在西安府藍田縣南七里。王鎮惡復請帥水師自河入渭趨長安，破秦軍於渭橋，東渭橋也，在西安府東北五十里。遂克長安，姚泓降。

然長安旋没於夏，河南州郡復陷於魏，最後又失淮北及淮西地。

史略：初，赫連勃勃欲圖關中，聞裕伐秦，乃進據安定，嶺北郡、縣、鎮、戍皆降於勃勃。

裕既破秦，留其子義真守關中，遂發長安，自洛入河，自洛陽浮洛入河也。開汴渠而歸。汴渠，見河南大川汴水。勃勃問計於王買德，買德曰：「青泥、上洛，南北險要，宜先遣遊軍斷之。東塞潼關，絶其水陸之路，則義真在網罟中矣。」勃勃乃以其子璝向長安，昌屯潼關，而使買德屯青泥，勃勃爲後繼。會晉將互相賊殺，勃勃遂取關中。及武帝殁，魏人議取洛陽、虎牢、滑臺，遣軍南侵，司、兗、豫諸郡縣悉陷。元嘉七年，遣將到彦之等經略碻磝、滑臺、虎牢、洛陽四鎮，旋敗還。二十七年，遣王玄謨等北伐，復敗退，魏人乘勝入寇，南抵瓜步，在今應天府六合縣東二十五里。境内因以衰耗。既而魏主燾被弑，復議北伐，遣蕭思話督諸軍分道向碻磝，自歷城向碻磝。出許、洛，自汝南出許、洛。趣潼關。自宛、鄧趨潼關。凡三道。青州刺史劉興祖上言：「河南阻饑，野無所掠，脱諸城固守，非旬月可拔，稽留大衆，轉輸方勞，應機乘勢，事在急速。今僞帥始死，兼逼暑時，國内猜擾，不暇遠赴，宜長驅中山，據其關要。後燕都中山，魏人以爲重地。中山至代有倒馬、飛狐諸關，據之則道路阻塞，聲援難及矣。冀州以北，民人尚豐，兼麥已向熟，因資爲易。向義之徒，必應響赴，若中州震動，黄河以南自當消潰。臣請發青、冀兵直入其心腹，若前驅克勝，河南衆軍宜一時濟河，使聲實兼舉，並建司牧，撫柔初附。西距太行，北塞軍都，居庸關一名軍都關，在今順天府昌平州西北三十里。詳見北直重險。興祖欲因山險置兵，以包舉相、定、幽、冀之地也。因事指揮，隨宜加授。若能成功，清壹可待。」帝意止在河南，不從，師竟無功。既而宋多内亂，泰始初晉安王子勛舉兵尋陽，遠近響應，建康危迫，僅而克平。徐州刺史薛安都、兖州刺史畢衆敬、汝南太守常珍奇等以疑懼降魏，魏因遣將經略齊地。尉元言：「彭城宋之要藩，若重兵積粟，則宋人不敢窺淮北。又宋攻彭城，必繇清泗過宿豫，清泗，即泗水也。宿豫，今邳州宿遷縣。歷下邳趨青州，亦由下邳沂水經東安。沂水，出山東臨朐縣沂山，至南直邳州入泗。東安，沂水所經也。見三國魏徐州屬郡。此數者宋人用兵之要，今若先定下邳，平宿豫，鎮淮陽，淮陽，在今鳳陽府泗州東北百里。戍東安，則青、冀諸鎮可不攻而克矣。」魏主從之，宋由是失淮北四州及豫州淮西之地。四州，徐、兖、青、冀也。豫州之淮西，謂汝南、新蔡、譙、梁、陳、南頓、潁川、汝陽、汝陰諸郡也。

所有州凡二十二：宋初有州二十一，泰始七年始增置越州。沈約云：「宋有州二十二。」今從之。

揚，治建康。統郡十一：曰丹陽，曰會稽，曰吴郡，曰吴興，曰淮南，曰宣城，曰義興，曰東陽，曰臨海，曰永嘉，曰新安，俱晉舊郡也。孝建三年，分揚州之會稽、東陽、新安、永嘉、臨海五郡爲東揚州。大明三年又改揚州爲王畿，而東揚州直云揚州。五年，割王畿之吴郡屬南徐州。廢帝罷王畿復爲揚州，而揚州還爲東揚州，吴郡亦復故。明年省東揚州并入揚州。昇明三年，又改揚州刺史爲揚州牧云。

南徐，治京口。統郡十六：曰南東海，治丹徒縣，今鎮江府治；曰南琅邪，治臨沂縣，今應天府西北三十里有廢臨沂縣；曰晉陵，治晉陵縣，今常州府治是；曰南蘭陵，治蘭陵縣，今常州府西北六十里有廢蘭陵城；曰南東莞，治東莞縣；曰臨淮，治海西縣；曰淮陵，治司吾縣；曰南彭城，治呂縣；曰南清河，治清河縣；曰南高平，治金鄉縣；曰南平昌，治安丘縣；曰南濟陰，治城武縣；曰南濮陽，治廩丘縣；曰南泰山，治南城縣；曰南濟陽，治考城縣；曰南魯，治魯縣。皆晉南渡以來僑置於丹陽、吴郡境。沈約曰「泰始四年割揚州之義興屬南徐州」云。

徐，治彭城。泰始三年，淮北陷没，僑治鍾離，泰豫初移治朐山，元徽初還治鍾離。統郡十二：曰彭城，曰下邳，曰蘭陵，曰東海，曰東莞，曰東安，曰琅邪，曰沛郡，皆舊郡也；曰淮海，治甬城，在今宿遷縣東南百餘里；曰陽平，治館陶縣，郡縣皆僑置，或云在今邳州境；曰濟陰，僑治睢陵縣，在今泗州盱眙縣西六十里；曰北濟陰，治成武縣，今兖州府屬縣。此十二郡也。沈約曰：「宋亡淮北，元徽初分南兖、北豫州之境置徐州，仍治鍾離。」領郡三：曰鍾離，晉郡也，本屬南兖；曰馬頭，治虞縣，在今鳳陽府懷遠縣西南二十里，本屬豫州；曰新昌，治頓丘縣，今和州東。有徐州，治團城，旋降於魏。團城，即故東莞郡城也。鍾離，見晉淮南郡。朐山即故朐縣，今南直海州治。見前。

南兖，治廣陵，元嘉二十八年移鎮盱眙，三十年并入南徐州。旋復置，還治廣陵。泰始六年南兖州移治淮陰，七年復故。統郡九：曰廣陵，曰海陵，曰山陽，曰盱眙，曰秦郡，曰鍾離，皆晉郡也；曰南沛，治蕭縣，在廣陵境內；曰北沛；曰臨江；未詳所理。沈約曰：「南兖初領郡九，後領十一。」南沛而外有新平郡，治江陽；北淮陽郡，治晉寧；北濟陰郡，治廣平；北下邳郡，治潼縣；東莞郡，治莒縣；皆失淮北後所僑置，而無北沛、臨江二郡。又鍾離郡，元徽初改屬南徐州，是十一郡也。

兖，初治滑臺，元嘉十三年移鎮鄒山，又寄治彭城，二十一年徙治須昌，後省兖州入徐、冀二州。三十年復置，治瑕丘，孝建初治湖陸，泰始初復治瑕丘。二年兖州降魏，五年僑置於淮陰。統郡六：曰泰山，曰高平，曰魯，曰東平，曰濟北，皆故郡也。曰陽平，沈約曰：「治館陶，元嘉中僑置於無鹽縣境，淮北既失，諸郡亦寄治淮南境内」云。鄒山，見晉兖州治。須昌，見晉東平國治。瑕丘，今兖州府治。湖陸，在今南直沛縣北。俱見前。

南豫，初治歷陽，元嘉二十二年罷入豫州。尋復置，大明五年移治于湖。統郡十有九：曰歷陽，曰廬江，曰晉熙，曰弋陽，曰安豐，皆故郡也。曰南譙，治山桑縣，今無爲州巢縣東南二十里有南譙城；曰南汝陰，治汝陰縣，今廬州府治是；曰南梁，治睢陽縣，今壽州東北南梁城是；曰汝南，治平輿縣；曰新蔡，治新蔡縣；曰東郡，治項縣；曰南頓，治南頓縣；曰潁川，治邵陵縣；曰西汝陰，治汝陰縣；曰汝陽，治汝陽縣；曰陳留，治浚義縣；皆僑置於淮南境内。曰邊城左郡，領雩婁等縣，今壽州霍丘縣西南八十里有雩婁故城；曰光城左郡，治光城縣，今汝寧府光州光山縣是也；曰南城左郡，未詳所治。于湖，今太平府治也。

豫，治壽陽。宋志：「武帝開拓河南，綏定豫土，晉義熙九年割揚州大江以西，大雷以北，悉屬豫州。豫之基址，自此而立。」永初二年分淮東爲南豫州，淮西爲豫州，亦曰西豫州，亦曰北豫州。元嘉二十二年以南豫州併入豫州。其後復分，或治壽陽，或治汝南。統郡十一：曰汝南，曰新蔡，曰譙，曰梁，曰陳，曰南頓，曰潁川，曰汝陽，曰汝陰，曰陳留，曰頭頓，皆故郡也。泰始三年淮西之汝南、新蔡、汝陽、汝陰、陳郡、南頓、潁川七郡皆没於魏，元徽初又以馬頭郡改屬徐州。大雷，今南直望江縣。見前。

江，治尋陽，昇明初移鎮湓口。統郡十：曰尋陽，曰豫章，曰鄱陽，曰臨川，曰廬陵，曰安成，曰南康，曰建安，曰晉安，皆舊郡也。曰南新蔡，治苞信，僑置於今湖廣黃梅縣。湓口，在今九江府城西。

青，初，北青州治東陽，南青州治廣陵，後省南青州，而北青州直曰青州。孝建二年移治歷城，大明八年還治東陽。泰始中失淮北，青州僑治鬱洲。舊統郡九：曰齊郡，曰濟南，曰樂安，曰高密，曰平昌，曰北海，曰東萊，曰長廣，皆故郡也。曰太原，治太原縣，今濟南府長清縣東北廢升城是。五代志：「武帝置樂安郡於千乘縣，即漢千乘郡治也。」泰始四年又分青州置東青州，治不其城，在今萊州府膠州即墨縣西南五十七里。又宋嘗置并州，亦寄治升城云。東陽，見晉青州治。歷城，今濟南府治。見前。鬱州，今南直海州東北十九里有鬱洲山。

冀，元嘉九年分青州立，治歷城，泰始二年陷於魏，與青州並寄治鬱洲。舊統郡九：曰廣川，曰平原，曰清河，曰樂陵，曰魏郡，曰河間，曰頓丘，曰高陽，曰勃海，大抵皆僑郡也。五代志：「武帝置廣川郡於武強，今濟南府長山縣是；置平原郡於梁鄒，今濟南府鄒平縣北故梁鄒城是；又置清河郡於盤陽，今濟南府淄川縣是。」又文帝僑置高陽郡於樂安境內，勃海郡於臨淄境內。孝武又嘗置幽州，亦僑治梁鄒云。

司，初與并州俱治虎牢，景平初陷沒。元嘉二十八年司州僑治義陽。沈約曰：「元嘉末僑治汝南，大明中省，建始二年復置於義陽。」統郡四：曰義陽，曰隨陽，故郡也。曰安陸，治安陸縣，今德安府治是。曰南汝南，治平輿，郡縣皆僑置於義陽南境。

荊，治江陵。統郡十二：曰南郡，曰南平，曰天門，曰宜都，曰巴東，〔一〕曰建平，皆故郡也。曰汶陽，治汶陽縣，在今荊州府夷陵州遠安縣西百里；曰南義陽，治厥西縣，在今隨州西北八十五里；曰新興，治定襄縣，今荊州府西北安興故城是；曰南河東，治聞喜縣，在今荆州府松滋縣界；曰永寧，治長寧縣，在今安陸府荆門州西南；曰武寧，治樂鄉縣，今荆門州北八十里有樂鄉故城。沈約曰：「孝建初天門改屬郢州，泰始三年復故。」

郢，治江夏，今武昌府治，孝建初分荆、湘、江三州置。統郡六：曰江夏，曰竟陵，曰武陵，曰武昌，曰西陽，皆舊郡也。曰巴陵，即晉之建昌郡。沈約曰：「初分荆之江夏、竟陵、隨、武陵、天門、湘之巴陵、江之武昌、豫之西陽置，凡八郡，後隨屬司州，天門仍屬荆州。」

湘，治臨湘。晉置，後廢。永初三年又置，元嘉八年省。十七年復置，二十九年又省。孝建初復置。統郡十：曰長沙；曰衡陽；曰桂陽；曰零陵；曰營陽；曰湘東；曰邵陵；曰臨慶，即臨賀也；曰廣興，即始興也；曰始建，即始安也；俱泰豫中所改。沈約曰：「巴陵本屬湘州，後改屬郢。」臨湘，見前長沙郡治。

雍，治襄陽。統郡十七：曰襄陽，曰南陽，曰新野，曰順陽，曰義成，皆故郡也。曰京兆，治杜縣，今襄陽府西杜陵城是。曰始平，治武當縣，今均州也。曰扶風，治筑陽縣，今襄陽府穀城縣東四里有筑陽故城。曰南上洛，治上洛縣，沈約曰「其地名白口」，在今漢中府興安州洵陽縣界，或云白口當作「申口」，今縣有申口鎮。曰河南，治河南縣，今新野縣東北有河南城。曰廣平，治廣平縣，今新野縣西故朝陽縣是。曰馮翊，治鄀縣，今襄陽府宜城縣西南九十里有鄀縣城。曰南天水，治華陰縣，沈約曰「其地名巖洲」，在襄陽城外。曰華山，治華山縣，沈約曰「治大隄」，今宜城縣南漢南城是。曰北河南，治新蔡縣，沈約曰「地名宛中」；曰弘農，治邯鄲縣，沈約曰「地名五壟」；俱在南陽城外，皆僑置郡也。

梁，初治南城，即今漢中府褒城縣，元嘉十年還治南鄭。統郡二十：曰漢中，曰魏興，曰新城，曰上庸，曰晉壽，皆故郡也。曰新興，治吉陽縣，今鄖陽府上津縣西有故吉陽城；曰華陽，治華陽縣，沈約云「寄治州下」；曰新巴，治新安縣，在今保寧府南部縣境，沈約曰「晉安帝分巴西郡置，曰北巴西」，即舊巴西郡也；曰北陰平，即故陰平郡；曰南陰平，亦治陰平縣，在今龍安府東百里；曰巴渠，治巴渠縣，今夔州府開縣東六十五里廢清水城是；曰懷安，治懷安縣，沈約曰「寄治州下」；曰宋熙，治興樂縣，或曰在今保寧府巴州界，沈約曰「郡去州七百里」；曰白水，治新巴縣，在今保寧府廣元縣界；曰南上洛，治上洛縣，在今興安州平利縣界；曰北上洛，治北上洛縣，亦在今興安州界；曰安康，治安康縣，今興安州漢陰縣也；曰南宕渠，治宕渠縣，在今四川渠縣東北，即蜀漢所置宕渠郡也；曰懷漢，治永豐縣，未詳所在；皆新郡及僑置郡也。

秦，與梁州同治南鄭，亦曰南秦州。元嘉二年以武都爲北秦州，授仇池楊玄。十九年克仇池，又置北秦州，旋没於魏，而秦州如故。統郡十四：曰武都，治下辨縣；曰略陽，治略陽縣；曰安故，治桓陵縣；曰西京兆，治藍田縣；曰南太原，治平陶縣；曰南安，治獂道縣；曰馮翊，治蓮勺縣；曰隴西，治襄武縣；曰始平，治始平縣；曰金城，治金城縣；曰安定，治朝那縣；曰天水，治河陽縣；曰西扶風，治郿縣；曰北扶風，治武功縣。自武都以下，大抵皆僑郡也，錯置於梁州境內。

益，治成都。統郡二十九：曰蜀郡，曰廣漢，曰巴西，曰梓潼，曰巴郡，曰江陽，曰越巂，曰汶山，曰犍爲，曰沈黎，皆舊郡也。曰遂寧，治巴興縣，今潼川州遂寧縣是；曰寧蜀，治廣漢縣，即今成都府雙流縣也；曰懷寧，領治平等縣；曰始康，領始康等縣；沈約云「皆寄治成都」。曰南陰平，領陰平等縣，沈約曰「治萇楊」，在今漢州德陽縣西；曰北陰平，亦領陰平等縣，或曰在今保寧府劍州西境；曰晉熙，治晉熙縣，亦在今德陽縣界，曰晉原，治江原縣，今成都府崇慶州也；曰宋寧，領欣平等縣，沈約曰「寄治成都」；曰安固，領略陽等縣，在成都東境，沈約曰「去州百三十里」，曰新城，治北五城縣，今潼川州中江縣東有故五城縣；曰南晉壽，領晉壽等縣，沈約曰「郡去州百二十里」；曰宋興，領南漢等縣，沈約曰「寄治成都」；曰南宕渠，領宕渠等縣，起居注「元嘉十六年自梁州度益州」，或云僑置於宕渠南境；曰東江陽，治漢安縣，今瀘州江安縣是。曰南漢中，領南長樂等縣；曰武都，領武都等縣；曰南新巴，領新巴等縣；曰天水，領永興等縣；俱未詳所在，皆新置及僑郡也。又泰始五年分荆州之巴東、建平、益州之巴西、梓潼郡置三巴校尉，治白帝，時三峽蠻獠歲爲抄暴，故立府以鎮之。

寧，治建寧。統郡十五：曰建寧，曰晉寧，曰牂牁，曰夜郎，曰朱提，曰南廣，曰梁水，曰興古，曰永昌，曰西平，曰興寧，曰雲南，曰東河陽，曰西河，皆故郡也；曰平蠻，即故平夷郡。

廣，治南海。統郡十七：曰南海，曰晉康，曰新寧，曰永平，曰鬱林，曰新會，曰東官，曰義安，曰晉興，皆故郡也。曰宋康，治廣化縣，在今肇慶府陽江縣西北；曰綏建，治新招縣，在今肇慶府廣寧縣境；曰海昌，治寧化縣，在今廣州府新會縣界；曰宋熙，治平興縣；曰樂昌，治樂昌縣，未詳所在。

交，治龍編。統郡八：曰交阯，曰武平，曰新昌，曰九真，曰九德，曰日南，皆故郡也；曰義昌，曰宋平，皆新置。

越。治臨漳，今廉州府治是。沈約志：「泰始七年增置越州。」統郡九：曰百梁，曰隴蘇，曰永寧，曰安昌，曰富昌，曰南流，曰臨漳，曰宋壽，皆新郡也；曰合浦，故郡也。沈約曰：「合浦本屬交州，宋壽初亦屬交州，後改屬焉。」

郡二百六十八，又合越州所置新郡，計二百七十四。縣一千二百九十九。沈約曰：「晉遷江左，有揚、荆、湘、江、梁、益、交、廣數州，其徐州則有過半，豫州惟有譙城而已。宋分揚爲南徐、徐爲南兗，揚州之江西悉屬豫州，分荆爲雍，分荆、湘、江爲郢，分荆爲司，分廣爲越，分青爲冀，分梁爲南、北秦。建始以後，自淮以北化成異域，青、冀、徐、兗、豫諸州悉非舊疆矣。今所記列，大較參差，其詳難舉，實由名號驟易，境土屢分，或一郡一縣分爲四五，四五之中亟有離合，千回百折，巧歷莫算，尋校推求，未易精悉也。」王氏曰：「江左大鎮，莫過荆、揚。揚爲京畿，財賦所資；荆爲閫外，甲兵所聚。時謂荆爲陝西，二州户口居江南之半。以揚州爲根本，委荆州以閫外，此立國之大要也。李忠定有言，六朝能保守江左者，以强兵巨鎮盡在淮南、荆、襄耳。」宋書：晉氏以揚爲京畿，荆、江爲重鎮，常使大將居之，三州户口居江南之半。宋孝建初惡其强大，分揚州浙東五郡爲東揚州，荆、湘、江、豫州之八郡置郢州。既而荆、揚由此虚耗，何尚之嘗請復合二州，不果。

蓋自晉成帝以來，州郡類多僑置，增損離合，不能悉詳。又南北戰争，疆境屢易，大約宋之盛時，南鄭、襄陽、懸瓠、今汝寧府東南平輿故城，即懸瓠城也。彭城、泰始二年，彭城、懸瓠皆降於魏。歷城、泰始四年，歷城陷於魏。東陽，泰始四年，東陽亦陷於魏，自是遂以淮爲境。皆重鎮也。蕭道成馮依城社，遂奸宋位。

史略：宋泰始中，道成爲南兖州刺史，鎮淮陰，尋徵入朝，與顧命，輔幼主。既而桂陽王休範自尋陽舉兵攻建康，道成擊平之。未幾建平王景素復舉兵京口，道成遣將任農夫等攻克之。威望既著，擅行弑立。時袁粲鎮石頭城，在應天府城西，見前。與其徒謀攻道成，不克而死。沈攸之亦舉兵江陵討道成，攻郢城，郢城，見前郢州治。不克走死。道成尋廢宋主準，篡其位。

是時既失淮北，淮北即宋泰始初所失。其後又失沔北及淮南。史略：建武末，魏人伐齊，取沔北五郡。五郡，南陽、新野、南鄉、北襄城及西汝南、北義陽郡是也。南陽、新野見晉郡。南鄉在南陽府西南百里。北襄城治赭陽，在今裕州東六里。〔三〕西汝南、北義陽俱治舞陰，在南陽府泌陽縣北十里，時所謂雙頭郡也。永元中，壽陽降於魏，魏復進取建安、合肥，建安在今河南固始縣東。合肥見前。於是并失淮南地。

舉其大略，有州二十三：青治朐山，今淮安府海州治，見前。冀治漣口，今淮安府安東縣。豫治壽春，永元二年，壽春陷於魏，移治歷陽。壽春、歷陽俱見前。北兖治淮陰，在今淮安府西，見前。北徐治鍾離，在今鳳陽府東，見前。巴治巴東，見漢郡。齊志：「建元二年，分荆、益二州置巴州，領巴東、建平、巴郡、涪陵四郡，永明二年省。」又有北秦州，建武二年置授沮水氐酋楊馥之，非實土也。其餘悉因宋舊。郡三百九十五，齊志：「時置寧蠻府，屬雍州，别領西新安等二十四蠻郡，蓋皆緣沔諸蠻所居地。」縣千四百七十四。

胡氏曰：「蕭齊諸郡，有寄治者，有新置者，有狸郡、獠郡、荒郡、左郡無屬縣者，有荒無民户者，郡縣之建置雖多，而名存實亡，境土蹙於宋大明之時矣。」

而南鄭、樊城、在今襄陽府城北漢水北岸。襄陽、義陽、壽春、淮陽、在今南直泗州東北，見前。角城、角城與淮陽相近，宋志謂之甬城。〔三〕漣口、朐山並稱重鎮焉。蕭衍虎據襄陽，鷹擊建康，承齊之後，

史略：齊永泰初以蕭衍爲雍州刺史，會東昏暴虐，衍謀起兵，奉荆州刺史南康王寶融爲主。南并湘州，尋克郢州，緣江東指，於是司州亦附於衍。進取江州，長驅向建康，建康平，寶融乃禪位於衍。

有州二十三，郡三百五十，縣千二十有三。此天監十年州郡之制也。

姚思廉曰：「梁天監十年以前，大抵因宋、齊之舊，是後州名浸多，廢置離合，不可勝紀。大同二年，朱异奏：『頃置州稍廣，小大不倫，請分五品，其位秩高卑，參僚多少，皆以是爲差。』於是上品二十州，次十州，又次八州，又次二十三州，下二十一州。時方事征伐，恢拓境宇，北踰淮、汝，東距彭城，西開牂牁，南平俚洞，交、廣界表俚人依阻深險，各自爲洞。紛綸甚衆，故异請分之。其下者皆異國之人，徒有州名，而無土地。或因荒徼之民所居村落置州及郡縣，刺史、守令皆用彼人爲之，尚書不能悉領，山川險遠，職貢鮮通。五品之外，又有二十餘州，不知處所，凡一百七州。又以邊境鎮戍，雖領民不多，欲重其將帥，皆

建爲郡，或一人領二三郡，州郡雖多，户口耗矣。」淮、沔南北，得失不恒，大抵雍州、即襄陽。下溠戍、在襄陽府棗陽縣東南百餘里。夏口、在武昌府城西，見前。白苟堆、今河南真陽縣東南有白苟城。硤石城、今鳳陽府壽州西北二十五里硤石山上。合州、即合肥。鍾離、淮陰、朐山常爲重鎮。

史略：初，蕭衍舉兵内嚮，魏將元英言：「蕭衍東下，襄陽孤城無衛，臣乞躬率步騎直指沔陰，襄陽在沔南，水南爲陰。據襄陽之城，斷黑水之路，水經注：「黑水出南鄭北山，南流入漢。」今陝西褒城縣西有褒水，一名黑龍江，或以爲即黑水。英蓋謂得襄陽則梁州之路斷也。長驅南出，進援江陵，則三楚可收，岷、蜀斷絶。太史公曰：「楚有三俗。自淮北沛、〔四〕陳、汝南、南郡，此西楚也。彭城以東東海、吴、廣陵，此東楚也。衡山、九江、江南、豫章、長沙，此南楚也」。英謂取江陵則三楚可以次第舉，而岷、蜀取建康之道絶矣。又命揚、徐二州，魏揚州治壽春，徐州治彭城。聲言俱舉，建康窮蹙，文軌可齊。」魏不能用。既而魏取義陽梁天監三年，魏取義陽三關，梁僑置司州於關南。三關：一曰平靖關，在今河南信陽州東南九十里，故冥阸塞也。一曰黄峴關，在州東南百里。一曰武陽關，在州東南百五十里。詳見河南重險。黽阸關南，三關之南也。及漢中諸郡，天監四年，梁州降魏，魏人取漢中諸城戍。時晉壽、巴西皆附於魏，魏人入劍閣，破梓潼乃還。於是梁州十四郡地，東西七百里，南北千里，皆入於魏。梁僑置梁州於西城。晉壽，見晉梓潼郡注，餘並見前。齊志：「梁州所領凡二十三郡，荒郡不與焉。」今魏取十四郡，蓋西城以東猶屬梁也。西城即晉、宋時魏興郡治。梁數與魏相持，惟得合肥、壽春兩郡。天監五年取合肥，普通七年取壽陽。尋因魏亂，沿邊州郡多來附梁。梁又遣陳慶之送元顥爲魏主，直至洛陽。俄而又失，大通二年，遣陳慶之將兵送魏北海王顥還北，以顥爲魏主，自銍城入梁國，西至洛陽，凡克三十二城，又北渡河取河内，旋敗還。銍城，在今南直宿州南四十六里。梁國即睢陽也，見漢、晉諸郡。惟義陽、下邳及漢中諸郡，復爲梁有。大通二年，義陽來降，復置司州，亦曰北司州。中大通五年，下邳來降，置東徐州。大同元年，攻晉壽，魏東益州降，又攻南鄭，魏梁州降，復置秦、梁二州治焉。其淮、沔以北，乍得而旋失者，蓋不勝紀矣。

及侯景肆凶，建康傾陷，蕭繹爲謀不遠，苟安江陵。

史略：景初爲東魏河南大行臺，專制軍事，十有四年。景與高歡同起懷朔，爲歡所信任，天平初破賀拔勝於荆州，遂委以河南軍事，至歡卒，凡十有四年。懷朔，魏六鎮之一也，今山西朔州北三百餘里有故城。魏荆州治穰城，今河南鄧州也。梁中大同二年，高歡卒，景先與高澄有隙，據河南叛附梁，復遣使請舉函谷以東，函谷非東魏地，景蓋張言之。瑕丘以西，瑕丘見宋兗州治。豫、治汝南。廣、治魯陽，今汝州魯山縣。後入西魏，東魏以廣州改治襄城。潁、治長社，今河南長葛縣西一里故長社城是。荆、治沘陽，今河南南陽府唐縣也。亦曰東荆。襄、治葉，今河南葉縣。兗、治瑕丘。南兗、治譙，即故譙郡。濟、治濟北碻磝城，見宋河南四鎮。東豫、治廣陵，今河南息縣西南廣陵故城是。洛、治洛陽。陽、治宜陽，今河南府宜陽縣。北荆、治伊陽，今河南嵩縣北有伏流城，即故伊陽郡治。北揚治項，見晉豫州治。等十三州内附。梁主納之，遣軍趣懸瓠應援。會東魏擊景，景保潁川，潁川郡與州同治。割東荆、北荆、魯陽、長社四城賂魏求救，北荆，史訛爲「北兖」。魯陽、長社，即廣、潁二州治。侯景表於梁主所謂「以四州之地爲餌敵之資」者也。魏荆州刺史王思政馳入潁川，西魏荆州仍治穰城。覺景外叛，分軍據景七州十二鎮。皆潁川以西城鎮也。梁復遣蕭淵明伐東魏，攻彭城，爲東魏將慕容紹宗所敗，紹宗又敗景於渦陽。渦陽，今南直蒙城縣東北有渦陽城。時景自潁川出屯懸瓠，又東至譙，拔城父，紹宗擊之，乃退保渦陽，爲紹宗所敗。城父，見春秋許國。景與數騎自硤石濟淮，硤石見上。襲據壽春，梁主即授景爲南豫州牧，梁得懸瓠，置豫州，因以壽陽爲南豫。其所得州鎮復入於東魏。高澄因以計請和，梁主許之，景遂叛，舉兵襲譙州，今南直滁州西南有南譙城，梁僑置譙州於此。入歷陽。羊侃請：「急據采石，采石見孫吳重鎮牛渚圻。令邵陵王綸襲取壽陽，時綸將兵出鍾離討景，故云。使景進不得前，退失巢穴，烏合之衆，自然瓦解。」不聽。景旋自采石渡，襲建康，尋陷，於是東略至會稽，西略至江夏。時湘東王繹爲荆州刺史，鎮江陵。景既西并江、郢，遂圖繹，引兵西攻巴陵，爲繹將王僧辯所敗。繹遂遣僧辯等乘勝東下，拔郢城及尋陽，於是附景州郡亦相率叛景。景僭稱漢帝於建康，僧辯等復自尋陽東下，與陳霸先合軍趨建康，所向克捷，景軍敗走死。繹以建康殘破，稱帝於江陵。

是時江北之地，殘於高齊，漢中、蜀川没於西魏，史略：梁太清末，東魏因侯景之亂，遣將辛術等南略，於是鍾離、壽陽、下邳、東海、淮陰、山陽、合肥，以及義陽諸州鎮次第降附。尋又入廣陵，拔陽平，今南直寶應縣，時置陽平郡。取歷陽，於是齊地南至於江矣。又大寶末，湘東王繹以侯景逼江陵，遣使求援於西魏，命梁、秦二州刺史蕭循以南鄭與魏，循不可。宇文泰遣達奚武取漢中，分遣別將王雄出子午谷取上津、魏興，子午谷，見前鍾會伐蜀。上津，今湖廣鄖陽府屬縣。攻圍南鄭，久之循降，劍北遂悉入於魏。會益州刺史武陵王紀舉兵爭江陵，出峽口，即西陵峽也。見吳重鎮。繹懼，請魏討之。泰曰：「取蜀制梁，在茲一舉。」遂命尉遲迥伐蜀。迥乘虛入劍閣，至涪水，涪水，在今四川綿州城西。迥自劍閣進取綿州也。進襲成都，成都降。既又遣軍東略，巴、峽以東，皆爲魏境。

魏人南侵，江陵失守。

史略：梁中大同元年，以岳陽王詧爲雍州刺史，詧，昭明太子統之子。以襄陽形勝之地，梁業所基，遂有專制一方之志。及侯景圍臺城，湘東王繹督諸州軍東討，與湘州刺史河東王譽譽，詧兄也。及詧皆有隙。既而繹發軍攻湘州，詧因攻繹以救譽，不克，繹遂遣將鎮竟陵以圖詧。詧懼，乃歸款於魏以求援。宇文泰方圖經略江、漢，遂以楊忠督三荆等州諸軍事。三荆，穰爲荆州，泚陽爲東荆，安昌爲南荆。安昌城，在今河南信陽州西北七十里。忠自穰城進取下溠，見前重鎮。克隨郡，降安陸、竟陵，俱見晉、宋諸州郡。進逼江陵。繹懼，請盟於忠。忠引還，譽竟爲繹所滅。詧因深自托於魏，魏人立詧爲梁王。承聖三年，魏將于謹等發長安，與詧會於樊、鄧，樊城，見齊重鎮。鄧城，在今襄陽府東北三十里。濟漢，遣前軍先據江津，今荆州府東南二十里有江津戍，自古大江津渡處也。斷東路，遂克武寧，見劉宋荆州屬郡。長驅至江陵，築長圍，中外遂絶。城陷，梁主降，爲魏人所殺。

蕭詧雖承梁祀，所得者僅江陵三百里，又稱臣於魏，比諸附庸。

史略：魏人既克江陵，乃立詧爲梁王，資以荆州之地，延袤三百里。胡氏曰：「蓋以緣江之地延袤三百里授之，廣不及三百里也。」仍取其雍州之地，居江陵東城；魏置防主，將兵居西城，名爲助詧備禦，實防詧也。其後詧因陳人有王琳、華皎之釁，稍略取江南地，增置郡縣。陳將吴明徹、張昭達先後攻之，江陵南岸皆爲敵境。周天和六年，始以基、平、鄀三州與梁，然實江陵舊境耳。基州，今承天府荆門州東南之廢豐鄉縣是。平州，即今荆門州之當陽縣。鄀州，今荆門州北之廢樂鄉縣，即宋所置武寧郡也。三州皆後周所置。

陳霸先奄有建康，拾梁餘緒，

史略：梁太清末，陳霸先累功爲西江都護、高要太守，西江，在今廣東廣州、肇慶二府境内，詳廣東大川。高要，梁所置郡也，即今肇慶府。起兵討侯景。廣州刺史蕭勃以霸先監始興郡事，霸先遂發始興，度大庾，大庾嶺，在江西南安府西南二十五里，廣東南雄府北六十里。詳江西重險。軍於南康，始興、南康，俱詳晉郡。進頓西昌，西昌見晉廬陵郡治。移屯巴丘，今臨江府峽江縣。出南江湓口，南江即贛江也，自江西贛州府城北，至湖口縣城西入於大江。詳江西大川贛水。湓口，湓水入江之口，在九江府城西。會王僧辯之師進軍大雷，今南直望江縣，見前。前軍破賊兵於南陵、鵲頭，南陵戍，在今太平府繁昌縣西南。鵲頭山，在今池州府銅陵縣北十里。下至蕪湖，今太平府屬縣。進敗賊將侯子鑒於姑孰，今太平府治，見前。歷陽戍迎降，遂趨建康。侯景戰敗走死，僧辯因啓霸先鎮京口。及江陵陷，僧辯與霸先共奉晉安王方智爲梁王。方智，梁主繹之子，時鎮尋陽，僧辯等迎至建康而奉之。會齊人以兵納蕭淵明，淵明攻彭城時爲東魏所獲。至歷陽，僧辯復迎立之。霸先乃自京口襲殺僧辯於石頭，廢淵明，立方智，於是大權悉歸於霸先。譙、秦二州刺史徐嗣徽、譙州，見前侯景襲譙州。秦州治秦郡，見晉臨淮郡注。吳興太守杜龕、義興太守韋載、東揚州刺史張彪、江州刺史侯瑱、廣州刺史蕭勃等先後起兵，霸先次第剪平之，乃廢梁主而篡其位。

稽其版圖，較前彌蹙，西不得蜀、漢，北不得淮、肥，雖曾克復淮南，未幾復失，始終以長江爲限。

史略：初，齊人因江陵之亡取郢州，即江夏也，時郢州刺史陸法和以城降齊。又東拔譙郡，今南直巢縣東南二十里有故譙郡城。取皖城，克東關，皖城、東關，俱見孫吳重鎮。既納蕭淵明，乃歸郢城於梁。及淵明廢，徐嗣徽以譙、秦二州降齊，引齊兵入姑孰，據石頭，旋敗却。復自蕪湖東下，戰於臺城南北，臺城，六朝宫城也。霸先大破之，自是齊兵不復渡江，然江北之地悉没於齊矣。又湘州刺史王琳據州不下，東略郢州，霸先遣將侯安都等擊之。軍敗，琳進據江州，奉蕭莊爲主，莊，湘東世子方等之子。齊人初攻建康，莊質於齊，琳請於齊而立之。會齊兵東下，戰於蕪湖，敗奔齊，江、郢之地乃歸於陳。而後梁主又因琳軍之東，遣將略取長沙、武陵、南平、巴陵諸郡，歸之於周，周人使梁戍之。琳既平，於是遣侯瑱等西略巴、湘，周人復增兵戍守。久之，巴陵、湘州降，周軍引去，於是武陵、天門、南平、義陽、時義陽郡寄治作唐縣，今岳州府澧州安鄉縣也。河東、河東郡寄治松滋，今荆州府屬縣。宜都諸郡始爲陳境。其後大建五年，遣吴明徹等北伐淮南州郡，次第降下，淮北亦皆響應。九年，因周人滅齊，復命明徹圖淮北，攻圍彭城。周將王軌馳救，引輕兵據淮口，遏陳船歸路。明徹引還，至清口，即淮口也。見前周亞夫引兵出淮、泗口。敗没。十一年，周將韋孝寬等渡淮，江北之地盡爲所略。十二年，司馬消難復以鄖、今德安府，周置鄖州。隨、見前隨郡。温、今安陸府京山縣，西魏置温州。應、今隨州應山縣，梁置應州。土、今隨州東北廢土山縣，梁置土州。順、今隨州北境廢順義縣，西魏置順州。沔、今承天府沔陽州。濕、今德安府孝感縣北百里廢吉陽縣，後周置濕州。岳即孝感縣，西魏置岳州。九州及魯山等鎮魯山即大别山，時置城設鎮於此，在今漢陽府治東北。詳見湖廣名山大别。來降，周復取之，卒不能振，以至於亡。

有州四十二，陳因梁舊置州，無復前制。郡百有九，縣四百三十八。及隋軍來伐，狼尾灘、在荆州府夷陵州西陵三峽中。荆門、見前。安蜀城、在荆門城西南。公安、見晉胡奮克江安。巴陵，見吴重鎮巴丘。盡爲楊素所陷，韓擒虎渡采石，賀若弼渡京口，而陳以亡。

真氏曰：「兩淮江南根本，廣陵、合肥又兩淮之根本，陳失淮南，亡也忽焉。」○胡氏曰：「六朝保淮南，常争義陽者，義陽淮西屏蔽也。義陽不守，則壽春、合肥不得安枕。魏高閭言『壽春、盱眙、淮陰，淮南本原』者，就淮南言也。由上流言，則重在義陽。陳人復淮南不争義陽而屢争彭城，淮南其能保乎？」

後魏起自北荒，

史略：後魏之先爲鮮卑索頭部，世居北荒，後漸徙而南，居匈奴故地，至拓跋力微遂徙居定襄之盛樂。今大同府西北三百餘里有盛樂故城。四傳至禄官，禄官，力微之少子，四傳始及之。分其國爲三部，一居上谷之北濡源之西，濡源，濡水之源也，其地在今北直宣府之西。自統之；一居代郡參合陂之北，參合陂，今大同府東百里有參合城。使兄子猗㐌統之；一居盛樂，使猗㐌弟猗盧統之。其後猗盧遂總攝三部。晉永嘉四年，并州刺史劉琨討劉虎及白部，皆鮮卑種，在并州西北。請兵於猗盧，大破之，琨因表猗盧爲大單于，以代郡封之爲代公。猗盧以封邑去國懸遠，乃帥部落自雲中入雁門，從琨，求陘北地，陘嶺以北也。陘嶺，即太原府代州西二十五里之勾注山，見前。琨與之，由是益盛。建興二年，進猗盧爲代王，食代、常山二郡。其後國亂，四傳至鬱律，築城於東木根山，徙居之。在今大同府北境。其後孝文言：「遠祖世居北荒，平文皇帝始居東木根山。」平文，鬱律謚也。魏書云：「賀傉始城東木根山而居之。」又再傳至紇那，爲石虎所敗，徙都大甯。今北直永寧州西北故廣甯城是也。紇那國亂，翳槐有其地，翳槐，鬱律子也。乃復城盛樂而居之。其弟什翼犍代立，國益强，東自濊貊，今朝鮮北境，古東夷國。西及破落那，今甘肅西北塞外，唐曰寧遠國。南距陰山，北盡沙漠，悉皆歸服。晉咸康六年，什翼犍始都雲中之盛樂宫。其後孝文言：「昭成皇帝更營盛樂。」謂什翼犍也。既而劉衛辰引苻秦兵擊代，代亂，秦兵趨雲中，遂定代地，分代民爲二部，自河以東屬别部大人劉庫仁，庫仁，什翼犍之甥，亦劉衛辰族也。自河以西屬劉衛辰。太元九年，苻秦亂。十一年，諸部共推拓跋珪爲主，即代王位。珪，什翼犍之孫。珪復居定襄之盛樂，定襄之盛樂，即雲中之盛樂也。自前漢而言則屬定襄，自後漢而言則屬雲中。改稱魏王，尋平劉顯，顯，庫仁之子，乘亂欲據代地并殺珪。珪既立，顯自善無走馬邑，珪請兵於後燕，共擊之，顯自馬邑西山奔西燕。善無，今大同府朔州北境有故城。馬邑，今朔州東北有故城。滅劉衛辰，珪襲擊衛辰於悦跋城，滅之。悦跋城，在今陝西榆林衛北，衛辰所居也。自河以南諸部悉降，自此雄於北方矣。

道武珪克并州，下常山，拔中山，盡取慕容燕河北地。

史略：晉太元二十年，時魏主珪貳於燕，後燕主垂遣子寶擊之，大敗於參合陂。垂自將擊之，至平城，今大同府治，即古平城也。病還道死。魏因取燕廣甯、上谷二郡，尋大舉伐燕，取并州，自井陘井陘關，在北直獲鹿縣西。見前。趨中山，拔常山，常山以東郡縣多降於魏。隆安初取信都，克中山，明年取鄴，因遷平城稱帝。

明元嗣時，漸有河南州鎮。

史略：道武既定河北，嘗南循許昌，略彭城，又東拔令支，西取高平，時後燕保龍城，令支其西境也。高平即鮮卑別部帥没奕干所保，時屬於後秦。皆棄而不守。嗣既襲位，尋與宋争河南地，取陳留，陷滑臺及泰山、高平、金鄉等郡，金鄉，今山東兖州府金鄉縣。或云宋永初中置郡。又陷金墉，金墉，今洛陽城西北隅。見前。取許昌，陷虎牢及汝陽郡，汝陽，見晉汝南郡治。河南州鎮多爲魏境矣。

太武燾西克統萬，見前赫連勃勃據統萬。東平遼西，又西克姑臧，南臨瓜步。瓜步在南直六合縣東，見前。

史略：宋元嘉三年，魏取夏長安。四年，克統萬，安定降。既而安定、長安復爲赫連定所據。八年，到彦之等北伐，取河南，置四鎮，金墉、虎牢、碻磝、滑臺也，見前。尋復陷於魏。八年，赫連定滅西秦，旋爲吐谷渾所擒，獻於魏，關中悉歸魏矣。十三年，魏滅北燕，取遼西地。十六年，取姑臧，北凉亡。十八年，仇池寇宋，宋討平之，魏以兵入仇池，取其地。二十二年，擊吐谷渾，取枹罕，盡平其地。吐谷渾王慕利延西渡流沙，入于闐，殺其王而據其地，於是河、湟悉屬魏。時又擊鄯善，鄯善降，初，西域皆朝於魏，河西既亡，鄯善王真達以地與魏鄰，恐使者知其虛實，乃間斷魏道，至是西域復通。遂平西域。魏置吏於鄯善，比之郡縣。又破焉耆，討龜茲，西域悉皆臣服。二十七年南侵，時宋屢遣將北伐，太武怒，遂舉兵南犯。遣其將拓跋仁自洛陽趨壽陽，長孫真趨馬頭，馬頭，今鳳陽府懷遠縣南二十里，有馬頭故城。拓跋那自青州趨下邳，魏主自東平趨鄒山。鄒山，見晉兗州注。攻彭城不克，遂遣魯爽出廣陵，拓跋那出山陽，拓跋仁出横江，見晉王渾出横江。魏主踰淮而南至瓜步，臨江，還攻盱眙，不克而去。

獻文之世，長淮以北悉爲魏有。孝文都洛，復取南陽。

都邑考：拓跋力微始自北荒遷盛樂，猗盧復徙馬邑，城盛樂爲北都，修故平城爲南都。賀傉都東木根山。賀傉應作「鬱律」。什翼犍更城盛樂，其孫珪復都雲中，即盛樂也，亦謂之雲中宮。改代曰魏，尋徙平城。後魏天興元年徙都平城，置司州代尹。孝文太和十九年，遷於洛陽。以平城之司州爲恒州，於洛陽置司州河南尹。其後孝武遷長安爲西魏，孝靜遷鄴爲東魏。

史略：宋泰始二年，彭城、汝南、瑕丘相繼降魏，魏復攻取青、冀諸城鎮，淮北遂没於魏。

齊建武二年，魏主弘遷洛陽，漸圖南略，五年遂取沔北五郡。五郡，詳見前齊失沔北。

宣武恪時又得壽春，復取淮西，續收漢川，至於劍閣。

史略：齊東昏之亂，壽陽降於魏，魏復取合肥、建安諸郡。建安，見前齊失淮南。梁天監三年，魏將元英復拔義陽三關地。義陽、三關，俱見前。四年，梁人以漢中降魏，既而巴西亦降魏，魏人遂入劍閣，圖涪城，涪城，今成都府綿州治也。旋引還，劍北遂入於魏。於是魏地北逾大磧，陰山以北曰大磧。西至流沙，流沙，見前吕光伐西域。東接高麗，南臨江、漢。迨其末也，有州百十有一，郡五百十有九，縣千三百五十有二。此據魏書地形志。

史略：魏太和十年分置州郡，是時有州三十八，其二十五在河南：曰青，治東陽。太平真君中置青州於樂安，太和中移治東陽，領齊郡等郡。東陽，見晉青州治。曰南青，治東莞。本劉宋泰始十一年所置東徐州也，後魏因之，太和二十二年徙東徐州治宿豫，改爲南青州，領東安等郡。東安，見曹魏徐州屬郡。曰兗，治瑕丘。泰常初兗州置於滑臺，後得瑕丘，因改置焉。初曰東兗州，後曰兗州，領魯郡等郡。其滑臺之兗州，則曰西兗州。孝昌三年西兗州移治定陶，領濟陰等郡，後復故。又太和中嘗置南兗州於渦陽，領下蔡等郡，正光中移治譙城，領陳留等郡。時謂滑臺、瑕丘、譙城爲三兗州也。瑕丘，見宋兗州治。渦陽，見侯景敗於渦陽。下蔡，見春秋蔡國。曰齊，治歷城。宋置冀州於此，皇興初得之，改爲齊州，領東魏等郡。東魏，今濟南府東北三十里廢平臺城即其治也。曰濟，治碻磝城，領濟北等郡。曰光，治掖城，領東萊等郡。曰豫，治汝南。天興二年豫州置於野王，泰常中徙鎮洛陽，尋又徙於虎牢，皇興初移鎮懸瓠，領汝南等郡，而以虎牢爲北豫州，領廣武等郡。又有東豫州，太和中曰南司州，尋改曰東豫，治廣陵城，亦領汝南等郡。又有西豫州，則正光末以梁邊城郡來降所置州也。時以懸瓠、虎牢、廣陵爲三豫。野王，見漢河内郡治。廣武郡治中牟，今開封府屬縣。廣陵，今河南息縣西南有故城，所領汝南郡，今息縣即其治也。邊城郡，在今湖廣黄岡縣界。曰洛，治上洛。太延五年置荆州於此，太和十一年改荆州爲洛州，領上洛等郡。曰徐，治彭城。延和中徐州置於外黄，皇興初改治彭城，領彭城等郡。曰東徐，治宿豫。太和中置，領宿豫等郡，東魏改爲東楚州。又有東徐州，治下邳，則孝昌二年置，領下邳等郡。北徐州治琅邪，則永安二年置，領琅邪等郡。時謂彭城、下邳、琅邪爲三徐。曰雍，治長安。神䴥初治蒲坂，後改治長安，領京兆等郡。又泰常中嘗置南雍州於洛陽，後改曰洛州。神䴥中又置東雍州於正平，太和中廢，東魏復置，領正平等郡。又孝昌以後嘗置東雍州於鄭縣，又置北雍州於泥陽。時或以長安、鄭縣爲二雍，并泥陽爲三雍也。正平，今平陽府絳州治。鄭縣，今西安府華州治。泥陽，今西安府耀州治也。曰秦，治上邽。延和中以蒲坂之雍州爲秦州，後改治於上邽，領天水等郡。其後東魏復置秦州於蒲坂，西魏得之亦置焉，時謂之東秦州。曰南秦，治仇池。太平真君七年置，太和十二年改爲渠州，尋復故，正始初移治洛谷城，領仇池等郡。又有東秦州，太和十五年置於杏城鎮，後改曰北華州，領中部等郡。又孝昌中以秦州爲莫折念生所據，因置東秦州於隴東，治汧城。時謂上邽、仇池爲二秦，并汧城爲三秦也。仇池，見前。洛谷，今鞏昌府成縣西有故城。杏城，今延安府鄜州中部縣西有故城。中部郡，即今縣。汧城，今鳳翔府隴州治是。曰梁，治南鄭。太和中治仇池，正始中始移置於南鄭，領漢中等郡。五代志：「孝昌中於隆城鎮置南梁州。」今四川保寧府東北有故城。曰益，治晉壽。太和中亦置於仇池，正始中改治晉壽，領東晉壽等郡。又有東益州，亦正始中置，治武興，領武興等郡。時亦謂之二益。晉壽，今保寧府廣元縣也。武興，見前楊氏據仇池。曰荊，治穰城。太延五年荊州置於上洛，太和十八年改爲洛州，而徙荊州於魯陽，二十二年復移荊州治穰城，領南陽等郡。又東荊州治泚陽，太和以後置。五代志：「西魏時曰淮州，而置東荊州於廣昌縣。」又有南荊州，延興初置於安昌城，仍隸東豫州，四年從刺史桓叔興請不隸東豫，所謂三荊也。東魏武定二年又置北荊州，治伊陽，領伊陽等郡，侯景以東荊、北荊入於西魏是也。其後北荊復爲齊境，而三荊皆屬於西魏。安昌故城，在今信陽州西北七十里。廣昌，今襄陽府棗陽縣也。餘見前。曰涼，治姑臧，領武威等郡。曰河，治枹罕，領金城等郡。曰沙，治敦煌，領敦煌等郡。一作「瓜」。涼、瓜等州亦屬河南者，蓋自平城以西言也。曰華，治華陽。太和十一年分雍州置，領華山等郡。曰陝，治陝城。太和十一年置，領恒農等郡，即今陝州。曰夏，治統萬。太和十一年以統萬鎮置，領化政等郡。又永平四年置東夏州，治廣武縣，領偏城等郡。今延安府東三十五里之廢豐林縣，即是時州郡治。曰岐，治雍。太和十一年置，領平秦等郡。平秦即故扶風也。又延興中置南岐州，治河池縣，領故道等郡。河池，見前。固道，今漢中府鳳縣也。曰班，治彭陽。皇興二年置華州於此，太和十一年改班州，十四年改邠州，二十年又改豳州，〔五〕領北地等郡。彭陽，今慶陽府西南八十里彭原故城是。北地，魏收志作「西北地郡」。曰郢。治真陽。太和中置，正始初得義陽改置郢州治焉，領安陽等郡。東魏亦謂之南司州，以梁置司州於此也。又有西郢州，正光二年以授蠻酋田樸特，蓋在義陽之西。胡氏曰：「西郢州治真陽。」真陽，今汝南府屬縣。安陽，今真陽縣東有故城。十三在河北：曰司，治洛陽。魏置司州於平城，洛州於洛陽，領洛陽等郡。遷洛後改洛州曰司州，而司州曰恒州。東魏遷鄴，又改相州曰司州，而司州仍爲洛州。曰并，治晉陽。皇始初置，領太原等郡。曰肆，治九原。太平真君七年置，領來安等郡。九原，今忻州西有故城。來安即故新興郡。曰定，治盧奴。皇始二年置安州，天興二年改曰定州，領中山等郡。盧奴，故中山郡治也。曰相，治鄴。天興中置相州，領魏郡等郡。東魏改爲司州，以魏郡爲魏尹。曰冀，治信都。皇始二年置，領長樂等郡。長樂亦即信都也。曰幽，治薊，領燕郡等郡。曰燕，治昌平。太和十八年分恒州東部置，領平昌等郡，〔六〕即今順天府昌平州也。或曰燕當作「懷」，治野王，天安二年置，領河内等郡，太和十八年廢，東魏復置。太和十年蓋有懷州而無燕州。曰營，治和龍。太平真君五年改和龍鎮置，領昌黎等郡。曰平，治肥如，領遼西等郡。曰安，治方城。皇興二年置，領密雲等郡。今昌平州密雲縣東有故方城。曰瀛，治樂成。太和十一年置，領高陽等郡。樂成，故河間郡治也。曰汾。治蒲子。太和十二年置，孝昌中移治兹氏，領西河等郡。蒲子、兹氏，見前劉淵據離石。是爲三十八州。太和十八年，韓顯宗言：「南人昔有淮北之地，自比中華，僑置郡縣。歸附以來，仍而不改，名實交錯，文書難辨，宜依地理舊名，一皆釐革。」時未能從。是後南北相高，互增州郡，繼以五方淆亂，建置滋多，齊主洋嘗言：「魏末州郡，類多浮僞，百室之邑，遽立州名，三户之邨，虚張郡目，循名責實，事歸烏有。」〔七〕而隋初楊尚希亦曰：「當今郡縣，倍多於古，或地無百里，數縣並置，或户不滿千，二郡分領，民少官多，十羊九牧。」蓋自正始之際迄於東、西魏之餘，州郡紛錯，爲已甚矣。迨胡后内亂，六鎮外撓，爾朱搆禍，國分爲二，而魏亡矣。

史略：初，魏都平城，於緣邊置六鎮，曰武川，在大同府北塞外。曰撫冥，在武川之東。曰懷朔，在武川之西，今朔州北塞外。正光六年改置朔州。曰懷荒，在大同府東北，近蔚州境。正光末改置蔚州。曰柔玄，在懷荒之東。曰禦夷，在今宣府鎮懷安衛西北。皆恃爲藩衛，資給優厚。遷洛以後，邊任益輕，將士失所，互相仇怨。正光四年，柔然入寇，懷朔鎮民挾忿殺其鎮將，遂反。未幾，沃野鎮民破六韓拔陵聚衆反，今榆林鎮廢夏州西有沃野故城。諸鎮華夷之民往往響應。既而六鎮盡叛，秦、隴以西，冀、并以北，並爲盜區。秀容酋長爾朱榮部衆强盛，秀容故城，在今太原府忻州西北百餘里。又有北秀容，在今朔州北境，去南秀容三百餘里。爾朱氏起於北秀容，後并有南秀容之地。以討賊功，都督并、肆、汾、唐、唐州，魏孝昌中置，建義初改晉州，即今平陽府。恒、雲雲州，故盛樂城也。太和十八年置朔州，正光五年以懷朔爲朔州，改朔州爲雲州。六州諸軍事。會胡太后弑其主詡，廢立失倫，榮遂起兵晉陽，自上黨入河内至河陽，立長樂王子攸，而沈胡太后、幼主釗於河，遂入洛陽，留其黨元天穆總朝政而還。榮復討擒賊帥葛榮於鄴北，冀、定、瀛、滄、殷五州悉定。滄州，魏熙平二年分瀛、冀二州置，治饒安，今屬河間府。殷州，孝昌二年分定、相二州置，治廣阿，高齊時改爲趙州。廣阿，見後燕冀州。會梁人送元顥入洛，魏主北走，榮復南擊顥，收洛陽，河南悉定。又遣將侯淵討平幽州賊帥韓樓，樓亦葛榮餘黨。爾朱天光討擒關中賊帥万俟醜奴等，關、隴悉定。榮功多驕横，魏主畏其逼，會榮入洛定謀，誅之。於是爾朱世隆、爾朱兆等縱兵犯闕，弑立任意，奸雄乘之，魏祚以移。

高歡起自晉州，東有殷、冀，遂滅爾朱，劫魏遷鄴，覆其宗嗣。

都邑考：高氏繼東魏都鄴，改魏尹爲清都尹。以鄴爲上都，晉陽爲下都。

史略：歡出於懷朔，爲羣盜，尋歸爾朱榮。永安中，爾朱榮以歡爲晉州刺史。榮死，爾朱兆以河西賊紇豆陵步蕃侵晉陽，召歡并力破之，因使歡統六鎮降衆，時葛榮部衆皆六鎮破六韓拔陵、杜洛周及鮮于修禮之衆，榮敗，流入并、肆二十餘萬。杜洛周，上谷賊也；鮮于修禮，定州賊也；先是皆并於葛榮。建牙陽曲川。川即汾水曲也。今太原府城西北五十里有陽曲故城，其地蓋在并、肆之間。無何，請就食山東，冀、定、瀛、相、殷皆在太行山東。乃出滏口，今彰德府磁州武安縣東南二十里有滏山，滏口在焉，太行第四陘也，爲往來要道。至信都，高乾等開門納之，時乾等起義兵據信都。遂起兵信都，兼有殷州，奉勃海太守元朗爲帝。爾朱兆等擊之，敗於廣阿，歡因進軍拔鄴。兆等合軍攻歡於鄴，大敗斛斯椿等，因拒爾朱，據河橋，河橋，在今河南府孟津縣北懷慶府孟縣南。詳見河南重險河南三城。盡誅其族。歡入洛，幽魏主恭，并廢朗而立平陽王修，以歡爲大丞相，還鎮鄴。尋擊爾朱兆，取晉陽，建大丞相府居之。永熙二年，復襲秀容，兆走死。明年，魏主與歡貳，歡自晉陽引兵南下，魏主西走。歡克潼關，在陝西華陰縣東四十里，見前。還入洛，立清河王世子善見。以洛陽西逼西魏，南近梁境，乃遷於鄴。歡還晉陽。歡歿，子澄繼之，遂廢魏主而篡其位。

於是河北自晉州東，河南自洛陽東，皆爲齊境。此專舉周、齊分界言之。齊天保中其地北界沙漠，東濱海。又梁侯景之亂，遣將略地，南至於江。有州九十七，郡百有六十，齊書：「天保七年，以魏末州郡繁雜，省州三，郡一百五十三。」又後周書：「周滅齊得州五十，郡一百六十二。」時齊共有六十州，其淮南十州先没於陳，今以隋書及通典爲據。縣三百六十五。而姚襄城、在平陽府吉州西五十二里，西臨黄河。洪洞、平陽府洪洞縣北六里有洪洞故城。晉州、武平關、關在今平陽府絳州西二十里。軹關、今懷慶府濟源縣西北有故關。柏崖、今懷慶府孟縣西三里有故城。河陽、今孟縣西南十三里有故城。虎牢、洛陽、北荆州、孔城防，今河南府城南八十里有孔城故址。汝北郡、今汝州西南有故城。魯城，汝州魯山縣東北十七里。皆置兵以防周。高緯時，陳人取淮南地，陳將吴明徹等北伐，取淮南。周師拔河陰，今河南府孟津縣東平陰故城是。拔平陽，而齊遂亡。

史略：周建德四年，韋孝寬陳伐齊之策曰：「陳氏既平淮南，齊人内離外叛，大軍若出軹關，方軌而進，胡氏曰：「自軹關出險趨鄴，前無阻險，可以方軌横行。」兼與陳氏共爲犄角，并令廣州義旅出自三鵶，周人仍置廣州於魯陽。三鵶，今魯山縣西南十九里有三鵶鎮，亦曰平高城。詳見河南重險。又募山南驍鋭沿河而下，胡氏曰：「周都長安，以褒、漢、荆、湘爲山南。」復遣北山稽胡絶其并、晉之路，胡氏曰：「南匈奴餘衆散在河東、西河郡界，阻山而居者，皆稽胡也。自長安而言，故曰北山。」仍令諸軍各募關、河之外勁勇之士，使爲前驅，百道俱進，並趨敵庭，敵必崩潰。」於是周主邕分遣宇文憲趨黎陽，黎陽在北直濬縣西。見前。楊堅等將舟師自渭入河，侯莫陳芮守太行道，胡氏曰：「太行道在河陽北，守之以斷并、冀、殷、定之兵也。」李穆守河陽道，胡氏曰：「自河陰北渡河爲陽，周主將攻河陰、洛陽，守之以斷其往來。」于翼出陳、汝，時翼爲安州刺史，自安州出陳、汝以摇動其東南也。安州即今德安府。周主自出河陽，拔河陰大城，會有疾引還。初，周主之出河陽也，宇文弢曰：「河陽衝要，齊精兵所聚，恐難得志。汾曲戍小山平，今平陽府城以西南皆汾水曲也。攻之易拔，用武之地，莫過於此。」趙煚曰：「河南洛陽四面受敵，縱得之不可以守。宜從河北直指太原，傾其巢穴，可一舉而定。」鮑弘曰：「往日屢出洛陽，彼必有備，如進兵汾、潞，直掩晉陽，汾謂平陽，潞謂上黨，弘蓋欲分兵兩道，共指晉陽。上策也」。周主皆不從。既而復議伐齊，乃從汾曲進克平陽，尋取晉陽趨鄴，齊主東走，爲周所擒，齊地悉定。

宇文周起自高平，據有關、隴，魏主西奔，漸移其社。

都邑攷：宇文氏繼西魏仍都長安。

史略：宇文泰出於武川。其先爲遼西宇文部，後居武川。永安末，爾朱榮使從賀拔岳入關中，岳以泰行原州事。原州初爲高平鎮，正光五年改置原州，今平涼府鎮原縣是。爾朱氏亡，岳都督關西諸州，表泰爲夏州刺史。永熙三年，岳爲秦州刺史侯莫陳悦所殺，衆共推泰爲主。泰馳入平涼，今平涼府西南有故平涼城，岳屯軍於此。魏主修即命泰統岳軍。泰遂擊殺悦，兼有秦、隴，撫定關中。會魏主爲高歡所逼，泰因迎魏主入長安，東克潼關，與高歡相距。魏主以泰爲大丞相。未幾，酖魏主而立南陽王寶炬。東與高歡角逐於河、汾、汝、潁間，再得洛陽，大統三年敗高歡於沙苑，乘勝東略，入金墉，四年復爲東魏所取，未幾復得之。九年邙山戰敗，洛陽仍没於東魏。沙苑，在今西安府同州南十二里。邙山，在河南府北十里。入虎牢，大統三年魏取滎陽入大梁，既而復失。七年虎牢來歸，邙山戰敗，仍没於東魏。時東魏置梁州於大梁。守潁州，大統三年潁州降魏，韋孝寬復得其豫州，尋棄不守。十二年侯景以河南諸州來降，荆州刺史王思政入潁州，又分軍據景七州十二鎮。十五年潁州爲東魏所陷，諸州鎮亦棄不守。潁州，見前，魏孝昌四年置。皆不能有。至子覺始廢魏主廓而篡其位。

於是河南自洛陽之西，河北自晉州之西，皆爲周境。先是東西戰争，疆埸靡定。大統十六年宇文泰以高洋稱帝，大舉東伐，無功而還，於是東西分境，各自爲守矣。而玉壁、今平陽府絳州稷山縣西南十三里有故城。邵郡、今絳州垣曲縣是其治。齊子嶺、在懷慶府濟源縣西六十里。通洛防、在河南府新安縣東二里，即漢時函谷新關也。黄櫨三城、三城，曰黄櫨，曰同軌，曰永昌，俱在今河南府永寧縣東。土劉、在河南府盧氏縣東南四十五里，蓋古關之塞垣。三荆、大統三年西魏取三荆，常爲武守要地。三荆見前。三鵶鎮，侯景以魯陽入西魏，因置鎮拒守。三鵶見前。皆置重兵以備齊。文帝泰既西并梁、益，南克江、漢，武帝邕又東并高齊，兼取陳淮南地，詳見前。有州二百十一，郡五百有八，縣一千一百二十四。楊堅以内戚擅權，遂易周祚。

史略：堅起於武川。其父忠從宇文泰入關，以功封隋公。堅襲父爵，女爲周主贇后。周主殂，堅因輔政，稱大丞相，總大權。相州總管尉遲迥等相州仍治鄴，後周平齊，復改司州曰相州。及鄖州總管司馬消難、益州總管王謙皆起兵討堅，次第敗亡，堅遂廢周主闡而篡其位。取梁隋開皇七年徵梁主琮入朝，遂廢之而取其地。并陳，天下爲一。

都邑攷：隋初承周舊，開皇二年更營新都，明年名其城曰大興城，今西安府城是也，在舊長安城東南十三里。遂定都焉。大業元年更營洛陽，謂之東都。初亦曰東京，在舊都城西十八里。其後李淵立代王侑於長安，王世充立越王侗於東都也。又煬帝幸江都，於揚州立江都宫，今南直揚州府是。

史略：隋主初受禪，即有并吞江南之志。開皇初，以賀若弼爲吴州總管，鎮廣陵，周置吴州於廣陵。韓擒虎爲廬州總管，鎮廬江，廬江即合肥，以郡名言之，故曰廬江。四年又以楊素爲信州總管，鎮永安。信州，梁置，治永安，即今夔州府。蓋使素備舟師以伐陳。既而其羣臣争獻平江南策，崔仲方曰：「今惟須武昌以下，蘄、今黄州府蘄州。和、滁、方、今應天府六合縣，時置方州。吴、海海，今淮安府海州。等州，更帖精兵，密營度計；益、信、荆、襄、襄，即今襄陽府，時置襄州。基、見後梁基州。郢後周置郢州於長壽，今承天府治是。等州，速造舟楫，多張形勢，爲水戰之具。蜀、漢二江是其上流，蜀江出三峽，過南郡、巴陵，漢江下襄陽，過竟陵、沔陽，而二江合流，國於東南，視二江爲安危也。水路衝要，必争之所。敵雖於流頭、流頭灘在荆州府夷陵州西三峽中。志云：狼尾灘西有流頭灘。荆門、延州、在夷陵州宜都縣北大江中。其西爲荆門山。公安、巴陵、隱磯、岳州府東北有隱磯，南爲彭城磯，江流出其中。夏首、即夏口，以夏水入江得名。見前孫吴重鎮夏口。蘄口、在蘄州城西，蘄水入江之口。湓城置船，胡氏曰：「江水過流頭灘，又出西陵峽而東歷荆門、虎牙之間，荆門之下爲延州。又東過南郡而東，右與油水會，謂之油口。油口即公安也。又東過長沙下雋縣北與湘水匯爲洞庭而得巴陵。又東經彭城磯、隱磯之間，東北會於夏水爲夏首。又東過蘄春，與蘄水會爲蘄口。又東至尋陽得湓浦，有湓城。此皆沿江要害之地，故仲方歷言之。」然終聚漢口、峽口，漢口即夏口，峽口即西陵峽口也。以水戰大決。若敵必以上流有軍，令精兵赴援者，下流諸將即須擇便横渡。如擁衆口衛上江，諸軍鼓行以前，彼雖恃九江、五湖之險，不能自立矣。」隋主尋命晉王廣出六合，時廣以淮南行臺鎮壽陽，自壽陽出六合也。秦王俊出襄陽，時俊以山南行臺鎮襄陽，蓋自襄陽出漢口。楊素出永安，自永安下三峽也。廣等皆爲行軍元帥。又命劉仁恩出江陵，仁恩時爲荆州刺史，出江陵以會楊素之師。王世積出蘄春，世積時爲蘄州刺史，出蘄口以臨江津也。韓擒虎出廬江，自廬江出師，渡横江以攻姑孰。賀若弼出廣陵，自廣陵出師，渡揚子江以攻京口。燕榮出東海，東海即海州。榮時爲青州刺史，使出師自朐山渡海以臨三吴，既以綴其糧援，又恐其恃險爲阻，多爲之防也。蓋皆用仲方之策。東西並進。既而素下三峽，屢敗陳軍。俊屯漢口，攻郢城。賀若弼自廣陵，韓擒虎自横江，同時俱濟，遂克建康。是時公安及巴、湘之兵，陳置荆州於公安，以重兵戍守。西迫於楊素，東阨於漢口，次第皆降。郢州聞建康之陷，亦遂不守。惟吴州及東揚州不受命，吴州刺史蕭瓛，梁主琮之弟，東揚州刺史蕭巖，琮之叔也，先奔降陳，故懼罪不下。陳吴州治吴，東揚州仍治會稽。燕榮以東海之師至，悉擊平之。於是南至嶺海，皆爲隋境。煬帝復平林邑，林邑，今廣西徼外占城國是。大業初，驩州道行軍總管劉方取其地，置蕩、農、冲三州。三年，改爲比景、海陰、林邑三郡。驩州在今安南境内。克吐谷渾。今西寧、河州等衛徼外是其地。大業四年吐谷渾爲鐵勒所破，宇文述復襲敗之，盡取其地。明年又親擊吐谷渾，入其國都。還至張掖，伊吾、高昌及西域二十七國來朝，并獻西域地，於是置西海、河源、鄯善、且末四郡。伊吾，今甘肅徼外哈密衛是。高昌，今西域火州是。隋書西海郡治伏俟城，在今西寧衛西三百餘里青海之西，即吐谷渾國都也。河源郡治赤水城，今西寧衛西南有故城。鄯善郡治故樓蘭城，今哈密衛東南有鄯善國，即漢之樓蘭也。且末郡治且末城，今曲先衛西有故且末國，亦漢西域屬國也，時并於吐谷渾，吐谷渾敗，伊吾吐屯設因以爲獻。有郡一百九十，開皇三年，悉罷諸郡爲州。大業二年分遣十使并省州縣，三年復改州爲郡。杜佑曰：「隋用漢制，置司隷刺史分部巡察，而不詳所統。」縣一千二百五十五。東西九千三百里，南北萬四千八百一十五里。東南皆至海，西至且末，北至五原。恃其盛强，用民無度，禍始於高麗，亂成於玄感。

史略：煬帝初即位，發丁男掘塹，自龍門、今山西河津縣是。長平、即山西澤州。汲郡見晉郡。抵臨清關，今衛輝府新鄉縣東北有故關。渡河至浚儀、今開封府附郭祥符縣即故浚儀。襄城今河南汝州。達於上洛，見晉郡。以置關防。又開通濟渠，自西苑引穀、洛水西苑，洛陽西苑也。煬帝營西苑，引穀、洛二水會於其中。達於河，自鞏縣洛口達河也。鞏縣，今屬河南府，見前。復自板渚引河，板渚在汜水縣東四十里汜水合大河之處。汜水縣屬開封府鄭州。歷滎澤入汴，大河今自汜水縣東至河陰縣西二十里之石門渠與汴水會。河陰在隋時爲滎澤縣地。滎澤、河陰，今皆屬鄭州。又自大梁之東大梁即浚儀。引汴水入泗汴水自彭城入泗。達於淮。入淮之處即所謂清口也。是年又開邗溝，自山陽今淮安府附郭縣。至揚子今揚州府南二十里有揚子橋，隋時臨江，煬帝置臨江宮於此。入江。今自淮達江之官河，即邗溝也。既復穿永濟渠，引沁水南達於河，今沁水源出山西沁源縣，至河南修武縣西入於河。詳見山西大川。北通涿郡。蓋自黎陽引白溝水東北達於涿郡也，亦曰御河，亦曰衛河。詳見北直大川衛河。又穿江南河，自京口至餘杭餘杭郡，即今杭州府。八百餘里。今爲浙西運河。時又鑿太行達并州，通馳道。今懷慶府北至山西太原府是其道也。更築長城，西距榆林，隋初置勝州，煬帝改爲榆林郡，今陝西榆林衛東北四百五十里廢勝州是。東至紫河。山西大同府西北塞外有紫河。尋復築之，自榆谷而東。榆谷，在今陝西西寧衛西。榆林之長城，築於大業三年，蓋築以限突厥。榆谷之長城，築於大業四年，時吐谷渾未平也。胡氏謂榆谷當在榆林西，悮矣。其餘舟車宮室苑囿之役，動以百萬計。又徵天下兵，自將擊高麗不克，復自將攻襄平，今遼東都司北七十里有襄平故城，漢遼東郡治，亦謂之遼東城。供役煩擾，人情離怨。楊玄感於黎陽督運，遂謀舉兵。李密謂玄感曰：「天子出征，遠在遼外，去幽州猶隔千里，南有巨海，北有强敵，中間一道，理極艱危。若出其不意，長驅入薊，薊，今順天府，時爲涿郡治。據臨渝之險，臨渝關，在今永平府撫寧縣東百里，即山海關也。詳見北直重險渝關。扼其咽喉，歸路既絕，高麗聞之，必躡其後，不過旬日，資糧皆盡，可不戰擒也。次則帥衆鼓行而西，經城勿攻，直取長安，收其豪傑，撫其士民，據險而守之。天子雖還，失其根本，可徐圖也。若引兵攻東都，百日不克，天下之兵，四面而至，非僕所知矣。」玄感攻東都不克，遂及於敗。既而李密復起，引兵與東都相持。柴孝和說密曰：「秦地山川險固，不若留兵守洛口及回洛倉，洛口倉，在鞏縣東南原上。亦曰興洛倉。回洛倉，在今河南府孟津縣東北二十里。時李密據洛口及回洛，以逼洛陽也。自帥精鋭，西襲長安，既克京邑，業固兵强，然後東向以平河、洛，傳檄而天下定矣。」密不能用。徐洪客亦說密曰：「大衆久聚，恐米盡人散，師老厭戰，難可成功。宜乘進取之機，因士馬之鋭，沿流東指，直向江都，時煬帝幸江都，今揚州府治。執取獨夫，號令天下。」密亦不能從。

於是羣雄競起，割土分疆。

稱魏者一，

史略：李密自玄感敗後，亡命羣盗間，依韋城翟讓，讓，韋城人。今大名府滑縣東南五十里有廢韋城縣。轉掠滎陽、梁郡間。大業十二年，密說讓攻滎陽，敗隋兵，讓因令密別統所部，號蒲山公營，密，李弼曾孫。弼爲宇文周佐命，密襲爵爲蒲山郡公，因爲軍號蒲山，無實土，蓋所食封户之名。滎陽諸縣多屬焉。十三年復説讓取興洛倉，敗東都兵，讓於是推密爲主，號魏公，築洛口城居之。即興洛倉也，見上。遣將東略地，取安陸、汝南、俱見前。淮安、濟陽，淮安即今南陽府唐縣，後魏東荆州治也。濟陽，今開封府蘭陽縣東五十里有故城，時爲濟陰郡屬縣。復取鞏縣及虎牢，又襲破回洛東倉，見前。復分兵略汝、潁，故潁州。降淮陽。故陳州。會武陽來降，故魏州，今大名府。因遣徐世勣取黎陽倉，武安、故洛州，今廣平府。永安、故黄州。義陽、弋陽、齊郡俱見前。相繼降密。煬帝遣江都通守王世充揚州時爲江都郡。援東都，與密相持，密數敗之。尋殺翟讓而并其衆，又招滎陽郡下之，河南諸郡，惟梁郡未附。十四年，復敗王世充，進據金墉城。見前。又敗隋兵於上春門，東都北門也。於是偃師、河南府屬縣，見前。柏谷、今偃師東南十五里柏谷塢是也。河陽、河内俱見前。各以所部降。既而宇文化及争黎陽，密引兵壁清淇今北直濬縣西有廢清淇縣。以拒之，東都因遣使招密，密遂上表乞降，隋主侗仍命密爲魏國公。密因得專力擊化及，化及敗，東郡亦降密。東郡，故滑州也。密引兵還鞏、洛，復屯金墉，世充乘其弊，引兵擊密，戰於北邙，密軍敗，西走，降於唐。

稱夏者一，

史略：竇建德起於漳南，今山東恩縣西北有故東陽城，隋時爲漳南縣。爲羣盜。大業十二年，其黨高士達爲隋將楊義臣所滅，建德自高鷄泊亦在恩縣西。士達與建德初據此，士達自稱東海公。亡走饒陽，今北直晉州屬縣。攻陷之。尋復還平原，收士達散兵，軍復振。十三年據樂壽，今北直河間府獻縣。自稱長樂王，破隋將薛世雄軍於河間城下，遂圍之。河間故瀛州也，時治河間縣。久之，河間降，河北郡縣相率降下，建德遂定都樂壽，改國號曰夏。滅魏刁兒於深澤，今北直祁州深澤縣。時羣盜魏刁兒據此，稱魏帝，剽掠冀、定間。取易、定等州，又取冀州。唐武德二年，建德擊滅宇文化及於聊城，今東昌府附郭縣。尋降隋，隋主侗仍封爲夏王。陷唐邢州及滄州，又陷洺州、相州，又陷趙州，陷黎陽，取衛州及滑州。諸州郡詳見唐十道諸州，下做此。建德還洺州，徙都之。三年，取濟州。既而建德濟河擊虜孟海公於周橋，在今山東曹縣西南。時羣盜孟海公據此，有曹、戴二州地。戴州，今兗州府城武縣是其治。會唐軍圍東都急，王世充請救，遂引而西，戰於成皋，軍敗爲唐所擒。

稱秦者一，

史略：薛舉初爲金城校尉，舉自汾陰僑居金城，爲金城府校尉。汾陰，今山西榮河縣。金城，見前。大業十三年，劫金城令郝瑗發兵，自稱西秦霸王，襲取枹罕、西平、澆河三郡，俱見前。未幾盡有隴西之地，稱秦帝。遣其子仁杲圍天水，克之，自金城徙都之。唐武德元年陷唐高墌城。在今陝西長武縣北五里。舉旋卒，子仁杲立，居於折墌城，在今平凉府涇州東北十四里。兵敗爲唐所滅。

稱凉者一，

史略：李軌初爲武威鷹揚府司馬，大業十三年起兵稱河西大凉王，襲取張掖、敦煌及西平、枹罕諸郡，西平、枹罕先爲薛舉所取，軌敗秦兵取其地。於是盡有河西之地。武德元年，唐遣使招之，拜爲凉州總管，封凉王，既而自稱帝。二年，唐遣其將安興貴襲執之，國滅。唐書：「軌初據凉、瓜、甘、肅、鄯、會、蘭、河、廓，凡九州。」

稱梁者三，

史略：梁師都初爲朔方鷹揚郎將，大業十三年作亂，據郡稱大丞相。北連突厥，襲取雕陰、故綏州。弘化、故慶州。延安等郡，遂稱帝，都朔方，國號梁。突厥號爲大度毗伽可汗，華言解事也。引突厥居河南地，攻破鹽川郡。故鹽州，今爲寧夏後衛。既而數入犯，爲唐所敗，其地多歸於唐。武德五年，克其朔方東城。師都退保西城。唐書：「武德六年師都將賀遂索同以所部十二州來降。」大約師都所僑置，非實土也。貞觀二年，遣柴紹等擊之，進圍朔方，其下殺師都以降。○蕭銑初爲羅川令，羅川，今湖廣湘陰縣東六十里廢羅縣是。銑故後梁主詧之曾孫。大業十三年，巴陵校尉董景珍等共推銑爲主，自羅川入巴陵，稱梁王。遣兵襲豫章，克之。時豫章屬於林士弘。明年稱帝，攻下南郡，遂徙都江陵。又遣將徇嶺南，時鎮將聞煬帝遇弑，所至迎降。欽州刺史甯長真以鬱林、始安附銑，交阯亦附焉。於是東自九江，故江州。西抵三峽，南盡交阯，北距漢川，江、漢之南也。銑皆有之。唐武德四年，遣江夏王孝恭等收銑於江陵，國亡。○武康沈法興，初爲吴興太守，武康，今湖州府屬縣。大業十四年討東陽羣賊樓世幹，東陽即故婺州。因舉兵以討宇文化及爲名，時煬帝爲化及所弑。攻餘杭、毘陵、丹陽皆下之，據江表十餘郡，自稱江南道大總管。武德二年稱梁王，都毘陵。三年，李子通渡江取京口，又敗法興兵於庱亭。在今常州府西五十里。法興棄毘陵奔吴郡，於是丹陽、毘陵諸郡皆降於子通。既而子通復自太湖襲破吴郡，法興走死。

稱定揚者一，

史略：馬邑劉武周，初爲鷹揚府校尉，馬邑，故朔州也。大業十三年作亂，據郡稱太守，附於突厥。尋引突厥破隋兵，陷樓煩郡，今太原府静樂縣，煬帝置郡，並置汾陽宫於此。轉陷定襄郡，初置雲州，今大同府朔州北境故定襄城是。遂稱帝，時突厥立爲定揚可汗，武周因以爲國號。都馬邑。又攻鴈門郡，故代州。陷之，數犯唐陘嶺以南。陘嶺即勾注，見前。武德二年進陷介州，今汾州府介休縣。又陷并州及晉州，逼絳州，陷龍門，今山西河津縣，見前。進陷澮州，今平陽府翼城縣，即唐初澮州治。唐遣秦王世民擊敗之，遁入突厥，尋爲所殺。唐紀：「武周敗死，其黨苑君璋仍據馬邑。武德六年，君璋將高滿政以馬邑來降，君璋北遁，仍引突厥攻陷之。既而突厥以馬邑來歸，君璋復保恒安。貞觀初，突厥衰始來降。」恒安，今大同府治是也。

稱永樂者一，

史略：蒲城郭子和，蒲城，今西安府華州屬縣。初爲左翊衛士，坐事徙榆林。見前。大業十三年作亂，據郡稱永樂王，南連梁師都，北附突厥。突厥以爲平陽可汗，子和不敢當，因以爲屋利設。武德初降於唐。

稱楚者二，

史略：城父朱粲，城父，今南直亳州東南有故城父城。初爲縣佐史，從軍亡命爲盜，謂之可達寒，賊自稱迦樓羅王。轉掠荆、沔及山南郡縣。唐武德元年降隋，隋主侗以爲楚王。粲尋稱楚帝於冠軍，今南陽府鄧州西北四十里有冠軍廢縣。陷唐鄧州據之。二年，粲爲淮安土豪楊士林等所攻，淮安郡，見上。敗奔菊潭，今鄧州内鄉縣東酈縣故城，隋之菊潭縣也。請降於唐，唐仍以爲楚王。後叛奔王世充，洛陽平，誅粲。○鄱陽林士弘，初從其鄉人操師乞爲羣盜。大業十三年師乞自稱元興王，攻陷豫章，以士弘爲將軍。師乞旋敗死，士弘代統其衆，稱帝，都豫章，國號楚。取九江、臨川、故撫州。南康、故虔州。宜春故袁州。等郡，北自九江，南至番禺，皆爲所有。十三年，士弘徙南康，蕭銑遣將襲克其豫章，士弘退保餘干。餘干，今饒州府屬縣。唐武德元年，蒼梧諸郡蒼梧，故梧州。附於士弘，時漢陽太守馮盎以蒼梧、高凉、珠崖、番禺附士弘也。漢陽，今陝西成縣，隋爲漢陽郡。盎初拜此職，關中亂奔還嶺南，據有數郡。旋復入於蕭銑。二年，豫章賊帥張善安以虔、吉等州降唐，善安本方與賊帥，轉陷廬江，渡江歸士弘，旋叛士弘，眢於豫章境内。是時唐平蕭銑，善安因以諸州歸於唐。方與，今山東魚臺縣。士弘將王戎亦以南昌州降唐，南昌州，今南康府建昌縣，是時置州於此。士弘懼，請降。尋復走保安成山洞，安成，今吉安府安福縣，縣西百餘里有武功山，最深險。爲洪州刺史若干則所破，旋死，其衆遂散。

稱吴者二，

史略：東海李子通，先依長白山賊帥左才相，長白山，在今山東長山縣西南三十里。尋渡淮，竊據海陵，今揚州府泰州也。稱將軍。唐武德二年陷江都，遂稱帝，國號吴。三年，渡江取京口，敗沈法興，遂取毘陵及丹陽郡。既而杜伏威遣將輔公祏等攻之，渡江取丹陽，敗子通兵於溧水，即今應天府溧水縣。子通食盡，遂棄江都保京口，於是江西之地自江以西也，今人謂之江北。盡入於杜伏威。伏威徙丹陽，子通懼逼，東走太湖，收合亡散，襲沈法興於吴郡，大破之。法興走死，子通復振，徙都餘杭，今杭州府，見前。盡收法興之地，北自太湖，南至嶺，謂浙東南境諸山，非五嶺也。東包會稽，西距宣城皆有之。四年，爲伏威將王雄誕所敗滅。○章丘杜伏威，章丘縣，今屬山東濟南府，初與臨濟輔公祏爲羣盜，臨濟，今濟南府東北廢朝陽縣是。轉掠淮南，據六合今應天府屬縣。稱將軍。大業十三年破高郵，今揚州府屬縣。據歷陽，今和州，見前。自稱總管，以公祏爲長史。唐武德元年降隋，隋主侗命爲楚王。二年降唐，唐以爲和州總管。三年進封吴王。攻李子通，敗之，盡取其江西地，復渡江居丹陽，子通自京口東走。四年，伏威遣將王雄誕擊子通及歙州汪華。大業末，華據有黟、歙等州，亦稱吴王。黟，今徽州府黟縣是，時增置黟州於此。歙州，即今府。崑山聞人遂安等崑山，今蘇州府屬縣。皆破平之，於是盡有淮南、江東之地，南至嶺，東距海。五年入朝，其地悉入於唐。

稱許者一，

史略：宇文化及初爲右屯衛將軍，襲封許公，化及父述，本匈奴種破野頭氏，從其主姓爲宇文氏，爲煬帝所寵任，封許公。從煬帝幸江都。大業十四年，虎賁郎將司馬德戡等定謀弒帝，推化及爲主，自江都趣彭城，欲西還長安，李密據鞏、洛拒化及，化及不得西，乃引軍取東郡。既又北趣黎陽，密將徐世勣畏其兵鋒，西保倉城，化及遂渡河，據黎陽攻倉城，不克，與李密相持，食盡乃入汲郡求糧，東郡亦降於密。化及復自汲郡北據魏縣，今大名府屬縣。稱帝，國號許，有濟北數城。唐武德二年，淮安王神通擊化及於魏縣，化及走保聊城，今東昌府附郭縣。尋爲竇建德所滅。

稱鄭者一，

史略：王世充初爲江都通守，世充本西域胡人，姓支氏，幼隨母嫁王氏，因冒其姓。大業六年爲江都郡丞，領江都宫監。九年，平餘杭賊帥劉元進等，進位通守。十二年，復擊殺河間賊帥格謙，又平涿郡賊帥盧明月。大業十三年奉命援東都，與李密相持。明年煬帝弑於江都，以越王侗即位，時侗居守東都也。拜世充爲納言，封鄭國公。世充翦除異己者元文都等，遂專大柄。尋敗李密於邙山，密之將帥州縣多附於世充。唐武德二年篡稱帝，廢隋主侗而弑之。國號鄭。北據河，世充取懷、孟及衛、滑諸州地。衛州亦曰義州。東至徐、兖，世充取汴、亳等州，又陷密州，徐圓朗亦以兖州屬世充，又使其弟世辨據徐州。密州，今青州府諸城縣。南有襄、鄧，世充陷唐伊州及鄧州，於是顯州、隨州、襄州俱附世充。伊州亦曰襄城郡，顯州亦曰淮安郡，襄州亦曰襄陽郡，俱見前。西保慈澗。今河南府新安縣東三十里有慈澗，世充置戍於此，以重兵守之。又於境内置司、世充改洛州爲司州，即洛陽也。鄭、於汜水置鄭州，即虎牢也。管、於管城置管州，即今鄭州治。原、於沁水置原州，今山西澤州有沁水縣。伊、見上。殷、於獲嘉置殷州，今衛輝府獲嘉縣。梁、即梁郡，今歸德府。見前。溱、於新鄭置溱州，今鄭州新鄭縣。嵩、於嵩陽置嵩州，今河南府登封縣也。谷、於大谷置谷州，今河南府東南十五里之大谷口是。懷、見上。德於武德置德州，今懷慶府東南五十里廢武德縣是。等十二州營田使，欲繕兵積穀以拒唐，唐遣秦王世民擊平之。

稱燕者一，

史略：勃海高開道，初從河間賊帥格謙據豆子䴚，此河間豆子䴚也，在今河間府静海縣境。謙稱燕王，以開道爲將。大業十二年謙敗死，開道收其餘衆掠燕地，軍復振。唐武德元年，取北平，陷漁陽，北平，今北直永平府；漁陽，今順天府薊州；俱見前。遂稱燕王，都漁陽。三年降唐，命爲蔚州總管，封北平郡王。四年，復叛稱燕王，北連突厥，南結劉黑闥。時開道徙據燕州，今宣府鎮懷來衛是。恒、定、幽、易數被其患。七年，其將張金樹殺之以降。

稱漢東者一，

史略：漳南劉黑闥，本竇建德故將，武德四年起兵襲據漳南，陷鄃縣，今山東夏津縣即故鄃縣也。敗魏州、貝州兵，魏州即故武陽郡，貝州即清河郡。乃還漳南稱大將軍。又進陷歷亭，今山東恩縣西南十里有歷亭故城。取深州。志云：時深州治安平。今真定府晉州安平縣是也。敗淮安王神通於饒陽城南，饒陽見前。又敗幽州總管李藝兵於藁城。今真定府屬縣。進陷瀛州，取觀州、毛州，觀州，今北直景州。毛州，今山東館陶縣是其治。又陷定州及冀州。敗黎州總管李世勣於洺州，黎州時置於黎陽。遂陷之。又拔相州，取黎、衛二州。半歲間，盡復建德舊境。既又陷邢州、即故襄國郡。趙州、魏州、莘州。莘州，今東昌府莘縣。五年，自稱漢東王，定都洺州，東鹽州亦附於黑闥。北直鹽山縣，時爲東鹽州。秦王世民擊敗之於洺水，在今廣平府城西四十里。黑闥遁歸突厥。既而復引突厥寇定州，轉陷瀛州，鹽州即東鹽州。復叛附之。又敗貝州兵於鄃縣，取觀州，復敗淮陽王道元於下博，今深州治也。於是山東震駭，州縣相率降附，旬日之間，遂復故地。仍據洺州，取滄州，引兵而南，收相州以北諸州縣，惟魏州不下。黑闥南拔元城，時魏州治貴鄉縣，今大名府大名縣也，元城縣屬焉。劉昫曰：「元城縣舊治在朝城東北十里。」朝城，今山東濮州屬縣，蓋在貴鄉之南，非今之附郭元城縣也。還攻魏州，復取恒州。太子建成等擊之，相持於昌樂。今北直南樂縣西北三十里有昌樂故城。黑闥食盡，自館陶北遁至饒州，即饒陽。其下執之以降。

稱魯者一，

史略：魯郡徐圓朗，初爲賊帥，陷東平，分兵略地，自琅邪以西北至東平皆有之。唐武德二年來降，拜兗州總管，封魯國公。四年叛附劉黑闥，兗、鄆、陳、杞、曹、戴諸州皆應之。杞州即今開封府杞縣。保任城，即今濟寧州治。自稱魯王，既而濟州亦附焉。六年黑闥平，圓朗兵敗，棄城走，爲人所殺。

稱宋者一。

史略：輔公祏初與杜伏威降唐，授淮南道行臺左僕射、舒國公，及伏威入朝，留公祏守丹陽。武德六年，公祏以丹陽叛，稱帝，國號宋，分兵略東海、壽陽諸郡。七年，趙郡王孝恭等討平之。

何氏曰：「天下久分裂而難合也，而秦、隋合之，然皆止於二世，何也？天下之業既定，而猶虐用其衆也。」

校勘記

〔一〕曰巴東　底本「巴」作「湘」，彭元瑞校改爲「巴」，鄒本亦作「巴」。宋書卷三七州郡志（以下簡稱劉宋志）荆州刺史下領有巴東公相，彭校是，今據改。

〔二〕在今裕州東六里　「裕州」，底本原作「鄭州」，彭元瑞校：「一本作裕州，於地爲近。」職本作「鄧州」，敷本、鄒本並作「裕州」。本書卷五一裕州堵陽城下云：「在州東六里，漢縣，屬南陽郡。亦曰赭陽……蕭齊於此置北襄城郡。」據此，當以裕州爲是。今依彭校及敷、鄒本改。

〔三〕宋志謂之甬城　「甬城」，今中華書局標點本宋書已改爲「角城」。

〔四〕自淮北沛　底本原脱「北」字，今據史記卷一二九貨殖傳補。

〔五〕二十年又改幽州　「幽」，底本原作「幽」，鄒本作「豳」。魏書卷一〇六下地形志（以下簡稱後魏志）作「豳州」，本書卷五七寧州序亦云「二十年又改豳州」，則此幽乃豳之訛，今據改。

〔六〕領平昌等郡　「平昌」，底本原作「昌平」，職本、敷本、鄒本並作「平昌」。後魏志卷一〇六上東燕州領有平昌郡，底本作「昌平」非，今據職本等改正。

〔七〕事歸烏有　「烏」，底本原作「焉」，北齊書卷四文宣帝紀作「烏」，今據改。

讀史方輿紀要卷五

歷代州域形勢五　唐上

唐起自太原，先定關右，

史略：初，煬帝南巡江都，命唐公李淵爲太原留守。淵，西涼王暠七世孫。祖虎於宇文周有佐命功，封唐國公。淵襲爵，後遂以唐爲國號。大業十三年天下騷亂，淵子世民勸淵起兵，淵從之，先取西河郡，今汾州府。遂定入關之計。進克霍邑，今平陽府霍州。入臨汾，即平陽府，時爲臨汾郡。拔絳郡，今絳州，見前。遂至龍門。在今山西汾陰縣，見前。別將亦徇下離石、今山西永寧州，見前。龍泉、今平陽府隰州。文成今平陽府吉州。等郡。隋將屈突通將重兵屯河東，即今平陽府蒲州。淵引軍圍之。任瓌等説淵勿攻河東，自梁山濟河，梁山，在陝西韓城縣東南十八里，自龍門濟河必由之道也。指韓城，逼郃陽，韓城、郃陽，俱今西安府同州屬縣。鼓行而進，直據永豐，永豐倉，在陝西華陰縣城東，隋積粟於此。傳檄遠近，關中可坐定也。淵遂分軍圍河東，渡河而西，關中望風降附。淵舍於長春宮，在今同州朝邑縣治西北。遣子建成等屯永豐倉，守潼關，見前。以備東方兵。世民等徇渭北，營於涇陽。見前。既而諸軍並進，遂克長安，略定平涼、安定等郡，平涼郡時治高平，故原州也。安定郡時治安定，即今涇州。東取新安以西，今河南府新安縣，初置郡，又改置穀州於此。南收巴、蜀。受隋禪，滅秦、見前薛舉。并涼，見前李軌。盡平隴右、河西地。次奠洛陽，遂清江表，進掃河、朔。

史略：武德二年，劉武周陷并、晉諸州，西至龍門，關中震動。初，義師入關，使元吉留守太原，武周南侵，元吉遁還長安，賊勢遂熾。上欲棄大河以東，謹守關西，秦王世民曰：「太原王業所基，國之根本；河東富實，京邑所資。臣請平殄武周，克復汾、晉。」從之。武周敗遁，并州復定。三年，命世民東討世充。世民自新安進軍慈澗，在新安縣東，見前。分遣史萬寶自宜陽南據龍門，宜陽見前。龍門即闕塞山也，在今河南府城西南三十里。劉德威自太行東圍河內，王君廓自洛口斷其餉道，黄君漢自河陰攻迴洛城，時君漢爲懷州總管，軍於河北。大軍屯於北邙，在今河南府城北，見前。連營以迫之。世充屢敗，遂圍東都，遠近州縣，次第歸附。世民又遣王君廓襲轘轅，轘轅山，在今鞏縣西南。見前。拔之，河陽來降。既又克其虎牢，世充益窘，數求救於竇建德。建德方營河南，取曹、戴，即孟海公之地。遂引而西，自滑州進屯酸棗，今開封府延津縣北十五里有故城，見前。陷管州、滎陽、陽翟，俱見前。水陸並進，營於成皋東原，成皋即虎牢也。遣使與世充相聞。諸將皆請避其鋒，薛收等曰：「世充保據東都，府庫充實，所將之兵，皆江、淮精鋭，世充自江都引兵西援洛陽，故云。但乏糧食，故爲我所持。建德遠來赴援，亦當極其精鋭，若縱之至此，兩寇合從，轉河北之粟以餽洛陽，則戰争方始，混一無期。今宜分兵守洛陽，深溝高壘，愼勿與戰。王親帥驍鋭，先據成皐，厲兵訓士，以逸待勞，決可克也。建德既破，世充自下，不過二旬，兩主就縛矣。」世民善之，使齊王元吉等圍守東都，遂東據虎牢，建德不得進。世民又遣精騎抄其糧運，破之。凌敬言於建德曰：「大王宜悉兵濟河，攻取懷州、河陽，使重將守之，更鳴鼓建旗，踰太行，入上黨，徇汾、晉，趨蒲津，蒲津即山西蒲州臨晉關，見前。蹈無人之境，拓地收兵，則關中震駭，鄭圍自解矣。」建德妻曹氏亦曰：「大王自滏口乘唐國之虚，滏口在河南武安縣。滏山見前高歡東出滏口。連營漸進，以取山北，建德都洺州，在山南，并、代、汾、晉皆山北也。又因突厥西抄關中，唐必還師自救，鄭圍何憂不解？」不聽。及戰，爲世民所擒。師還洛陽，世充懼，遂降，於是河南北州郡悉定。既又發巴、蜀兵，使行軍總管趙郡王孝恭及李靖等自夔州東下，分遣黔州刺史田世康出辰州道，黔州時治彭水縣，今四川重慶府涪州屬縣也。辰州治沅陵縣，今湖廣辰州府。黄州刺史周法明出夏口道，以擊蕭銑。孝恭克荆門、宜都二鎮，進至夷陵，荆門在宜都縣西北五十里，夷陵又在荆門西北四十里，孝恭蓋遣前軍先克其荆門、宜都，而後引大軍至夷陵也。宜都，今夷陵州屬縣。破銑兵於清江，在宜都縣城東，又北合於大江。追敗之於百里洲，在今荆州府枝江縣東北大江中。進入北江，江水過百里洲而支分，在洲北者爲北江，即江陵之南境矣。直抵江陵，銑兵敗出降。靖因安撫嶺南，交、廣諸州相率順命。林士弘亦窮蹙請降。和州總管杜伏威復討平李子通等，嶺、海、江、淮悉定。會劉黑闥復起河北，據竇建德故地，高開道、徐圓朗等亦叛應之。世民討敗黑闥，黑闥北遁。繼而復熾，尋敗死，圓朗等亦次第夷滅。六年，輔公祏復據丹陽叛，詔趙郡王孝恭以舟師自襄州趨江州，時孝恭爲襄州道行臺僕射。李靖以交、廣、泉、桂之衆趨宣州，時靖爲嶺南道大使。宣州即宣城郡。黃君漢出譙、亳，君漢時爲懷州總管。譙即亳也。李世勣出淮、泗世勣時爲齊州總管，蓋使之自泗入淮。討之。七年，孝恭敗輔公祏之兵於樅陽，今安慶府桐城縣東南二十里有故城。進拔其鵲頭鎮，今池州府銅陵縣北十里有鵲頭山，即置鎮處。又破之於蕪湖，拔梁山等三鎮，梁山，在今和州南七十里。時公祏遣兵屯梁山、博望、青林三處，故曰三鎮。博望亦曰東梁山，在太平府西南三十里。今俱詳南直名山梁山。青林亦曰青山，在太平府東南三十里。進至丹陽，公祏走死。貞觀二年，柴紹討梁師都於朔方，復平之，於是天下大定。

紹漢法周，建都關內。

都邑攷：高祖因隋之舊，定都長安，時謂長安爲京城。太宗修洛陽宮，時巡幸焉。高宗嘗言：「兩京，朕東西二宅。」顯慶二年，以洛陽爲東都。武后都洛陽。光宅初號曰神都，中宗神龍初復曰東都。玄宗以長安爲西京，洛陽爲東京。開元元年定制。九年又改東京曰東都。天寶初復故。又開元九年以蒲州爲河中府，建中都，未幾復罷爲州。乾元三年復曰河中府，置中都，元和三年罷中都，爲府如故。肅宗更以蜀郡爲南京，鳳翔爲西京，蜀郡以上皇南幸之地，鳳翔以中興駐蹕之所，故並建爲京。而西京爲中京。至德二載建三京，上元初復置南都於荆州，曰江陵府。尋又以京兆爲上都，河南爲東都，鳳翔爲西都，江陵爲南都，太原爲北都，所謂五都也。唐志：「北都，天授元年罷，神龍元年罷，開元十二年復置，天寶元年曰北京。上元二年與京兆、河南、鳳翔、江陵並罷京都之號。明年詔曰：『五都之號，其來自久，因以京兆、河南、鳳翔、江陵、太原並建爲都。』其後復罷。」六典：「京兆、河南、太原，時謂之三都。」又昭宗天祐元年，朱全忠復劫遷車駕於洛陽，而唐祚以移。

文軌混同，分天下爲十道。隋季羣雄競起，互相分割，建置紛然。唐興，因而不改，其納地來歸者，亦往往割置州縣以寵禄之，由是州縣之數，倍於開皇、大業間。貞觀元年，以民少官多，思革其弊，命大加併省，因山川形便，分爲十道。

東距河，西抵隴坂，隴坂即隴坻，見七國秦隴、蜀注。南據終南，終南山，在西安府南五十里。詳陝西名山。北邊沙漠，曰關内道。統州二十二。貞觀十三年始簿天下州縣之數，自是數有損益，今略以六典爲據，而貞觀以後所增置之州以次附焉。又唐志：「武德初改郡爲州，太守爲刺史，而雍州置牧。天寶初改州爲郡，刺史爲太守，至德二載復故。」今舉郡名及隨時改易諸名俱彙見於此，以便參考。

雍州，漢曰京兆尹，隋曰雍州，唐因之，開元三年曰京兆府，領萬年等縣十八。萬年，即今西安府治附郭咸寧縣。又乾寧初增置乾州，治奉天縣。今乾州仍屬西安府。

華州，漢屬京兆，西魏曰華州，隋、唐因之，垂拱初改泰州，尋復故，亦曰華陰郡，領鄭縣等縣三。乾寧五年改華州曰興德府，時駐蹕於此也。天祐三年復曰華州。今仍曰華州，屬西安府。

同州，漢曰左馮翊，西魏曰同州，隋、唐因之，亦曰馮翊郡，領馮翊等縣九。今仍曰同州，屬西安府。

岐州，漢曰右扶風，後魏曰岐州，隋、唐因之，亦曰扶風郡，領雍縣等縣八。至德二載改鳳翔府。今仍曰鳳翔府。

隴州，漢屬右扶風，西魏曰隴州，隋、唐因之，亦曰汧陽郡，領汧源等縣五。今隴州屬鳳翔府。

邠州，漢扶風等郡地，西魏置豳州，隋、唐因之，開元十三年改豳曰邠，亦曰新平郡，領新平等縣四。今邠州屬西安府。

涇州，漢曰安定郡，後魏置涇州，隋、唐因之，亦曰安定郡，領安定等縣五。今屬平涼府。

寧州，漢爲北地等郡地，西魏曰寧州，隋、唐因之，亦曰彭原郡，領定安等縣七。今屬慶陽府。大中間又置衍州，治定平縣，今寧州南六十里廢定平縣是也。

坊州，漢上郡地，唐武德二年置坊州，亦曰中部郡，領中部等縣三。今鄜州中部縣即故州治。又天祐初置翟州，治鄜城縣，朱梁改曰禧州。今鄜州洛川縣東南三十里有廢鄜城縣，蓋李茂貞所置州也。

鄜州，漢上郡地，後周曰敷州，唐改曰鄜州，亦曰洛交郡，領洛交等縣五。今屬延安府。

丹州，漢上郡地，西魏曰丹州，隋、唐因之，亦曰咸寧郡，領義川等縣五。今延安府宜川縣是其治。

延州，漢上郡地，後魏曰延州，唐因之，亦曰延安郡，領膚施等縣九。即今延安府。

慶州，漢曰北地郡，隋曰慶州，唐因之，亦曰安化郡，至德初又改順化郡，領安化等縣八。今慶陽府是也。

原州，漢安定郡地，後魏曰原州，唐因之，亦曰平凉郡，領高平等縣三。今平凉府鎮原縣是其治。又大中五年增置武州，治蕭關縣，今平涼府鎮原縣西北百四十里蕭關城是。

鹽州，漢北地郡地，西魏曰鹽州，唐因之，亦曰五原郡，領五原等縣二。今寧夏後衛是。

靈州，漢北地郡地，後魏置靈州，隋、唐因之，亦曰靈武郡，領回樂等縣五。今寧夏衛靈州所是。又大中三年置威州，領鳴沙等縣二。鳴沙，今寧夏中衛東南百五十里鳴沙故城是。又景福二年增置警州，治定遠城，在今寧夏衛北六十里。

會州，漢金城等郡地，西魏置會州，唐因之，亦曰會寧郡，領會寧等縣二。今靖虜衛是。

夏州，漢日朔方郡，後魏曰夏州，隋、唐因之，亦曰朔方郡，領朔方等縣四。今榆林鎮西北廢夏州是。又開元二十六年增置宥州，亦曰寧朔郡，至德二載又曰懷德郡，領延恩等縣三。今榆林鎮西廢宥州是。

豐州，漢五原郡地，隋置豐州，唐因之，亦曰九原郡，領九原等縣三。今榆林鎮西北有廢豐州。

勝州，漢雲中等郡地，隋置勝州，唐因之，亦曰榆林郡，領榆林等縣二。今榆林鎮東北四百五十里有廢勝州。

綏州，漢曰上郡，西魏置綏州，隋、唐因之，亦曰上郡，領龍泉等縣五。今延安府綏德州。

銀州。漢西河郡地，後周置銀州，隋、唐因之，亦曰銀川郡，領儒林等縣四。儒林故城，在今延安府綏德州米脂縣西北百八十里。又開元九年分銀、勝二州地置麟州，亦曰新秦郡，領新秦等縣二。今延安府葭州神木縣北四十里有新秦故城。

東盡海，西距函谷，函谷，見前。南濱淮，北薄於河，曰河南道。統州二十八。

洛州，漢河南郡，北齊曰洛州，隋、唐因之，開元初曰河南府，領河南等縣二十六。即今河南府。

陝州，漢弘農郡地，後魏曰陝州，隋、唐因之，天寶初曰陝府，亦曰陝郡，領陝縣等縣五。天祐初遷洛，改爲興唐府，哀帝初復故。今屬河南府。

虢州，漢曰弘農郡，唐置虢州，亦曰弘農郡，領弘農等縣六。今陝州靈寶縣西南三十里故弘農城是。唐志云：「開元初改隸河東道。」

汝州，漢河南等郡地，隋大業初曰汝州，唐因之，亦曰臨汝郡，領梁縣等縣三。即今汝州。又開元三年置僊州，領葉縣等縣五，二十五年州廢。葉縣今屬南陽府裕州。

鄭州，漢河南郡地，後周曰鄭州，隋、唐因之，亦曰滎陽郡，領管城等縣八。今屬開封府。

汴州，漢曰陳留郡，後周曰汴州，隋、唐因之，亦曰陳留郡，領浚儀等縣五。今開封府是。

豫州，漢曰汝南郡，劉宋爲豫州治，後魏、後周因之，隋曰蔡州，唐復爲豫州，亦曰汝南郡，寶應初復改蔡州，領汝陽等縣十。今汝寧府。

許州，漢曰潁川郡，後周曰許州，隋、唐因之，亦曰潁川郡，領長社等縣九。今屬開封府。又建中二年置溵州，治郾城縣，長慶三年廢。郾城，今許州屬縣。

陳州，漢淮陽、汝南郡地，隋曰陳州，唐因之，亦曰淮陽郡，領宛丘等縣四。今屬開封府。

潁州，漢汝南郡地，唐武德六年始曰潁州，亦曰汝陰郡，領汝陰等縣三。今屬鳳陽府。

亳州，漢沛郡地，後周曰亳州，隋、唐因之，亦曰譙郡，領譙縣等縣八。今屬鳳陽府。

宋州，漢曰梁國，隋置宋州，唐因之，亦曰睢陽郡，領宋城等縣七。今歸德府。又光啓中增置單州，領單父等縣四，光化二年朱全忠奏改爲輝州，移治碭山，以温生於碭山也。後唐復曰單州，仍治單父。單父，今山東單縣。碭山，今南直徐州屬縣。

曹州，漢曰濟陰郡，後周曰曹州，隋、唐因之，亦曰濟陰郡，領濟陰等縣五。今山東曹縣西北七十里廢濟陰縣是其治。

滑州，漢曰東郡，隋曰滑州，唐因之，亦曰靈昌郡，領白馬等縣七。今爲大名府滑縣。

濮州，漢東郡、濟陰等郡地，隋曰濮州，唐因之，亦曰濮陽郡，領鄄城等縣二。今屬東昌府。

鄆州，漢曰東平國，隋曰鄆州，唐因之，亦曰東平郡，領須昌等縣三。今爲兖州府東平州。

濟州，漢濟北、東平等郡國地，隋曰濟州，唐因之，亦曰濟陽郡，領盧縣等縣五。天寶十三年廢濟州入鄆州。盧縣，見漢泰山郡注。

齊州，漢濟南等郡地，後魏曰齊州，隋、唐因之，亦曰濟南郡，領歷城等縣八。即今濟南府。

淄州，漢安樂等國地，〔一〕隋曰淄州，唐因之，亦曰淄川郡，領淄川等縣五。今濟南府淄川縣是其治。

徐州，漢楚國、沛郡地，晉爲徐州治，後魏及隋、唐因之，亦曰彭城郡，領彭城等縣六。今仍曰徐州。又元和四年增置宿州，領苻離等縣四。今屬鳳陽府。

兖州，漢曰魯郡，劉宋時兖州治此，隋曰兖州，唐因之，亦曰魯郡，領瑕丘等縣八。今爲兖州府。

泗州，漢臨淮等郡地，後周曰泗州，隋、唐因之，亦曰臨淮郡，領臨淮等縣五。今屬鳳陽府。

沂州，漢琅邪等郡地，後周曰沂州，隋、唐因之，亦曰琅邪郡，領臨沂等縣五。今屬兗州府。

青州，漢曰北海郡，東晉爲青州治，劉宋因之，隋仍曰青州，唐因之，亦曰北海郡，領益都等縣七。即今青州府。

萊州，漢曰東萊郡，隋曰萊州，唐因之，亦曰東萊郡，領掖縣等縣六。今萊州府。又如意初置登州，亦曰東牟郡，初治文登縣，神龍三年移治蓬萊，領縣四。今爲登州府。

棣州，漢平原、勃海等郡地，唐武德四年置棣州，亦曰樂安郡，領厭次等縣五。今濟南府武定州。

密州，漢高密等郡國地，隋置密州，唐因之，亦曰高密郡，領諸城等縣四。諸城縣，今屬青州府。

海州。漢曰東海郡，東魏曰海州，隋、唐因之，亦曰東海郡，領朐山等縣四。今屬淮安府。

東距常山，常山即恒山，見前。西據河，南抵首陽、太行，首陽山，在今山西蒲州東南十五里。太行，在今懷慶府北。見前。北邊匈奴，曰河東道。領州十八。

并州，漢太原郡，後漢爲并州治，晉以後因之，唐亦曰并州，又爲太原府，領太原等縣十四。今太原府太原縣是其治。又龍紀初置憲州，領樓煩等縣二。今太原府静樂縣西北七十里有故樓煩城，李克用所奏置。

潞州，漢上黨郡，後周曰潞州，唐因之，亦曰上黨郡，領上黨等縣五。今潞安府。

澤州，漢上黨、河東等郡地，隋曰澤州，唐因之，亦曰高平郡，領晉城等縣六。即今澤州是。

晉州，漢河東郡地，後魏曰晉州，後周及隋、唐因之，亦曰平陽郡，領臨汾等縣七。今平陽府。

絳州，漢河東郡地，後周曰絳州，隋、唐因之，亦曰絳郡，領正平等縣五。今屬平陽府。

蒲州，漢河東郡，後周曰蒲州，隋、唐因之，亦曰河中府，又爲河東郡，領河東等縣五。今屬平陽府。

汾州，漢西河、太原二郡地，後魏置汾州，唐因之，亦曰西河郡，領隰城等縣五。今汾州府。

慈州，漢河東郡地，隋曰汾州，唐武德五年曰南汾州，八年曰慈州，亦曰文成郡，領吉昌等縣五。今平陽府吉州也。

隰州，漢河東郡地，隋曰隰州，唐因之，亦曰大寧郡，領隰川等縣六。今屬平陽府。

石州，漢西河郡地，後周曰石州，隋、唐因之，亦曰昌化郡，領離石等縣五。今汾州府永寧縣。

沁州，漢上黨郡地，隋置沁州，唐因之，亦曰陽城郡，領沁源等縣三。即今沁州。

箕州，漢上黨郡地，唐武德三年置遼州，八年曰箕州，先天初曰儀州，亦曰東平郡，中和三年復曰遼州，領遼山等縣四。即今遼州。

嵐州，漢太原郡地，後魏曰嵐州，隋、唐因之，亦曰樓煩郡，領宜芳等縣四。今太原府岢嵐州嵐縣是其治。

忻州，漢太原郡地，隋曰忻州，唐因之，亦曰定襄郡，領秀容等縣二。今屬太原府。

代州，漢雁門、太原二郡地，隋曰代州，唐因之，亦曰雁門郡，領雁門等縣五。今屬太原府。

朔州，漢定襄、雁門二郡地，後魏置朔州，北齊及隋、唐因之，亦曰馬邑郡，領善陽等縣二，今屬大同府。

蔚州，漢代郡地，後周置蔚州，隋、唐因之，亦曰安邊郡，領靈丘等縣三。靈丘，即今蔚州靈丘縣。

雲州。漢雲中、雁門等郡地，唐武德六年置北恒州，七年廢，貞觀十四年改置雲州於此，亦曰雲中郡，領雲中縣一。今大同府治是也。唐末又置應州，領金城等縣二。今屬大同府。

東並海，南迫於河，西距太行、常山，北通渝關、薊門，渝關即今山海關，薊門即今居庸關，俱見前。曰河北道。統州二十三。

懷州，漢河内郡，後魏置懷州，隋、唐因之，亦曰河内郡，領河内等縣九。今爲懷慶府。又會昌三年置孟州，領河陽等縣五。河陽，今懷慶府之孟縣。

衛州，漢河内及魏郡地，後周曰衛州，隋、唐因之，亦曰汲郡，領汲縣等縣五。今爲衛輝府。

相州，漢曰魏郡，後魏曰相州，後周及隋、唐因之，亦曰鄴郡，領安陽等縣九。今爲彰德府。又武德初置磁州，貞觀初廢，永泰初復置，領滏陽等縣四。即今彰德府磁州。

洺州，漢曰廣平國，後周曰洺州，隋、唐因之，亦曰廣平郡，領永年等縣七。即今廣平府。

邢州，漢鉅鹿、常山等郡國地，隋曰邢州，唐因之，亦曰鉅鹿郡，領龍岡等縣九。即今順德府。

趙州，漢鉅鹿、常山等郡國地，北齊曰趙州，隋、唐因之，亦曰趙郡，領平棘等縣九。今屬真定府。

冀州，漢曰信都國，晉嘗爲冀州治，後魏以後因之，唐亦曰冀州，龍朔二年改魏州，尋復故，亦曰信都郡，領信都等縣六。今屬真定府。

恒州，漢常山郡，後周置恒州，隋、唐因之，亦曰常山郡，元和十五年改曰鎮州，領真定等縣六。即今真定府。

定州，漢曰中山郡，後魏曰定州，後周及隋、唐因之，亦曰博陵郡，領安喜等縣十一。今屬真定府。又景福二年置祁州，領無極等縣二。無極，今真定府屬縣。

易州，漢涿郡地，隋曰易州，唐因之，亦曰上谷郡，領易縣等縣五。今屬保定府。

幽州，漢曰燕國，後漢爲幽州治，晉以後因之，唐仍曰幽州，亦曰范陽郡，領薊縣等縣十。今順天府。又開元十八年析置薊州，亦曰漁陽郡，領漁陽等縣三。今屬順天府。又天寶初置順義郡，亦曰順州，領賓義縣一，寄治范陽郡城内。又大曆四年置涿州，領范陽等縣三。今屬順天府。又唐末置儒州，領縉山縣一。今延慶州也。

深州，漢涿郡地，隋曰深州，唐因之，貞觀十七年廢，先天二年復置，亦曰饒陽郡，領饒陽等縣四。饒陽，今真定府晉州屬縣也。

瀛州，漢涿郡地，後魏曰瀛州，隋、唐因之，亦曰河間郡，領河間等縣十。即今河間府。又景雲二年置鄚州，開元十三年曰莫州，亦曰文安郡，領鄚縣等縣六。今河間府任丘縣北三十里有廢莫州城。

貝州，漢曰清河郡，後周置貝州，隋、唐因之，亦曰清河郡，領清河等縣九。今廣平府清河縣是。

魏州，漢魏郡及東郡地，後周置魏州，隋、唐因之，龍朔二年改曰冀州，尋復故，亦曰魏郡，領貴鄉等縣十。貴鄉，今大名府大名縣是。又武德四年置澶州，貞觀初廢，大曆七年復置，領頓丘等縣四。頓丘，今大名府清豐縣西南二十五里有故城。

博州，漢東郡、平原等郡地，隋曰博州，唐因之，亦曰博平郡，領聊城等縣六。今爲東昌府。

德州，漢曰平原郡，隋置德州，唐因之，亦曰平原郡，領安德等縣八。今濟南府陵縣，故安德縣也。

滄州，漢曰勃海郡，後魏置滄州，隋、唐因之，亦曰景城郡，領清池等縣十。今屬河間府。又武德四年置觀州，貞觀十七年廢，貞元五年改置景州，領弓高等縣四。今景州東北四十里有故弓高城。

嬀州，漢上谷郡地，唐武德七年置北燕州，貞觀八年改嬀州，亦曰嬀川郡，領懷戎等縣二。懷戎，今宣府鎮懷來衛是。又唐末幽州鎮增置武州，領文德縣一。今宣府鎮是也。又增置新州，領永興等縣四。永興，今保安州治是。或曰皆光啓中置。

檀州，漢漁陽郡地，隋曰檀州，唐因之，亦曰密雲郡，領密雲等縣二。密雲，今順天府昌平州屬縣。天寶初又置歸化郡，亦曰歸順州，領懷柔縣一。後亦謂之順州。懷柔，今昌平州屬縣。

營州，漢遼西郡地，後魏曰營州，隋、唐因之，亦曰柳城郡，領柳城縣一。今大寧廢衛東故營州城是也。

平州，漢右北平及遼西等郡地，隋曰平州，唐因之，亦曰北平郡，領盧龍等縣三。即今永平府。

燕州。漢燕國地，隋曰順州，唐曰燕州，亦曰歸德郡，領遼西縣一。今順天府昌平州順義縣是。

東接荆、楚，西抵隴、蜀，南控大江，北距商、華之山，商山，見七國韓商阪。華山，見前。曰山南道。

統州三十三。

荆州，漢曰南郡，晉爲荆州治，後因之，唐仍曰荆州，亦曰江陵郡，上元初曰江陵府，領江陵等縣八。即今荆州府。

襄州，漢南郡及南陽郡地，西魏曰襄州，隋、唐因之，亦曰襄陽郡，領襄陽等縣七。今襄陽府。

鄧州，漢曰南陽郡，隋曰鄧州，唐因之，亦曰南陽郡，領穰縣等縣六。今屬南陽府。

唐州，漢南陽郡地，唐武德四年置唐州，亦曰淮安郡，領泚陽等縣六。今南陽府唐縣。劉昫曰：「本屬河南道，至德後割屬山南東道。」

隨州，漢南陽郡地，西魏曰隨州，隋、唐因之，亦曰漢東郡，領隨縣等縣三。今屬德安府。

郢州，漢江夏郡地，西魏曰郢州，隋、唐因之，亦曰富水郡，領長壽等縣三。今爲承天府。

復州，漢江夏及南郡地，後周曰復州，隋、唐因之，亦曰竟陵郡，領沔陽等縣三。今承天府沔陽州。

均州，漢南陽、漢中二郡地，隋曰均州，唐因之，亦曰武當郡，領武當等縣三。今屬襄陽府。

房州，漢漢中郡地，唐武德初置房州，亦曰房陵郡，領房陵等縣四。今鄖陽府房縣。

峽州，漢南郡地，後周曰峽州，隋、唐因之，亦曰夷陵郡，領夷陵等縣五。今荆州府夷陵州是。

歸州，漢南郡地，唐武德二年曰巴州，亦曰巴東郡，領秭歸等縣三。今屬荆州府。

夔州，漢巴郡地，梁曰信州，唐武德三年改曰夔州，亦曰雲安郡，領奉節等縣四。今夔州府。

萬州，漢巴郡地，唐武德二年置南浦州，八年曰浦州，貞觀八年曰萬州，亦曰南浦郡，領南浦等縣三。今夔州府萬縣。

忠州，漢巴郡地，後周曰臨州，唐貞觀八年曰忠州，亦曰南賓郡，領臨江等縣五。今屬重慶府。〔二〕

梁州，漢曰漢中郡，三國漢爲梁州治，晉以後因之，唐亦曰梁州，開元十三年曰褒州，尋復故，亦曰漢中郡，興元初又爲興元府，領南鄭等縣五。今漢中府。

洋州，漢漢中郡地，西魏曰洋州，隋、唐因之，亦曰洋川郡，領西鄉等縣四。西鄉，今漢中府屬縣。

金州，漢漢中郡地，西魏曰金州，隋、唐因之，亦曰安康郡，至德二載曰漢南郡，領西城等縣六。今屬漢中府。〔三〕

商州，漢弘農郡地，後周曰商州，隋、唐因之，亦曰上洛郡，領上洛等縣五。今屬西安府。

鳳州，漢武都郡地，後周曰鳳州，隋、唐因之，亦曰河池郡，領梁泉等縣四。今漢中府鳳縣。

興州，漢武都郡地，西魏曰興州，隋、唐因之，亦曰順政郡，領順政等縣三。今爲漢中府寧羌州略陽縣。

利州，漢廣漢郡地，西魏曰利州，隋、唐因之，亦曰益昌郡，領綿谷等縣六。今保寧府廣元縣。

閬州，漢巴郡地，唐初置隆州，先天中曰閬州，亦曰閬中郡，領閬中等縣九。今保寧府。

開州，漢巴郡地，唐武德初置開州，亦曰盛山郡，領盛山等縣三。今夔州府開縣。

果州，漢巴郡地，唐武德四年置果州，亦曰南充郡，領南充等縣六。今順慶府。

合州，漢巴郡地，西魏置合州，唐因之，亦曰巴川郡，領石鏡等縣六。今屬重慶府。

渝州，漢巴郡地，隋曰渝州，唐因之，亦曰南平郡，領巴縣等縣四。今重慶府。

涪州，漢巴郡地，唐武德初置涪州，亦曰涪陵郡，領涪陵等縣四。今屬重慶府。

渠州，漢巴郡地，唐武德初曰渠州，亦曰潾山郡，領流江等縣四。今順慶府廣安州渠縣。

蓬州，漢巴郡地，後周置蓬州，隋、唐因之，亦曰咸安郡，領大寅等縣六。大寅，今順慶府蓬州儀隴縣南三十里蓬池故城是。

壁州，漢巴郡地，唐武德八年置壁州，亦曰始寧郡，領諾水等縣三。諾水，今巴州之通江縣。

巴州，漢巴郡地，梁曰巴州，隋、唐因之，亦曰清化郡，領化成等縣七。今屬保寧府。

通州，漢巴郡地，西魏曰通州，隋、唐因之，亦曰通川郡，領通川等縣七，即今夔州府達州。集州。漢廣漢、巴二郡地，梁曰集州，隋、唐因之，亦曰符陽郡，領難江等縣三。難江，今保寧府巴州之南江縣。東接秦州，西踰流沙，流沙，見前。南連蜀及吐蕃，吐蕃，今西番地。北界沙漠，曰隴右道。統州二十。

秦州，漢曰天水郡，晉置秦州，唐因之，亦曰天水郡，領上邽等縣五。今屬鞏昌府。

渭州，漢曰隴西郡，後魏曰渭州，唐因之，亦曰隴西郡，領襄武等縣四。今鞏昌府。上元以後爲吐蕃所陷，元和四年僑置行渭州於平涼縣，尋復陷沒。中和四年復置渭州於平涼，即今平涼府。

成州，漢武都郡地，西魏曰成州，隋、唐因之，亦曰同谷郡，領上禄等縣三。上禄，今鞏昌府成縣西百三十里有故城。

武州，漢曰武都郡，西魏置武州，隋、唐因之，亦曰武都郡，景福初改曰階州，領將利等縣三。今鞏昌府階州北三百十里有廢將利縣。

蘭州，漢金城等郡地，隋曰蘭州，唐因之，亦曰金城郡，領五泉等縣三。今屬臨洮府。又天寶三載置狄道郡，乾元初亦曰臨州，領狄道等縣二。即臨洮府。或曰臨州開元初置。

河州，漢金城等郡地，苻秦置河州，後魏及隋、唐因之，亦曰安鄉郡，領枹罕等縣三。今屬臨洮府。

洮州，本西戎地，後周置洮州，隋、唐因之，亦曰臨洮郡，領臨潭等縣二。今爲洮州衛。

岷州，漢隴西郡地，西魏置岷州，隋、唐因之，亦曰和政郡，領溢樂等縣四。今爲岷州衛。

疊州，本羌、戎地，後周置疊州，隋、唐因之，亦曰合川郡，領合川等縣二。〔四〕今洮州衛南百八十里有疊州故城。

宕州，本羌、戎地，後周置宕州，隋、唐因之，亦曰懷道郡，領懷道等縣二。今岷州衛南百二十里有宕州故城。

鄯州，漢金城郡地，後魏置鄯州，隋、唐因之，亦曰西平郡，領湟水等縣三。今爲西寧府。

廓州，本西羌地，後周置廓州，隋、唐因之，亦曰寧塞郡，領廣威等縣三。今西寧衛西二百里有廓州故城。

凉州，漢曰武威郡，曹魏爲凉州治，晉以後因之，唐仍爲凉州，亦曰武威郡，領姑臧等縣五。今爲凉州衛。

甘州，漢曰張掖郡，西魏曰甘州，唐因之，亦曰張掖郡，領張掖等縣二。今甘州衛。

肅州，漢曰酒泉郡，隋置肅州，唐因之，亦曰酒泉郡，領酒泉等縣三。今肅州衛。

瓜州，漢敦煌郡地，唐武德五年置瓜州，亦曰晉昌郡，領晉昌等縣二。今廢沙州衛東有瓜州故城。

沙州，漢曰敦煌郡，唐武德五年曰西沙州，貞觀七年曰沙州，亦曰敦煌郡，領敦煌等縣二。今廢沙州衛。

伊州，漢西域伊吾廬地，唐貞觀四年内屬，置西伊州，六年曰伊州，亦曰伊吾郡，領伊吾等縣二。即今西域哈密衛。

西州，漢西域車師前王庭也，唐貞觀十四年平高昌，始置西州，亦曰交河郡，又爲金山都督府，領高昌等縣五。即今西域火州。

庭州。漢車師後王庭也，唐貞觀十四年平高昌，并得其地，因置庭州，長安二年曰北庭都護府，〔五〕天寶初曰北庭節度使，領金蒲等縣三。今火州北有廢庭州。上元以後，河西軍鎮多爲回鶻所陷。

東臨海，西抵漢，南據江，北距淮，曰淮南道。統州十四。

揚州，漢曰廣陵國，隋曰揚州，唐因之，亦曰廣陵郡，領江都等縣四。今揚州府。
楚州，漢臨淮郡地，隋置楚州，唐因之，亦曰淮陰郡，領山陽等縣四。今淮安府。
和州，漢九江郡地，北齊曰和州，隋、唐因之，亦曰歷陽郡，領歷陽等縣二。今仍曰和州。
滁州，漢九江郡地，隋曰滁州，唐因之，亦曰永陽郡，領清流等縣二。今仍曰滁州。
濠州，漢九江郡地，隋曰豪州，唐改曰濠州，亦曰鍾離郡，領鍾離等縣三。今鳳陽府。
壽州，漢曰九江郡，隋曰壽州，唐因之，亦曰壽春郡，領壽春等縣四。今屬鳳陽府。
廬州，漢廬江等郡地，隋初曰廬江州，唐曰廬州，亦曰廬江郡，領合肥等縣四。今廬州府。
舒州，漢廬江郡地，唐武德四年曰舒州，亦曰同安郡，至德二載又曰盛唐郡，領懷寧等縣五。即今安慶府。
蘄州，漢江夏郡地，後周曰蘄州，隋、唐因之，亦曰蘄春郡，領蘄春等縣四。今屬黄州府。
黄州，漢曰江夏郡，後周曰黄州，隋、唐因之，亦曰齊安郡，領黄岡等縣三。今黄州府。
沔州，漢江夏郡地，隋曰沔州，唐因之，亦曰漢陽郡，領漢陽等縣二。今漢陽府。
安州，漢江夏郡地，西魏曰安州，唐因之，亦曰安陸郡領，安陸等縣六。今德安府。
申州，漢南陽、江夏二郡地，後周曰申州，隋、唐因之，亦曰義陽郡，領義陽等縣三。即今汝寧府信陽州。
光州。漢汝南等郡地，梁末置光州，唐因之，亦曰弋陽郡，領定城等縣五。今屬汝寧府。
東臨海，西抵蜀，南極嶺，嶺即五嶺。北帶江，曰江南道。統州四十二。

潤州，漢丹陽等郡地，隋置潤州，唐因之，亦曰丹陽郡，領丹徒等縣五。即今鎮江府。又至德二載置江寧郡。乾元初日昇州，上元二年廢，大順初復置，領上元等縣四。今應天府。

常州，漢會稽郡地，隋置常州，唐因之，亦曰晉陵郡，領武進等縣四。今常州府。

蘇州，漢會稽郡，隋曰蘇州，唐因之，亦曰吴郡，領吴縣等縣四。今蘇州府。

湖州，漢會稽及丹陽郡地，隋曰湖州，唐因之，亦曰吴興郡，領烏程等縣五。今湖州府。

杭州，漢會稽郡地，隋置杭州，唐因之，亦曰餘杭郡，領錢唐等縣五。今杭州府。

睦州，漢丹陽郡地，隋置睦州，唐因之，亦曰新定郡，領建德等縣七。今嚴州府。

歙州，漢丹陽郡地，隋置歙州，唐因之，亦曰新安郡，領歙縣等縣三。今徽州府。

婺州，漢會稽郡地，隋曰婺州，唐因之，亦曰東陽郡，領金華等縣五。今金華府。又武德四年置衢州，七年廢，垂拱三年復置，亦曰信安郡，領信安等縣六。今衢州府。

越州，漢會稽郡地，隋置越州，唐因之，亦曰會稽郡，領會稽等縣五。今紹興府。又開元二十六年置明州，亦曰餘姚郡，領鄮縣等縣四。今寧波府。

台州，漢會稽郡地，唐武德四年置海州，五年改爲台州，亦曰臨海郡，領臨海等縣二。今台州府。

括州，漢會稽郡地，隋曰處州，尋改括州，唐因之，亦曰縉雲郡，大曆十四年復曰處州，領括蒼等縣五。今處州府。又上元二年分置温州，亦曰永嘉郡，領永嘉等縣四。今温州府。

建州，漢屬會稽郡，唐武德四年置建州，亦曰建安郡，領建安等縣六。今建寧府。

福州，漢屬會稽郡，唐武德四年於此置泉州，景雲二年曰閩州，開元十三年曰福州，亦曰長樂郡，領閩縣等縣八。今福州府。又聖曆二年分置武榮州，三年廢，久視初復置，景雲二年改爲泉州，亦曰清源郡，領晉江等縣四。今泉州府。又垂拱二年置漳州，亦曰漳浦郡，領漳浦等縣二。今漳州府。又開元二十四年置汀州，亦曰臨汀郡，領長汀等縣三。今汀州府。

宣州，漢曰丹陽郡，隋置宣州，唐因之，亦曰宣城郡，領宣城等縣八。今寧國府。又武德四年置池州，貞觀初廢，永泰初復置，亦曰秋浦郡，領秋浦等縣四。今池州府。

饒州，漢豫章郡地，隋曰饒州，唐因之，亦曰鄱陽郡，領鄱陽等縣四。今饒州府。又乾元初置信州，領上饒等縣三。今廣信府。

撫州，漢豫章郡地，隋曰撫州，唐因之，亦曰臨川郡，領臨川等縣三。今撫州府。

虔州，漢豫章郡地，隋置虔州，唐因之，亦曰南康郡，領贛縣等縣四。今贛州府。

洪州，漢曰豫章郡，隋置洪州，唐因之，亦曰豫章郡，領豫章等縣四。今南昌府。

吉州，漢豫章郡地，隋置吉州，唐因之，亦曰廬陵郡，領廬陵等縣四。今吉安府。

袁州，漢豫章郡地，隋置袁州，唐因之，亦曰宜春郡，領宜春等縣三。今袁州府。

郴州，漢曰桂陽郡，隋曰郴州，唐因之，亦曰桂陽郡，領郴縣等縣八。今仍曰郴州。

江州，漢廬江、豫章二郡地，晉爲江州治，宋、齊及隋、唐因之，亦曰潯陽郡，領潯陽等縣三。即今九江府。

鄂州，漢曰江夏郡，隋曰鄂州，唐因之，亦曰江夏郡，領江夏等縣五。今武昌府。

岳州，漢長沙郡地，隋曰巴州，唐因之，亦曰巴陵郡，領巴陵等縣五。今岳州府。

潭州，漢曰長沙國，隋曰潭州，唐因之，亦曰長沙郡，領長沙等縣五。今長沙府。

衡州，漢長沙、桂陽等郡國地，隋曰衡州，唐因之，亦曰衡陽郡，領衡陽等縣五。今衡州府。

永州，漢曰零陵郡，隋曰永州，唐因之，亦曰零陵郡，領零陵等縣三。今永州府。

道州，漢長沙國地，唐武德四年置營州，明年曰南營州，貞觀八年曰道州，亦曰江華郡，領營道等縣三。今屬永州府。

邵州，漢長沙、零陵地，唐武德四年置邵州，亦曰邵陽郡，領邵陽等縣二。今寶慶府。

朗州，漢曰武陵郡，隋曰朗州，唐因之，亦曰武陵郡，領武陵等縣二。今常德府。

澧州，漢武陵郡地，隋曰澧州，唐因之，亦曰澧陽郡，領澧陽等縣五。今屬岳州府。

辰州，漢武陵、長沙郡地，隋曰辰州，唐因之，亦曰盧溪郡，領沅陵等縣七。今辰州府。

巫州，漢武陵、長沙郡地，唐貞觀八年置巫州，天授二年曰沅州，開元十三年復曰巫州，亦曰潭陽郡，大曆五年又改曰溆州，領龍標等縣三。今辰州府沅州南五十里廢龍標城是。又垂拱二年置錦州，亦曰盧陽郡，領盧陽等縣二。今沅州麻陽縣西三十里有廢盧陽縣。又長安四年置舞州，開元十三年曰鶴州，二十年曰業州，亦曰龍標郡，大曆五年改曰奬州，領峨山等縣三。今沅州西界有廢峨山縣。

施州，漢南郡地，隋義寧二年曰施州，唐因之，亦曰清江郡，領清江等縣二。今爲施州衛。又天授二年分置溪州，亦曰靈溪郡，領大鄉等縣二。今爲永順宣慰司。

思州，漢武陵郡地，唐武德初置務州，貞觀四年曰思州，亦曰寧夷郡，領務川等縣四。務川，今貴州思南府屬縣。

南州，漢武陵郡地，武德二年置南州，三年曰楚州，明年復故，亦曰南川郡，領南川等縣二。今重慶府南川縣。

黔州，漢武陵郡地，後周置黔州，隋、唐因之，亦曰黔中郡，領彭水等縣五。今重慶府涪州彭水縣。

費州，漢牂柯郡地，後周置費州，唐因之，亦曰涪川郡，領涪川等縣四。今思南府東北百里有廢費州城。

夷州，漢牂柯郡地，武德四年置夷州，貞觀初廢，尋復置，亦曰義泉郡，領綏陽等縣五。綏陽，今遵義府屬縣也。

溱州，古南蠻地，貞觀十六年置溱州，亦曰溱溪郡，領營懿等縣二。今思南府西境廢營懿縣是也。

播州，漢牂柯郡地，貞觀九年置郎州，十一年改置播州，亦曰播川郡，領播川等縣四。今遵義府。

珍州。漢牂柯郡地，貞觀十六年置珍州，亦曰夜郎郡，領營德等縣四。今遵義府真安州西南四十里有故營德縣。

東連牂牁，牂牁，見漢十三部益州。西界吐蕃，南接羣蠻，北通劍閣，曰劍南道。統州二十有六。

益州，漢曰蜀郡，晉以後皆爲益州治，唐仍曰益州，亦曰蜀郡，至德二載曰成都府，領成都等縣十六。今仍曰成都府。又垂拱二年分置蜀州，亦曰唐安郡，領晉原等縣四。今成都府崇慶州也。又置彭州，亦曰彭陽郡，領九隴等縣四。今成都府彭縣也。又置漢州，亦曰德陽郡，領雒縣等縣五。今成都府漢州。

綿州，漢廣漢郡地，隋曰綿州，唐因之，亦曰巴西郡，領巴西等縣九。今屬成都府。

始州，漢廣漢郡地，西魏曰始州，唐初因之，先天二年改曰劍州，亦曰普安郡，領普安等縣七。今保寧府劍州。

梓州，漢廣漢、巴西二郡地，隋曰梓州，唐因之，亦曰梓潼郡，領郪縣等縣八。〔六〕即今潼川州。

遂州，漢廣漢郡地，後周置遂州，隋、唐因之，亦曰遂寧郡，領方義等縣五。今潼川州遂寧縣即州治也。

普州，漢犍爲郡及巴郡地，後周置普州，隋、唐因之，亦曰安岳郡，領安岳等縣六。今潼川州安岳縣即州治。

資州，漢犍爲郡地，西魏曰資州，隋、唐因之，亦曰資陽郡，領盤石等縣八。即今成都府資縣。又乾元初置昌州，治昌元縣，光啓中又移州治大足縣。昌元，今爲榮昌縣，與大足縣俱屬重慶府，時屬資州境内。

簡州，漢犍爲、廣漢郡地，隋曰簡州，唐因之，亦曰陽安郡，領陽安等縣三。今屬成都府。

陵州，漢犍爲、蜀郡二郡地，西魏曰陵州，隋、唐因之，亦曰仁壽郡，領仁壽等縣四。今成都府仁壽縣即其治。

邛州，漢蜀郡地，西魏置邛州，唐因之，亦曰臨邛郡，領臨邛等縣七。今仍曰邛州。

雅州，漢蜀郡地，隋曰雅州，唐因之，亦曰盧山郡，領嚴道等縣五。今仍曰雅州。又大足初置黎州，亦曰洪源郡，領漢原等縣三。今爲黎州安撫司。

眉州，漢犍爲郡地，西魏曰眉州，隋、唐因之，亦曰通義郡，領通義等縣五。今仍曰眉州。

嘉州，漢曰犍爲郡，後周曰嘉州，隋、唐因之，亦爲犍爲郡，領龍游等縣四。今曰嘉定州。

榮州，漢犍爲郡地，唐武德初置榮州，亦曰和義郡，領旭川等縣六。今嘉定州榮縣是其治。

瀘州，漢犍爲郡地，梁置瀘州，隋、唐因之，亦曰瀘川郡，領瀘川等縣六。今仍曰瀘州。

戎州，漢屬犍爲郡，梁置戎州，隋、唐因之，亦曰南溪郡，領南溪等縣五。即今叙州府。

茂州，漢汶山郡，隋曰汶州，唐武德初曰會州，四年曰南會州，貞觀八年曰茂州，亦曰通化郡，領汶山等縣四。今屬成都府。

維州，古羌夷地，唐武德初置維州，亦曰維川郡，領薛城等縣三。即今成都府威州。

嶲州，漢曰越嶲郡，隋曰嶲州，唐因之，亦曰越嶲郡，領越嶲等縣七。今爲建昌行都司。

姚州，漢益州郡，唐武德四年置姚州，亦曰雲南郡，領姚成等縣三。即今姚安軍民府。

龍州，古徼外地，西魏置龍州，隋因之，唐武德初曰西龍門州，貞觀初曰龍門州，亦曰江油郡，〔七〕乾元初曰龍州，領江油等縣二。今爲龍安府。

文州，漢廣漢郡地，西魏曰文州，唐因之，亦曰陰平郡，領曲水等縣二。即今鞏昌府階州文縣。

扶州，古西戎地，隋曰扶州，唐因之，亦曰同昌郡，領同昌等縣四。今文縣西北百六十里廢扶州是。

松州，古西羌地，唐武德初置松州，亦曰交川郡，〔八〕領嘉誠等縣三。今爲松潘衞。

翼州，漢蜀郡地，唐武德初置翼州，亦曰臨翼郡，領衞山等縣四。今爲疊溪所。又顯慶初置悉州，亦曰歸誠郡，領左封等縣三。今疊溪所西百九十里有左封廢縣。又天寶五年置昭德郡，亦曰真州，領真符等縣三。今疊溪所西南百餘里有故廢真符縣。

當州。古西羌地，後周置覃州，唐貞觀二十一年曰當州，亦曰江原郡，領通軌等縣三。今疊溪所西北二百七十里有故當州城。又儀鳳二年置南和州，天授二年曰静州，亦曰静川郡，領悉唐等縣二。今疊溪所西三百六十里有故静州城。又開元十二年置恭州，亦曰恭化郡，領和集等縣三。今威州西北三百餘里有廢恭州城。永徽末又置拓州，〔九〕亦曰蓬山郡，領拓縣等縣二。今松潘衛西南廢拓州是。又開元二十八年置奉州，亦曰雲山郡，天寶八載又曰天保郡，亦曰保州，領定廉等縣二。定廉，今威州西北百三十里有廢縣。天寶初又置静戎郡，亦曰霸州，領信安縣一。今松潘衛西南二百五十里廢霸州是。劉眗曰：「自龍州以下，貞觀初屬隴右道，永徽以後據梁州之境割屬劍南。」

東南際海，西極羣蠻，北據五嶺，五嶺見前。曰嶺南道。統州六十八。

廣州，漢南海郡，三國吴爲廣州治，後因之，隋曰番州，唐復爲廣州，亦曰南海郡，領南海等縣十。今廣州府。劉眗曰：「廣管經略治此，管廣、韶、循、潮、岡、恩、春、賀、端、康、藤、封、瀧、高、義、新、勤、竇等州。」

韶州，漢桂陽郡地，武德四年置番州，貞觀初曰韶州，亦曰始興郡，領曲江等縣四。今韶州府。

循州，漢南海郡地，隋曰循州，唐因之，亦曰海豐郡，領歸善等縣五。今惠州府。

潮州，漢南海郡地，隋曰潮州，唐因之，亦曰潮陽郡，領海陽等縣三。今潮州府。

連州，漢屬桂陽郡，唐武德四年置連州，亦曰連山郡，領桂陽等縣二。今屬廣州府。

端州，漢蒼梧郡地，隋置端州，唐因之，亦曰高要郡，領高要等縣二。今肇慶府。

康州，漢蒼梧郡地，唐武德四年置康州，亦曰晉康郡，領端溪等縣四。今肇慶府德慶州。

岡州，漢南海郡地，隋曰岡州，唐因之，亦曰義寧郡，領新會等縣二。新會，今廣州府屬縣。

恩州，漢合浦郡地，唐貞觀二十三年置恩州，亦曰恩平郡，領陽江等縣二。陽江，今肇慶府屬縣。

春州，漢合浦郡地，唐武德四年置春州，亦曰南陵郡，領陽春等縣二。陽春，今屬肇慶府。

勤州，漢合浦郡地，唐武德四年置勤州，亦曰銅陵郡，領富林等縣二。富林，今陽春縣西北廢縣。

新州，漢合浦郡地，梁置新州，隋、唐因之，亦曰新興郡，領新興等縣三。新興，今肇慶府屬縣。

封州，漢蒼梧郡地，隋曰封州，唐因之，亦曰臨封郡，領封川等縣二。封川，今德慶府屬縣。

潘州，漢合浦郡地，唐武德四年置南宕州，六年曰潘州，亦曰南潘郡，領茂名等縣三。茂名，即今高州府治。

高州，漢蒼梧郡地，梁置高州，隋、唐因之，亦曰高凉郡，領良德等縣三。今高州府電白縣西百二十七里有故城。

辯州，漢合浦郡地，唐武德四年置南石州，貞觀九年曰辨州，亦曰陵水郡，領石龍等縣四。今爲高州府化州。又大曆八年置順州，領龍化等縣四。今化州西北有龍化廢縣。或曰南漢所置州也。

羅州，漢合浦郡地，梁置羅州，陳及隋、唐因之，亦曰招義郡，領石城等縣五。石城，今化州屬縣。

竇州，漢蒼梧郡地，唐武德五年置南扶州，貞觀八年曰竇州，亦曰懷德郡，領信義等縣四。信義，即今高州府信宜縣。

瀧州，漢蒼梧郡地，梁置瀧州，隋、唐因之，亦曰開陽郡，領瀧水等縣五。今爲羅定州。

雷州，漢合浦郡地，梁曰合州，隋因之，唐初曰南合州，貞觀初曰東合州，八年改爲雷州，亦曰海康郡，領海康等縣三。今雷州府。

廉州，漢曰合浦郡，宋爲越州治，齊、梁因之，隋曰禄州，又爲合州，唐武德五年復曰越州，貞觀八年曰姜州，十二年曰廉州，亦曰合浦郡，領合浦等縣五。今廉州府。

欽州，漢合浦郡地，隋曰欽州，唐因之，亦曰寧越郡，領欽江等縣五。欽江，今廉州府欽州北百三十里故縣是。

陸州，漢交趾郡地，梁曰黄州，隋曰玉州，唐初因之，貞觀二年廢，上元二年復置，改曰陸州，亦曰玉山郡，領烏雷等縣三。烏雷，今欽州西南百七十里廢縣是。

瓊州，漢珠崖郡地，貞觀五年置瓊州，亦曰瓊山郡，領瓊山等縣五。即今瓊州府。又開元初置萬安州，亦曰萬安郡，至德二載曰萬全郡，領萬安等縣四。今瓊州府萬州。

振州，漢珠崖郡地，唐武德五年置振州，亦曰延德郡，領寧遠等縣五。寧遠，今崖州治是。

崖州，漢曰珠崖郡，梁置崖州，隋、唐因之，亦曰珠崖郡，領舍城等縣四。舍城，今瓊州府東北二百六十里有廢縣。

儋州，漢曰儋耳郡，唐武德五年置儋州，亦曰昌化郡，領義倫等縣五。今屬瓊州府。

桂州，漢零陵、蒼梧二郡地，梁置桂州，隋、唐因之，亦曰始安郡，至德二載曰建陵郡，領臨桂等縣十。即今桂林府。又乾封初置嚴州，亦曰修德郡，領來賓等縣三。來賓，今柳州府屬縣。又開元中置淳州，亦曰永定郡，永貞初改曰巒州，領永定等縣三。今南寧府永淳縣是其治。劉昫曰：「桂管經略治桂州，管桂、昭、蒙、富、梧、潯、龔、鬱林、平琴、賓、澄、繡、象、柳、融等州。」

昭州，漢蒼梧郡地，唐武德四年置樂州，貞觀八年曰昭州，亦曰平樂郡，領平樂等縣三。即今平樂府。

富州，漢蒼梧郡地，陳置静州，唐因之，貞觀八年曰富州，亦曰富江郡，領龍平等縣三。龍平，今平樂府昭平縣。

賀州，漢蒼梧郡地，隋曰賀州，唐因之，亦曰臨賀郡，領臨賀等縣五。臨賀，即今平樂府賀縣。

蒙州，漢蒼梧郡地，唐武德四年置南蒙州，貞觀八年曰蒙州，亦曰蒙山郡，領立山等縣三。今爲平樂府永安州。

梧州，漢曰蒼梧郡，後漢爲交州治，隋曰封州，唐曰梧州，亦曰蒼梧郡，領蒼梧等縣三。今梧州府。

藤州，漢蒼梧郡地，隋曰藤州，唐因之，亦曰感義郡，領鐔津等縣三。今梧州府藤縣是其治。

義州，漢蒼梧郡地，唐武德四年置南義州，貞觀初廢，尋復置，亦曰義州，亦曰連城郡，領岑溪等縣三。今梧州府岑溪縣是其治。

鬱林州，漢曰鬱林郡，隋曰鬱林州，唐因之，亦曰鬱林郡，領石南等縣五。石南，今梧州府鬱林州興業縣東北五十里廢縣是。

平琴州，漢鬱林郡地，唐置平琴州，亦曰平琴郡，領容山等縣四。今鬱林州北百里有容山廢縣。

容州，漢合浦郡地，唐武德四年置銅州，貞觀八年曰容州，亦曰普寧郡，領北流等縣六。元和中徙治普寧縣。北流，今鬱林州屬縣。普寧，即今容縣。劉昫曰：「容管經略治此，管容、辨、白、牢、欽、巖、禺、湯、瀼、古等州，咸通初并入邕管，五年復舊。」

白州，漢合浦郡地，唐武德四年置南州，六年改曰白州，亦曰南昌郡，領博白等縣五。博白，今鬱林州屬縣。

山州，漢合浦郡地，唐貞觀中置山州，亦曰龍池郡，領龍池等縣二。龍池，今博白縣南有廢縣。

牢州，漢日南郡地，唐武德四年置義州，五年曰智州，貞觀十二年曰牢州，亦曰定川郡，領南流等縣三。今鬱林州治，即故南流縣。

黨州，漢鬱林郡地，唐曰黨州，亦曰寧仁郡，領善勞等縣四。善勞，今鬱林州東北百二十里廢縣是其地也。

禺州，漢合浦郡地，唐武德四年置宕州，總章初曰東峨州，明年曰禺州，亦曰温水郡，領峨石等縣四。峨石，今鬱林州陸川縣東北百里廢縣是。

龔州，漢蒼梧、鬱林二郡地，唐貞觀三年置鷰州，七年改置龔州，亦曰臨江郡，領平南等縣八。平南，今潯州府屬縣。

潯州，漢鬱林郡地，唐貞觀七年置潯州，亦曰潯江郡，領桂平等縣三。今潯州府。

貴州，漢鬱林郡地，武德四年置南尹州，貞觀九年曰貴州，亦曰懷澤郡，領鬱平等縣八。今潯州府貴縣即其治。

繡州，漢鬱林郡地，唐武德四年置林州，六年曰繡州，亦曰常林郡，領常林等縣三。常林，今潯州府貴縣東南百里廢縣是。

横州，漢鬱林、合浦二郡地，隋置簡州，亦曰緣州，唐復曰簡州，尋曰南簡州，貞觀八年曰横州，亦曰寧浦郡，領寧浦等縣三。今屬南寧府。

邕州，漢鬱林郡地，唐武德四年置南晉州，貞觀六年改邕州，亦曰朗寧郡，領宣化等縣五。即今南寧府。又開元初置田州，亦曰横山郡，領都救等縣五。今仍曰田州。劉昫曰：「邕管經略治邕州，管邕、桂、黨、横、田、嚴、山、巒、羅、辨等州，元和十五年并入容管，長慶二年復舊。」

賓州，漢鬱林郡地，唐貞觀五年置賓州，亦曰安城郡，至德二載又爲領方郡，領領方等縣三。今仍曰賓州，屬柳州府。

澄州，漢鬱林郡地，唐武德四年置方州，貞觀八年曰澄州，亦曰賀水郡，領上林等縣四。上林，今賓州屬縣。

象州，漢鬱林郡地，隋置象州，唐因之，亦曰象郡，領武化等縣六。武化，今柳州府來賓縣東南廢縣是。

柳州，漢鬱林郡地，唐武德四年置昆州，亦曰南昆州，貞觀八年改爲柳州，亦曰龍城郡，領馬平等縣四。即今柳州府。

融州，漢鬱林郡地，唐武德四年置融州，亦曰融水郡，領融水等縣三。今柳州府融縣即其治。

粵州，漢鬱林郡地。唐曰粵州，乾封初曰宜州，亦曰龍水郡，領龍水等縣四。今慶遠府。

芝州，漢鬱林郡地，唐曰芝州，亦曰忻城郡，領忻城縣一。今慶遠府忻城縣是。

籠州，古蠻夷地，貞觀十二年置籠州，亦曰扶南郡，領武勒等縣七。今爲南寧府新寧州。

環州，本南蠻地，唐貞觀十二年置環州，亦曰正平郡，領正平等縣八。今慶遠府河池州思恩縣西北有廢環州。

瀼州，本南蠻地。貞觀十二年置，亦曰臨潭郡，領臨江等縣四。今南寧府南二百里有廢瀼州。

巖州，漢合浦郡地，唐曰巖州，亦曰安樂郡，至德二載又曰常樂郡，領常樂等縣四。新唐書：「調露三年析横、貴二州地置巖州，因巖岡之北而名。」杜佑曰：「其地與合浦郡同。」似悮。

古州，本南蠻地，貞觀十二年置古州，亦曰樂古郡，領樂古等縣三。今柳州府懷遠縣西北有古州蠻及古州江，州當置於此。杜佑曰：「其地與臨潭郡同。」似悮。

交州，漢交阯、日南二郡地，後漢爲交州治，晉以後因之，唐亦曰交州，調露初曰安南都護府，至德二載曰鎮南都護府，亦曰安南府，領宋平等縣八。今安南國都也。劉昫曰：「安南所管二十一州。」蓋自四管而外，皆安南所統。以下諸州，今俱没安南境内。

武峨州，漢交阯郡地，唐曰武峨州，亦曰武峨郡，領武峨等縣五。

愛州，漢九真郡地，梁曰愛州，隋、唐因之，亦曰九真郡，領九真等縣七。又總章二年置福禄州，亦曰福禄郡，至德二載改爲唐杜郡，領柔遠等縣三。

長州，漢九真郡地，唐曰長州，亦曰文陽郡，領文陽等縣四。

驩州，漢九真郡地，隋曰驩州，唐武德五年曰南德州，八年曰德州，貞觀初曰驩州，亦曰日南郡，領九德等縣六。又武德五年置驩州於咸懽縣，貞觀九年改曰演州，〔一〇〕十六年省入驩州，廣德二年復分置演州，治懷驩縣，即故咸懽縣也。

峰州，漢交趾郡，陳曰興州，隋曰峰州，唐因之，亦曰承化郡，領嘉寧等縣三。

湯州。漢交趾郡，唐曰湯州，亦曰湯泉郡，領湯泉等縣三。

共有州二百九十有三。唐史：「貞觀十三年定簿，凡府州三百五十八，明年平高昌，又增州二。」會要亦云：「凡天下三百六十州，自後併省，迄於天寶初凡三百三十一州存焉。」今考六典所載，凡三百十有六州，其五十州皆貞觀已後所置。王氏曰：「諸州因革既時代不同，而邊遠諸州又在所略也。」是時既北殄突厥，貞觀四年，李靖討突厥，大破之，斥地自陰山北至大漠。陰山，見前。西平吐谷渾、高昌，貞觀九年，李靖等討吐谷渾，悉平其地，改立君長而還。又十四年，侯君集平高昌，下二十二城，置西州，又兼得西突厥車師後王庭之地，置庭州以統之。吐谷渾，見前隋克吐谷渾。西、庭二州，見上。後又東伐高麗，貞觀十九年，親征高麗，拔遼東數城而還。是後數遣兵伐之。顯慶五年時，高麗、百濟與新羅相攻，遣蘇定方先平百濟，因置熊津五都督府及帶方州以統其地。總章初，李勣等伐高麗，平之，置都督府九、州四十二、縣百，又置安東都護於平壤城，以統高麗、百濟之地。既而高麗餘衆復叛，其舊城多爲新羅所竊據。遼東城，即隋煬帝所攻襄平城也。百濟，今朝鮮國南境全羅道是其地，有熊津江口，爲險要處，唐因置府於此。新羅，今朝鮮東南境慶尚道是其地。平壤，今朝鮮之西京也。北滅薛延陀，貞觀二十年，李世勣討薛延陀至鬱督軍山，盡降其衆。薛延陀本鐵勒諸部，初附屬突厥，突厥衰，乃掩有漠北之地。鬱督軍山、薛延陀建牙處也。西臣西域，貞觀十八年，郭孝恪平焉耆。二十年阿史那社爾破西突厥，因復定焉耆，平龜兹。是年，王玄策復擊下天竺諸城邑。顯慶二年，蘇定方討西突厥，悉定其地，所役屬西域諸國悉歸附。龍朔初，吐火羅等十六國復内屬。焉耆在火州西七百里，西去龜兹八百里。西突厥時據有烏孫故地，在庭州以西北，西域皆臣屬之。天竺，今西域西南印度國也。吐火羅國，在今西域哈烈東境。其地東至海，西踰葱嶺，葱嶺，見前凉張氏西包葱嶺。南盡林州，林州即林邑，見前煬帝平林邑。北被大漠，東西九千五百十一里，南北一萬六千九百十八里。睿宗時置二十四都督府，分統諸州。

史略：景雲二年置都督二十四人，察刺史以下善惡。揚、益、并、荆四州爲大都督，汴、兖、魏、博、冀、蒲、綿、秦、洪、越十州爲中都督，齊、鄜、涇、襄、安、潭、遂、通、梁、岐十州爲下都督。尋以權重難制，罷之，惟四大都督如故。開元十七年，以潞、益、并、荆、揚爲五大都督，五代會要云：「時以靈、陝、幽、揚、潞、魏、鎮、徐八州爲大都督。」又更定上、中、下都督之制，上都督府，即五大都督也。其中都督府凡十五，曰凉、秦、靈、延、代、兖、梁、安、越、洪、潭、桂、廣、戎、福。下都督府凡二十，曰夏、原、慶、豐、勝、榮、松、洮、鄯、西、雅、瀘、茂、巂、姚、夔、黔、辰、容、邕。復自京都，京兆、河南、太原爲京都。及都督，即五大都督也。都護府六都護見後。之外，以近畿之州爲四輔，同、華、岐、蒲。餘爲六雄、鄭、陜、汴、絳、懷、魏。十望、宋、亳、滑、許、汝、晉、洺、虢、魏、相。十緊秦、延、涇、邠、隴、汾、隰、慈、唐、鄧。後入緊者益多，不復具列。及上、中、下之差，諸州皆有上、中、下之目。而關内、隴右、河北、河東、劍南、江南、嶺南沿邊諸州，皆謂之邊州。又豐、勝、靈、夏、朔、代曰河曲六州，廣、桂、容、邕、安南曰嶺南五管。

明皇增飾舊章，分十五道：唐志：景雲二年，議者以山南所部濶遠，乃分爲東西道。又分隴右爲河西道，未幾復罷。開元二十一年，始分天下爲十五道，置採訪使以檢察非法，如漢刺史之職。曰京畿，治西京，京兆、岐、同、華、邠、商、金等府州屬焉。分關内道置。曰都畿，治東都，河南、陜、汝、鄭、懷等府州屬焉。分河南道置。曰關内，隴州至勝州皆屬焉，多以京官遥領。曰河南，治汴州，自許州至密州皆屬焉。曰河東，治河中府。唐志：「時以河中爲中都，亦曰中畿。」曰河北，治魏州。曰山南東，治襄州，自荆州至萬州皆屬焉。以山南道分置。曰山南西，治梁州，自梁州至渠州皆屬焉。曰隴右，治鄯州。曰淮南，治揚州。曰江南東，治蘇州，自潤州至漳州皆屬焉。以江南道分置。曰江南西，治洪州，自宣州至邵州皆屬焉。又唐紀「天寶十五載分江南爲東、西道，東道領餘杭，西道領豫章等郡」，蓋分置節度使也。曰黔中，治黔州，黔、思、辰、錦、朗、溪、巫、施、費、珍、播、夷、業、南、溱諸州皆屬焉。分江南西道置。曰劍南，治益州。曰嶺南。治廣州。凡天下郡府三百二十有八，縣千五百七十有三，會要：「貞觀中縣千五百一十七」，此蓋又增於舊。通典：「京都所理曰赤縣，所統曰畿縣，其餘曰望，曰緊，及上、中、下之目，凡分七等。」又元和六年李吉甫奏列州三百，縣千四百云。而羈縻府州統於六都護及邊州都督者，不在其中。

史略：唐貞觀至開元，蠻夷多内屬，即其部落爲羈縻府州，多至八百五十有六，又於沿邊諸道設六都護分統之，曰安北都護府，屬關内道。永徽初，薛延陀既滅，鐵勒諸部回紇等皆内附。復討擒突厥遺種車鼻可汗於金山，於是北荒悉爲封内，因置燕然都護府，領狼山等羈縻府州共二十有七。龍朔二年，徙燕然都護府於回紇，更名翰海，盡統磧以北州府。總章二年又改爲安北都護府，開元二年移治中受降城，至德以後謂之鎮北，大曆八年徙治天德軍。金山在漠北，突厥建牙處也。狼山府在鬱督軍山南，以車鼻部落置，明年廢狼山爲州。中受降城南去廢夏州八百里，西去天德軍二百里，並在今榆林塞外。曰單于都護府，屬關内道。亦永徽初置，領翰海等羈縻府州十有五。龍朔二年更名燕然曰翰海，而徙翰海都護府於雲中城，更名曰雲中都護，以磧爲界，磧北州府皆隸翰海，南隸雲中。麟德初又改爲單于大都護府，垂拱二年罷爲鎮守使，開元二年復曰單于大都護府。天寶初，安北、單于二都護並屬朔方節度，大曆八年徙治鎮武軍。翰海府，在鬱督軍山東，以回紇部落置。雲中城，在大同府西北四百餘里。振武軍，即故魏之盛樂城也。曰安西都護府，屬隴右道。貞觀中平高昌，即置安西都護府於交河城。顯慶二年，龜茲國亂，楊胄討平之，置龜茲都督府，移安西都護府治焉。咸亨初龜茲没於吐蕃，長壽初唐休璟復取之，仍置府於龜茲，統龜茲、焉耆、于闐、疏勒四鎮及西域、月氏等府州九十有六。至德以後，亦曰鎮西。交河城，在今火州西百里。龜茲、焉耆，見前。于闐亦曰毗沙都督府，今西域屬國。疏勒亦在今火州西南。月氏，即西域吐火羅國。曰北庭都護府，屬隴右道。長安二年於庭州置北庭都護府，統鹽治等府州十有六。劉昫曰：「十六州皆以戎、胡部落寄治庭州界内。」曰安東都護府，屬河北道。總章初平高麗，置安東都護府於平壤，高麗諸府州以及百濟、新羅皆屬焉。儀鳳初，高麗餘黨復叛，徙安東都護於遼東故城，明年又移於新城，聖曆初罷爲安東都督府，神龍初復故。開元二年徙平州，天寶二載又移於遼西故郡城，屬平盧節度，至德後遂廢。新城，今瀋陽衛西北百八十里故遼濱城是。遼西故郡城，在營州東二百七十里。曰安南都護府，屬嶺南道。調露初改交州都督府曰安南都護府，境内羈縻諸州及海南諸國皆屬焉。至德二載改曰鎮南，大曆三年復故。又安西、安北、單于曰大都護府，北庭、安東、安南曰中都護府。其餘則統於營州，屬河北道。武德以後，契丹、奚、室韋、靺鞨諸部落次第歸附，前後置羈縻府州三十餘，隸營州都督府，萬歲通天二年，營州陷於契丹，神龍初改隸幽州都督，開元四年還隸營州。劉昫曰：「今營州有名之州凡十有六。」契丹、奚、室韋，俱在今大寧廢衛東北。靺鞨，在今遼東東北塞外。松州，初屬隴右，永徽後屬劍南道。唐志：「貞觀中西羌別種党項等次第内屬，於是河首、積石以東皆爲中國之境，開地三千餘里，置州百，悉屬松州都督府，其里道可據者蓋二十五州。」又疊州都督府分督降羌九州。茂州都督府亦分督降羌九州，永徽初嘗析爲三十一州。雅州都督府亦分督生羌、生獠一十九州。黎州都督府亦分督生獠五十五州，則僅有州名而已。河首，謂析支河首，在今西寧衛西南塞外，即党項所居。積石山，在西寧衛西南百七十里，見陝西名山。戎州，屬劍南道。武德初，南中諸蠻次第歸附，四年於姚州及南寧州皆置總管府，分統南蠻羈縻諸州。貞觀四年置戎州都督府，督羈縻三十六州。又瀘州都督府，分督夷、獠十州。南寧州，貞觀八年改曰郎州，今爲曲靖軍民府。黔州屬江南道。武德以後，諸蠻來附，有羈縻五十一州，悉隸黔州都督府。等都督府。其地南北皆如前漢之盛，東不及而西過之。

時又於邊境置節度經略使，式遏四夷。安西節度使，治安西都護府。開元六年置四鎮節度使，十二年改曰磧西，二十九年又改曰安西，至德初改曰鎮西，大曆三年仍曰安西，亦曰安西四鎮節度使。撫寧西域；兵志云：「統保大軍一，鷹娑都督一，蘭城等守捉八。」保大軍，在安西城内。鷹娑府，以西突厥鼠尼施部置，去西州千餘里。蘭城，亦在西州之西。通典云：「統龜茲四鎮。」蓋四鎮之地悉屬焉。北庭節度使，治北庭都護府。開元二十九年置，亦曰伊西節度，亦曰伊西北庭節度使。防制突騎施、堅昆、默啜；〔二〕突騎施，西突厥別部也，在北庭府西北三千餘里。堅昆，北狄別種，亦曰結骨，後更名黠戛斯，在北庭府北七千里。默啜，或曰鐵勒別種也，在北庭府東北千七百里。統翰海等軍三，沙鉢等守捉十。翰海，在北庭城内。沙鉢，亦曰莫賀城，在北庭西五百餘里。蓋西、伊二州之境皆屬焉。河西節度使，治涼州。景雲元年置。斷隔羌、胡；統赤水等軍十，烏城等守捉十四。赤水，在武威城内。烏城，在今涼州衞南二百里。蓋涼、甘、肅、瓜、沙諸州之境皆屬焉。隴右節度使，治鄯州。亦開元二年置。備禦羌、戎；統鎮西等軍十八，平夷等守捉三。鎮西軍，在河州城内。平夷城，在河州西南四十里。蓋鄯、廓、洮、河、蘭、渭諸州之境悉屬焉。朔方節度使，治靈州。開元九年置。捍禦北狄；統經略等軍九，三受降等城六，新泉守捉一。經略軍在靈州城内。三受降城，中城南直朔州，西城南直靈州，東城南直勝州，相距各四百餘里，并在今榆林衞塞外。新泉城，在今靖虜衛西北二百餘里。蓋靈、夏、豐、鹽諸州之境俱屬焉。河東節度使，治太原府。開元十一年置。國史云：「開元初以并州天兵軍爲天兵節度大使。十一年罷，以大同軍爲太原以北節度使，十八年改曰河東節度使。」大同軍，今爲朔方馬邑縣。犄角朔方，以禦北狄；統天兵等軍四，岢嵐等守捉五。天兵軍，在太原城內。岢嵐城，今太原府岢嵐州。蓋太原、忻、代、嵐、朔、蔚、雲諸州之境皆屬焉。范陽節度使，治幽州。景雲元年置幽州節度大使，尋罷，開元二年復置，七年改曰平盧，天寶初又改曰范陽。制臨奚、契丹；統橫海等軍十六。橫海軍在滄州城內。蓋幽、薊、嬀、檀、燕、易諸州之境皆屬焉。平盧節度使，治營州。天寶初分范陽節度置。鎮撫室韋、靺鞨；統盧龍軍一，渝關等守捉十一。盧龍軍在平州城內。渝關亦曰臨渝，即山海關也。見前。蓋平、營諸州之境皆屬焉。劍南節度使，治益州。開元五年置。西抗吐蕃，南撫蠻獠；統威戎等軍十，羊灌田等守捉十五，新安等城三十二，犍爲等鎮三十八。威戎軍，亦作「威武軍」，在今茂州西北。羊灌田，在今成都府灌縣西。新安，在今建昌衛南境。犍爲鎮，今嘉定州犍爲縣也。蓋自松、茂至巂、姚諸州之境皆屬焉。嶺南節度使，治廣州。開元中置。亦作「五府經略使」。五府，即廣、桂、容、邕、安南五府也。按六典：「天下節度有八，嶺南與焉。」諸志云：至德二載始置嶺南節度。悮也。綏靜夷獠。統經略軍及清海軍六。五管各有經略軍，而清海軍則置於恩州城内，蓋五府諸州之境悉屬焉。又有經略守捉使三，以防海寇。長樂經略，福州領之。東萊經略，萊州領之。東牟經略，登州領之。兵志：「唐初兵之戍邊者，大曰軍，小曰守捉，曰城，曰鎮，而總之者曰道。景雲初始有節度使之號，而方鎮之患實基於此。」會要：「凡天下之軍四十，府六百三十四，鎮四百五十，戍五百九十，守捉三十，兵四十九萬人，馬八萬餘匹。」此唐盛時之兵制也。

呂氏曰：「唐初邊將，文武迭用，不久任，不兼統，不遥領，種人不爲大將。自十節度既置，天寶中初法盡壞，遂有漁陽之禍。」

及禄山之亂，兩京失守，

史略：安禄山本奚種，禄山本康姓，名阿犖山，營州雜部也，隨母再適突厥，冒姓安，詣幽州降爲邊將。爲帝所寵任，領范陽、河東、平盧三鎮降人諸種，天下精鋭，悉集范陽。天寶十四載發兵反，分其黨守大同、平盧，大同，見上河東節度注。引兵而南，河北州郡望風瓦解，遂自靈昌濟，靈昌，在今北直滑縣西，亦曰延津，舊爲大河津濟處。陷滎陽、陳留、武牢，進陷東京，分兵屯陝州以逼關中，僭稱大燕皇帝。是時平原太守顔真卿、常山太守顔杲卿等，共謀起兵，欲斷禄山歸路，以阻其西入之謀。賊將史思明攻常山，復陷之。有清河客李蕚者，爲郡人乞師於平原，因説真卿曰：「今朝廷遣程千里將兵出崞口，崞口即壺口，今潞安府東南十三里壺關山是也，道出相、魏，最爲衝要。賊據險拒之，不得前。今當先克魏郡，分兵開崞口，出千里之師，因討汲、鄴以北至於幽陵，即范陽。然後帥諸同盟，合兵十萬，南臨孟津，今孟縣，見前。分兵循河，據守要害，制其北走之路，朝廷但堅壁勿戰，不過月餘，賊必有内潰相圖之變矣。」真卿從之，果克魏郡，進取信都，軍聲大振。平盧將劉客奴殺賊守將，遣使降於真卿。李光弼自井陘出，井陘在今北直獲鹿縣西四十里，見前。下常山，屢敗史思明兵，郭子儀亦自河東引兵與光弼合，於是河北響應，漁陽路絶，禄山大懼。子儀請北取范陽，覆其巢穴，潼關大兵，惟應固守拒之，不可輕出。會上從楊國忠謀，趣哥舒翰出戰，敗於靈寶西原，靈寶，今陜州屬縣。賊將遂入潼關，上從鳳翔走成都。西京旋陷，賊勢遂張。州郡名俱見前十道，不再釋。後倣此。賴中外同心，驅除大難。

史略：初，肅宗自鳳翔趨靈武，即帝位，李光弼、郭子儀等皆至，軍威始震。上命光弼還守太原，徵河西、隴右諸軍來會。賊將守長安者淫虐，民間皆思殺賊自效。陳倉令牛景僊，陳倉，今鳳翔府寶鷄縣。克扶風而守之，江、淮貢獻悉自襄陽取上津路抵扶風，上津，即今鄖陽府上津縣。之蜀、之靈武。李泌勸上且幸彭原，俟西北兵至進幸扶風以應之。時河北悉爲賊陷，禄山在洛陽，又遣兵四出，攻略河東、潁川、睢陽諸郡，上以賊强爲憂。李泌曰：「觀賊所鹵獲，悉輸范陽，此豈有雄據四海之志？今賊驍將，不過史思明、安守忠、田乾真、張忠志、阿史那承慶數人耳！若令李光弼自太原出井陘，郭子儀自馮翊入河東，則思明、忠志不敢離范陽、常山，守忠、乾真不敢離長安，是以兩軍縶其四將也，從禄山者獨承慶耳。願勑子儀勿取華陰，使兩京之道常通。陛下軍於扶風，與子儀、光弼互出擊之。彼救首則擊其尾，救尾則擊其首，使賊往來數千里，疲於奔命。我常以逸待勞，賊至則避其鋒，去則乘其弊，不攻城，不遏路。來春復命建寧謂建寧王倓。爲范陽節度大使，並塞北出，與光弼南北犄角，以取范陽，泌欲使建寧自靈、夏傍豐、勝、雲、朔之塞直擣嬀、檀，攻范陽之北，而光弼自太原取恒、定以攻范陽之南也。覆其巢穴。賊退則無所歸，留則不獲安，然後大軍四合而攻之，必成擒矣。不過二年，天下當無寇。」既而禄山爲其子慶緒所殺，慶緒仍據洛陽僭僞號。上徵西北兵且至，乃如安定，旋至鳳翔。初子儀以河東居兩京間，扼賊要衝，得之則兩京可圖，乃自洛交趨河東，而分兵取馮翊，河東人以城來歸。時諸軍皆集鳳翔，江、淮庸調亦至，李泌請遣安西、西域之衆，並塞東北，自嬀、檀南取范陽。上迂其計，泌曰：「今所恃者皆西北及諸部兵，性耐寒而畏暑，若乘其新至之鋭，攻禄山已老之師，勢必克兩京。春氣已深，賊遁歸巢穴，關東地熱，官軍必困而思歸，賊伺官軍之去，必復前來，則征戰之勢未有涯也，不若先用之於寒鄉，除其巢穴，則賊無所歸，根本永絶矣。」不從。召子儀赴行在，進克西京；東出關入陝州，賊走河北，東京亦定。史思明以范陽降，高秀巖以大同降，惟相州七郡爲慶緒所據。七郡，汲、鄴、趙、魏、平原、清河、博平也。

慶緒既衰，思明又起，復削平之，

史略：乾元二年，郭子儀等九節度之師討慶緒。九節度，朔方郭子儀，淮西魯炅，興平李奂，滑濮許叔冀，鎮西、北庭李嗣業，鄭蔡季廣琛，河南崔光遠，河東李光弼，關内、澤潞王思禮也。外又有平盧兵馬使董秦。鎮西、北庭行營節度時鎮懷州，關内節度時兼領澤潞，鎮潞州，餘詳見後。子儀拔衛州，進圍鄴；諸軍皆會，又拔魏州，慶緒窮蹙。會史思明復反范陽，慶緒求援，思明遣將屯滏陽，今彰德府磁州。爲鄴中聲勢，而分兵爲三，一出邢、洺，一出冀、貝，一自洹水趨魏州，洹水，今大名府魏縣。遂陷之。久之，引軍趨鄴，九節度之師無統帥，進退不一，皆潰還。思明乃屯鄴南，紿慶緒至軍殺之，還范陽，僭稱大燕皇帝，尋渡河入汴州，攻鄭州。時李光弼守東都，以洛城難守，不若移軍河陽，見前。北連澤潞，利則進取，不利則退守，表裏相應，使賊不得西侵，猨臂之勢也，遂牒河南尹帥吏民，避賊空其城，而運油鐵諸物詣河陽爲守備。思明入洛無所得，畏光弼犄其後，不敢西，引兵攻河陽，敗還洛。既而上從宦者魚朝恩言，趣光弼攻洛，大敗，河陽、懷州皆没。會思明爲其子朝義所殺，朝義復僭號，其黨不附，勢遂弱。寶應元年，時天下重兵皆屯陝州，僕固懷恩等統夷夏兵進討，自澠池入，澠池，今河南府屬縣。分遣澤潞兵自河陽入，河南諸軍自陳留入，進攻洛陽，賊敗走，遂復東京。懷恩追朝義至河北，賊黨各據州郡乞降，朝義走死。

然藩鎮之禍，日以滋矣。

史略：初，賊將李懷仙等既降，皆願受代，僕固懷恩恐賊平寵衰，復以懷仙爲盧龍節度使，史朝義初以懷仙爲范陽節度使，懷仙因舉幽、薊、嬀、檀、平、營諸州降，於是改范陽曰幽州，兼曰盧龍。大曆中，軍中再作亂，其後朱滔爲留後，建中初擅有幽、涿、營、平、薊、嬀、檀、瀛、莫九州地，而德、棣、深諸州間亦屬焉。三年，與田悅、王武俊、李納等叛，滔尋稱冀王，田悅稱魏王，王武俊稱趙王，李納稱齊王。興元初悅等復歸款，去王號，滔叛逆如故。既而攻田悅貝州，悅死。滔復遣兵攻魏州，昭義帥李抱真與王武俊馳救，敗滔於貝州北，滔遁還。武俊復攻之，滔窘，乃上表待罪。貞元初滔死，劉怦代之，傳三世。長慶初劉總以其地入朝。張忠志爲成德節度使，史朝義初以忠志爲恒陽節度使，治恒州，忠志因舉恒、趙、深、定、易五州降，賜姓名李寶臣，名其軍曰成德。大曆中擅有恒、易、深、定、趙、冀、滄七州。建中二年寶臣死，子維岳求襲位，不許，遂與田悅、李正己等拒命，於是易州及趙州來歸。既而王武俊殺維岳，深州遂降於朱滔。是時詔分成德地，以武俊爲恒冀都團練使，成德降將康日知爲深趙都團練使，張孝忠爲易定滄節度使。武俊與朱滔等叛，滔以深州歸之，又攻康日知於趙州。興元初，武俊順命，以趙州畀之，授恒冀深趙節度使，貞元中復兼有德、棣二州地，傳四世。元和十五年王承元入朝。薛嵩爲相衛節度使，史朝義初以薛嵩爲鄴郡節度使，治相州，嵩因舉相、衛、邢、洺四州來降，復以貝、磁二州授之，名其軍曰昭義。大曆八年弟㟧代，十年爲田承嗣所并。田承嗣爲魏博節度使，史朝義初以承嗣爲睢陽節度使，朝義敗，承嗣自宋州走莫州，據城來降，旋以魏、博、德、滄、瀛五州授之。廣德二年，承嗣奏名所管曰天雄，治魏州。大曆十年叛，擅取相、衛諸州，又取貝州。既而滄、瀛二州來降，德州爲淄青所取，承嗣有衛、博、相、衛、洺、貝、瀛七州地。死，以其姪悅爲嗣。建中二年叛，馬燧等數敗之，於是博、洺二州來降，既而博州復屬焉。興元初歸款，承嗣之子緒殺而代之。自承嗣至田興凡五世。元和七年入朝。於是河北三鎮，擅地自强，唐室威命，不復能及。

校勘記

〔一〕淄州漢安樂等國地　漢無安樂國，惟後漢有樂安國。唐代淄州所領數縣，據元和郡縣志(以下簡稱元和志)卷一一記載，淄川本漢般陽縣，長山本漢於陵縣，鄒平本漢舊縣，濟陽本漢梁鄒縣，均屬濟南郡，僅高苑一縣漢屬千乘郡，後漢屬樂安國。故即以高苑而論，此亦宜作「後漢樂安等國地」，且淄州治淄川縣，而淄川等四縣未嘗屬樂安國，爲叙述確切，此當云：「淄州，漢濟南、千乘等郡地。」

〔二〕今屬重慶府　底本原作「今屬夔州府」，彭元瑞作眉批云：「忠州爲直隸州，不屬夔州。」敷本、鄒本亦作「今爲直隸州」。據明志卷四三、清史稿卷六九地理志，忠州明代屬重慶府，於清雍正十二年始升爲直隸州。顧祖禹撰寫讀史方輿紀要，均以明制爲例，且其卒年在康熙朝，無由涉及雍正朝事，故「今爲直隸州」云云，顯非顧氏原意，今不取。明志云忠州屬重慶府，據改。

〔三〕今屬漢中府　職本與此同，敷本、鄒本作「今屬興安府」。

〔四〕亦曰合川郡領合川等縣二　此二處「合川」，底本均作「合州」，職本、鄒本並作「合川」，新唐書卷四〇地理志(以下簡稱新唐志)與職、鄒本合，今據改。

〔五〕長安二年曰北庭都護府　「二年」上底本原有「十」字，鄒本無。長安只四年，作「十二年」必誤。舊唐書卷四〇地理志(以下簡稱舊唐志)、新唐志卷四〇均作「長安二年」，此「十」字衍，今據删。

〔六〕領鄨縣等縣八　「鄨」，底本原作「棲」，鄒本作「鄨」。漢志卷二八上、舊唐志卷四一、新唐志卷四二均作「鄨」，鄒本是，今據改。

〔七〕亦曰江油郡　「江油」，底本原作「油江」，職本、敷本同，惟鄒本作「江油」。新唐志卷四二與鄒本合，舊唐志本作「油江郡」，今中華書局標點本舊唐書已據元和志卷三三、太平寰宇記（以下簡稱寰宇記）卷八四改爲「江油郡」。底本蓋因舊唐志而誤，今據鄒本等乙正。又下文「領江油等縣」，底本「江油」原亦誤作「油江」，今一并乙正。

〔八〕亦曰交川郡　「交」，底本原作「文」，元和志卷三二、舊唐志卷四一、新唐志卷四二並作「交川郡」，則本書「文」乃「交」之訛，今據改。

〔九〕永徽末又置拓州　「拓」，舊唐志卷四一、新唐志卷四二並作「柘」。下「領拓縣等縣二」，新、舊唐志亦作「柘」。

〔一〇〕貞觀九年改曰演州　舊唐志卷四一驩州懷驩縣下所云與此同，然其驩州序又云：「武德五年置南德州總管府……八年，改爲德州。貞觀初改爲驩州，以舊驩州爲演州。二年，置驩州都督府，領驩、演、明、智、林、源、景、海八州。」此云貞觀初以舊驩州爲演州，下文緊接「二年」，則此「貞觀初」當是貞觀元年。又貞觀二年驩州都督府所領八州中已有演州，則演州之立確在元年。元和志卷三八、新唐志卷四三上、寰宇記卷一七一、輿地廣記卷三八均作「貞觀元年」，則舊唐志懷驩縣下之「九年」乃「元年」之訛，本書又以訛傳訛。此「九」當作「元」。

〔二〕默啜　底本原作「斬啜」，斬啜即默啜。舊唐書卷一九四上突厥傳云：「則天大怒，購斬默啜者封王，改默啜號爲斬啜。」新唐書卷二一五上突厥傳同。「斬啜」之名，乃武則天所怒改，今不取，仍從敷本、鄒本作「默啜」。

讀史方輿紀要卷六

歷代州域形勢六　唐下　五代九國附

自肅宗以來，大盜内訌，夷蠻外擾，郊圻之内，釁孽屢作。及憲宗嗣位，强梗少弭，未幾而河朔三鎮又復叛亂。

史略：自安、史之亂，南詔遂據有雲南地，南詔王閣羅鳳，自天寶九載殺雲南太守張虔陀取夷州三十二，屢發兵討之不克，至德初乘亂取越嶲會同軍，據清溪關，後屢犯西川及嶺南之境。貞元中内附，患稍戢。咸通初復寇陷安南，四年再陷安南，遂據之。官軍進討，九年安南始復爲唐境。會同軍，今建昌鎮會川衛西五里永昌州是，南詔亦置會同府於此。清溪關，在今黎州千户所大度河南。見四川重險。而吐蕃乘間蠶食，鳳翔以西，邠州以北，悉被其患。廣德初入大震關，在隴州西七十里隴阪上，詳見陝西名山隴阪。隴右、河西諸州悉皆陷没，遂入涇州，趨邠州，自奉天、武功直抵便橋。奉天，見前乾州治。武功，今乾州屬縣。便橋即西渭橋，在今咸陽縣城南，東南去西安府城四十里。上倉卒幸陝州，吐蕃遂入長安，郭子儀拒却之。二年，僕固懷恩以朔方軍叛，引回紇、吐蕃入寇，犯邠州，逼奉天。其明年，復引回紇、吐蕃及諸夷入寇，分道趨奉天、同州及盩厔，進圍涇陽，子儀皆拒却之。自是邠、原、岐、隴皆成邊鎮，而山南、劍南諸邊州亦往往没於吐蕃。謂階、成、松、維、保諸州也。又河北謂盧龍、成德、天雄三鎮。及淄青、淄青亦曰平盧，治青州。先是平盧諸將劉客奴舉鎮歸朝，賜名正臣，授平盧節度使。既而其黨相賊殺，乾元初軍中推侯希逸爲軍使。上元二年，希逸自平盧南保青州，明年授青密節度使，有淄、沂、青、徐、密、海六州地，於是淄青亦兼平盧之名。永泰初李正己代之，尋擅有青、淄、齊、海、登、萊、沂、密、德、棣凡十州。大曆十二年伐陳宋叛將李靈曜，又得曹、濮、徐、兖、鄆五州，因自青徙鄆。建中二年，正己死，子納求襲位，不許，因與田悦等叛，稱齊王。其徐州及海、密二州來降，海、密尋復爲納所取。三年，德、棣二州入於朱滔。興元初順命。自正己至李師道傳四世。元和十四年以師道拒命，討平之。淮西淮西亦曰淮寧，亦曰彰義，治蔡州。寶應中平盧降將董秦賜姓名李忠臣，爲淮西節度使，大曆十四年有申、光、蔡、安、沔及汴州之地。其將李希烈逐忠臣而代之，據有許、蔡、申、光諸州。建中二年，山南東道留後梁崇義拒命，李希烈擊破之，遂兼據黄、蘄、安、隨等州地。明年徙鎮許州，自稱天下都元帥。四年襲陷汝州，官軍進討，復克汝州，江西帥曹王皋亦拔其黄、蘄二州。既而官軍自汝州而東，屯於襄城，賊悉衆攻圍，官軍引却，襄城復没於賊，於是進陷汴州，取滑州，略襄邑以東，江、淮大震，又陷鄭州。興元初僭稱楚帝，以汴州爲大梁府而居之，分其境内爲四節度，遣兵四出侵掠。時曹王皋復拔其安州，會希烈遣將攻陳州，久之不克，宋亳帥劉洽等馳救，希烈兵大敗，洽等乘勝攻汴州，希烈懼，奔還蔡州，官軍遂入汴州，其滑州、鄭州先後來降。貞元初希烈陷鄧州，官軍復取之。既而隨州亦來降，賊勢益窘。二年，蔡州將陳僊奇因殺希烈以降，詔授淮西節度使，有申、光、隨、蔡四州。未幾吴少誠復殺僊奇，自爲留後。十五年以申、光、蔡三州叛，尋復謝罪。元和四年少誠死，其將吴少陽殺其子而代之。九年死，子元濟叛。十二年，李愬等討平之。襄城，今許州屬縣。襄邑，今歸德府睢州也。相率悖命。建中四年，朱泚作亂，朱泚初爲涇原節度，尋以弟滔與田悦等叛，廢居京師。會李希烈攻襄城，發涇原軍赴援，節度使姚令言將兵過京師，遂作亂。上出幸奉天，令言等推朱泚爲主，稱秦帝，進逼奉天，渾瑊拒却之。興元初泚改號曰漢。既而李晟收復西京，泚走死。李懷光復起，興元初朱泚未平，河中節度使李懷光以援奉天功爲盧杞所抑，遂謀爲變，將襲奉天。上倉卒幸梁州，懷光謀自南山邀車駕，不克，引還河中，據蒲、絳、慈、隰、晉、同六州拒命，馬燧等討平之。李晟等翦除二孽，奠安畿輔。迄於元和，淮西、淄青狂狡益甚，帝方發憤有爲，元和十二年淮西平，於是河北三鎮皆順命。十四年進討淄青，其將劉悟殺李師道以降。初，帝欲革河北世襲之弊，議先伐成德，李絳以爲：「河北諸鎮互相表裏，若潛相搆扇，則兵連禍結，爲慮非輕。淮西四旁皆國家州縣，逼近畿甸，宜早廓清。願捨恒冀難致之策，就申蔡易成之謀。」帝卒用其言，河北果皆革面。長慶初，朱克融復據盧龍以叛，先是劉總以盧龍歸朝，張弘靖代爲節度使，失衆心，爲其下所廢，共推克融爲留後。克融，朱滔之孫也，朝廷不能制，遂授爲盧龍節度使，復有幽、薊九州之地。其後軍中屢亂，更數姓，光啓初李全忠有其地，傳三世。乾寧初李匡籌爲李克用所滅，以劉仁恭爲留後。王庭凑亦據成德，初，王承元以成德歸朝，詔以魏博節度使田弘正代鎮其地，衆心不附，部將王庭凑因之作亂，殺弘正自爲留後，取冀州，圍深州，官軍討之不克。長慶二年，授成德節度使，遂復據鎮、趙、深、冀四州，傳六世至王鎔，天祐初進爵趙王。五代梁龍德初，趙將張文禮作亂，晉王存勗討平之，因取其地。史獻誠亦據魏博，初，田弘正入朝，仍命爲魏博節度使，元和末改鎮成德。弘正見殺，詔以其子布爲魏博帥，合諸道兵討庭湊。牙將史獻誠本奚人，爲布所親任，遂搆亂。布走死，獻誠自爲留後，復據相、衛、魏、博、貝、澶六州。其後軍中數亂，更五姓，文德初羅弘信爲留後，傳子紹威，天祐初進爵鄴王。子周翰幼弱，五代梁乾化二年，梁將楊師厚并其地。而河北復爲化外矣。

於是藩鎮參列，遍於内外，朝更暮改，乍合乍離。今略爲差次：曰邠寧，治邠州。初，關内采訪使無專治，開元二十二年以朔方節度使兼領，天寶初又割京畿道之邠州屬焉。至德初改關内采訪使爲節度，治慶州，兼領京畿道之京兆、岐、同、金、商五府州。乾元二年，復分置邠、寧、涇、原、鄜、坊、丹、延、慶九州節度使，後又置鄜坊及涇原諸節度，而邠寧止領邠、寧、慶三州，大中三年兼領衍州，又移治寧州，九年還治邠州，中和四年賜號静難軍。光啓以後，朱玫、王行瑜有其地，相繼作亂。其後屬於李茂貞。曰涇原，治涇州。乾元三年分邠寧節度置，領涇、原二州，大順二年兼領渭、武二州，賜號彰義軍。天復初與渭北節度俱屬李茂貞。曰渭北，治坊州。乾元三年分邠寧置，建中初徙治鄜州，領鄜、坊、丹、延四州，亦曰鄜坊節度，中和三年賜號保大軍。○保塞節度治延州，中和三年置，兼領丹州，光化初改曰寧塞，尋亦屬於李茂貞。曰鳳翔，治鳳翔府。先是岐州郿縣東原有興平軍，至德二載置興平節度，領岐、隴、金、商四州，永泰初改置鳳翔節度，兼領隴州。建中四年又分隴州置奉義節度，既又省入鳳翔，大中三年兼領秦州，亦曰京西。光啓三年節度使李昌符作亂，李茂貞因代有其地。曰振武，治單于都護府。初，振武軍屬朔方節度，乾元初分置振武節度，兼領鎮北及麟、勝二州，尋復屬朔方。大曆末又分朔方置，兼領綏、銀、麟、勝及東中二受降城、振武、鎮北等州軍，中和以後屬於河東。曰朔方，見前方鎮考。朔方初領單于都護及夏、鹽、綏、銀、豐、勝六州，定遠、豐安二軍，三受降等城，開元二十二年兼領關内道諸州，尋兼領邠州，其後分合不常。廣德初，僕固懷恩以朔方叛，郭子儀收復，大曆末始分靈、鹽、夏、豐及西受降城、定遠、天德軍爲朔方管内，大中以後亦曰靈武節度。大順初止領靈、鹽二州，豐州以東皆爲河東所有。天祐末，靈州牙將韓遜據朔方附於朱全忠。定遠城，在今寧夏衛東北六十里。豐安城，在今靈州所東北百八十里。餘見前。是時鎮北治天德軍，而分屬振武、朔方兩節度者，據舊城言之也。曰定難，治夏州。貞元三年分振武，朔方置夏州節度，領夏、綏、銀三州，十四年兼領宥州，十七年又兼領鹽州，曰鹽夏節度，十九年命鹽州得專奏事，遂不屬夏州。廣明二年，拓拔思恭有其地，賜號定難軍。○鹽州節度，貞元九年置。先是鹽州爲吐蕃所陷，靈武至鄜、坊皆被其患。八年復收其地，築城置帥，由是靈夏、河西獲安。十七年又爲吐蕃所陷，官軍收復，改屬夏州節度。十九年鹽州得專奏事，比於節鎮。元和二年仍屬朔方，曰朔方靈鹽節度。曰匡國，治同州。乾元初置，尋省。上元二年又爲同、華二州節度，興元初改號奉誠，兼領晉、慈、隰三州，尋復合於河中。乾寧二年復置匡國節度，尋降爲防禦使，四年復爲節度，天祐三年兼領華州。曰鎮國，治華州。上元初置，尋省。建中二年復置，其後廢置不一。中和四年韓建有其地，屢悖命，天復初并於朱全忠，天祐三年廢鎮國軍以隸匡國。○威勝節度，治奉天。唐紀：「建中四年幸奉天，增置京畿渭北、京畿渭南等節度使。興元初幸梁州，又置奉天行營節度使，尋復廢。中和初以奉天鎮使爲奉天等軍節度，合諸鎮兵討黄巢，巢平，復罷。」方鎮考「乾寧初置威勝軍，治乾州，蓋李茂貞所置」云。此列於關内者也。曰宣武，治汴州。先是天寶十四載置河南道節度，領汴、宋、滑、陳、潁、亳、曹、濮、淄、徐、海、泗、沂十三州，乾元二年改置汴滑節度，治滑州，兼領濮、汴、曹、宋四州。寶應初復置河南節度，治汴。大曆初曰汴宋節度，領汴、宋、曹、濮、徐、兖、鄆、泗八州。十一年留後李靈曜拒命，淮西帥李忠臣等討平之，命忠臣遷治汴。十四年忠臣爲其下所逐，永平節度使李勉自滑州移治汴。建中二年分永平之宋、亳、潁别爲節度，治宋州，號宣武軍。四年汴州陷於李希烈。興元二年宣武節度劉洽討希烈，取汴州，因徙宣武治汴，有汴、宋、曹、亳、陳、潁凡六州，大中初有汴、宋、亳、潁四州，中和四年爲朱全忠所有。曰永平，治滑州。上元二年置滑、衛、相、貝、魏、博節度，既而以相、衛諸州屬昭義，因改置滑博節度，初領滑、濮、曹、宋、陳、潁、亳七州，後數有改易。大曆七年賜號永平軍，十二年宋、泗二州隸焉，十三年汴、潁二州亦隸焉，遂移治汴州，領汴、宋、滑、亳、陳、潁、泗七州。建中二年分置宣武軍，又以泗州改隸淮南。四年汴州陷於李希烈，滑州亦叛附焉。興元初滑州復内屬，置汴滑節度。既而汴州爲宣武所得，因改曰鄭滑，領滑、鄭、濮三州，貞元初改號義成軍。光啓二年并於朱全忠，大順初又改曰宣義軍，爲全忠父朱誠諱也。曰平盧，即前淄青。方鎮考：「至德二載置北海節度，領青、密、登、萊四州，亦曰青密。乾元初兼領滑、濮二州，二年改領淄、沂、海，并青密四州爲七州。上元二年又改置淄、沂、滄、德、棣五州節度。既而侯希逸自平盧南保青州，明年改授青、淄、齊、沂、密、海六州節度。大曆十二年，李正己復兼有兖、鄆諸州，於是淄青、兖鄆遂俱有平盧之名。元和十四年討之，淄、青等十二州皆平，復析置平盧節度使，領青、淄、齊、登、萊凡五州。中和二年，王敬武有其地，龍紀初子師範嗣。景福二年齊州爲天平所取，天祐二年并於朱全忠。」曰泰寧，治兖州。先是乾元二年置兖、鄆、齊三州節度，上元中齊州改隸青淄，而兖鄆增領徐州。大曆中爲李正己所并，淄青平，析置兖、海、沂、密四州觀察使，治沂州，明年改治兖州。乾符三年，賜兖海軍號曰泰寧。光啓二年朱瑾有其地，乾寧末并於朱全忠。曰天平，治鄆州。元和十四年分淄青置鄆、曹、濮三州節度，明年賜號天平軍。中和二年朱瑄有其地，景福初有鄆、齊、曹、棣四州，尋并於朱全忠。曰忠武，治陳州。先是乾元二年置陳、鄭、潁、亳四州節度，旋又改領陳、潁、亳、申，寶應初又曰陳鄭澤潞，貞元二年改置陳許節度，二十年賜號曰忠武。元和十三年平蔡，移治許，兼領陳、溵、蔡三州。中和四年，叛將鹿晏弘竊據其地，光啓二年爲秦宗權所并。龍紀初忠武軍還治陳州，兼領許州，尋併於朱全忠。曰武寧，治徐州。建中初淄青將李洧以徐州歸國，明年置徐沂密觀察使，尋兼領海州，時沂、密、海三州猶屬淄青。貞元四年改置徐、泗、濠三州節度，十一年賜號曰武寧。長慶末改觀察使，尋復故。咸通三年，以徐州軍屢作亂，改爲徐州團練使，隸兗海節度。復以濠州歸淮南道，而於宿州置宿泗都團練觀察使。四年廢宿泗觀察使，復置觀察使治徐州，以濠、泗、宿隸焉。九年龐勛作亂，十年平之。明年又割泗州屬淮南，尋復升爲感化節度，既而泗州亦來屬。中和初時溥據有其地，景福初并於朱全忠，復曰武寧。曰彰義，即前淮西。方鎮考：「至德初置淮西節度，領豫、鄭、許、光、申五州，乾元初改領蔡、許、汝三州，明年又改領申、光、壽、安、沔五州，大曆中又改領蔡、申、光、安、沔五州，尋移治汴州，十四年還蔡州，賜軍號曰淮寧。貞元二年領申、光、隨、蔡四州，明年隨州改屬山南東道，止領申、光、蔡三州。十四年又改號曰彰義，元和十二年吴元濟平，仍曰淮西。明年以蔡州屬陳許，申州屬鄂岳，光州屬淮南。廣明初忠武牙將秦宗權據蔡州，中和初置奉國防禦使授之，尋又升爲蔡州節度。三年黄巢東走攻蔡，宗權降巢，引兵四掠。北至衛、滑，西及關輔，東盡青、齊，南越江、淮，悉被殘破。光啓初稱帝，復陷東都，二年并許州，明年圍汴，敗還蔡，於是東都、河陽、許、汝、鄭、陝、虢諸州皆棄不守。尋復陷鄭州及許州，文德初并於朱全忠，亦曰奉國節度。」又淮南境内亦有奉國節度，天復二年楊行密僑置於壽州。曰陝虢，治陝州。至德二載置陝、虢、華三州節度，上元二年曰陝西節度，尋改爲觀察使。建中四年復曰陝虢節度，後或曰節度，或曰觀察。中和三年復升陝州爲節度使，亦曰陝虢。時王重盈有其地，光啓三年子珙代之，龍紀初賜軍號曰保義。光化初軍亂，爲朱全忠所并。○佑國節度，治河南府。先是建中四年置東都汝州節度使，討李希烈，尋廢。龍紀初復置佑國軍於東都，天祐初遷都洛陽，因徙佑國軍於長安。三年兼領金、商二州，而河南之佑國軍遂廢。此列於河南道者也。曰河陽，治河陽城。先是建中二年置懷、鄭、汝、陝四州及河陽三城節度，未幾割鄭州隸永平軍，以河陽三城、懷州爲河陽軍。元和九年以魏博歸順，徙河陽鎮汝州，爲河陽懷汝節度。十三年以蔡州既平，還鎮河陽。會昌三年置孟州於河陽城，而節度使移治懷州。四年澤潞平，又割澤州隸焉，還治孟州。既而仍領懷、孟二州。文德初屬於朱全忠。曰河中，治蒲州。至德二載置，領蒲、絳、慈、隰、晉、同、虢七州，乾元二年又改爲蒲、同、虢三州節度，尋復故。廣德二年，郭子儀鎮河中，奏罷節度，尋復置。興元初李懷光以河中六州叛，既而同州内附，河東帥馬燧復取晉、慈、隰三州，因析置三州節度使，又進克絳州，逼河中。貞元初懷光平，其河中、同、絳遂別爲一節度，元和初仍合爲河中晉絳慈隰節度。長慶三年又分晉、慈二州爲保義節度，未幾復合。廣明初王重榮有其地，光啓初賜軍號曰護國軍，再傳至王珂，天復初爲朱全忠所并。曰昭義，治潞州。至德初置上黨節度使，領潞、澤、沁三州，寶應初兼領儀州，曰澤潞節度。上元二年薛嵩來降，因置昭義節度於相州，領邢、洺、貝、磁、衛等州。大曆十年，田承嗣盗據相衛等州，於是澤潞兼領磁、邢二州，始兼有昭義之名，建中三年復領洺州。長慶初劉悟爲節度使，傳三世。會昌三年劉稹叛，四年討平之，以澤州隸河陽，尋復故。咸通以後，昭義軍屢作亂。中和二年鎮將孟方立自稱留後，遷治邢州，而表其將李敫鋭爲潞州刺史。三年潞州爲李克用所取，尋又并有澤州，自是昭義遂分二鎮。大順初，克用又并有邢、洺、磁三州，仍分立邢洺節度使。光化初邢、洺、磁三州爲朱全忠所取，亦曰保義軍。曰河東，治太原府。方鎮表：「河東初領太原府及石、嵐、汾、沁、代、忻、朔、蔚、雲十州。大中十三年分置大同節度，中和二年又分置雁門節度，四年李克用請以振武軍之麟州及大同軍所領諸州悉隸河東，光啓三年鴈門軍亦并入焉。」〇大同節度，治雲州。先是會昌中置大同軍團練使於雲州，尋爲防禦使，仍屬河東節度。大中十三年分置大同節度使，領雲、朔、蔚三州，亦曰雲中節度，尋又改爲防禦使。咸通十年復爲大同節度，以授朱邪赤心，尋又爲防禦使。廣明初復改爲蔚朔節度，尋又爲大同防禦使。中和四年李克用請罷防禦使，以三州并入河東。時赫連鐸據守其地，大順二年克用始并有之。〇代北節度，治代州。中和二年置鴈門節度，使領代、忻二州，亦曰代北節度，光啓三年并入河東。此列於河東道者也。曰魏博，見前。方鎮考：「初，代宗以天雄軍號寵田承嗣，建中二年田悅叛，因削天雄之號，止稱魏博。大和三年析相、衛、澶三州別爲一鎮，既而復合。天祐初復賜號曰天雄。」曰成德，見前。方鎮考：「元和四年王士真死，其子承宗請獻德、棣二州，詔以二州爲保昌節度。承宗復據之，因詔諸道兵進討，不克。十三年復以二州歸朝。長慶初，王庭凑作亂，分置深冀節度，未幾復并入成德。天祐三年改曰武順，亦爲朱全忠父諱也。」五代梁開平四年欲并其城，王鎔因請兵於晉，復改武順曰成德。曰幽州，見前范陽及盧龍。方鎮考：「開元初范陽節度止領幽、易、平、檀、嬀、燕六州，二十年以幽州節度兼領河北采訪處置使，增領衛、相、洺、貝、冀、魏、深、趙、恒、定、邢、德、博、棣、營、鄚十六州及安東都護府。天保初析置平盧一鎮，又改領幽、薊、嬀、檀、易、恒、定、滄、莫九州。安、史亂後，幽州改易不一。長慶初分瀛、莫二州別爲節度，朱克融作亂，復并於幽州。」曰義武，治定州。建中二年李惟岳以成德叛，其將張孝忠以易州來歸，尋授易定滄節度使，三年名其軍曰義武。既而滄州分置節度，義武止領易、定二州。傳二世，元和四年張茂昭入朝。其後乾符六年王處存有其地，景福中兼領祁州，三傳至王處直，五代梁龍德初假子王都作亂，并於河東。」曰橫海，治滄州。貞元三年置以授程日華，兼領景州，傳四世。元和十三年，程權入朝，是年兼領德、棣二州，時成德節度王承宗以二州來歸也。長慶初省景州，明年復故。又分置德、棣二州節度，既而復合，以授李全略。全略卒，子同捷擅有其地。大和初以齊州來隸，時同捷猶拒命不受代，因詔諸道進討。二年析棣州隸淄青，三年罷橫海，更置齊德節度。既而同捷平，復爲齊德滄景節度，五年賜號義昌軍。咸通中領滄、德、景三州，乾寧五年爲幽州所并。此列於河北道者也。」曰山南東，治襄州。初，天寶十五載置南陽節度，治鄧州，至德二載移治襄州，曰山南東道，領襄、鄧、隨、唐、安、均、房、金、商九州，寶應初割金、商、均、房四州，止領五州，後又兼領郢州，大曆中又改領襄、鄧、均、房、復、郢六州。建中二年梁崇義以六州拒命，淮西帥李希烈平之。貞元初析鄧州隸東都畿內，旋復故，三年仍領襄、郢、復、鄧、安、隨、唐七州。元和十年分置隨鄧唐節度，治鄧州，與襄復郢均房爲兩節度，時方討淮西也。淮蔡平，復故。中和四年爲秦宗權將趙德諲所據，文德初來歸，賜號忠義軍，傳二世，至匡凝。天祐二年爲朱全忠所并，明年復曰山南東道。○昭信節度，治金州。先是興元初尚可孤駐兵藍田討朱泚，置商州節度授之，尋罷。光啓二年升金商防禦爲節度，大順二年改爲昭信防禦使，兼領均州，光化初升爲昭信節度。天祐二年金州爲蜀所取，移治均州，兼領房州，賜號戎昭軍，三年并入忠義軍。曰山南西，治梁州。上元二年置，領梁、洋、集、壁、文、通、巴、興、鳳、利、開、渠、蓬十三州，興元初兼領閬、果、金三州，而文州別隸西川，其後分合不一。大順二年楊守亮拒命，尋爲李茂貞所并，天復二年又并於王建。○感義節度，治鳳州。光啓二年置，旋廢。文德初復置。尋改爲防禦，兼領興、利二州。乾寧四年更名昭武軍，改治利州，天復二年爲王建所取。○武定節度，治洋州。光啓三年置，領洋、果、階、扶四州，景福二年兼領閬、利二州，天復中屬於王建。又大順二年置龍劍節度，領龍、劍、利、閬四州，尋爲李茂貞所并，遂廢。曰荆南，治荆州。至德二載置，初領十州，尋分領荆、澧、朗、郢、復五州，上元二年兼領江南之潭、岳、郴、邵、永、道、連及黔中之涪州，凡十三州，尋還領五州，後又改領荆、歸、夔、峽、忠、萬、澧、朗八州。乾符以後，寇亂相繼，文德初成汭據荆南，復兼有黔中地。天復三年山南東道趙匡凝取荆南，天祐二年并於朱全忠。○武貞節度，治澧州。乾寧五年置，領澧、朗、溆三州。光化三年改曰武平，雷滿據其地，傳二世，子彦恭。朱梁開平二年爲楚所并。曰夔峽，治夔州。至德二載分荆南置，領夔、峽、涪、忠、萬五州，後復入於荆南。此列於山南道者也。曰隴右，見前。方鎮考：隴右統鄯、秦、河、渭、蘭、臨、武、洮、岷、廓、疊、宕十二州。廣德初爲吐蕃所陷，自是以鳳翔節度兼領。貞元四年又分置隴右節度使，寄治良原。十年以秦州刺史兼隴右經略使，治普潤，元和初賜名保義軍。大中四年復秦、成二州，置防禦使。既而吐蕃將尚延心以河、渭二州來降，咸通四年置天雄節度於秦州，兼領成、渭、河三州。景福二年屬於李茂貞。五代梁貞明初蜀取秦、成二州，亦置天雄軍治焉。胡氏曰：「魏博初號天雄，其後削之，秦州因有天雄之號。」良原，在今涇州靈臺縣西北九十里。普潤，在今鳳翔府麟遊縣西北二十里。宋祁曰：「貞元中隴右節度治秦州，即麟遊也。時清水以西皆屬吐蕃，或以爲天水之秦州，悮矣。」清水，即今秦州屬縣。曰河西，見前。方鎮考：「河西統涼、甘、肅、伊、西、瓜、沙七州，廣德初吐蕃陷涼州，大曆初河西軍鎮移治沙州，貞元中又爲吐蕃所陷。大中五年，吐蕃衰亂，沙州人張義潮結衆逐其州將，遂攝州事，奉表來降，授沙州防禦使。既而義潮發兵，略定其旁瓜、伊、西、甘、肅、蘭、鄯、河、岷、廓十州，奉圖籍歸唐，於是盡復河、湟地，改置歸義節度使以授之。咸通四年，義潮又復涼州。曰北庭，見前。至德以後吐蕃侵掠河、隴，安西、北庭皆爲唐守，貞元六年始陷於吐蕃。咸通七年張義潮奏北庭回鶻僕固俊收西州及北庭諸城鎮。〔一〕曰安西，見前。貞元三年陷於吐蕃。此列於隴右道者也；曰淮南，治揚州。至德初置，領揚、楚、滁、和、壽、廬、舒、蘄、黄、安、沔十一州，上元初改領揚、楚、滁、和、舒、廬、壽、濠八州，亦曰淮南東道。建中初泗州亦來屬，尋復舊。元和十二年平淮西，以光州來屬。咸通十一年又以泗州來屬，尋以泗州還感化軍。光啓以後，屬於楊行密。曰奉義，治安州。貞元十四年置安黄節度使，十九年賜號奉義軍，元和初省入鄂岳觀察使。此列於淮南道者也；曰鎮海，初治潤州，後治杭州。先是至德初置江南節度，領潤、宣諸州。乾元二年又改置浙江西節度，治昇州，領昇、潤、宣、歙、饒、江、蘇、常、湖、杭十州。上元初又改曰江南東，領昇、潤、常、蘇、湖、杭、睦七州。大曆十四年改置浙東西觀察使，治潤州，建中二年復爲節度使，賜軍號曰鎮海。貞元三年始分浙江東、西道爲三，浙西治潤州，浙東治越州，宣歙池治宣州，仍各置觀察使。而浙西亦曰鎮海。貞元二十一年復曰鎮海節度，統潤、蘇、常、湖、杭、睦六州。元和三年李錡以鎮海六州叛，旋爲其將張子良所殺。光化初錢鏐爲鎮海節度，因遷鎮海於杭州，其後淮南仍置鎮海軍於潤州。曰江西，治洪州。上元初置江南西節度，領洪、虔、江、吉、袁、信、撫七州，後改爲觀察使。咸通六年又改曰鎮南節度，尋又爲觀察使，時鍾傳據其地，傳二世，子匡時。五代梁開平末，并於淮南。曰義勝，治越州。乾元二年置浙江東節度，領越、睦、衢、婺、台、明、處、温八州，大曆十四年并入浙東西觀察使。貞元二年復分置浙東觀察使，中和三年改曰義勝節度，劉漢宏據其地。光啓三年爲董昌所并，改曰威勝節度，領越、台、明、温、處、衢、婺七州。乾寧二年，董昌以威勝軍叛，三年爲錢鏐所并，改曰鎮東軍。曰寧國，治宣州。上元初置宣歙饒節度，大曆初改爲宣歙觀察使，十三年并入浙東西。貞元三年復爲宣歙池觀察使，大順初升爲寧國節度，以授楊行密。曰威武，治福州。元和中置福建觀察使，領福、泉、汀、建、漳五州，乾寧三年升爲威武軍節度使。景福初爲王潮所據。曰武昌，治鄂州。元和初置鄂岳觀察使，十二年平淮西，以申州來屬，寶應初升爲武昌軍節度，太和中仍爲觀察使，領鄂、岳、蘄、黄、安、申、光七州，〔二〕尋復曰武昌節度。光啓中杜洪據其地，天祐中爲淮南所并。曰欽化，治潭州。上元中置湖南觀察使，領潭、衡、永、邵、道、郴、連七州，中和三年升爲欽化軍節度，光啓二年更號武安，乾寧以後爲馬殷所據。曰黔中。治黔中。先是開元二十六年於黔中置五溪經略使，天寶十五載升爲節度使，領黔中諸州，大曆四年改爲辰、溪、巫、錦、業五州團練等使，尋復曰黔中觀察使，元和三年兼領涪州，尋復升爲節度，光啓三年改曰武泰節度，乾寧三年荆南成汭有其地，天復以後爲王建及馬殷所并。此列於江南道者也。曰劍南東，治梓州。至德初分置劍南東川節度，領梓、遂、綿、劍、龍、閬、普、陵、瀘、榮、渝、合十二州，廣德二年復合爲一。大曆二年置東川觀察使於遂州，領遂、梓、劍、龍、綿、閬六州，明年升爲節度，尋復合爲一。永貞初復分爲二，又割資、簡、陵、昌、榮、瀘六州隸東川。既而資、簡二州還屬西川，領梓、遂、綿、劍、普、榮、合、渝、瀘九州。中和四年楊師立以東川叛，高仁厚討平之。光啓二年顧彦朗有其地，傳其弟彦暉，乾寧四年并於王建。五代梁乾化二年，王建改爲武德軍。○武信節度，治遂州。光化二年置，領遂、合、瀘、渝、昌五州，從王建之請也。曰劍南西，治成都。至德初分爲西川節度，領益、彭、蜀、漢、眉、嘉、邛、簡、資、茂、黎、雅以西諸州，後分合不一。元和初劉闢以西川叛，高崇文討平之。大順二年王建有其地。○威戎節度，治彭州。文德初田令孜假置，兼領文、龍、武、茂四州，乾寧初并於王建。○永平節度，治邛州。先是咸通九年置定邊節度，領邛、眉、蜀、雅、嘉、黎、嶲七州，十一年省入西川。文德初復置永平節度，領邛、蜀、黎、雅四州，以授王建，大順中建取西川，遂省入焉。此列於劍南道者也；曰嶺南，治廣州。天寶十五載以嶺南節度分領廣、韶、循、潮以西至振、瓊、儋、萬共二十二州，其後復悉領五管。咸通二年分爲嶺南東道，乾寧二年賜號清海軍，天復初劉隱有其地。曰嶺南西，治邕州。本邕管經略使，咸通初廢容管經略使入焉。二年改置嶺南西道節度使，四年又割桂管龔、象二州隸焉。五年復以容管爲經略使，而藤、巖二州隸於嶺南西道，又龔、象二州亦還隸於桂管。天復末亦曰建武軍，葉廣略有其地，五代梁貞明初爲劉巖所并。○寧遠節度，治容州。乾寧四年以容管諸州置，李克用將蓋寓遥領，其後都將董彦弼、朱全忠將朱友寧皆遥領焉。唐末龐巨昭有其地，五代梁開平四年降於馬殷，尋爲劉巖所取。○静江節度，治桂州。光化三年以桂管諸州置，劉士政有其地，五年爲馬殷所并。曰静海，治交州。本安南經略使，乾元初改爲安南節度，領管内二十一州，尋復爲經略使。咸通初，安南爲南詔所陷，七年收復，改爲静海節度。其後曲裕有其地，傳三世，至曲承美，後唐長興初爲劉巖所滅。此列於嶺南道者也。

宋祁曰：「自大盗既滅，而武夫戰卒，以功起行陳列爲侯王者，皆除節度使，由是方鎮相望於内地，大者連州十餘，小者猶兼三四。始時爲朝廷患者號河朔三鎮，及其末，而國門以外皆爲强敵矣。」范祖禹曰：「唐横海節度使烏重胤奏，所領德、棣、景三州，各還刺史職事，在州兵並以刺史領之。其後河北諸鎮，惟横海爲順命，由重胤處之得宜也。」

王氏曰：「至德迄元和，天下觀察者十，節度者二十有九，防禦者四，經略者三。唐貞元十四年賈耽十道録凡三十節度，十一觀察，與防禦經略以守捉稱使者凡五十。元和六年李吉甫上郡縣圖曰：「京兆至隴右道凡四十七鎮。」此據王彦威之説。其後紛紜變更，無復常制，又有行營，如李嗣業爲四鎮北庭行營節度，軍懷州；僕固懷恩爲朔方節度，軍汾州之類。有兼領，如李抱玉兼澤潞、山南西道節度使，郭子儀兼朔方、河中節度使之類。於是名號移於軍戎，州郡不符條列，東西雜錯，涇、渭莫分，貞觀、開元之初意，存者無幾矣。」○尹氏曰：「弱唐者諸侯也，唐既弱矣，而久不亡者，諸侯維之也。唐之弱，以河北之强也；唐之亡，以河北之弱也。」

宣宗嗣位，僅復河、湟，

史略：唐自至德以後，王官之戍，北不逾河，西止秦、邠。大中三年吐蕃衰亂，秦、原、安樂三州，安樂州治鳴沙縣。咸亨三年置羈縻安樂州，遷吐谷渾於此，大曆以後没於吐蕃，至是來歸，改置威州。見前關内道。石門、驛藏、木峽、制勝、六盤、石峽、蕭七關來歸。石門關在今平凉府鎮原縣西九十八里。今六盤、制勝二關見固原州，餘見鎮原縣。蕭關見前。五年，沙州人張義潮亦以河西諸州來歸，見前河西節度。於是盡復河、湟地。廣明以後，中原多故，僅同羈屬矣。唐史：「時回鶻陷甘州，其州鎮隸歸義者，多爲羌、胡所據。」

及黄巢肆凶，羣豪奮臂，而唐室益微，

史略：乾符初王仙芝倡亂於曹、濮，冤句人黄巢聚衆應之，冤句，今山東曹州西南六十里有廢冤句縣。掠河南、山南、江、淮諸州縣。既而仙芝敗死，巢悉統其衆，轉略至宣州入浙東，開山路七百里胡氏曰：「自衢州南至建州，山路凡七百里有奇，當即黄巢所開。」今曰仙霞嶺路，嶺在衢州江山縣南百里。詳浙江重險。入閩，陷福州，趨廣南，鎮海節度使高駢請遣兵於郴州守險，又分兵於循、潮邀遮，循、潮，二州也。身帥重兵自大庾嶺趨廣州，大庾嶺，在今江西南安府南、廣東南雄府北。見前。賊必逃遁。乞勅荆南鎮將守桂、梧、昭、永四州之險。不聽。賊尋自桂州編筏，浮湘江而下，湘江自桂州至潭州下洞庭，見前七國楚淮南子注。歷衡、永，陷潭州及江陵，趨襄陽。官軍拒之於荆門，今承天府荆門州，唐貞元中置荆門縣於此。賊戰敗，渡江東走犯鄂州，掠饒、信而東，淮南帥高駢與之相持。廣明元年，巢自信州陷宣州，從采石渡江，采石在今太平府北二十里，見前。圍天長、六合，天長縣，今屬鳳陽府泗州；六合縣，今屬應天府；俱見前。高駢不敢出。既而敗官軍於泗上，遂悉衆渡淮陷淮北、河南諸州，趨汝州，陷東都，進陷虢州，入關潼關也。據長安，稱齊帝。上走興元，入成都。鳳翔節度使鄭畋合諸道兵討賊，不克，宰相王鐸請討賊，將兩川、興元之衆屯於富平，今西安府屬縣。於是諸道四合而進。李克用自河中濟，圍華州，賊趨救，克用擊破之，進屯渭橋，東渭橋也，在西安府東北五十里。見劉豫入長安注。華州亦拔。賊勢窘，自藍田入商山逸去，藍田，今縣。商山即商洛，在今商州東南九十里。並見前。掠河南州縣，克用等復擊之，巢走死，然天下益多故矣。

自是四方擅命者南有吴，

史畧：中和三年，楊行密爲廬州刺史。行密，合肥人，本名行愍，爲廬州牙將，淮南帥高駢表授廬州刺史，更其名曰行密。光啓二年淮南軍亂，行密因入據廣陵，稱淮南留後。既而蔡州賊秦宗權遣兵寇淮南，賊將孫儒分軍四掠，襲廣陵，行密乃還廬州，尋取池州。龍紀初，入宣州，詔授宣歙觀察使。大順初，取常、潤諸州，旋爲孫儒所陷。詔授寧國節度使。明年進取滁、和二州。既而孫儒自揚州大掠而南，儒渡江自潤州而東至蘇州，復屯廣德，與行密争宣州。廣德，今南直屬州。行密將張訓等乘間入揚州，復收常、潤，北取楚州，尋擊斬孫儒於廣德，乃還建軍府於揚州，詔以爲淮南節度使。景福二年，復取廬州，先是龍紀初，廬州亦爲孫儒所陷，行密將蔡儔叛據其地。既而盡收淮南地。十國紀年：「景福二年，行密取廬州及徽州，又取舒州。乾寧元年黄州及泗州來降，又拔濠州、壽州及漣水，既又取蘄州，拔光州，於是盡有淮南地。二年，朱全忠遣兵取黄州，尋復得之。又天祐二年光州亦叛降汴，尋復取之。」漣水，今淮安府安東縣也。光化二年，又取海州而守之。天復二年進爵吴王，兼有昇州。先是光啓三年徐州亂將張雄自蘇州轉入上元，至是雄黨馮弘鐸據其地。天祐二年又取鄂州。時杜洪據其地，遣將攻克之。後又進取岳州，尋復爲馬殷所取。行密卒，子渥嗣。渥稱弘農王，朱梁貞明五年隆演復稱吴王。三年江州來降，進取饒州及洪州。時鍾匡時有其地，遣將攻滅之。朱梁開平三年，張顥、徐温弑其主渥而立其弟隆演，尋兼有撫、信、袁、吉諸州。貞明四年攻虔州克之，先是光啓初，南康賊帥盧光稠據虔州，尋又逾嶺取韶州，傳二世，子延昌，梁乾化初爲其下所殺，韶州亦爲嶺南所取，明年州人推譚全播知州事。南康，今南安府屬縣。於是盡有江西地。六年隆演卒，弟溥立。後唐天成二年稱帝，國號吴。石晉天福二年爲徐知誥所篡。其地西至沔口，以鄂州爲界也。沔口，見前。南距震澤，淮南與吴越爲難，乾寧三年嘗取蘇州，明年復入於吴越，光化二年又取婺州。天祐初衢、睦二州俱屬淮南，二年悉爲吴越所有，始終以震澤爲限也。東濱海，北據淮，有州二十有七，揚、楚、海、泗、滁、和、光、黄、舒、廬、壽、濠、池、潤、常、昇、宣、歙、饒、信、江、鄂、洪、撫、袁、吉、虔諸州是也。傳四世國亡。

浙，

史略：光啓三年，錢鏐爲杭州刺史，鏐，臨安人，初爲石鏡鎮都知兵馬使，事杭州刺史董昌。昌遣鏐取婺州，又敗劉漢宏取越州，昌因移鎮越州，自稱知浙東軍府，以鏐知杭州事，朝廷因而授之。臨安，今杭州府屬縣。石鏡鎮，在今臨安縣東三里。會鎮海軍亂，鏐遣兵取常、潤及蘇州。既而三州爲楊行密及孫儒所取。大順二年，賊將孫儒渡江據蘇州，尋屯廣德，與楊行密相持，鏐因遣兵復取蘇州。景福初，詔以鏐爲武勝軍防禦使，時置武勝軍於杭州，既又以鏐爲蘇杭觀察使。二年授鎮海節度使。鎮海本置於潤州，杭州其巡屬也，因以授鏐，光化初鏐遂請徙軍府於杭州。乾寧二年，威勝節度使董昌叛，稱帝。三年，鏐討平之，詔以鏐兼領鎮海、威勝兩軍。威勝尋改曰鎮東。四年鏐取湖州，復拔蘇州。先是乾寧三年鏐攻董昌，昌求救於楊行密，行密遣兵取蘇州，至是復克之。天復二年，進爵越王。天祐初改封吴王。三年，取睦、婺、衢三州。先是光化初行密遣將取婺州，既而睦州亦附行密，天祐初衢州復叛附焉。至是始悉取之。四年，朱全忠篡位，改封吴越王。鏐以杭州爲督府，亦曰西府，而以越州爲東府。尋又取温、處二州，於是浙東之地皆屬焉。後唐長興二年，子傳瓘嗣。〔三〕錢弘佐時又兼有福州地，石晉開運初閩亂，因遣兵取福州而守之。蓋東南至海，北距震澤，皆吴越境内也。

荆，

史略：高季興，初爲朱全忠將。季興，硤石人，本名季昌，避後唐諱改曰季興。硤石，今河南陝州東南七十里有廢縣。天祐二年全忠取荆南，以其將賀瓌爲荆南留後，時澧朗帥雷彦威屢侵荆南，瓌不能禦，因命潁州防禦使高季興代鎮荆南。朱梁乾化初賜爵勃海王，後唐同光二年改封南平王。其後長興二年復改封勃海王，應順初仍爲南平王。三年伐蜀，取施州。後復入於蜀。四年兼有夔、忠、萬三州，尋復失之。天成三年又失歸州，後唐明宗初嗣位，季興因求夔、忠、萬三州，與之。既而拒命，乃復取其三州。天成三年寧江節度使西方鄴取其歸州，旋爲荆南所陷，忠州刺史王雅復取之。會季興卒，子從誨歸命，歸州復還荆南。

湖，

史略：馬殷初爲秦宗權將，殷，扶溝人，忠武軍士也。扶溝，今開封府屬縣。光啓三年從孫儒掠江、淮以南。儒死，殷與劉建鋒分掠諸縣，因收餘衆南走洪州，推建鋒爲帥，殷自爲先鋒，因以其黨張佶爲謀主。比至江西，衆十餘萬。乾寧初，建鋒等襲取潭州，自稱武安留後。三年，建鋒爲其下所殺，軍中共推張佶，佶轉推殷爲主，攻取邵州。五年詔以馬殷爲武安留後，尋悉定湖南地。湖南七州見前欽化節度。光化三年，遣兵略桂管諸州。是年取嶺南、桂、宜、巖、柳、象五州，表其將李瓊爲静江節度。天福三年，取岳州。是年遣兵襲江陵，陷之，軍還遂取岳州。天祐三年淮南來攻，拔岳州，明年復取之。又天祐三年吉州亦來降，尋復入於淮南。天祐四年，朱全忠篡位，封楚王。尋改潭州爲長沙府。朱梁開平二年，取朗、澧二州；時雷彦恭據其地，謂之湖北二州。又敗嶺南兵，取昭、賀、梧、蒙、龔、富六州。四年容州及高州皆來降，尋復爲嶺南所取。乾化二年，取辰、溆二州。後唐天成二年進封楚國王。長興初子希聲嗣，二年弟希範代立。先是殷卒，楚復爲軍鎮，應順初復授希範爲楚王。石晉天福三年，又取溪、錦、獎三州。八年，寧州蠻來附。時寧州酋長莫彦殊以所部温、那等十八州附楚。或曰寧州當作「宜州」，今慶遠府以西諸蠻地是也。胡氏曰「即唐南寧州」，則今雲南曲靖軍民府也。似悮。漢天福十二年，弟希廣代立。乾祐三年希萼以朗州兵襲陷潭州，殺希廣自稱楚王。周廣順初，國亂，南唐西侵，其地皆降於唐，惟朗、澧二州爲楚將劉言所據，而嶺南之地悉没於南漢。蓋馬氏盛時，南逾嶺，西有黔中，辰、溆諸州是也。北距長江，東包洞庭，謂岳州。皆其境内。自馬殷至希萼，傳五世國亡。

閩，史略：王潮初爲羣盜，光啓初轉掠入閩，尋陷泉州，詔授泉州刺史。潮本固始佐史。中和初，壽州屠者王緒作亂，據本州，復陷光州，蔡州防禦使秦宗權表授光州刺史，潮與弟審邽、審知，皆從之。光啓初緒渡江轉掠江、洪、虔諸州，陷汀、漳至南安，軍亂，推潮爲主，圍泉州陷之，福建觀察使陳巖表爲泉州刺史。固始，今河南光州屬縣。南安，泉州府屬縣也。景福二年入福州，取汀、建二州，詔授福建觀察使，潮遂據有全閩地。乾寧三年，又以福建爲威武軍，授潮節度使。明年卒，弟審知嗣。後唐同光三年子延翰嗣，天成初稱閩國王，未幾爲其下所殺。弟延鈞代立，延鈞初稱威武留後，唐命爲節度使、琅邪王，天成三年封爲閩王。長興四年稱帝，更名鏻。國號閩。都福州，改曰長樂府。清泰二年，其下殺之，而立其子繼鵬。更名昶。石晉天福三年，又爲其下所殺，而立延鈞之兄延羲。更名曦。明年，與建州刺史王延政相攻，先是長興二年建州刺史王延稟襲攻福州，敗死，延鈞因使其弟延政爲建州刺史，至是閩主相攻。尋約盟罷兵，以建州爲鎮安軍，封延政爲富沙王。延政改建州曰鎮武軍，復與曦相攻。八年，延政亦僭稱帝，國號殷。延政都建州。又分建州置鐔州，治龍津縣，今延平府是也。又分置鏞州，治將樂縣。將樂，今延平府屬縣也。其後南唐以鏞州并入鐔州。九年，曦爲其臣朱文進所殺，國亂，延政因舉兵攻文進，泉、漳、汀諸州皆降。開運二年下福州，盡有閩地。延政以福州爲南都，命從子繼恩鎮之。未幾李仁達復叛，據福州，附於南唐，亦通於吳越。既而南唐攻建州，延政降，汀、泉、漳皆歸唐，福州爲吴越所取。自潮至延政，傳六世，國亡。

廣，

史略：乾寧初，劉隱爲封州刺史，隱，上蔡人。其父謙爲嶺南小校，累功授封州刺史。卒，嶺南帥劉崇龜復表隱爲刺史。上蔡，今汝寧府屬縣，見前。三年，以功爲清海行軍司馬。天復初節度使徐彦若表隱代鎮軍府，天祐初朱全忠奏以隱爲清海節度使。四年，全忠簒位。時進隱爵爲大彭王。朱梁開平二年，命隱兼領静海節度使。静海即安南，見前。三年，封南平王。乾化初卒，弟巖嗣，巖尋更名龑，讀若儼。尋取韶州，又取容管及高州，復并邕管諸州。貞明二年稱帝，國號越，都廣州，改爲興王府。明年改稱漢。後唐長興初取交州。明年愛州將楊延藝等相繼據其地，自是安南始爲化外。石晉天福七年子玢嗣，八年其弟洪熙殺而代之。改名晟。漢乾祐初攻楚取賀、昭諸州。周廣順初馬氏爲南唐所併，因乘間入桂州，尋盡取嶺南地，又北取郴州及連州。顯德五年，子鋹嗣。

西有岐，

史略：光啓初，李茂貞爲扈蹕都將，從幸興元。茂貞，博野人，本姓名宋文通，以功賜姓名。時河中帥王重榮、河東帥李克用等犯闕，上幸鳳翔，復幸興元。博野，今北直保定府屬縣。三年，領武定節度使，武定治洋州，見前。平叛帥李昌符，因授鳳翔節度。昌符爲鳳翔帥，與静難帥朱玫叛附王重榮等。既而順命，駕還鳳翔，昌符復作亂，敗奔隴州，茂貞擊平之。景福初并有山南西道，時興元帥楊守亮謀拒命，茂貞擅舉兵攻之，克鳳州及興、洋二州，進拔興元，請鎮其地。詔授茂貞山南西道兼領武定，茂貞欲并得鳳翔，遂不奉詔。明年合靜難兵犯闕，靜難帥王行瑜初爲叛帥朱玫將，斬玫來降，即以靜難節度授之，黨附茂貞，共攻興元，至是復合兵犯闕。詔授鳳翔兼山南西道節度，於是盡有秦、隴、梁、洋諸州地。茂貞蓋擅有秦成、鳳翔、興元、武定四鎮十五州之地。乾寧初取閬州，時楊守亮猶據閬州也。二年復合靜難、鎮國兩軍犯闕，鎮國帥韓建亦黨附茂貞。李克用入援，乃還鳳翔。茂貞佯爲歸順，歸罪於王行瑜，克用乃滅行瑜而還。既而驕横如故，河西州縣多爲所據。謂涼、肅、瓜、沙諸州，時茂貞以其將胡敬璋爲河西節度。三年復犯闕，上幸華州，光化初乃還長安。是時關中州鎮大抵皆爲茂貞所有。茂貞先有山南、京西諸州鎮，乾寧二年養子繼塘爲同州帥，四年養子繼徽復爲靜難帥，光化二年又以茂貞兼涇原帥，尋又以其從兄茂勳爲鄜坊帥，而韓建鎮華州，又代繼塘領同州，自關、隴以至河西，茂貞皆坐制之矣。天復初進爵岐王。既而其黨共劫車駕幸鳳翔，中尉韓全誨等本監鳳翔軍，黨於茂貞，神策將李繼筠，茂貞養子，侍衛京師，共謀爲變，劫天子至鳳翔。於是朱全忠引兵而西，盡取其關中州鎮，全忠自河中西入關，韓建以同、華降，遂入長安，至鳳翔。又北攻邠、寧，李繼徽降。明年全忠敗茂貞於奉天，又敗之於虢縣，復分兵出散關略鳳、成、隴三州。會李茂勳來援鳳翔，全忠因遣兵乘虛襲鄜、坊，取之，茂勳亦降，州鎮無附茂貞者矣。虢縣，今鳳翔府南三十五里廢虢城是也。餘並見前。王建引兵而北，悉取其山南地，天復二年王建取利州，茂貞假子昭武帥李繼忠遁去，遂進克山南城寨，取興元。

茂貞黨武定節度使李思敬以洋州降，建又進拔興州。茂貞危困，因求和於全忠，車駕復入長安。天祐初駕遷洛陽，李繼徽復以靜難合於茂貞。三年率保塞、保大、彰義、鳳翔兵攻夏州，時夏州帥李思諫附於全忠。爲汴將劉知俊等所敗，知俊時爲同州節度，與其黨康懷貞等敗繼徽兵於美原，遂乘勝取其鄜、坊、涇、原、延五州。美原，在今西安府富平縣北六十餘里，茂貞尋置鼎州於此。邠岐自是不振。天祐四年，全忠篡位，茂貞尋復取鄜、延諸州，既而諸州皆附梁。梁開平二年，茂貞所署延州節度胡敬璋攻梁河中，敗還。三年，翟州降梁，梁復取鄜、坊、丹、延諸州。又鹽州先附岐，至是朔方降梁，鹽州亦爲所并。既而同州附岐，旋又爲梁所取，兼取寧、衍、慶三州。寧州尋復來屬。乾化五年邠、寧二州俱降梁。貞明初鼎、耀二州亦降梁。二年慶州復附岐，因復取寧、衍二州，未幾復爲梁所取。耀州治華原縣，今屬西安府。鼎州見上，梁開平末茂貞所置州也。朱梁乾化初，蜀又取隴右諸州，天祐初蜀與岐通好，至是復侵岐，取文州。貞明初又取階、成、秦及鳳州。自是岐所有者岐、隴、涇、原、渭、武、乾七州而已。後唐同光初改封秦王。卒，子繼曮嗣，授鳳翔節度使，自是同於羣藩矣。天成初賜名從曮，長興初徙爲宣武節度使。

蜀，

史略：光啓二年，以神策軍使王建爲利州刺史。建，舞陽人。初爲忠武監軍楊復光都將，後歸田令孜爲神策軍使，從幸興元。既而令孜監西川軍，乃出建爲利州刺史。舞陽，今河南裕州屬縣。三年取閬州，自稱防禦使。會田令孜召建詣西川，西川帥陳敬瑄拒之。建怒，入鹿頭關，在今成都府漢州德陽縣北三十里，詳四川重險。拔漢州，攻成都不克，還屯漢州，與敬瑄相持。既而請邛州於朝，詔分邛、蜀、黎、雅爲永平軍，授建爲節度使。尋以敬瑄拒命，詔建討之。時邛州亦爲敬瑄守，建留兵攻圍，還兵向成都，於是眉、資、簡、嘉、戎、雅諸州次第歸附，邛州亦下，又取蜀州。二年，成都降，建自稱西川留後。乾寧初又克彭州，綿州來降，尋取龍州及果州。四年取渝、瀘諸州，攻梓州拔之，遂并東川地。光化初，奏分東川地別爲一鎮。以遂、合、瀘、昌、渝爲武信節度。天復二年舉兵勤王，以李茂貞刼遷車駕也。因取山南西諸州鎮。詳見前。三年，進爵蜀王，遣兵下峽取荆南夔、忠、萬、施四州。時議者以瞿唐爲蜀之險要，乃棄歸峽屯軍夔州，置鎮江節度使領夔、忠、萬三州。時又取黔州，移置武泰節度於涪州，以王宗本爲武泰留後。天祐二年，又取金州。置金州觀察使，兼領渠、巴、開三州，尋復失之。其後復得金州，置雄武節度於此。朱梁開平初稱帝，國號蜀。開平二年復入歸州，棄之。乾化二年侵岐取文州，既又取秦、階、成、鳳四州。貞明二年改國號曰漢，四年復稱蜀。子衍嗣位，後唐同光三年爲唐所滅。蓋其地西界吐蕃，南鄰南詔，東據峽江，北距隴坻，有州六十四。自兩川諸州而外，兼得山南西道金、洋至夔、萬諸州，又有江南道之黔、施等州，隴右道之秦、成、階三州。舊州六十有三，而新置之州一，曰潾州，治潾山，今四川廣安州潾水縣是也。

北有燕，

史略：劉仁恭初爲幽州將，奔河東。仁恭，深州人，事幽州帥李匡威，戍蔚州。景福二年以戍久不代，帥其衆襲幽州，至居庸，敗奔河東，因勸克用代盧龍。居庸，見前。乾寧二年，克用入幽州，略定幽、涿、瀛、莫、嬀、檀、薊、順、營、平、新、武諸巡屬，又大順初，李匡威取蔚州，幽州蓋有州十三。表仁恭爲留後而還。乾寧四年，仁恭貳於克用，克用討之，至安塞軍，胡氏曰：「軍在蔚州之東，嬀州之西。」今保安州之境。爲所敗。五年，遣其子守文襲滄州，取之，遂兼有滄、景、德三州地，以守文爲義昌留後。光化二年，仁恭發幽、滄十二州兵欲兼河朔，時幽、滄共十六州，蓋留蔚、新、武、順四州兵以備河東。拔貝州，攻魏州。魏帥羅紹威求救於朱全忠，戰於内黄，内黄，今大名府屬縣。大敗而還。三年，全忠拔德州，圍滄州，既又攻拔瀛、景、莫三州。天祐四年，仁恭子守光作亂，執仁恭而囚之。自稱節度使。朱梁開平三年又敗其兄義昌節度使守文於薊州西，擒之。遣使請命於全忠，全忠以爲燕王。守光復陷滄州。時滄州爲守文守也。守光使其子繼威據之。乾化初稱帝。二年，晉遣周德威伐之，東出飛狐，飛狐，見前。燕境諸州次第降下，時滄州亦殺其子繼威，降於全忠。三年，爲晉所滅。

晉。

史略：中和二年，以李克用爲雁門節度使，克用本西突厥處月別種，姓朱邪氏，號爲沙陀。元和三年，朱邪盡忠爲吐蕃所逼，詣靈州降。盡忠戰歿，詔置陰山府於鹽州，授其子執宜爲兵馬使。四年，隨靈鹽節度使范希朝鎮河東，置其部落於定襄川。卒，子赤心嗣，捍衛北邊，數有功。咸通九年，從康承訓討平徐州賊龐勛，授大同節度使，賜姓名李國昌。十年，爲振武節度使。乾符五年，國昌子克用戍蔚州，爲雲州亂軍所推，國昌復與之合犯河東諸州鎮。廣明初引還代北，既而敗奔韃靼。是年黄巢入長安，代北監軍陳景思召克用於韃靼。克用還，陷忻、代，遂據代州。中和二年，河中帥王重榮等謀召克用討黄巢，克用自嵐石路趨河中，詔授克用爲雁門帥。定襄川，即漢定襄郡城。嵐石路，謂道出嵐、石二州間也。合諸道討黄巢，收復西京。尋還鎮，詔授河東節度使，時國昌亦自韃靼還代，授代北節度使，鎮代州。既又取潞州。四年，復合諸道兵敗黄巢於河南。光啓初，與河中帥王重榮合兵逼京城，討田令孜也。天子西幸。三年取澤州。龍紀初又拔磁、洺二州，明年取邢州。既而潞州軍亂，降於朱全忠，尋復取之。大順初，詔張濬等會諸道兵於晉州，進討克用，不克。克用敗濬兵，取晉、絳二州，仍引兵還。二年，克雲州。時赫連鐸爲雲朔防禦使，屢與幽州帥李匡威侵河東，因攻克之。尋悉定代北地。振武諸城鎮皆置戍焉。景福初邢、洺、磁三州叛，邢洺節度李存孝以三州叛降全忠。乾寧初復收三州，又克盧龍，盡平其地。因表劉仁恭爲留後。三年，邠、岐、華三帥犯闕，克用奉詔西討，邠帥走死，王行瑜也。進爵晉王。四年，劉仁恭以幽州叛。光化初邢、洺、磁三州復爲朱全忠所陷。又潞州復叛，尋復潞州，又拔澤州。時又取洺州及懷州，旋復失之。天復初，全忠合諸道兵來攻，於是沁、澤、潞、遼、汾諸州望風降潰。進攻晉陽，不克而去。克用乃復取汾、沁、遼三州。繼又取慈、隰二州，旋陷於全忠。天祐三年，潞州來降。四年，全忠篡位，遣軍圍潞州。明年克用卒，子存勗嗣。蓋東守潞州，西限豐、勝，北

至雲、朔，内保汾、沁，唐室既亡，晉所恃以與梁争者，僅十有餘州而已。而朱温據汴，遂成簒弑，僭號曰梁，

都邑考：朱温起於汴州，因改汴州爲開封府，謂之東都，而以故東都爲西都，即洛陽也。開平二年始遷洛陽，朱友貞自立於汴，仍都開封。廢故西都，以京兆府爲大安府。仍置佑國軍治焉。開平三年又改曰永平軍。

史略：中和二年，黄巢將朱温以同州來降，温，碭山人，爲巢將。隨入長安。賊使陷鄧州而戍之，爲官軍所敗，還長安，復遣温陷同州。温見巢勢日蹙，因以州降於河中帥王重榮，都統王鐸承制以温爲同華節度使，詔授温河中行營招討副使，賜名全忠。簒位後更名晃。尋授宣武節度使。收復京師，即引兵之鎮，敗黄巢餘黨於鹿邑，今歸德府屬縣。進據亳州。亳州本屬宣武。光啓二年襲滑州，取之，滑州帥安仁義軍亂，温因襲取之。遂兼有義成軍。復敗秦宗權於汴北，取鄭州，時蔡州賊秦宗權數與全忠相持，既而鄭州復爲宗權所陷，尋復取之。又攻兗鄆，取濮州。時又兼得曹州，既而復失。文德初兼有河陽，時河南尹張全義襲李罕之於河陽，罕之遁走，引河東之師來争，全義請救，温遂兼有其地。尋滅秦宗權於蔡州。温攻宗權於蔡州，宗權殘破，復還汴，其下執之以降。景福二年并感化軍。大順二年，温取曹州，又取壽州。景福初取濠、泗二州，又拔濮州。是年攻取徐州，既而濠、泗、壽三州爲楊行密所有。乾寧四年復并天平、泰寧二鎮，乾寧二年齊州降於温。四年陷鄆州，天平帥朱瑄走死。襲兖州，泰寧帥朱瑾奔淮南。時山東諸鎮惟淄青

尚存，亦服於溫。是年又遣兵侵淮南，取黄州。於是進軍淮南，爲楊行密所敗。五年，侵河東，取邢、洺、磁三州。又攻山南東道，取唐、鄧、隨及安州。以忠義帥趙匡凝通於淮南、西川也。光化二年，取蔡州，奉國帥崔洪走淮南，使朱友裕守之。又取潞州及澤州。河東將李罕之以二州叛降溫，既而河東復攻克之。陝虢亦來附焉。陝虢帥王珙軍亂，遂來降。三年，脅成德，溫攻王鎔，鎔納質請和。服易定，溫取祁州，易定帥王處直請服。殘幽滄，溫先取德州，尋自鎮州而北拔瀛、景、莫三州，乃西下祁州，劉仁恭引軍救易定，溫大敗之於易水。德、瀛、景、莫皆幽滄巡屬也。易水在今北直安州北三十里，即仁恭敗處。於是河北諸鎮亦皆服於溫。天復初又并河中，河中帥王珂附於河東，溫斷晉、絳之道，急攻河中，河東不能救，河中遂没於溫。乃大舉攻晉陽，溫合諸道之兵四面並進，潞、澤、遼、汾、沁諸州望風降下。不克而還。會李茂貞劫遷車駕於鳳翔，溫自河中入關，降同、華，入長安，西至鳳翔，北下邠寧，溫攻邠州，李繼徽降。南收金商。溫軍盩厔，金商帥馮行襲以州來附。盩厔，今西安府屬縣。明年自河中而西，溫初屯武功，聞河東將攻河中，乃還拒之，至是始復入關。武功，見前。圍鳳翔，略秦、隴，溫遣兵出散關，拔鳳州，取成、隴，至秦州而還。襲鄜坊，鄜坊帥李茂勳降。關中州鎮，盡皆慴服。茂貞請和，乃奉帝還長安，進溫爵爲梁王。是年又東并淄青。時王師範以溫圍逼京城，舉兵伐溫，襲取兖州，溫攻敗之，遂并淄青。天祐初劫帝遷洛陽，尋行弑逆，改立幼君。輝王祚，昭宗第六子也。二年，兼有襄鄧及荆南地，初溫攻趙匡凝，匡凝請降而還，至是盡取唐、鄧、復、郢、隨及均、房諸州，渡漢入襄陽，匡凝走淮南。又逼荆州，荆南帥趙匡明走西川。三年，復敗邠岐之兵，邠寧帥李繼徽與李茂貞合率諸道兵攻夏州，爲温將劉知俊等所敗，取其鄜、延諸州，邠岐自是不復振，而朔方以南，鄜、延以北，相率降附矣。又北圖幽、滄、河東，取其上黨，乃引還。温圍滄州未下，劉仁恭求救於李克用，克用引兵攻潞州，潞州降。明年，温篡位，後二年遷都洛陽。

蓋西至涇、渭，南逾江、漢，北據河，東濱海，皆梁境也。

有州七十八。温盡得河南境内諸州，亦兼有關内、河東、河北、山南之境，然鎮冀、易定兩鎮仍各有其地，魏博既得而旋失，朔方、定難諸鎮亦僅同羈屬，所云七十八州，非盡實有其地也。又舊志：梁貞明初改李茂貞所置耀州爲崇州，鼎州爲裕州，翟州爲禧州。而關内舊有威州，朔方又有警州，今裕州以下，皆不在七十八州之限。

晉發憤仇讐，既克燕孽，遂翦賊梁，改晉稱唐。

都邑考：莊宗初即位，因以魏州爲興唐府，建東京，又於太原府建西京，以鎮州爲真定府，建北都。滅梁後遷都洛，時以洛陽爲洛京。復以京兆爲西都，太原爲北京，而汴州仍曰宣武軍，北都復曰成德軍。同光三年，詔以洛京爲東都，興唐府爲鄴都。天成四年鄴都還爲魏州。

史略：初，存勗嗣位，破梁兵於夾寨，夾寨在潞州城下，朱温築此攻圍潞州。解潞州之圍。會梁人謀吞鎮、定兩鎮，乃求援於晉，推晉王爲盟主。晉王因東下井陘，井陘，見李光弼出井陘。軍趙州，大敗梁人於柏鄉，柏鄉，今北直趙州屬縣。引兵南至黎陽，在北直濬縣。見前。略梁河北諸州縣。時劉守光强横，晉諸將曰：「雲、代與燕接境，若擾我城戍，動摇人情，亦腹心患也，不如先取之，然後專意南討。」未幾守光僭稱帝，發兵侵易定，晉王因命周德威等東伐燕，遂取瀛、莫以北諸州，尋取幽州，悉定燕地。時温已爲其子友珪所弑，於是魏博軍亂，去梁來歸。晉王引兵入魏，梁河北諸州次第悉入於晉，惟黎陽猶爲梁守，遂渡河拔楊劉，今山東東阿縣北有楊劉鎮。又敗梁人於胡柳陂，在濮州西。進拔濮陽，今大名府開州。胡氏曰：「舊城蓋在河南。」築德勝南北兩城而守之。開州南三里有德勝渡，時爲大河津濟處。梁朱友謙復以河中諸州及同州來附，先是温被弑，友謙以河中附晉，既而復附梁，至是遂歸於晉。又取成德，收易定。時成德帥王鎔、易定帥王處直軍皆亂，晉王因并其地。晉王尋稱帝，仍國號曰唐。時梁軍猶盛，先是梁人乘間襲取衛州，時潞州復叛附梁，既而澤州亦爲梁所陷。唐主以爲憂。會梁鄆州將盧順密來奔，言鄆州無備，可襲取也。唐主因曰：「梁人志在澤潞，不備東方，若得東平，鄆州，漢名東平。則潰其心腹矣。」遂遣李嗣源襲鄆州據之。梁軍猶掠澶、相之境，與晉相持，郭崇韜曰：「梁以精兵據我南鄙，又決河自固，時梁人患晉兵南侵，於滑州決河，東注曹、濮及鄆，恃以爲險。謂我猝不能渡，汴州必無備。若留兵守魏，固保楊劉，親帥精兵與鄆州合勢，長驅入汴，僞主就擒矣。」從之，引軍自楊劉濟，至鄆州，乃踰汶水，汶水，在鄆州東南三十里。拔中都，中都，今東平州汶上縣。時梁將王彦章屯中都，故先拔之。進克曹州，梁軍皆阻河北，緩急不相聞。知汴州危急，梁主友貞自殺。軍入汴州，河北諸軍來降，梁地悉定。又西并鳳翔，南收巴蜀，及同光之變，兩川復失。

史略：同光初滅梁，李茂貞稱臣來貢，明年改封秦王。卒，以其子繼曮爲鳳翔帥，於是汧、隴七州七州見前。悉歸於唐。三年，遣郭崇韜等伐蜀，入散關，散關，見前。山南諸州望風降潰；至興州，劍南諸州皆來降；進至利州，趨綿州，入鹿頭關，見前。據漢州，王衍迎降。以孟知祥、董璋爲兩川節度。四年，魏博軍亂，魏博軍自瓦橋戍還至貝州作亂，推趙在禮爲帥，入鄴都，遣軍討之，不克。瓦橋，今爲保定府雄縣，時契丹屢寇幽州境内，置戍於此，亦曰瓦橋關。乃遣李嗣源討之。至鄴都，軍中復作亂，嗣源尋入大梁。帝方欲撫定關東，謂虎牢關東。引軍至萬勝鎮，在今開封府中牟縣西北十里。聞嗣源已據大梁，倉卒旋師。既還洛陽，復圖東討。時内外離叛，伶人郭從謙作亂，弒帝，嗣源乃入洛陽，尋即帝位。孟知祥聞變，遂陰有據蜀之志，長興初與董璋合謀拒命，時朝廷覺知祥等謀，乃割東川之閬、果二州置保寧軍，又欲割西川之綿、龍二州爲鎮，且增武信軍戍兵，知祥等遂舉兵叛。遣石敬瑭等討之，不克，知祥等遂盡略兩川地。董璋陷閬州，遂略涪、合、巴、蓬、果等州。孟知祥亦取渝、瀘二州，既又克遂州。敬瑭軍入劍門，至劍州，尋以糧盡引還。兩川軍追之，取利州，知祥以兵戍守，又遣兵陷忠、萬、夔諸州而守之。三年，知祥復并東川，乃上表稱藩，詔封蜀王。清泰以後，山南諸州悉入於蜀。蓋東際於海，南至淮、漢，西逾秦、隴，北盡燕、代，皆唐境也。

有州一百二十三。唐盡有河南、河北、河東、關内、隴右境内諸州，又兼有山南之境。五代志：「莊宗初起并、代，取幽、滄，有州三十五，後又取梁魏、博等十有六州，合五十一州。已滅梁，岐王稱臣，得七州。同光破蜀，已而復失，惟得秦、鳳、階、成四州。而營、平二州已陷於契丹，其增置之州一，合爲一百二十三州。」今考同光已後，山南諸州尚未盡入於蜀，其僅有秦、鳳、階、成四州，蓋石晉時事也。又晉王天祐八年置府州，治府谷縣，今陝西葭州屬縣也。天成初又置寰州，治寰清縣，今爲朔方馬邑縣。三年置泰州，治清苑縣，今保定府是也。志所云一州，蓋專指寰州言之。又考同光二年瓜、沙入貢，命權知歸義留後曹義金爲刺史、節度使。長興初涼州亦來附。四年又置保順軍於洮州，兼領鄯州。又宋志云：「後唐於唐之義寧軍置義州，後周因之，宋改爲華州。今平涼府華亭縣也。」今志亦不之載，然則唐所有州，蓋不僅如志所稱而已。

石晉興戎，契丹助虐，燕、雲十六州遽淪異域，十六州，幽、薊、瀛、莫、涿、檀、順、新、嬀、儒、武、雲、寰、應、朔、蔚也。通釋曰：「幽、薊、瀛、莫、涿、檀、平、順爲山前八州，新、嬀、儒、武、雲、應、朔、蔚爲山後八州，平州先没，寰州後置，故十六州有寰州而無平州。」

都邑考：晉自洛陽徙汴，尋升汴州爲東京開封府，以洛陽爲西京，改西都爲晉昌軍。時又改興唐府爲廣晉府。天福二年復建鄴都，開運二年又廢鄴都，復爲天雄軍。

史略：石敬瑭初爲河東節度使，敬瑭亦沙陀種，明宗婿也。長興三年爲北京留守、河東節度使兼大同、振武、彰國、威塞等軍。蕃漢馬步總管從珂篡位，敬瑭來朝，復命還鎮。彰國軍，天成初置於應州，兼領寰州；威塞軍，晉王存勗天祐七年置於新州，同光二年升威塞軍爲節度，兼領嬀、儒、武三州。敬瑭蓋兼領諸州鎮軍事。清泰三年命移鎮鄆州，敬瑭拒命，詔張敬達討之。先是唐主疑敬瑭有異志，遣將張敬達屯代州分敬瑭之權，至是復命敬達趣敬瑭移鎮，敬瑭遂以河東叛，因命敬達討之。敬瑭求援於契丹，約事捷割盧龍一道及雁門以北諸州爲獻。劉知遠曰：「以金帛賂之足矣，許以土田，異日必爲中國患。」不聽。契丹引兵自雁門而南，敗唐兵於汾曲，汾水在今太原府城西二里，又西南至太原縣城東，皆曰汾曲。敬達退保晉安寨。在太原縣西南二十餘里。契丹遂立敬瑭爲晉皇帝，合兵攻晉安，拔之。又敗唐兵於團柏谷，在今太原府祁縣西南。進克潞州。契丹乃命敬瑭引兵而南，至河陽，河陽，見前。唐守將具舟楫迎降，敬瑭遂遣契丹千餘騎屯澠池，澠池，今河南府屬縣。防唐主西逸。唐主從珂危迫自焚死，敬瑭入洛陽，契丹乃割幽、薊十六州而去。

及契丹南牧，始終晉緒。

史略：晉主重貴初立，即失好於契丹，於是屢寇河北及河東。開運三年，契丹大舉入寇，自易、定趨恒州，晉遣杜威帥諸軍禦之。威屯軍中渡，在真定府東南五里滹沱河上，有中渡橋。尋以衆降，契丹遂從邢、相而南渡白馬，白馬津，見前。入大梁，執晉主徙之黄龍府，在今遼東三萬衛東北塞外。中原州鎮，相繼臣附。契丹縱兵剽掠，千里内外，財畜殫盡，久之乃北去。

其未亡也，有州一百有九。晉有唐之故地，而十六州亡於契丹，取蜀之金州，又增置威州，治方渠縣，今慶陽府環縣是也。或曰即唐之威州，晉改置於此。

劉氏保有晉陽，遂成漢業，南入大梁，

都邑考：漢都開封，如晉都之制。乾祐初又改晉昌軍爲永興軍，廣晉府爲大名府。

史略：晉天福六年，以劉知遠爲北京留守、河東節度使，知遠亦出於沙陀，爲敬瑭所親信，出帝即位相猜忌，遂繕兵積粟，保境自强。及契丹入汴，或勸知遠舉兵進取，知遠曰：「用兵有緩有急，當隨時制宜。今契丹新降晉軍十萬，虎據京邑，未有他變，豈可輕動。且觀其所利，止於貨財，貨財既足，必將北去；況冰雪已消，勢難久留，宜待其去然後取之，可以萬全。」既而中原苦契丹强暴，共思逐之。知遠稱尊號，以號令四方，遠近争殺契丹以應晉陽。契丹留其臣蕭翰守大梁，遂北去。時潞州及晉、陝皆來附。知遠集羣臣議進取，或請出師井陘井陘，見前。攻取鎮魏，先定河北，則河南自服。知遠欲自石會關趣潞州，石會關，在今遼州榆社縣南。郭威曰：「虜衆猶盛，各據堅城，我出河北，兵少路紆，旁無應援，此危道也。上黨山路險澀，粟少民殘，亦不可由。若從晉、陝而東，不出兩旬，汴、洛定矣。」從之。蕭翰聞知遠南下，遁去，河南遂定。契丹適有内變，晉之舊境，悉歸於漢。

有州一百有六。漢盡得晉之故地，惟秦、鳳、階、成四州先入於蜀。又乾祐初增置解州，治解縣，今屬平陽府。舊志：乾祐初以唐靜邊州爲靜州，隸定難節度。靜邊州，唐羈縻州，蓋置於銀州之境，在今陝西米脂縣北。

郭威守鄴，舉兵内向，代漢稱周。

都邑考：周因漢舊，仍都開封。顯德初又廢鄴都，止稱大名府。

史略：郭威初爲樞密副使，威，堯山人，爲漢主所親信，掌軍旅。堯山，今順德府唐山縣。受顧命輔幼主，屢立大功，位任隆重。乾祐三年以威爲鄴都留守、天雄節度使。會漢主承祐誅戮大臣并及威，威遂舉兵趨汴，漢主迎戰，軍潰爲亂兵所殺。威入汴，尋稱帝。

世宗奮其雄略，震疊并、汾，於是西克階、成，南收江北，北奠三關。

史略：顯德初北漢大舉入犯，逼潞州，時北漢主劉崇以周主新即位，因請兵於契丹，合軍南向，敗昭義節度使李筠兵於梁侯驛，遂乘勝逼潞州。梁侯驛，在今潞安府西北九十里。周主自將禦之，大敗北漢軍於高平，今澤州屬縣。時北漢過潞州不攻，引兵而南。周主自澤州而北，遂遇，戰於此。遂命符彦卿等進攻晉陽，北漢境内州縣次第降下。既以晉陽不克，契丹復來救，乃引還，所得州縣，旋爲北漢所有。薛史：「是時，周伐北漢，盂縣降，又汾州、遼州及憲、嵐二州亦俱降；又克石州，忻州降，代州亦降。既而攻晉陽不下，引軍還，所得州鎮仍入於北漢。」盂縣，今太原府屬縣。然自是衰耗，侵犯益少。二年，遣王景等伐蜀，克秦、鳳、階、成四州。是年又遣李穀等伐唐，攻圍壽州。明年親征淮南，分兵攻略滁揚諸城鎮。四年克壽州，又進取濠、泗諸州。五年，淮南十四州盡爲周境，周主攻淮南，取其揚、泰、滁、和、海、楚、泗、濠、壽、光十州，南唐復表獻廬、舒、蘄、黄四州。先是諸州互相攻取，往往旋得旋失，至是始悉爲周境。泰州治海陵縣，南唐所置州也。廓地南至於江矣。六年復親征契丹，取瀛、莫二州，時别將又攻易州，拔之。於是關南始爲周境。關南，瓦橋關南也。時以瓦橋、益津、高陽爲三關。又以瓦橋關爲雄州，治歸義縣，即北直雄縣也。以益津關爲霸州，治文安縣，今縣屬霸州，而州治則故益津關也。高陽關亦曰草橋關，在今保定府安州高陽縣東。先是周主有平一中原之志，王朴獻策曰：「凡攻取之道，必先其易者。唐與我接境幾二千里，若以奇兵四出，擾其無備之處，南人懦怯，必奔走而赴之。奔走之間，可以知其虚實强弱，攻虚擊弱，江北將爲我有。得江北，江南亦易取矣，嶺南、巴、蜀，可以傳檄定也。南方既定，燕地必望風内附，若其不至，移兵攻之，席捲可平。惟河東必死之寇，宜以爲後圖。」周主之攻取，多用其策云。有州一百十有八。周初并、汾、嵐、石、遼、沁、忻、代、麟、憲十州没於北漢，世宗得蜀四州，南唐十四州，契丹二州。又置濟州，治鉅野縣，鉅野今屬山東濟寧州。又置濱州，治勃海縣，今屬山東濟南府。又置通州，治静海縣，今屬南直揚州府。又置雄、霸二州。凡五州。顯德六年嘗取遼州，既而復入於北漢。又廢關内道武、衍二州，河北道之景州，是爲一百十有八州也。

當是時，矯虔攘竊者凡七君，蓋自江以南二十一州爲南唐，

史略：後唐天成四年，徐知誥始專有吴國之政，知誥本李氏子，初楊行密攻濠州得之，賜徐温爲養子。

朱梁貞明三年，自潤州刺史入江都輔政。後唐天成二年，徐溫卒於昇州，知誥遂督中外諸軍。既而以徐知詢握兵金陵，召入朝，徵其兵還江都，於是大權盡歸於知誥。長興二年出鎮金陵，仍總録朝政，又使其子景通輔政江都。清泰二年封齊王，以昇、潤、宣、池、歙、常、江、饒、信、海十州爲齊國。石晉天福二年篡位，知誥初改名誥，後又改曰昪。國號唐，都金陵。先是楊溥稱帝，改揚州爲江都府，昇州爲金陵府。及知誥封齊王，又以金陵府爲西都。既而知誥受禪，改金陵爲江寧府，而以江都府爲東都。後周顯德四年，又改洪州曰南昌府，建南都，宋建隆二年南唐主璟遷都焉。明年後主煜仍都江寧。八年，子璟嗣。開運二年，攻閩，取鐔、建諸州。唐攻王延政於建州，拔鐔州，尋克建州，漳、汀、泉皆降。既而漳、泉爲留從效所據，福州爲吴越所取，唐得汀、建、鐔三州而已。鐔州即王延政所置。周廣順初復攻楚，取湖南地，尋復失之。時馬希蕚等國亂，唐遣兵攻之，入潭州，取岳州及衡、永、全諸州，而朗、澧二州爲楚將劉言所據，嶺南爲南漢所并，明年潭、永諸州俱爲劉言所據。五年，江北諸州悉入於周，周取淮南十四州六十縣。於是唐所有者，二十一州而已。二十一州，昇、宣、歙、池、洪、潤、常、鄂、筠、饒、信、虔、吉、袁、撫、江、汀、建、劍、漳、泉是也。又有江陰、雄遠、建武等軍三。筠州，今江西瑞州府，南唐所增置。江陰軍，今常州府屬縣，淮南置。雄遠軍，今太平府；建武軍，今建昌府，俱南唐置。漳、泉二州雖爲留從效所據，而羈屬於南唐也。自知誥至李煜，傳三世，宋開寶三年國亡。

自劍以南劍，劍門也。見前。及山南西道四十六州爲蜀，

史略：後唐同光三年以孟知祥爲西川節度使，知祥，龍岡人。同光初爲太原尹，北京留守郭崇韜伐

蜀，薦爲西川帥。龍岡，今爲順德府治。既以朝廷多故，遂與東川帥董璋共圖據蜀。長興初遂叛，略有前蜀諸州，北守利州，東戍夔州。尋并有東川地，復内附。四年册爲蜀王。會唐主殂，遂僭稱帝，國號蜀。都成都。既而唐室内亂，興元、武定兩鎮來歸，其興州亦棄不守，於是散關以南，悉爲蜀境。時階州來降，又取成州，文州亦來降，又金州及施州亦俱附蜀。既而階、成二州復歸於晉。是年，子昶嗣位。石晉開運三年，契丹入汴，雄武帥何重進以秦、階、成三州來降，既又遣兵克鳳州。周顯德二年四州復爲周所得。孟蜀之地埒於前蜀。前蜀有州六十有四者，蓋包舉西山諸州而言。此則既失秦、鳳、階、成四州，又廢前蜀之溓州，而西山諸州不在四十六州之限也。宋史：「宋平蜀得州四十五。」自孟知祥得蜀，傳二世，宋乾德三年國亡。

自湖南、北十州爲楚，

史略：五代周廣順初王逵、周行逢共爲朗州將，逵與行逢俱武陵人，起軍卒，爲馬希萼將。武陵即朗州治。從馬希萼入潭州。希萼政亂，叛還朗州，擅易州將，既又迎辰州刺史劉言爲武平留後。時南唐取湖南，言等據境自守。二年，王逵襲克潭州，稱武安留後，又遣兵克岳州，唐將在湖南者皆遁去，於是嶺北諸州惟郴、連入於南漢。劉言以潭州殘破，移使府治朗州，以逵爲武安節度。仍治潭州，謂朗州爲西府，潭州爲東府。逵尋以周行逢知潭州，自將襲朗州，克之，囚劉言而代其位。逵還治潭州，移行逢知朗州。顯德初逵復遷朗州，移行逢於潭州。顯德三年，王逵爲岳州刺史潘叔嗣所殺，行逢因入朗州，稱武平、武安留後。周主因授行逢武平節度使，制置武安、静江等軍。宋建隆三年，行逢卒，子保權嗣，四年爲宋所滅。宋史：「平湖南得州十五，曰朗、澧、潭、岳、衡、永、辰、道、邵、全、獎、誠、錦、溪、溆；又得監一，曰桂陽。」全州治清湘縣，楚馬希範置，今州屬桂林府。誠州，唐羈縻州也，希範得其地，今爲靖州。桂陽監，今衡州府桂陽州也，唐末置。此僅云十州，蓋獎、誠以下皆不與焉。

自浙東、西十三州爲吴越，

史略：吴越據有兩浙，得州十三，杭、越、蘇、湖、秀、衢、睦、婺、處、明、台、温、福也。又有軍一，曰衣錦軍，即臨安縣。自錢鏐至弘俶，傳五世，宋太平興國三年國亡。

自嶺南、北四十七州爲南漢，

史略：南漢據有嶺南、北地，自劉隱至鋹傳五世，宋開寶四年國亡。宋志云「平廣南得州六十」，蓋唐末嶺南道有州七十，南漢時惟交、武峨、籠、環、瀼、巖、古、愛、長、驩、峰、湯十二州没於安南耳。劉巖初僭位，於境内增置英州，治湞陽縣，今韶州府英德縣也。又置雄州，治保昌縣，今爲南雄府。又置敬州，治程鄉縣，今潮州府程鄉縣也。又改唐之循州爲禎州，而於龍川縣别置循州，今惠州府龍川縣是。又置常樂州，治博雷縣，今廉州府東北有廢常樂州。劉晟又取嶺北之郴州，而劉鋹復置齊昌府，治興寧縣，今惠州府興寧縣也。時又有順州，治龍化縣，或曰唐大曆中置，南漢因之。又有思唐州，或曰即唐之山州。然則南漢所有，蓋不僅四十七州而已。

自太原以北十州爲北漢，

史略：五代漢天福十二年，漢主以其弟崇爲河東節度使，留守北京。乾祐三年隱帝被弒，既而郭威篡位，於是崇自立於晉陽。崇初聞隱帝遇害，欲舉兵南向，會郭威等議立其子武寧節度使贇，崇乃止。太原少尹李驤說崇曰：「公宜疾引兵逾太行，據孟津，俟徐州即位，然後還鎮，不然且爲郭公所賣。」崇怒而殺之。贇旋爲郭威所害。自崇至繼元傳五世，宋太平興國四年，爲宋所滅。舊史：「崇初稱帝，有并、汾、忻、代、嵐、憲、絳、蔚、沁、遼、麟、石十二州之地。周廣順二年取其岢嵐軍，尋復没於北漢。顯德四年麟州降於周，六年復取其遼州，尋又爲北漢所有。」隆州，胡氏曰：「晉、漢間置，在嵐州西北。」今太原府祁縣東南三十里有隆州城，或曰即隆州也。蔚州時已屬契丹。岢嵐軍，今山西屬州，軍尋廢，宋復置。五代史無隆、蔚二州。宋志「平北漢得州十、軍一」，則無麟、蔚二州而有隆州。又有寶興軍，蓋劉繼元於團柏谷銀場置，谷在祁縣，即石晉敗唐兵處。又有寧化軍，在太原府静樂縣北八十里，宋亦置軍於此。又宋國史：「乾德二年府州刺史折德扆侵北漢衛州，擒其刺史楊琳。三年，北漢耀州團練使周審玉來降。」然則北漢所增置之州，其不可考者蓋多矣。

而荆、歸、峽三州爲南平。

史略：自高季興至繼冲，傳五世，宋建隆三年國亡。歐陽修曰：「自唐失其政，天下乘時，黥髡盜販，衮冕峨巍。吴暨南唐，奸豪竊攘。蜀險而富，漢險而貧，貧能自强，富者先亡。閩陋荆蹙，楚開蠻服。剽剥弗堪，〔四〕吴越其尤。牢牲視人，嶺蜑遭劉。百年之間，並起争雄。山川亦絶，風氣不通。語曰：清風興，羣陰伏，日月出，爝火息。故真人作而天下同。」

校勘記

〔一〕北庭回鶻僕固俊收西州　「庭」、「州」，底本原作「亭」、「川」，今據鄴本及新唐書卷二一六下吐蕃傳改。

〔二〕領鄂岳蘄黄安申光七州　「七」，底本原作「五」。此明爲七州，何云五州？鄴本作「七」，舊唐志卷三八武昌軍節度使亦管七州，今據改。

〔三〕後唐長興二年子傳瓘嗣　新五代史卷六七、資治通鑑（以下簡稱通鑑）卷二七七後唐紀六並云錢鏐卒及子傳瓘嗣在後唐長興三年，此作「二年」誤。

〔四〕剽剥弗堪　新五代史卷六一十國世家序作「剥剽弗堪」。

讀史方輿紀要卷七

歷代州域形勢七　宋上　遼夏附

宋撫有中土，奄甸四方，先取荆湖，西滅蜀，南平廣，遂并江南，史略：初，趙匡胤爲周宿衛將，從世宗征討屢有功，威望甚著。顯德六年，幼主宗訓即位，匡胤以殿前都檢點領歸德節度使。歸德鎮宋州，匡胤既代周，遂以宋爲國號。會北漢及契丹謀南寇，命匡胤禦之，次陳橋驛，在今開封府東北二十里。軍亂，推匡胤爲主，遂入汴，即帝位。建隆三年，湖南張文表作亂，文表爲衡州刺史，時周行逢卒，遂作亂。據潭州，周保權請救，宋命慕容延釗等將兵南下，假道荆南，遂入荆州。高繼冲懼，因籍三州以獻。時湖南已平張文表，宋師長驅而進，克其潭州，還趨朗州，保權謀拒命，延釗襲執之以歸，〔一〕荆楚悉定。乾德二年，王全斌等伐蜀，道出鳳州，别遣劉光義等出歸州。全斌進克興州，略定山南諸城砦，進至益光，今保寧府昭化縣。蜀人扼劍門以拒。全斌用降卒言，遣别將由來蘇徑出劍門南，來蘇，村名，在今劍州東南九十里。出敵不意，遂克之。西至魏城，在今綿州東六十五里。蜀人駭懼，孟昶出降。時劉光義亦克夔州，盡平峽中地，萬、施、開、忠諸州是也。遂州迎降。於是引軍而西，會全斌於成都，略定兩川。開寶三年，遣潘美等將兵伐漢。先是美爲潭州防禦使，遣將攻南漢，克其郴州，至是自道州而進克富川，今平樂府屬縣。拔賀州轉趨昭州，克之。又拔桂州及連州，大敗漢兵於蓮花峰下，今韶州府南五里蓮花山是也。拔韶州。韶，漢之門户也，漢人大懼。美進克英州，時又遣別將克其雄州。二州見前嶺南、北四十七州注。引兵屯馬逕，去廣州十里。時美進屯馬逕，砦於雙女山下。雙女山，在今府西十七里，馬逕又在其東。或以爲即今府北六里之馬鞍山。漢人出戰，復敗，劉鋹乃降，盡平廣南州鎮。七年，遣曹彬等伐南唐，自荆南發戰艦東下，克其池州，進拔唐師於銅陵，今池州府屬縣。遂次采石，在今太平府北二十五里，見前。以浮梁渡江。明年彬又敗唐兵於白鷺洲及新林港，白鷺洲，在今應天府西南二十里大江中，又東里許即新林港。別將克溧水。今應天府屬縣。彬進次秦淮，秦淮水，在今應天府城南正陽門外，即彬屯兵處。唐兵陳於城下，涉水擊敗之。吴越亦發兵助宋，克其常州，潤州來降。又遣將敗其江西援兵於皖口，在今安慶府西十里，見前。金陵勢益孤。城陷，李煜降，江南悉定。

史略：建隆初，錢弘俶即遣使朝貢，及兵下江南，弘俶自帥兵助宋攻南唐。南唐亡，明年遂來朝，尋遣還。太平興國三年復入朝。會陳洪進以漳、泉二州來歸，先是閩朱文進之亂，泉州將留從效舉兵復泉州，歸於王延政。延政敗亡，泉州降於南唐。晉開運二年，從效廢其刺史王繼勳，自領軍府事，吴越入朝，閩海内附，乃兼北漢，南唐因授爲泉州刺史。明年，唐兵敗於福州，從效因遣唐戍兵歸國，遂據有漳、泉二州。漢乾祐二年，唐置清源軍於泉州，以從效爲節度。宋建隆初入貢，稱藩。三年，從效卒，統軍使陳洪進廢其子紹鎡，推副使張漢思爲留後。乾德初，洪進又廢漢思而代之。明年，宋改清源爲平海軍，以洪進爲節度使。三年入朝，遂籍二州十四縣以獻。弘俶懼，亦籍境内州軍以獻，於是閩越悉爲王土。四年，伐北漢，先是太祖屢遣兵擊漢，開寶二年自將至太原，壅汾、晉二水灌之。其嵐、憲二州來降，晉陽久不下，乃引還。九年復遣將分道攻太原，不克。汾水，在今太原縣東。晉水，在今縣城西。太原，故晉陽也。命潘美帥諸軍攻圍太原，復命郭進爲石嶺關都部署，石嶺關，在今太原府東北百二十里。斷燕、薊援師。契丹來救，進敗之於白馬嶺，今太原府盂縣東北三十里白馬山是也。遂引去。帝復自將至太原，攻圍益急，繼元危困，遂出降，并、代悉平，於是天下復歸於一。

因襲前轍，定都大梁。

都邑攷：宋建隆初，因周舊制，以大梁爲東京開封府，洛陽爲西京河南府。真宗建宋州爲南京，景德三年以宋州爲太祖舊藩，升州爲應天府，大中祥符七年遂建爲南京，其後高宗即位於此。仁宗又建大名府爲北京，慶曆二年以大名府爲真宗駐蹕之所，建爲北京。時謂之「四京」。又皇祐四年以曹、陳、許、鄭、滑爲輔郡。崇寧四年以右司諫姚佑言，於是以潁昌府爲南輔，升襄邑爲拱州，爲東輔，鄭州爲西輔，滑州爲北輔，各置軍防。其後廢置不一。高宗南渡，以臨安府爲行都，後遂定都焉。建炎元年幸揚州，三年幸杭州，進幸江寧府，改爲建康府。四年幸温州，復幸越州。紹興二年以杭州爲臨安府，旋幸臨安。三年營建康行宫，四年幸平江府，五年還臨安。六年又幸平江，七年幸建康，八年復還臨安，自是定都焉。三十一年幸建康，明年復還臨安。

分天下爲十五路。先是淳化四年法唐制，分天下爲十道，曰河南，曰河東，曰河北，曰關西，曰劍南，曰淮南，曰峽西，曰江南東西，曰浙東西，曰廣南。至道三年始分天下州軍爲十五路，各置轉運、經略、安撫等使統之。

京東路：東至海，西抵汴，南極淮、泗，北薄於河。統府一，州十六，軍四，監二。先是乾德初命節鎮所領支郡皆直隸京師，得自奏事，不屬諸藩，節度使之權始輕。太平興國二年復罷天下節鎮領支郡之制，於是軍、監與州府同列矣。

開封府，唐汴州，後爲宣武軍治，朱梁曰開封府，宋因之，領開封等縣十八。又崇寧四年析置拱州，亦曰保慶軍，初領襄邑等縣五，後領縣二。今歸德府睢州也。

宋州，朱梁宣武軍治此，兼領亳、輝、潁三州，亦曰宋州節度，後唐改軍曰歸德，宋仍曰宋州，亦曰歸德軍，景德中升爲應天府，領宋城等縣六。今日歸德府。

兖州，唐末爲泰寧軍治，後周軍廢，宋仍曰兖州，政和八年升爲襲慶府，領瑕丘等縣十。

徐州，唐末爲感化軍治，朱梁復曰武寧軍，宋仍曰徐州，領彭城等縣五。

曹州，石晉置威信軍治此，兼領單州，後周曰彰信軍，宋仍曰曹州，亦曰興仁軍，崇寧初升爲興仁府，領濟陰等縣四。

青州，唐平盧軍治，石晉廢軍，漢復故，宋仍曰青州，亦曰鎮海軍，領益都等縣六。

鄆州，唐天平軍治，宋仍曰鄆州，亦曰天平軍，宣和九年升爲東平府，領須城等縣六。須城，即唐之須昌縣也。

密州，唐曰密州，宋因之，亦曰安化軍，領諸城等縣六。

齊州，唐曰齊州，宋因之，亦曰興德軍，政和六年升爲濟南府，領歷城等縣六。

濟州，唐曰濟州，後廢。五代周復置，宋因之，領鉅野等縣四。鉅野，今濟寧州屬縣。

沂州，唐曰沂州，宋因之，領臨沂等縣五。

登州，唐曰登州，宋因之，領蓬萊等縣四。

萊州，唐曰萊州，宋因之，領掖縣等縣四。

淄州，唐曰淄州，宋因之，領淄川等縣四。

濮州，唐曰濮州，宋因之，領鄄城等縣四。

單州，唐末置單州，朱梁曰輝州，後唐復故，宋因之，領單父等縣四。

濰州，唐初置濰州，尋廢。宋建隆三年置北海軍，乾德二年升爲州，領北海等縣三。今山東平度州濰縣即故治也。

廣濟軍，唐曹州之定陶鎮，宋置廣濟軍，領定陶縣一。今曹州定陶縣是也。

清平軍，唐齊州之章丘縣，宋初置清平軍，領章丘縣一。今濟南府章丘縣。

淮陽軍，唐初曰邳州，州尋廢。宋置淮陽軍，領下邳等縣二。今南直邳州也。

宣化軍，唐淄州之高苑縣，宋置宣化軍，領高苑縣一。熙寧三年軍廢，縣仍隸淄州。今青州府高苑縣也。

萊蕪監，本萊蕪縣，唐屬兖州，宋置萊蕪監，主鐵冶。今山東泰安州屬縣。

利國監。本徐州沛縣地，宋置利國監，主鐵冶。在今州東北九十里。

京西路：東暨汝、潁，西距崤、函，南逾漢沔，北抵河津。統府一，州十六，軍二。

河南府，唐曰河南府，宋因之，領河南等縣十六。

滑州，唐末爲宣義軍治，後唐復曰義成軍，宋仍曰滑州，亦曰武成軍，領白馬等縣三。

鄭州，唐曰鄭州，宋因之，亦曰奉寧軍，領管城等縣五。

汝州，唐曰汝州，宋因之，亦曰陸海軍，領梁縣等縣五。

陳州，石晉置鎮安軍於此，漢廢軍。周復置，宋仍曰陳州，亦曰鎮安軍，宣和初升爲淮寧府，領宛丘等縣五。

許州，唐忠武軍治，朱梁曰匡國軍，兼領陳、汝二州，後唐復曰忠武，宋仍曰許州，亦曰忠武軍，元豐三年升爲潁昌府，領長社等縣七。

蔡州，唐末爲奉國軍治，宋仍曰蔡州，亦曰淮康軍，領汝陽等縣十。

潁州，唐曰潁州，宋因之，亦曰順昌軍，政和六年升爲順昌府，領汝陰等縣四。

孟州，唐河陽三城節度治此，宋仍曰孟州，亦曰河陽軍，領河陽等縣六。

唐州，唐曰唐州，宋因之，領泌陽等縣五。泌陽，今南陽府屬縣。

鄧州，朱梁置宣化軍治此，兼領唐、均、房三州，後唐改曰威勝軍，周曰武勝軍，宋仍曰鄧州，亦曰武勝軍，領穰縣等縣五。

襄州，唐爲山南東道治，石晉廢軍，漢復故，宋仍曰襄州，亦曰山南道節度，宣和初升爲襄陽府，領襄陽等縣六。

均州，唐末爲戎昭軍治，宋仍曰均州，亦曰武當軍，領武當等縣二。

房州，唐曰房州，宋因之，亦曰保康軍，領房陵等縣二。

金州，唐末爲昭信軍治，前蜀曰雄武軍，兼領巴、渠、開三州，旋廢。後蜀曰威勝軍，宋仍曰金州，亦曰昭化軍，領西城等縣五。

隨州，唐曰隨州，宋因之，亦曰崇義軍，後又爲崇信軍，領隨縣等縣三。

郢州，唐曰郢州，宋因之，領長壽等縣二。

信陽軍，唐曰申州，宋開寶九年降爲義陽軍，太平興國初改爲信陽軍，領信陽等縣二。信陽，即唐申州治義陽縣也。

光化軍。唐穀城縣之陰城鎮，屬襄州，宋置光化軍，領乾德縣一。今爲襄陽府光化縣。

河北路：東濱海，西薄太行，南臨河，北據三關。統府一，州二十四，軍十四。

大名府，唐魏州，爲天雄軍治，後唐曰興唐府，石晉曰廣晉府，後又爲天雄軍，漢曰大名府，周因之，亦曰天雄軍，宋仍爲大名府，領元城等縣十二。

鎮州，唐爲成德軍治，後唐曰真定府，尋復曰成德軍，石晉改爲恒州，又改軍曰順國軍，漢仍曰鎮州成德軍，宋因之，慶曆八年升爲真定府，領真定等縣九。

瀛州，唐瀛州，宋因之，亦曰瀛海軍，大觀二年升爲河間府，領河間等縣三。

貝州，石晉置永清軍治此，兼領博、冀二州，後周軍廢，宋仍曰貝州，亦曰永清軍，慶曆八年改曰恩州，領清河等縣三。

博州，唐博州，宋因之，領聊城等縣四。

德州，唐德州，宋因之，領安德等縣二。

滄州，唐末爲義昌軍治，朱梁曰順化軍，後唐復曰横海軍，宋仍曰滄州，亦曰横海軍，領清池等縣五。

棣州，唐曰棣州，宋因之，領厭次等縣三。

深州，唐曰深州，宋因之，領静安等縣五。静安，今深州治也。

洺州，唐曰洺州，宋因之，領永年等縣五。

邢州，朱梁爲保義軍治，兼領洺、磁二州，後唐改曰安國軍，宋仍曰邢州，宣和初升爲信德府，領邢臺等縣八。邢臺即唐州治龍岡縣。

冀州，唐曰冀州，宋因之，亦曰安武軍，領信都等縣六。

趙州，唐曰趙州，宋因之，亦曰慶源軍，宣和初升爲慶源府，領平棘等縣七。

定州，唐義武軍治，宋仍爲定州，亦曰定武軍，政和三年升爲中山府，領安喜等縣七。又慶曆二年置北平軍，治北平縣，今保定府完縣是也。

莫州，唐曰莫州，宋因之，領任丘縣一。任丘，今河間府屬縣。

相州，朱梁置昭德軍治此，兼領衛、澶二州，後唐軍廢，石晉復置彰德軍，宋仍曰相州，亦曰彰德軍，領安陽等縣四。

懷州，唐曰懷州，宋因之，領河内等縣三。

衛州，唐曰衛州，宋因之，領汲縣等縣四。

澶州，石晉置鎮寧軍治此，兼領濮州，宋仍曰澶州，亦曰鎮寧軍，崇寧五年升爲開德府，領濮陽等縣七。濮陽，今大名府開州治。

磁州，唐曰磁州，朱梁曰惠州，後唐復故，宋因之，政和三年改曰磁州，領滏陽等縣三。

祁州，唐曰祁州，宋因之，領蒲陰等縣三。蒲陰，今北直祁州治也。

濱州，五代周置，宋因之，領勃海等縣二。勃海，周舊治也。

雄州，五代周置，宋因之，領歸信等縣二。歸信即周舊治歸義縣。

霸州，五代周置，宋因之，領文安等縣二。文安，周舊治也。

保州，五代唐置泰州，後廢。宋建隆初置保塞軍，太平興國六年升爲保州，領保塞縣一。保塞，即後唐泰州治清苑縣也。

德清軍，五代晉置，宋因之，治清豐縣，今縣屬大名府。

保順軍，五代周置，宋因之，治無棣縣，今山東武定州海豐縣是也。

定遠軍，唐曰景州，五代周曰定遠軍，宋因之，景德初改曰永静軍，領東光等縣三。東光，今景州屬縣。

破虜軍，五代周霸州淤口砦，宋太平興國六年置破虜軍，景德二年改爲信安軍。今霸州東五十里信安城是。

平戎軍，唐涿州新鎮地，宋太平興國六年置平戎軍，景德初改曰保定軍，今爲霸州保定縣。

静戎軍，五代周梁門口砦，屬易州，宋太平興國六年置静戎軍，景德初改爲安肅軍，領安肅縣一。今保定府安肅縣。

威虜軍，唐易州遂城縣，宋太平興國六年曰威虜軍，景德初曰廣信軍，領遂城縣一。今安肅縣西二十五里有廢遂城縣。

乾寧軍，唐末置乾寧軍，屬滄州，後廢。宋太平興國七年復置乾寧軍，大觀二年升爲清州，領乾寧縣一。今河間府青縣是也。

順安軍，本瀛州高陽關砦，後周三關之一也。宋淳化三年置順安軍，領高陽縣一。今縣屬北直安州。

寧邊軍，唐定州之博野縣，宋雍熙四年置寧邊軍，景德初曰永寧軍，領博野縣一。今縣屬保定府。

天威軍，本鎮州井陘縣，宋置天威軍，治井陘，今真定府井陘縣也。

承天軍，唐置承天軍，宋因之，後爲承天砦，在今真定府北百三十里。

静安軍，五代周置，宋因之，在今深州東南三十里。

通利軍。唐衛州黎陽縣，宋端拱初置通利軍，天聖初曰安利軍，政和五年升爲濬州，亦曰濬州軍，又爲平川軍，領黎陽等縣二。今爲大名府濬縣。

河東路：東際常山，西逾河，南距底柱，北塞雁門。統州十七，軍六，監二。

并州，唐太原府，宋仍爲并州，亦曰河東節度，嘉祐七年復曰太原府，領陽曲等縣十。陽曲，今太原府治。

代州，唐末爲雁門軍治，宋仍曰代州，領雁門等縣四。

忻州，唐曰忻州，宋因之，領秀容等縣二。

汾州，唐曰汾州，宋因之，領西河等縣五。西河，即唐舊州治隰城縣也。

遼州，唐曰遼州，宋因之，領遼山等縣四。

澤州，唐曰澤州，宋因之，領晉城等縣六。

潞州，唐昭義軍治，朱梁曰匡義軍，後唐曰安義軍，尋復曰昭義，宋仍曰潞州，亦曰昭德軍，崇寧初升爲隆德府，領上黨等縣八。

晉州，朱梁置定昌軍治此，兼領絳、沁二州，後唐曰建雄軍，又改建寧軍，宋仍曰晉州，亦曰建雄軍，政和六年升爲平陽府，領臨汾等縣十。又政和二年置慶祚軍，領趙城縣一。今平陽府趙城縣也。

絳州，唐曰絳州，宋因之，領平正等縣七。

慈州，唐曰慈州，宋因之，領吉鄉縣一。吉鄉即唐州治吉昌縣也。

隰州，唐曰隰州，宋因之，領隰川等縣六。

石州，唐曰石州，宋因之，領離石等縣五。又元符二年增置晉寧軍，領定胡等縣二。今陝西葭州也。定胡廢縣，在今山西永寧州西二十里。

嵐州，唐曰嵐州，宋因之，領宜芳等縣三。

憲州，唐曰憲州，宋因之，初仍治樓煩縣，咸平五年改領静樂縣一。静樂，今太原府屬縣。

豐州，唐曰豐州，宋因之，慶曆初爲夏人所陷，嘉祐七年寄治府州境内，今府谷縣北寧豐廢城是也。

麟州，唐曰麟州，宋因之，亦曰建寧軍，端拱初曰鎮西軍，領新秦縣一。今葭州神木縣是也。

府州，唐麟州地，晉王存勗始置府州，五代漢曰永安軍，兼領勝州及沿河諸鎮，宋仍曰府州，亦曰永安軍，崇寧初改曰靖康軍，領府谷縣一。即後唐舊治也。

平定軍，唐并州地，宋置平定軍，領平定等縣二。今太原府平定州。

火山軍，本北漢雄勇鎮，屬嵐州，宋太平興國七年改置火山軍，治平四年復置火山縣隸焉，縣尋廢。今太原府河曲縣是也。

定羌軍，唐嵐州地，宋淳化四年置定羌軍，景德初曰保德軍，今爲太原府保德州。

寧化軍，北漢置，宋因之，領寧化縣一。今静樂縣北八十里寧化故城是。

岢嵐軍，唐置岢嵐軍，五代末廢，宋太平興國五年復置，領嵐谷縣一。今岢嵐州是。

威勝軍，唐曰沁州，宋太平興國三年改置威勝軍，領銅鞮等縣四。銅鞮，今沁州治也。

永利監，本晉陽縣地，宋太平興國四年平河東，毁晉陽城，改置平晉軍於此，尋又置永利監治焉。在今太原縣東北二十里。

大通監。本太原府交城縣地，宋太平興國四年置大通監，交城縣屬焉，寶元初縣改屬并州。今交城西北十里，故大通監治也。

陝西路：東盡殽、函，西包汧、隴，南連商洛，北控蕭關。統府三，州二十四，軍二，監二。

京兆府，唐末爲佑國軍治，朱梁曰大安府，又改軍號曰永平，後唐復爲京兆府，石晉曰晉昌軍，漢曰永興軍，宋仍曰京兆府，亦曰永興軍，領長安等縣十三。

河中府，唐末護國軍治，宋仍曰河中府，亦曰護國軍，領河東等縣七。又大中祥符五年置慶成軍，領榮河縣一，今蒲州榮河縣也。

鳳翔府，唐鳳翔軍治，宋仍曰鳳翔府，亦曰鳳翔軍，領天興等縣九。天興即唐雍縣也。又大觀初置清平軍，領終南縣一。今西安府盩厔縣東南有廢終南縣。

華州，唐鎮國軍治，朱梁曰感化軍，後唐復故，周廢軍，宋仍曰華州，亦曰鎮國軍，又爲鎮潼軍，領鄭縣等縣五。

同州，唐匡國軍治此，朱梁曰忠武軍，後唐復故，周廢軍，宋仍曰同州，亦曰定國軍，領馮翊等縣六。

解州，五代漢置，宋因之，領解縣等縣三。解縣，即漢舊治也。

虢州，唐曰虢州，宋因之，領盧氏等縣四。

陝州，唐末保義軍治此，朱梁改爲鎮國軍，後唐復曰保義，宋仍曰陝州，亦曰保平軍，領陝縣等縣七。

商州，唐曰商州，宋因之，領上洛等縣五。

乾州，唐末置乾州，宋因之，熙寧五年省，政和八年復置醴州，領奉天等縣五。

耀州，五代初李茂貞置，又爲義勝軍治，兼領鼎州，朱梁曰崇州，又改軍號曰靜勝軍，後唐改曰順義軍，宋仍曰耀州，亦曰感義軍，又爲感德軍，領華原等縣六。

丹州，唐曰丹州，宋因之，領宜川等縣三。宜川，即唐義川縣也。

延州，唐末保塞軍治，朱梁曰忠武軍，後唐曰彰武軍，宋仍曰延州，亦曰彰武軍，元祐四年升爲延安府，領膚施等縣七。又元豐七年置綏德軍，即唐故綏州也。崇寧四年又置銀州，明年罷爲銀州城，今綏德州米脂縣西百五十里永樂城是。宋志：「宋初有綏、銀、靈、夏、靜、鹽、宥、勝、會諸州，至道以後漸没於西夏。」

鄜州，唐末保大軍治，宋仍曰鄜州，亦曰保大軍，領洛交等縣四。

坊州，唐曰坊州，宋因之，領中部等縣二。

邠州，唐末爲靜難軍治，宋仍曰邠州，亦曰靜難軍，領新平等縣五。

寧州，唐曰寧州，宋因之，亦曰興寧軍，領定安等縣三。

涇州，唐末爲彰義軍治，宋仍曰涇州，亦曰彰化軍，領保定等縣四。

原州，唐曰原州，宋因之，領臨涇等縣二。臨涇，今平凉府鎮原縣東六十里有故城。

慶州，唐曰慶州，宋因之，亦曰慶陽軍，宣和七年升爲慶陽府，領安化等縣三。又元符三年置定邊軍，領定邊縣一。今慶陽府北三百里有廢定邊城。

環州，五代晉置威州，周曰環州，又降爲通遠軍，宋淳化五年復爲環州，領通遠縣一。今慶陽府環縣也。

渭州，唐原州地，後移置渭州於此，宋因之，亦曰平凉軍，領平凉等縣五。今平凉府治是也。又慶曆三年置德順軍，領隴干縣一。今平凉府静寧州是。又元符二年置西安州，今固原州西北二百三十里西安所是也。是年又收復唐會州地，復置會州，崇寧三年置敷文縣爲州治云。

儀州，後唐置義州，宋曰儀州，領華亭等縣三。熙寧五年省入渭州。華亭，今平凉府屬縣。

鳳州，唐末感義軍治，前蜀改爲武興軍，兼領興、文二州，後唐軍廢。後蜀爲威武軍，宋仍曰鳳州，領梁泉等縣三。

階州，唐曰階州，宋因之，領福津等縣二。今階州東六十里有福津故城。

成州，唐曰成州，宋因之，寶慶中升爲同慶府，領同谷等縣四。

秦州，唐末爲天雄軍治，前蜀因之，改領階、成二州。後唐曰雄武軍，宋仍曰秦州，亦曰雄武軍，領成紀等縣四。成紀，今秦州治也。又嘉定初置天水軍，領天水縣一，寄治成州境内，九年移治故天水縣，在今秦州西南七十里。○鞏州，唐故渭州也，熙寧五年收復，置通遠軍，崇寧三年升爲鞏州，領隴西等縣三。隴西，今爲鞏昌府治。又熙州，唐臨州也，後陷於吐蕃，熙寧五年收復，置熙州，亦曰鎮洮軍，領狄道縣一。又河州，亦唐故州也，熙寧六年收復，仍置河州，領枹罕縣一，九年縣廢，崇寧四年置寧河縣隸焉。廢寧河縣，在今河州南六十里。又蘭州，亦唐故州也，宋元豐四年收復，仍置蘭州，領蘭泉縣一。蘭泉即唐州治五泉縣。○岷州，亦唐故州也，宋熙寧六年收復，仍置岷州，領祐川等縣三。祐川廢縣，在今岷州衛東，紹興初没於金，十二年復得之，改置西和州，領長道等縣三。今鞏昌府西和縣是也。又洮州，亦唐故州也，元符二年收復，大觀二年仍置洮州。又廓州，亦唐故州也，元符二年收復，曰寧塞城，崇寧三年仍置廓州，領廣威縣一，縣旋

廢。又樂州，唐故鄯州地也，元符二年收復，置湟州，亦曰嚮德軍，宣和初改爲樂州，在今西寧衛東南二百里。又西寧州，
唐鄯州也，元符二年收復，仍置鄯州，亦曰隴右節度，崇寧三年曰隴右都護府，又改鄯州爲西寧州，復曰賓德軍，領湟水縣
一，縣旋廢，即唐故州治也。又震武軍，本鄯州地，政和六年置軍，在今廢樂州北。又積石軍，本廓州地，大觀二年置軍，
在今廢廓州西百八十里。

保安軍，本唐延州永康鎮，宋置保安軍。今爲延安府保安縣。

鎮戎軍，唐原州舊治也，宋至道二年置軍於此。今爲鎮原縣。又大觀二年置懷德軍於平夏城，在今鎮原縣西八十里。

開寶監，本鳳州之兩當縣，建隆二年置銀冶，開寶五年升爲監，元豐中廢。今縣屬陝西徽州。

沙苑監。唐置沙苑馬監，宋因之。今同州朝邑南十七里有沙苑城。

淮南路：東至海，西距漢，南瀕江，北據淮。統州十七，軍四，監二。

揚州，唐淮南節度治，淮南曰江都府，南唐因之，宋仍曰揚州，亦曰淮南節度，領江都等縣三。又建隆初置天長軍，至道
初廢，建炎初復置，尋廢，以縣屬招信軍。今泗州天長縣也。

楚州，唐楚州，宋因之，領山陽等縣四。又寶慶三年升寶應縣爲州，即今高郵州屬縣。是年又升州治山陽縣爲淮安軍，
景定初改曰淮安州。又咸淳九年置清河軍，領清河縣一。今淮安府屬縣也。

濠州，南唐曰定遠軍，宋仍曰濠州，領鍾離等縣三。又寶祐五年置懷遠軍，領金山縣一。今鳳陽府懷遠縣也。

壽州，淮南曰忠正軍，南唐曰清淮軍，五代周復曰忠正軍，宋仍曰壽州，亦曰忠正軍，政和六年升爲壽春府，領上蔡等縣

五。乾道三年府還治壽春，亦曰安豐軍，領壽春等縣四。上蔡廢縣，在今壽州北三十里。又政和八年置六安軍，領六安縣一，即今廬州府六安州也。紹興十二年又置安豐軍，領安豐等縣三，三十二年改領安豐縣一，乾道三年軍廢。今州南六十里廢安豐縣是。

光州，唐曰光州，宋因之，亦曰光山軍，紹興二十八年改曰蔣州，領定城等縣四。

黄州，唐曰黄州，宋因之，領黄岡等縣三。

蘄州，唐曰蘄州，宋因之，領蘄春等縣五。

舒州，南唐曰永泰軍，宋仍曰舒州，亦曰德慶軍，又爲安慶軍，慶元初升安慶府，領懷寧等縣五。

廬州，淮南曰昭順軍，南唐曰保信軍，後周因之，宋仍曰廬州，亦曰保信軍，領合肥等縣三。又紹興十二年置鎮巢軍，領巢縣一。今縣屬無爲州。

和州，唐曰和州，宋因之，領歷陽等縣三。

滁州，唐曰滁州，宋因之，領清流等縣三。

海州，唐曰海州，宋因之，領朐山等縣四。端平二年嘗徙治東海縣，景定二年復置西海州於朐山，宋末有東西二海州，謂此。東海廢縣，在今海州東十九里。

泗州，淮南曰静淮軍，宋仍曰泗州，領臨淮等縣五。又建炎三年置招信軍，領盱眙等縣二。盱眙，今泗州屬縣。又咸淳七年置淮安軍，領五河縣一。五河，今鳳陽府屬縣也。

亳州，唐曰亳州，宋因之，亦曰集慶軍，領譙縣等縣七。

宿州，唐曰宿州，宋因之，亦曰保静軍，領符離等縣四。

泰州，南唐置泰州，宋因之，領海陵等縣四。

通州，五代周置通州，宋因之，領静海等縣二。静海，周故治也。

建安軍，南唐時爲迎鑾鎮，屬揚州，宋乾德三年置建安軍，大中祥符六年升爲真州，領揚子等縣二。今揚州府儀真縣也。

漣水軍，唐初嘗置漣水，尋廢。宋太平興國三年置漣水軍，後廢置不一。景定初升爲安東州，領漣水縣一。今淮安府安東縣。

高郵軍，本揚州高郵縣，宋開寶四年置軍，後廢置不一。建炎四年升爲承州，州尋廢，仍曰高郵軍，領高郵等縣二。今揚州府高郵縣也。

無爲軍，本廬州城口鎮，宋淳化初置軍，領無爲縣一。今廬州府無爲州也。

利豐監，本通州鹽場，宋置監於此，在今通州南三里。

海陵監。本泰州鹽場，宋置監於此，亦曰西溪鹽倉，在今泰州東北百里。

江南路：東限閩海，西界夏口，南抵大庾，北際大江。統州十四，軍六。

昇州，淮南曰建康軍，又爲金陵府，南唐曰江寧府，宋仍曰昇州，亦曰建康軍，建炎三年升爲建康府，領上元等縣五。

太平州，南唐置新和州，又曰雄遠軍，宋改爲南平軍，太平興國二年升爲太平府，領當塗等縣三。當塗，今太平府治。

宣州，唐末爲寧國軍治，宋仍曰宣州，亦曰寧國軍，乾道二年升爲寧國府，領宣城等縣六。

歙州，唐曰歙州，宋因之，宣和三年改爲徽州，領歙縣等縣六。

池州，南唐曰康化軍，宋仍曰池州，領貴池等縣六。貴池即唐州治秋浦縣。

饒州，淮南曰安化軍，南唐曰永平軍，宋仍曰饒州，領鄱陽等縣六。

信州，唐曰信州，宋因之，領上饒等縣六。

撫州，淮南曰昭武軍，亦曰武威軍，宋仍曰撫州，領臨川等縣五。

江州，淮南曰奉化軍，宋仍曰江州，建炎初曰定江軍，領德化等縣五。德化，即唐州治潯陽縣。

洪州，唐末爲鎮南軍治，淮南、南唐因之，後又升爲南昌府，宋仍曰洪州，亦曰鎮南軍，隆興三年升爲隆興府，領南昌等縣八。

袁州，唐曰袁州，宋因之，領宜春等縣四。

筠州，南唐置筠州，宋因之，寶慶初改曰瑞州，領高安等縣三。高安，今瑞州府治。

吉州，唐曰吉州，宋因之，領廬陵等縣八。

虔州，淮南曰百勝軍，南唐曰昭信軍，宋仍曰虔州，亦曰昭信軍，紹興二十二年改曰贛州，領贛縣等縣十。

廣德軍，唐初置桃州，後廢。太平興國四年置廣德軍，領廣德等縣二。今南直廣德州。

南康軍，本江州星子縣，太平興國七年置南康軍，領星子等縣三。今南康府。

興國軍，本鄂州永興縣，太平興國二年置永興軍，明年曰興國軍，領永興等縣三。今武昌府興國州也。

臨江軍，本筠州清江縣，淳化五年置臨江軍，領清江等縣三。今臨江府。

南安軍，本虔州大庾縣，淳化初置南安軍，領大庾等縣三。今南安府。

建昌軍。南唐曰建武軍，宋改曰建昌軍，領南城等縣二。今建昌府。

湖南路：東據衡岳，西接蠻獠，南阻五嶺，北界洞庭。統州七，監一。

潭州，唐末武安軍治，後周曰武清軍，宋仍曰潭州，亦曰武安軍，領長沙等縣十二。

衡州，唐曰衡州，宋因之，領衡陽等縣五。又紹興九年置茶陵軍，兼領酃縣。今長沙府茶陵州也。酃縣，今仍屬衡州府。

道州，唐曰道州，宋因之，領營道等縣四。

永州，唐曰永州，宋因之，領零陵縣等縣三。

邵州，唐曰邵州，宋因之，寶慶初升爲寶慶府，亦曰寶慶軍，領邵陽等縣二。又崇寧五年置武岡軍，領武岡等縣三。今寶慶府武岡州也。

郴州，唐曰郴州，宋因之，領郴縣等縣四。

全州，五代晉時馬氏置，宋因之，領清湘等縣二。清湘，即馬氏舊州治。

桂陽監。唐末置，宋因之，紹興三年升爲桂陽軍，領平陽等縣二。平陽，今桂陽州治也。

湖北路：東盡鄂渚，西控巴峽，南抵洞庭，北限荆山。統府一，州九，軍二。

江陵府，唐荆南軍治，宋仍曰江陵府，亦曰荆南節度，建炎四年改爲荆南府，淳熙中復故，領江陵等縣八。

鄂州，唐爲武昌軍治，淮南、南唐因之，宋仍曰鄂州，亦曰武清軍，尋復曰武昌軍，領江夏等縣七。又嘉定十五年置壽昌軍，領武昌縣一。今武昌府屬縣也。

岳州，唐曰岳州，宋因之，亦曰岳陽軍，紹興二十五年改曰純州，又改軍號曰華容，尋復舊，領巴陵等縣四。

復州，唐曰復州，宋因之，領景陵等縣二。景陵，今沔陽州屬縣。

安州，朱梁爲宣威軍治，兼領復、郢二州，後唐改曰安遠軍，石晉軍廢。漢復曰安遠軍，後周又廢。宋仍曰安州，亦曰安遠軍，宣和初改爲德安府，領安陸等縣五。

朗州，唐末爲武平軍治，五代梁時馬殷奏改永順軍，後唐復曰武平軍，宋仍曰朗州，亦曰常德軍，大中祥符五年改爲鼎州，乾道初升爲常德府，領武陵等縣三。

澧州，唐曰澧州，宋因之，領澧陽等縣四。

峽州，唐曰峽州，宋因之，領夷陵等縣四。

歸州，唐曰歸州，宋因之，領秭歸等縣三。

辰州，唐曰辰州，宋因之，領沅陵等縣四。又沅州，本唐溆州也，宋初没於蠻，訛爲懿州，熙寧七年收復，仍曰沅州，領盧陽等縣四。盧陽，今沅州治也。又熙寧九年復唐谿洞誠州，元豐四年仍置誠州，元祐二年廢州爲渠陽軍，尋又廢爲砦，屬沅州，七年復置誠州，崇寧二年改爲靖州，領永平等縣三，即今靖州也。又寶祐六年築黄平爲鎮遠州，屬湖北路，或以爲即今貴州之鎮遠府。

漢陽軍，唐曰沔州，後廢。五代周置漢陽軍，宋因之，領漢陽等縣二。即唐沔州治也。

荆門軍。唐初置基州，後廢。五代時高氏置荆門軍，宋因之，領長林等縣二。今承天府荆門州。

兩浙路：東至海，南接嶺島，西控震澤，北枕大江。統州十四，軍二。

杭州，唐末鎮海軍治，宋仍曰杭州，亦曰寧海軍，紹興四年升爲臨安府，領錢塘等縣九。

睦州，唐曰睦州，宋因之，亦曰遂安軍，宣和初曰建德軍，二年又改爲嚴州，咸淳初升爲建德府，領建德等縣六。

湖州，唐末置忠國軍，五代周時吴越改爲宣德軍，宋仍曰湖州，亦曰昭慶軍，寶慶初又改曰安吉州，領烏程等縣六。

秀州，五代晉時吴越置秀州，宋因之，慶元初升爲嘉興府，嘉定初又爲嘉興軍節度，領嘉興等縣四。嘉興即吴越秀州治也。

蘇州，五代時吴越置中吴軍治此，遥領常、潤二州，宋仍曰蘇州，亦曰平江軍，政和三年升爲平江府，領吴縣等縣六。

常州，唐曰常州，宋因之，領武進等縣四。又德祐初置南興軍，領宜興縣一。今常州府屬縣也。

潤州，唐鎮海軍治，後移治杭州，淮南復置鎮海軍於此，宋仍曰潤州，亦曰鎮江軍，政和三年升爲鎮江府，領丹徒等縣三。

越州，唐末爲鎮東軍治，宋仍曰越州，亦曰鎮東軍，紹興初升爲紹興府，領會稽等縣八。

婺州，五代晉時吴越置武勝軍，宋仍曰婺州，領金華等縣五。

衢州，唐曰衢州，宋因之，領西安等縣五。西安，即唐州治西安縣。

處州，唐曰處州，宋因之，領麗水等縣六。麗水，即唐州治括蒼縣也。

温州，五代晉時吴越置静海軍，宋仍曰温州，政和七年升爲應道軍節度，建炎初罷軍額，咸淳初升爲瑞安府，領永嘉等縣四。

台州，唐末曰德化軍，宋仍曰台州，領臨海等縣五。

明州，五代梁時吴越置望海軍，宋仍曰明州，亦曰奉國軍，紹興二年升爲慶元府，領鄞縣等縣五。鄞縣，即唐州治鄮縣也。

江陰軍，淮南置江陰軍，宋因之，領江陰縣一。今屬常州府。

順化軍。吴越置衣錦軍，宋改曰順化軍，領臨安縣一。臨安，見前。

福建路：東南際海，西北據嶺，統州六，軍二。

福州，唐末威武軍治，五代周時吴越改曰彰武軍，宋仍曰福州，亦曰威武軍，德祐二年升爲福安府，領閩縣等縣十二。

建州，唐建州，五代時王延政曰鎮武軍，南唐曰永安軍，又改曰忠義軍，兼領汀、建二州，宋仍曰建州，亦曰建寧軍，紹興三十二年升爲建寧府，領建安等縣七。

泉州，唐泉州，五代晉時南唐置清源軍，兼領漳州，宋仍曰泉州，亦曰平海軍，領晉江等縣七。

漳州，唐漳州，南唐改曰南州，宋仍曰漳州，領龍溪等縣四。龍溪，即今漳州府治也。

汀州，唐曰汀州，宋因之，領長汀等縣五。

南劍州，五代晉時王延政置鐔州，南唐曰劍州，宋曰南劍州，領劍浦等縣五。劍浦，即王延政所置龍津縣也。

興化軍，本泉州之游洋鎮，太平興國四年置太平軍，尋改曰興化軍，德祐二年又升爲興安州，領莆田等縣三。今興化府。

邵武軍。本建州之邵武縣，太平興國四年置邵武軍，領邵武等縣四。今邵武府。

西川路：東距峽江，西控生番，南環瀘水，北阻岷山，統府一，州二十四，軍三，監一。

成都府，唐西川節度治，太平興國六年仍曰益州，端拱初復爲成都府，亦曰劍南西川節度，領成都等縣九。

蜀州，唐曰蜀州，宋因之，紹興十年升崇慶軍節度，淳熙四年升爲崇慶府，領晉源等縣四。

彭州，唐末爲威戎軍治，宋仍曰彭州，領九隴等縣三。

漢州，唐曰漢州，宋因之，領雒縣等縣四。

綿州，唐曰綿州，宋因之，領巴西等縣五。又政和七年置石泉軍，領石泉等縣三。石泉，今龍安府屬縣。

梓州，唐東川節度治，前蜀曰武德軍，宋仍曰梓州，亦曰靜戎軍，又爲靜安軍，尋曰劍南東川節度，重和初升爲潼川府，領郪縣等縣九。

遂州，唐末爲武信軍治，前、後蜀因之，宋仍曰遂州，亦曰武信軍，政和五年升爲遂寧府，領小溪等縣五。小溪，即唐州治方義縣也。

榮州，唐曰榮州，宋因之，紹熙初改紹熙府，領榮德等縣四。榮德，即唐州治旭川縣也。

簡州，唐曰簡州，宋因之，領楊安等縣二。

資州，唐曰資州，宋因之，領盤石等縣四。

陵州，唐曰陵州，宋因之，熙寧五年廢爲陵井監，宣和四年改曰仙井監，隆興初改曰隆州，領仁壽等縣二。

普州，唐曰普州，宋因之，領安岳等縣三。

果州，後蜀置永寧軍於此，兼領通州，宋仍曰果州，寶慶三年升爲順慶府，領南充等縣三。

合州，唐曰合州，宋因之，領石照等縣五。石照即唐州治石鏡縣。

渠州，唐曰渠州，宋因之，領流江等縣三。

昌州，唐曰昌州，宋因之，領大足等縣三。

瀘州，唐曰瀘州，宋因之，亦曰瀘川軍，景定二年改曰江安州，領瀘川等縣三，〔三〕兼領羈縻州十八。又熙寧八年置淯井監，政和四年升爲長寧軍，今敘州府長寧縣也。又大觀三年置純州，領九支等縣二；又置磁州，領承流等縣二，宣和三年二州俱廢。今瀘州西南境有九支、承流等廢縣。

戎州，唐曰戎州，宋因之，政和四年改曰敘州，領宜賓等縣四，兼領羈縻州三十。又政和三年增置祥州，領慶符等縣二，宣和三年州廢。慶符，今叙州府屬縣。

眉州，唐曰眉州，宋因之，領眉山等縣四。眉山，即唐州治通義縣。

嘉州，唐曰嘉州，宋因之，慶元二年升爲嘉定府，又爲嘉慶軍，領龍游等縣五。

邛州，唐末爲永信軍治，宋仍曰邛州，領邛縣等縣六。

雅州，後蜀置永信軍於此，兼領黎、邛二州，宋仍曰雅州，領嚴道等縣五，并羈縻州四十四。

黎州，唐曰黎州，宋因之，領漢源等縣二，兼領羈縻州五十四。

茂州，唐曰茂州，宋因之，領汶山等縣二，兼領羈縻州十。熙寧十年又置威戎軍，領汶川縣一，政和七年改曰咸寧軍，宣和三年軍廢。汶川，今茂州屬縣也。又政和六年於羈縻直州置壽寧軍，八年軍廢。今州西北五里廢壽寧砦是也。

維州，唐曰維州，宋因之，景德三年改曰威州，領保寧等縣二。保寧，即唐州治薛城縣也。又兼領羈縻保、霸二州。二州本唐故州。政和四年於故保州改置祺州，領春祺縣一；又於故霸州改置亨州，領嘉會縣一。宣和三年二州俱廢。又熙寧九年置通化軍，宣和二年改隸威州，在今州西北一百七十里。

永康軍，唐置鎮静軍，後蜀曰灌州，宋乾德四年改爲永安軍，太平興國三年曰永康軍，領導江等縣二。導江，今成都府灌縣也。

懷安軍，本簡州金水縣，宋乾德五年置懷安軍，領金水等縣二。金水，今成都府新都縣東南七十里廢縣是也。

廣安軍，唐爲渠州渠江縣，宋開寶二年置廣安軍，咸淳三年改曰寧西軍，領渠江等縣三。今順慶府廣安州也。

富順監。唐爲瀘州富義縣，宋乾德四年升爲富義監，掌鹽利，太平興國初改曰富順監，領富順縣一，熙寧初縣廢。

峽西路：東接三峽，西抵陰平，南扼羣獠，北連大散。統府一，州二十，軍二，監二。

興元府，唐山南西道治，前蜀改曰天義軍，旋復故，宋仍曰興元府，亦曰山南西節度，領南鄭等縣四。又至道二年置大安軍，領三泉縣一，三年軍廢，紹興三年復置。今寧羌州沔縣西八十里三泉故城是也。

洋州，唐末武定軍治，後蜀曰源州，宋仍曰洋州，亦曰武定軍，尋改曰武康軍，領興道等縣三。興道，今漢中府洋縣治也。

興州，唐曰興州，宋因之，開禧三年改爲沔州，領順政等縣二。

利州，唐末昭武軍治，前、後蜀因之，宋仍曰利州，亦曰昭武軍，又改爲寧武軍，領綿谷等縣四。

閬州，後周置保定軍治此，兼領果州，後蜀因之，改領劍州，宋仍曰閬州，亦曰安德軍，領閬中等縣七。

劍州，唐曰劍州，宋因之，紹興二年升普安軍節度，紹熙初又升爲隆慶府，領普安等縣六。

文州，唐曰文州，宋因之，領曲水縣一。

龍州，唐曰龍州，宋因之，政和五年改曰政州，紹興初復曰龍州，領江油等縣二。

巴州，唐曰巴州，宋因之，領化成等縣五。

集州，唐曰集州，宋因之，領難江等縣三，熙寧五年廢入巴州。

蓬州，唐曰蓬州，宋因之，領蓬池等縣四。蓬池即唐州治大寅縣也。

壁州，唐曰壁州，宋因之，領通江等縣三，熙寧五年廢入巴州。通江，即唐州治諾水縣。

渝州，唐曰渝州，宋因之，崇寧初改曰恭州，淳熙初升爲重慶府，領巴縣等縣三。又熙寧八年置南平軍，領南川等縣二，即唐故南州也。又大觀二年置溱州，領溱溪等縣二，宣和二年州廢。溱溪，即唐故溱州治營懿縣也。宋時南、溱等州俱爲羈縻州云。

夔州，前蜀爲鎮江軍治，兼領忠、萬、施三州，後唐改曰寧江軍，後蜀因之，宋仍曰夔州，亦曰寧江軍，領奉節等縣三。

忠州，唐曰忠州，宋因之，咸淳初升爲咸淳府，領臨江等縣三。

萬州，唐曰萬州，宋因之，領南浦等縣二。

開州，唐曰開州，宋因之，領開江等縣二。

達州，唐曰通州，宋乾德三年改曰達州，領通川等縣六。

涪州，前蜀移置武泰軍於此，兼領黔州，宋仍曰涪州，領涪陵等縣三。

施州，唐曰施州，宋因之，領清江等縣二。

黔州，唐末武泰軍治此，宋仍曰黔州，亦曰武泰軍，紹定初升爲紹慶府，領彭水等縣二，羈縻州四十九。珍州，本唐故州也，宋大觀二年開蠻地復置珍州，領樂源縣一。樂源，即唐州治營德縣也。又置承州，即唐故夷州，領綏陽等縣五，宣和三年州廢。又置遵義軍，領遵義縣一，亦唐故縣也，宣和三年廢。今遵義府東廢遵義縣是。○思州，亦唐故州，政和八年復置，領務川等縣三。又播州，亦唐故州也，大觀三年復置，領播川等縣三。宣和三年播州廢，端平以後復置，尋又廢。

嘉熙三年復置。

雲安軍，本夔州府雲安縣，開寶六年置軍，領雲安縣一。今夔州府屬縣。〔三〕

梁山軍，本萬州屯田務，開寶二年置軍，領梁山縣一。梁山，今屬夔州府。

大寧監。唐夔州地，宋開寶六年置大寧監，兼領大昌縣一。大寧、大昌，今並屬夔州府。

廣東路：東南據大海，西北距五嶺。統州十六。

廣州，唐末爲清海軍治，宋仍曰廣州，亦曰清海軍，領南海等縣八。

連州，唐曰連州，宋因之，領桂陽等縣三。

韶州，唐曰韶州，宋因之，領曲江等縣五。

南雄州，南漢置雄州，宋開寶四年曰南雄州，領保昌等縣二。保昌，南漢州治也。

英州，南漢置英州，宋因之，慶元四年升爲英德府，領湞陽等縣二。湞陽，南漢州治。

楨州，唐曰循州，南漢曰楨州，宋因之，天禧中改曰惠州，領歸善等縣四。

循州，南漢改置循州於此，宋因之，領龍川等縣三。龍川，南漢舊治也。

梅州，南漢置敬州，宋開寶四年改曰梅州，領程鄉縣一。程鄉，南漢州治也。

潮州，唐曰潮州，宋因之，領海陽等縣三。

端州，唐曰端州，宋因之，亦曰興慶軍，重和初升爲肇慶府，亦曰肇慶軍，領高要等縣二。

康州，唐曰康州，宋因之，紹興初升爲德慶府，又爲永慶軍節度，領端溪等縣二。

新州，唐曰新州，宋因之，領新興縣一。

春州，唐曰春州，宋因之，領陽春縣一。熙寧六年州廢。

恩州，唐曰恩州，宋因之，慶曆八年曰南恩州，領陽江等縣二。

封州，唐曰封州，宋因之，領封川等縣二。

賀州。唐曰賀州，宋因之，領臨賀等縣三。

廣西路：東北距嶺，南控交阯，西撫蠻獠。統州二十六。

桂州，唐末爲静江軍治，宋仍曰桂州，亦曰静江軍，紹興三年升爲静江府，領臨桂等縣十一。

昭州，唐曰昭州，宋因之，領平樂等縣四。

梧州，唐曰梧州，宋因之，領蒼梧縣一。

龔州，唐曰龔州，宋因之，領平南等縣三，紹興六年廢入潯州。

藤州，唐曰藤州，宋因之，領鐔津等縣二。

白州，唐曰白州，宋因之，領博白縣一。紹興六年廢入鬱林州。

容州，唐曰寧遠軍，宋仍曰容州，亦曰寧遠軍，領普寧等縣三。普寧，今容縣治也。

鬱林州，唐曰鬱林州，宋因之，領南流等縣二。南流，今鬱林州治也。

潯州，唐曰潯州，宋因之，領桂平縣一。

貴州，唐曰貴州，宋因之，領鬱林縣一。鬱林縣，即唐州治鬱平縣。

横州，唐曰横州，宋因之，領寧浦等縣二。

邕州，唐末爲嶺南西道節度治，朱粱時嶺南奏置建武軍，宋仍曰邕州，亦曰建武軍，領宣化等縣二，兼領羈縻州四十四。

賓州，唐曰賓州，宋因之，領領方等縣三。

象州，唐曰象州，宋因之，領陽壽等縣四。陽壽，今象州治也。

柳州，唐曰柳州，宋因之，領馬平等縣三。

融州，唐曰融州，宋因之，亦曰清遠軍，領融水等縣二，羈縻州一，曰樂善。今融縣北廢樂善砦是。又崇寧四年開蠻地置懷遠軍，尋升爲平州，領懷遠縣一。今柳州府懷遠縣是也。又置允州，領安口縣一，在今懷遠縣西。又置格州，領樂古縣一，明年改曰從州，在今懷遠縣西北境。政和以後，皆廢置不一。

宜州，唐曰宜州，宋因之，亦曰慶遠軍，咸淳初升爲慶遠府，領龍水等縣四，兼領羈縻州軍監十三。又大觀初開蠻地置庭州，領懷恩縣一。今慶遠府河池州是也。又置孚州，領歸仁縣一。在今慶遠府那地州東。又於羈縻南丹州改置觀州，四年移州治高峰砦，今慶遠府南丹州也。州東有高峰砦。又置溪州於思恩縣之帶溪砦，今河池州思恩縣北有廢溪州。其後俱廢置不一。時又置兑州，領萬松縣一；置隆州，領興隆縣一；宣和三年俱廢，以其地隸邕州。或曰二州今慶遠府東蘭州境地。又宋志：「崇慶五年蘭州來納土。」即東蘭州也。又文州來納土，其地亦在東蘭州南。又那州、地州亦俱來納土。那州蓋在地州之西北，今并爲慶遠府之那地州。會要云：「大觀初置黔南路，領融、柳、宜、平、允、從、孚、庭、觀九州。」蓋蘭、文諸州仍爲羈縻州也。

高州，唐曰高州，宋因之，領電白等縣三。電白，今高州府屬縣。

化州，唐曰辯州，宋太平興國五年改曰化州，領石龍等縣二。

雷州，唐曰雷州，宋因之，領海康縣一。

廉州，唐曰廉州，宋因之，太平興國三年降爲太平軍，咸平初復故，領合浦等縣二。

欽州，唐曰欽州，宋因之，領靈山等縣二。靈山，今欽州府屬縣。

瓊州，唐曰瓊州，宋因之，領瓊山等縣四。又大觀初置鎮州於黎母山心，亦曰靖海軍，領鎮寧縣一，政和初廢，因以瓊州爲靖海軍。黎母山，今瓊州府南境五指山也。

儋州，唐曰儋州，宋因之，熙寧六年降爲昌化軍，紹興三年改曰南寧軍，領宜倫等縣三。宜倫即唐州治義倫縣。

萬安州，唐曰萬安州，宋因之，熙寧七年降爲萬安軍，領萬寧等縣三。萬寧，即唐州治萬安縣。

崖州。唐曰崖州，宋因之，熙寧六年降爲朱崖軍，紹興十三年改曰吉陽軍，領寧遠等縣二。寧遠，本唐振州治也。又大觀初置延德軍，領通遠等縣二，政和初軍廢。今崖州感恩縣境有廢延德縣及廢通遠砦。

凡府、州、軍、監三百二十有一，縣一千一百六十十二。羈縻州縣不在此列。東南皆至海，西盡巴僰，今馬湖府，古僰國也。北極三關，見周世宗北莫三關。東西六千四百八十五里，南北一萬一千六百二十里。

司馬光曰：「自周室東遷，王政不行，諸侯逐進，凡百五十年而合於秦。秦虐用其民，十有一年而天下亂，又八年而合於漢。漢爲天子，二百有六年而失其柄。王莽盜之，十有七年而復爲漢，更始不能有。光武誅除僭僞，凡十有四年然後能一之。又一百五十三年董卓擅朝，州郡更相吞噬。至於魏氏，海内三分，凡九十有一年而合於晉。晉得天下，纔二十年，惠帝昏愚，羣夷乘釁，散爲六七，聚爲二三，凡二百八十有八年而合於隋。隋得天下，纔二十有八年，煬帝無道，九州幅裂，八年而天下合於唐。唐得天下，一百三十年，明皇恃其承平，荒於酒色，漁陽竊發，四海横流。肅、代以降，方鎮跋扈，陵遲至於五代，朝成夕敗，有如逆旅。太祖起而振之，東征西伐，大勳未集，太宗嗣而成之，凡二百二十有五年，然後大禹之迹，復混而爲一。由是觀之，上下一千七百餘年，天下一統者，五百餘年而已。」

然契丹未靖，夏孽方張，東北常以關南、高陽關南也，亦曰順安軍，見上河北路。瀛州、亦曰河間。常山、鎮州郡名曰常山。棣州、亦見河北路。雁門代州郡名曰雁門。爲重鎮，西北常以鄜延、鄜、延二州。環慶、環、慶二州。原渭原、渭二州。爲重鎮。慶曆初以夏人爲患，分陝西爲四路：曰鄜延，治延州；曰環慶，治慶州；曰涇原，治渭州；曰秦鳳，治秦州。皆以重臣鎮守。八年又分河北爲四路，曰定州，曰高陽，曰大名，曰真定，以厚邊防。

史略：太平興國四年平北漢，遂乘勝趨幽、薊，敗還。雍熙三年復遣曹彬等分道伐契丹，彬等出雄州，田重進等出飛狐，潘美等出雁門。復敗却。端拱二年易州復爲契丹所陷。先是周世宗復易州，宋初易州仍爲契丹所取。太宗攻幽州，收易、涿及薊、順四州。軍還，惟易州爲宋守。及曹彬進軍復取涿州，而潘美亦取寰、朔、雲、應諸州。師還，涿、易二州猶屬於宋。端拱初契丹陷涿州，至是復陷易州。詔羣臣上備戎策。宋琪言：「國家取燕，於雄、霸直進，非吾戰地，如今大軍於易州循孤山，孤山，或曰即涿州房山縣西十五里之大房山，易州趨涿州之道也。涉涿水，在今涿州城北。抵桑乾河，在順天府西南三十五里，今曰蘆溝河。詳北直大川。出安禮寨，在順天府西南三十里。則東瞰燕城，纔及一舍。此周德威取燕之路，下視孤壘，浹旬必克。山後八州八州，見石晉燕、雲十六州注。聞薊門不守，薊門，見唐河北道渝關薊門。勢必盡降矣。」時不能用。自是河北諸州屢被契丹寇陷，景德初澶淵議和，邊患始弭。澶淵，即澶州也。○又太平興國七年，夏州留後李繼捧始以銀、夏、綏、宥四州來獻，繼捧本党項別部，姓拓跋氏。唐廣明三年拓跋思恭爲宥州刺史，起兵討黃巢，以功授定難節度。其弟思諫代之，賜姓李。思恭以後，世有夏州地，九傳至繼捧。其族弟繼遷復走地斤澤以叛，地斤澤，在今故夏州東北三百里。數寇邊。尋請降，賜姓名趙保吉。雍熙二年繼遷陷銀州，破會州，四出侵擾。尋請降，詔授銀州觀察使，賜姓名。既而寇掠如故，環、綏、靈、夏諸境悉被殘毀。至道二年遣李繼隆等分道討之，不克。至道二年，復授以定難節度使，割夏、綏、銀、宥、静五州與之。静州，見五代漢所有州。既而復叛，咸平五年陷靈州，遂略有朔方地。時保吉改靈州爲西平府，居之。明年宋圍靈州不克，保吉又攻西番取西涼府，爲六谷蕃帥潘羅支所敗，死。子德明嗣，乃復歸款。西涼府，即故涼州也，時爲西蕃所據。天聖九年趙元昊嗣立，益强，盡取河西地，先是天聖六年，德明使元昊襲回鶻甘州取之。景祐三年，元昊復攻取回鶻瓜、沙、肅諸州。據有夏、寧、綏、宥、静、靈、鹽、勝、會、甘、涼、肅、瓜、沙等州，又增置洪、定、威、龍等州。洪州即今鎮番衛西故蒼松城，唐置洪池府兵於此，元昊因改置洪州。定州，即唐所置定遠城，見前朔方節度。威州，即唐大中間所置威州。龍州，今榆林衛西二百五十里有龍州城。時又置韋州，亦曰静塞軍，今爲寧夏衛之韋州所。及寶元初僭稱帝，國號夏，都興慶，今寧夏鎮城也。先是乾興二年趙德明築靈州懷遠鎮爲興州，自靈州徙居之，元昊改曰興慶府，亦曰中興府。阻河依賀蘭山爲固。黄河，在寧夏衛城東南四十里。賀蘭山，在寧夏衛城西六十里。詳見陝西名山。慶曆初復陷豐州。是時元昊之地，東據河，西至玉門，玉門，在今廢沙州衛西北。見前。南臨蕭關，在今鎮原縣北，見前。北控大漠，延袤萬里。分置一軍於河北以備契丹，於河南置鹽州路以備原、慶、環、渭，左厢曰宥州路以備鄜、延、麟、府，右厢曰甘州路以備吐蕃、回紇。關中歲被侵掠，官軍屢敗，朝廷旰食。先是張方平上平戎策，以爲：「宜屯重兵河東，示以形勢。賊入寇必自延、渭，而興州巢穴之守必虚，我師自麟、府渡河，不十日可至，此所謂攻其所必救，形格勢禁之道也。」時亦不能用。慶曆四年元昊復請和，許之，關中之困少蘇。

熙寧以後，外患漸弭，紛更内啓，定天下爲二十三路：先是天聖八年改十五路爲十八路，自是分合不常，元豐六年定制爲二十三路。曰京東西路，先是京東路治開封，慶曆三年始分京東爲東西兩路，西路治鄆州，政和四年移治南京。又皇祐五年以開封府及京東之曹州、京西之陳、鄭、許、滑諸州置京畿路，至和二年罷，崇寧四年復置。又以潁昌府及澶、鄭、拱三州爲四輔，並屬京畿。大觀以後改廢不一，惟開封府界自皇祐以後，皆謂之京畿路。曰京東路，治青州。先是慶曆三年分京東爲兩路，既而復合，熙寧七年又分京東爲兩路。曰京西北路，治河南府。曰京西南路，治襄州。慶曆三年分京西爲南北兩路，既而復合，熙寧五年復分爲兩路。曰河北東路，治大名府。曰河北西路，治真定府。慶曆八年分河北爲四路，熙寧六年定爲兩路，以高陽并入大名，以定州并入真定。曰河東路，治太原府。曰陝西永興路，治京兆府。曰陝西秦鳳路，治秦州。慶曆初分陝西爲鄜延、環慶、涇原、秦鳳四路。熙寧五年開邊功，增置熙河路，統熙河、洮、岷、通遠諸州軍；又分置永興路。共爲六路。至是定爲兩路，以鄜延、環慶并入永興，涇原、熙河并入秦鳳。明年仍爲六路，惟轉運使則統於永興及秦鳳兩路云。曰淮南東路，治揚州。曰淮南西路，治廬州。熙寧五年始分淮南爲兩路。曰江南東路，治昇州。曰江南西路，治洪州。天聖八年分江南爲東西路，後不復改。曰兩浙路，治杭州。熙寧七年分兩浙爲東西路，西路治杭州，東路治越州，尋合爲一。九年復分，十年復合。曰荆湖南路，治潭州。曰荆湖北路，治江陵府。曰西川成都路，治成都府。曰西川梓州路，治梓州。咸平四年分西川爲兩路。曰峽西利州路，治興元府。曰峽西夔州路，治夔州。亦咸平四年所分置。曰福建路，治福州。曰廣南東路，治廣州。曰廣南西路。治桂州。大觀初分置黔南路，治融州，三年復并入廣西日廣西黔南路，明年復故。蓋自王安石柄用，喜言邊功，而种諤取綏州，治平四年青澗帥种諤襲夏，取綏州。時神宗初立，邊釁蓋始於諤也。青澗，今延安府屬縣。韓絳取銀州，熙寧四年絳爲陝西宣撫使，使种諤取横山，即故銀州地也。王韶取熙、河，熙寧五年以韶爲秦鳳路沿邊安撫使，明年韶擊敗西羌及吐蕃之衆，遂取熙、河諸州，既又進取洮、疊、宕等州地。章惇取懿、洽，懿州即沅州，洽州在沅州西，亦羈縻蠻州也。熙寧五年章惇爲湖北察訪使，因招降北江諸蠻，懿州蠻不服，惇擊平之，南江諸蠻州俱順命。謝景温取徽、誠，徽州，今靖州綏寧縣。誠州，即今靖州，唐時羈縻谿洞地。熙寧九年景温代章惇經理湖北，招兩川蠻酋歸附。熊本取南平，南平，即峽西路南平軍，熙寧八年本爲梓夔察訪使，擊平渝州諸蠻，因置南平軍，統溱、播諸蠻獠。郭逵取廣源，廣源州，在今安南境内。熙寧九年以郭逵爲安南招討使，逵敗交阯兵於富良江，取其廣源、思浪諸州而還。思浪州，在廣源之西。富良江，安南境内大川也。李憲取蘭州，元豐四年大舉陝西、河東五路兵伐夏，以熙河經制官者李憲總其事，憲將兵入夏境，僅取蘭州而還。五路，熙河、涇原、鄜延、環慶、河東也。沈括取葭蘆四砦，四砦：一葭蘆，即今葭州；一米脂，今葭州屬縣；一細浮圖，在今綏德州西六十里，宋謂之克戎城；一安疆，在今慶陽府東北二百餘里。元豐四年括知延州，因取四砦。繼以王贍取邈川、即湟州。青唐、即鄯州。寧塞、即廓州。龍支，亦曰宗哥城，在今西寧衛東南八十里。元符二年王贍爲洮西安撫使，會吐蕃酋帥部曲離叛，因自河州引軍西出，收邈川、青唐諸城鎮。王厚復湟、鄯，元符三年王贍所置湟、鄯諸州，復爲吐蕃所據。崇寧二年命王厚安撫洮西，因復收湟、鄯、廓諸州也。數十年中，建州、軍、關城、砦堡，不可勝紀。逮建燕山、雲中兩路，宣和四年，詔以山前諸州置燕山府路，統府一，曰燕山；州九，曰涿、檀、薊、順、易、平、營、經、景。山後諸州置雲中府路統府一，曰雲中；州八，曰武、應、朔、蔚、奉聖、歸化、儒、嬀。燕山府，即唐幽州，契丹謂之燕京，宋改曰燕山府，亦曰永清軍。涿州，亦曰威行軍。檀州，亦曰鎮遠軍。平州，亦曰撫寧軍。景州，契丹所置州也，今爲薊州遵化縣。經州，亦契丹所置，今爲薊州玉田縣。雲中府，即唐雲州，契丹之南京也。奉聖州，即唐新州，契丹改曰奉聖。歸化州，即唐武州也，契丹改曰歸化。山後諸州宋未能得其地，蓋預置雲中路以領之。而禍變旋作矣。

史略：初，女真叛遼，宋遣馬政等自登、萊浮海，使女真約夾攻遼，取燕、雲舊地。宣和四年，宋師壓遼境，遼將郭藥師以涿、易二州來降，師逾白溝，今保定府雄縣北三十里白溝河，宋師入遼處也。其河西自易州，東至霸州，爲宋、遼分界。亦曰巨馬河，亦曰界河。詳見後。屢爲遼人所敗。女真既得雲中，復取燕京，以宋師無功，止許割燕京及薊、景、檀、順、涿、易六州。明年，復以雲中路朔、武二州歸宋。時應、蔚二州已先爲宋有。七年，女真將粘没喝自雲中陷朔、代，先是雲中諸州多謀内附，粘没喝入雲中，悉奪宋所有蔚、應、武、朔諸州，遂南犯。圍太原；斡離不自平州入檀、薊，先是宋人議復石晉賂契丹地，而營、平、灤三州自劉守光時没於契丹，未議及也。及女真歸地，遂并求之，女真不許。會遼故將張瑴以平州歸宋，女真復襲陷之，遂自平州趨檀、薊，降將郭藥師以燕山叛附焉。灤州，本契丹分平州置，即劉守光地也。今屬永平府。盡陷燕山州縣，犯中山、慶源，陷信德及相、濬二州，遂渡河陷滑州，於是東京危迫矣。

慨李綱之謀不用，致二帝之轅不返。

史略：靖康初，金人攻東京，宋遣使議和，斡離不邀求金幣及太原、中山、河間三鎮，〔四〕宋皆許之，而兵不退。時四方勤王之師漸至，李綱言：「金人以孤軍入重地，譬猶虎豹自投陷阱中；若阨河津，絶饟道，分兵復畿北諸邑，而以重兵臨敵營，堅壁勿戰，俟其食盡力疲，然後以一檄取誓書，復三鎮，縱其北歸，半渡而擊之，必勝之計也。」不聽。金人尋引去，种師道亦請乘半渡擊之，以杜後患，不從。又請合關、河卒屯滄、衛、孟、滑，關、河，謂關中及兩河。備金兵再至，亦不聽。又出李綱於外。既而粘没喝陷太原，長驅而南，所至降破，前鋒渡孟津，今河南府孟津縣，故孟津渡也。河南、永安、鄭州悉陷。永安，在今河南府鞏縣西南四十里，宋置縣，亦曰永安軍。粘没喝入懷州，屯河陽。即孟州也。斡離不發保州，敗宋師於井陘，見唐李光弼出井陘。陷真定，遂取汴，屯劉家寺，劉家寺，或曰在開封府城東南一里。粘没喝亦自河南來會，屯青城。青城，北青城也，在開封府封丘門外北郊壇側，宋祭天齋宮也。東京旋陷。金人立張邦昌爲帝，劫上皇、帝后北去。

校勘記

〔一〕延釗襲執之以歸　「延釗」，底本原作「彦超」，職本同，敷本、鄒本作「延釗」。新五代史卷六六周行逢傳、宋史卷一太祖紀、卷二四二周保權傳、卷二五一慕容延釗傳均云南征荆南執周保權者爲慕容延釗，敷、鄒本作「延釗」是，今據改。

〔二〕領瀘川等縣三　「川」，底本原作「州」，職本、鄒本並作「川」，宋史卷八九地理志（以下簡稱宋志）亦作瀘川縣，今據改。

〔三〕今夔州府屬縣　據宋志卷八九、元史卷六〇地理志（以下簡稱元志）、明志卷四三，宋之雲安縣，元升爲雲陽州，明又降爲雲陽縣，則此「今夔州府屬縣」當作「今夔州府雲陽縣」。

〔四〕斡離不　「斡」，底本原作「幹」，今據敷本、鄒本及宋史卷二四高宗紀「斡離不」改。

讀史方輿紀要卷八

歷代州域形勢八　宋下　夏遼金元附

高宗以親王介弟，纂承遺統，帝初爲康王，再使金，至磁，守臣宗澤留之。旋至相州，金人復圍汴，詔拜兵馬大元帥，督河北兵入援。尋次大名，趨東平，進屯濟州。東京陷，二帝北狩，乃即位於南京。而崇信奸回，播棄元老，兩河淪陷，關輔彫殘，竄諂海濱，幾於傾覆。

史略：建炎初，兩河州郡多爲宋守。又召李綱爲相。綱首勸帝一至京師，見宗廟，以慰都人之心。又言河北、河東，國之屏蔽，料理稍就，然後中原可保，而東南可安。請置招撫司於河北，經制司於河東，全復州郡。時黄潛善、汪伯彦用事，勸帝幸東南，帝意遂決。綱言：「自古中興之主，起於西北則足以據中原而有東南，起於東南則不能復中原而有西北。方今巡幸之所，關中爲上，襄陽次之，建康爲下。若委中原而去，豈惟金人將乘間以擾内地，盜賊亦將蠭起，跨州連邑，陛下雖欲還闕，不可得矣。今縱未能行上策，猶當且適襄鄧，以示不忘故都之意。夫南陽光武所興，有高山峻嶺可以控扼，有寬城平野可以屯兵，西鄰關、陝可以召將士，東達江、淮可以運穀粟，南通荆河、巴、蜀可以取貨財，北距三都開封、歸德、河南爲三都。可以遣救援，暫議駐蹕，乃還汴都，策無出於此者。若順流而適東南，固甚安便，第恐一失中原，東南不能必其無事，雖欲退保一隅，不可得也。」既而李綱罷去，帝如揚州，綱所規畫，悉皆廢棄。金人分道入寇，粘没喝自雲中下太行，太行山，見前七國韓范雎北斷太行。由河陽渡河攻河南，分遣兵攻漢上；訛里朵、兀朮等自燕山由滄州渡河攻山東，分兵趣淮南；婁宿、撒離喝等由河中渡河攻陝西，陷潼關，時婁宿至河中，宋軍扼河西岸，不得渡，乃自韓城履冰過，陷同州、華州，破潼關。韓城，今同州屬縣。入永興，京邑州郡，相繼殘破。三年，金人陷徐、泗諸州，遂踰淮而南，逼揚州，帝倉卒渡江至鎮江，復走杭州。時和州防禦使馬擴應詔上書曰：「今若西幸巴、蜀，用陜右之兵，留重臣使鎮江南，撫淮甸，破金賊之計，回天下之心，是謂上策。都守武昌，襟帶荆河，控引川、廣，招集義兵，屯布上流，扼據形勢，密約河東諸路豪傑，許以得地戍守，是爲中策。駐蹕金陵，備禦江口，通達運漕，精習水軍，厚激將士，以幸一勝，觀敵事勢，預備遷徙，是爲下策。其倚長江爲可恃，幸金賊之不來，猶豫遷延，候至秋冬，金賊再舉，驅虜舟楫，江、淮千里，數道並進，及當此時，然後反悔，是爲無策。」不報。未幾，兀朮復分兵南寇：一自蘄、黄入江西，由江州而南西至潭州，悉見屠滅；一自滁、和入江東，陷太平、建康，自廣德趣臨安。即杭州。帝航海遠避，金人進陷越州、明州，又陷定海、昌國縣，定海，今寧波府屬縣。昌國廢縣在今定海縣東北海中瀚洲山上。以舟師追帝於章安，章安廢縣在台州府東一百十五里。不及。兀朮乃掠臨安，由秀州而北，陷平江、常州。至鎮江，韓世忠扼之於金山，金山在鎮江府城西北七里大江中。兀朮危窘，僅而得濟。其湖南之軍，亦由荆門而北，荆門軍，見湖北路。爲牛皐所敗，自是不敢復渡江矣。然中原羣盜，乘機剽掠，割據州郡，所在連結，而江、淮、湖、湘以及閩、越、嶺表，悉爲盜藪。强者或連數郡，李成據有襄漢，楊么據有洞庭，見前。皆結連北寇。么欲順流東下，成欲自江西陸行趨浙與么會。又曹成據道、賀，北連豫章；范汝爲據建州，逼近行在；皆爲肘腋患。岳飛、韓世忠等竭力討之，久而得平。

嗣後諸將戮力，恢復可待，而秦檜主和，班師喪地。

史略：初，汪若海言於張浚曰：「天下者，常山蛇勢也，秦、蜀爲首，東南爲尾，中原爲脊。今以東南爲首，安能起天下之脊哉？將圖恢復，必在川、陜。」趙鼎亦言：「經營中原，當自關中始；經營關中，當自蜀始；欲幸蜀，當自荆、襄始。」時金人已入關，西至秦、隴，悉被侵陷，復退屯同、華，東連河東，西擾諸路。張浚恐金人據陜窺蜀，則東南不可保，請置幕府於秦州，遣韓世忠鎮淮東，呂頤浩扈蹕來武昌。謂鄂州。爲趨陜計，遂拜浚爲川陜荆湖宣撫處置使，治兵興元。建炎四年，浚遣兵復陜西軍州，既而以五路之師五路，熙河、秦鳳、涇原、環慶及浚所遣統制吴玠之兵也。敗於富平，富平，今西安府屬縣。關、隴六路盡没，六路，見前。

惟餘階、成、岷、鳳、洮五州及鳳翔之和尚原、隴州之方山原而已。和尚原，在今鳳翔府寶雞縣西南三十五里，當大散關之東。方山原，在隴州西南二百里。浚退保興州，召吴玠聚兵扼和尚原以斷敵來路，關師古等聚熙河兵守岷州大潭，大潭廢縣，在今鞏昌府西和縣西南三百里。孫偓、賈世方等聚涇原、鳳翔兵以固蜀口。繼又分陝西地，自秦、鳳至洋州，吴玠主之，屯仙人關；關在今漢中府鳳縣南百二十里。金、房至巴、達，王彦主之，屯通川；達州亦曰通川郡。文、龍至威、茂，劉錡主之，屯巴西；綿州亦曰巴西郡。洮、岷至階、成，關師古主之，屯武都。即階州。於是全蜀安堵。朝廷議浚失律之罪，罷還。時金人已立劉豫於河南，兼有陝西地，豫，景州人，仕宋知濟南府，金人來攻，遂以郡降。建炎三年金人陷京東諸郡，以豫知東平府兼統大河以南。明年立豫爲齊帝，據大名府。紹興二年徙汴，盡有京東、京西及陝西諸路之地。屢邀金人入寇。紹興四年，韓世忠大敗之於大儀，大儀鎮，在揚州府西七十里。金人引却。六年，岳飛屯襄鄧，屢敗豫兵，上言：「金人立豫於河南，蓋欲以中國攻中國。願假臣歲月，提兵趨河、洛，據河陽、陝府、潼關，陝府即陝州。號召五路叛將。五路，謂京東、京西、河東、河北及陝西諸軍叛附金者。叛將既還，王師趨汴，豫必北走京畿，陝右可以盡復。然後分兵濬、滑，經略兩河，逆豫成擒，金人可滅也。」會劉豫寇淮西，楊沂中大敗之於藕塘。藕塘，在今鳳陽府定遠縣東六十里。金人遂廢豫，七年，金人襲汴，執豫廢之。遣使議和。九年，以河南、陝西地歸宋，旋叛盟入寇，盡奪所歸地。於是許飛等進討。飛發鄂州，遣諸將略京西諸郡，命梁興渡河，糾合忠義，復兩河州郡。時劉錡亦敗金人於順昌，即潁州。而韓世忠、王德等復海州、宿州，吴璘自河池鳳州亦曰河池郡。敗金人於扶風，今鳳翔府屬縣。進克秦州，楊政自鞏州進拔隴州，破岐下諸屯，郭浩自延安復華州，時金以陝西來歸，宋因分遣諸將屯熙秦、鄜延諸路。既而金將撒離喝入同州永興，西據鳳翔，浩等諸軍皆隔在敵後，於是自延安南拔華州。入陝州。飛遂遣兵東援劉錡，西援郭浩，而自以其軍長驅闞中原，破金人於蔡州，復其城。諸將所至克捷，西京、汝鄭、潁昌、淮寧東至曹州皆下。潁昌即許州，淮寧即陳州。飛大軍屯潁昌，以輕騎敗兀朮於郾城，今許州郾城縣。又敗之於臨潁，許州臨潁縣。兀朮遁去。梁興敗金人於垣曲，今平陽府絳州垣曲縣。又敗之於沁水，今澤州沁水縣。遂復懷、衛州，斷太行道，絶金人山北、河東之路，金人大懼。飛進軍朱僊鎮，在今開封府南四十五里。距汴京四十五里，兀朮來戰，復敗去。於是兩河響應，敵中將帥皆來降附。兀朮謀棄汴去，飛方指日渡河，期抵黄龍，黄龍府，見五代晉契丹南牧注。而秦檜主和，請畫淮以北棄之，詔飛班師。飛不得已還鎮，所得州郡，旋復陷没。吴璘亦奉詔班師，棄所得州郡而還。自是金人屯田治兵於中原，而王師不復問京、洛矣。讐恥不復，湖山燕衎，良可嗤也。

史略：初，張浚言：「東南形勢，建康爲最，臨安僻在一隅，内則易生玩肆，外則不足號召遠近，繫中原之望。請幸建康，以圖恢復。」李綱言：「自昔用兵成大業者，必據地利，而不肯先退。楚、漢相距於滎陽、成臯間，俱見前。漢雖屢敗，不退尺寸之地。既割鴻溝，在滎陽縣南，見前七國魏南有鴻溝。羽引而東，遂有垓下之變。見項羽走垓下。袁、曹戰於官渡，官渡，在開封府中牟縣東北十二里。舊志云：鴻溝之水，分爲官渡。操雖兵弱糧乏，荀彧止其退避。既焚紹輜重，紹引而歸，遂喪河北。由此觀之，豈可望風怯敵，遽自退屈哉！」

是時輿地登於職方者，東盡明、越，西抵岷、嶓，岷山在今成都府茂州西北，見前。嶓冢山，在漢中沔縣西北二十里。詳陝西名山。南斥瓊、崖，北至淮、漢，紹興十一年與金人分界，自散關及淮水中流以北盡割畀金，於是棄京西唐、鄧二州，又割陝西商、秦之半，止存上津、豐陽、天水三縣及隴西成紀餘地。又和尚、方山二原亦歸於金。十六年復割豐陽、乾祐二縣畀金，自是遂爲定界。上津，今鄖陽府屬縣，見前。豐陽在今商州鎮安縣東南，乾祐亦在鎮安縣南二十里，俱廢縣也。餘並見前。補短截長，分路十六：曰浙西，統府三，臨安、平江、鎮江；州四，常、嚴、湖、秀也。詳見前十五路，下倣此。曰浙東，統府一，紹興；州六，婺、衢、處、温、台、明。宋志：「紹興三十二年復分兩浙爲東西路。」曰江東，統府一，建康；州六，宣、池、徽、饒、信、太平也；軍二，廣德、南康。曰江西，統州七，洪、贛、袁、江、撫、筠、吉；軍四，興國、建昌、臨江、南安也。曰淮東，統州六，揚、泰、真、滁、通、楚；軍二，高郵、招信。曰淮西，統府一，壽春；州七，舒、廬、和、濠、光、黄、蘄；軍二，六安、無爲。曰湖南，統州七，潭、衡、道、永、邵、郴、全；軍三，武岡、桂陽、茶陵。曰湖北，統府二，荆南、德安；州十，鄂、岳、復、鼎、澧、歸、峽、辰、沅、靖；軍二，漢陽、荆門。

宋志：「紹興初改鄂、岳、潭、衡、永、郴、道州、桂陽軍爲東路，鼎、澧、辰、沅、靖、邵、全州、武岡軍爲西路，明年復舊，惟北路改治鄂，尋還江陵。」曰京西，統府一，襄陽；州四，隨、房、均、郢；軍二，光化、棗陽。宋史：「京西南路舊有府一、州七，今所存止此，而京西北路則盡没於金。」曰成都，統府一，成都；州十二，蜀、眉、嘉、漢、綿、邛、彭、黎、雅、簡、威、茂；軍二，永康、石泉；監一，僊井。曰潼川，統府二，潼川、遂寧；州九，瀘、資、普、叙、昌、合、渠、果、榮；軍三，懷安、廣安、長寧；監一，富順。曰利州，統府一，興元；州十四，利、金、洋、興、鳳、閬、蓬、巴、劍、階、文、龍、西和、成；軍二，天水、大安。宋志：「紹興十四年又分利州爲東西二路，東路治興元，兼領劍、利、閬、金、洋、巴、蓬州及大安軍；西路治興州，兼領階、成、和、鳳、文、龍等州。其後分合不一。開禧二年吴曦叛，以關外階、成、和、鳳四州附於金。明年曦誅，遂復故境。」曰夔州，統州十一，夔、恭、達、忠、開、萬、涪、黔、施、播、思；軍三，雲安、梁山、南平；監一，大寧。曰福建，統州六，福、建、泉、汀、漳、南劍；軍二，興化、邵武。曰廣東，統府二，肇慶、德慶；州十二，廣、韶、惠、潮、英、連、新、封、梅、循、南雄、南恩也。曰廣西。統府一，曰静江；州二十一，昭、賀、梧、藤、容、鬱林、潯、貴、横、邕、賓、象、柳、融、宜、化、高、雷、廉、欽、瓊；軍三，萬安、朱崖、南寧也。凡府、州、軍、監一百九十，縣七百有三，而武都、河池、興元、襄陽、鄂州、廬州、楚州、揚州皆爲重鎮。

史略：初，李綱言：「漢高先保關中，故能東嚮而與項籍争。光武先保河内，故能降赤眉、銅馬之屬。唐肅宗先保靈武，故能破安、史而復兩京。今以東南爲根本，當先料理淮甸、荆襄，以爲東南屏蔽。夫六朝所以保有江左者，以强兵巨鎮盡在淮南、荆襄間，故以魏武之雄，苻堅、石勒之衆，跖跋、宇文之盛，卒不能窺江表。後唐李氏有淮南則可都金陵，及淮南失而國以削弱矣。」胡氏曰：「避寇而徙都，未有能復振者。周自豐鎬徙於東洛而不振，魏自安邑徙於大梁而不振，楚自渚宮徙於壽春而不振，劉嗣自咸陽徙於上邽而不振，赫連定自統萬徙於北地而不振，李景自秣陵徙於豫章而不振，故中夏定都，必與俱存而不動。」

金亮南侵，臨江不返，諸將乘之，漸闢舊疆，而史浩識短，張浚慮疏，棄地喪師，卒堅初約。

史略：初，完顏亮謀南侵，自會寧徙都燕，會寧在今遼東三萬衛東北塞外，金人之上京也。又徙都汴。紹興三十一年遂分道入寇，一自海道徑趨臨安，一自蔡州瞰荆襄，一自鳳翔趨大散，又遣別將趨淮陰。謂楚州也。亮帥大軍自渦口渡淮，渦口，渦水入淮之口，在鳳陽府懷遠縣東北十五里。兩淮悉陷。亮軍和州，遣舟師渡采石，采石，在太平府北。見前。虞允文督諸將擊敗之。亮因移軍揚州，屯瓜洲之龜山寺，瓜洲，今揚州府南四十里瓜州鎮也。將攻京口。會烏祿自立於遼陽，遼陽，今遼東都司城，金之東京也。烏祿，阿骨打諸孫，時留守東京。金人苦亮殘虐，殺亮北還，宋復收兩淮地。先是魏勝聚義兵於山陽，北渡淮，取漣水軍，山陽、漣水，俱見前淮南路。進復海州，直入沂州，敗金兵，淮北諸邑，相率降附。金亮將渡淮，遣軍急攻勝，海道總管李寶引軍救勝，金兵敗却。寶遂帥舟師禦敵於膠西，今萊州府膠州也。至石臼島，在今膠州南百里。大敗金人，其海道之師遂絶。會金軍退，寶遂與勝共攻泗州，拔之。襄陽帥吴拱亦復唐、鄧、陳、蔡、許、汝、嵩等州。嵩州，即今河南府嵩縣，金人置嵩州。四川宣撫使吴璘却金兵於青野原，青野原，在今漢中略陽縣北百四十里。進扼大散關，遣諸將分路下秦、隴、商、虢諸州軍。時興州府諸將復秦、隴、洮、環、鞏、熙、河、蘭、會及積石、鎮戎、德順等軍，金州路諸將復商、虢、陝、華四州，凡十三州三軍。史浩議以諸軍四出，恐敵在鳳翔者乘虚窺蜀，詔璘退軍保蜀口，於是所得之地復失。時虞允文爲川陝宣諭使，奏言：「恢復莫先於陝西，陝西五路新復州郡，又係於德順之存亡，一旦棄之，則窺蜀之路愈多，西和、階、成，利害至重，不可不慮。」疏入被黜。隆興初，張浚督江、淮諸將李顯忠等北伐，潰於符離，符離，今宿州北二十五里有故城。先是顯忠等渡淮而北，取靈壁及虹縣，進拔宿州，金人來争，顯忠與别帥邵宏淵相違異，乃引還，至符離，師大潰。潰處當在宿州東南，史家紀載不詳，以在宿州境内，故仍曰符離。靈壁，今宿州屬縣。虹縣，今鳳陽府屬縣。於是和議復决，所得海、泗、唐、鄧及商、秦地，悉以畀金，仍守舊境。是時陳亮上中興論，略云：「攻守之道，必有奇變；奇變之道，常因地勢。今東西綿亘數千里，地形適中，無所參錯，似乎奇變難施，然必有批吭擣虚形格勢禁之道。夫齊、秦，天下之兩臂也，今西舉秦，東舉齊，則大河以南，長淮以北，固吾腹中物，奈敵人以爲天險而固守之。竊觀襄、漢者，敵之所緩，而今日所當有事也。其地控引京、洛，側睨淮、蔡，包括荆、楚，襟帶吴、蜀，沃野千里，可耕可守，地形四通，可左可右，誠鎮撫得人，於安、隨、信陽、光、黄列城相援，養鋭以伺，一旦狂寇來犯江、淮，則荆、襄之師帥諸軍進討，襄有唐、鄧諸州，屯兵潁、蔡之間，示必絕其後。因命諸州轉城進築，如三受降城法，依吳房故城爲蔡州，吳房城，今汝寧府遂平縣。使唐、鄧相距各二百里，並桐柏山以爲固。桐柏山，在今南陽府桐柏縣東一里。敵來則嬰城固守，出奇制變；敵去則列城相應，首尾如一。諸軍進屯光、黄、安、隨、襄、郢之間，朝廷徙都建業，築行宫於武昌，大駕時一巡幸，敵知吾意在京、洛，則京、洛、陳、許、汝、鄭之備當日增，而東西之勢分，則齊、秦之間可乘矣。四川之帥，親帥大軍以待鳳翔之寇，有間則命驍將出祁山以截隴右，祁山，在鞏昌府西和縣北七里。偏將由子午以向長安，子午谷，在西安府西南百里，見前。金、房、開、達之師入武關以震三輔，武關，在商州東。見前。則秦地可謀矣。命山東之歸正者往説豪傑，陰爲内應，舟師由海道以擣其脊，彼方奔走支吾，而大軍兩道並進以掛其胸，則齊地可謀矣。吾雖示形於唐、鄧、上蔡，而不更謀進取，坐爲東西形援，勢如猨臂，彼將愈疑吾之有意京、洛，特持重以示不進，則京、洛之備愈專，而吾必得志於齊、秦矣。撫定齊、秦，則京、洛將安往哉？此所謂批吭擣虚形格勢禁之道也。就使我未爲東西之舉，彼必不敢離京、洛而輕犯江、淮矣。」

蒙古憑陵，金人南徙，遣將北討，殲厥世讐，

史略：開禧二年，蒙古鐵木真稱帝於斡難河，河在漠北千餘里，元和寧路之東北，今名玄冥河。既并乃蠻諸部，乃蠻部在今甘肅塞外。遂侵西夏。嘉定二年入靈州，夏主安全請降。時西域諸國

皆相率降附。蒙古乃引軍而東，侵擾金人雲中、九原諸城鎮，破白登城，城在今大同府東北百十里。遂陷西京，今大同府，金人之西京也。進取桓、撫諸州，桓州，在今開平廢衛西。撫州，今開平廢衛西南四百餘里興和故城也。盡收金人山北州郡，即山後諸州。東略至平、灤，南至清、滄。又由臨潢過遼河，臨潢府，遼上京也，在今朵顏衛北。遼水，在遼東都司西百六十里，遼東大川也。西南至忻、代，悉降於蒙古。尋入居庸關，在今北直昌平州西北三十里，見前。遊奕至中都城下，中都，即燕京也。驅羣牧監馬而去。六年，蒙古復敗金兵於嬀川，今宣府鎮懷來衛，金曰嬀川縣。乘勝至古北口，古北口，在今順天府密雲縣東北百二十里。金人保居庸以拒之。蒙古主乃留兵屯守，而自引衆趨紫荊關，關在易州西八十里，詳北直重險。破涿、易二州，由南口攻居庸，拔之，進圍中都，以精兵屯城北。分大軍爲三道，命其子朮赤等將右軍循太行而南，破保州、中山、邢、洺、磁、相、衛、輝、懷、孟諸郡，徑抵黄河，掠平陽、太原間；別將薄察等遵海而東，破灤、薊，大掠遼西地；蒙古主自將由中道破瀛、莫、清、滄、景、獻、濱、棣、濟南等郡，獻州，今河間府獻縣，金曰獻州。引軍復自大口逼中都。大口，今順天府良鄉縣北百十里天津關。凡破金九十餘郡，金人納賂請和，乃自居庸北還。金主珣議遷都於汴，徒單鎰曰：「鑾輿一動，北路皆不守矣。今聚兵積粟，固守京師，上也。南京四面受敵。金以汴京爲南京。遼東根本之地，依山負海，其險足恃，備禦一面，以爲後圖，次也。」不從。蒙古聞之，復引而南，遂圍中都。分遣木華黎克其北京，今大寧廢衛，遼曰中京，金曰北京。遼西州鎮，望風款附，中都亦下。又取平州，乃引而西。時又克金潼關，屯兵嵩、汝間，既而北去。十年，蒙古建行省於燕、雲，命木華黎經略太行以南，而自引兵圍夏興州，遂略定西域四十餘國，至忻都。今西域印度國也。木華黎自中都而南，略河北、山東以及河東諸州郡。十四年，木華黎分建行省於東平，時木華黎遣軍圍金東平，陷之，使降將嚴實等權行省，以撫安山東。先是蒙古陷山東州郡，皆棄不守，於是羣盜蠭起，多據城邑附宋，至是遂相率歸於蒙古。又以別將石珪軍於曹州，與嚴實相犄角，以拒金師之侵軼。遂引兵由東勝渡河，東勝州，在今大同府西五百里，契丹所置州也。自葭州而南，轉入河中，東至孟州，時木華黎入葭州，攻綏德、延安、鄜坊諸州，轉入河中，東下孟州，又收晉陽、霍邑等寨。霍邑，即今霍州，時金人多連結山寨於晉陽、霍邑之境也。復趨長安，遣將斷潼關，拔同州。寶慶三年，蒙古滅夏，遂趨鳳翔，入京兆。時又以兵破宋關外諸隘及武、階諸州。關外，大散關外也。於是金人盡棄河北、山東關隘，惟併力守河南，保潼關，自洛陽、三門、析津，三門，即底柱山，在今陝州東四十里。見前。析津，即析城山，在澤州陽城縣西南七十里。皆大河襟要處也。東至邳州之源雀鎮，在邳州東北。東西二千餘里，立四行省列兵守禦。會鐵木真歿於六盤山。將死，謂左右曰：「金精兵盡在潼關，南據連山，北限大河，難以遽破；若假道於宋，下兵唐、鄧，直擣大梁，破之必矣。」其子窩闊台既襲位於和林，即和寧也，見上。遂引而南，取金鳳翔。使其弟拖雷趨寶鷄，寶鷄，今鳳翔府屬縣。遣使來假道，至沔州爲守將所殺。拖雷怒，遂入大散關，陷鳳州，大掠漢中、蜀口諸州鎮，破宋城寨凡百四十。攻饒風關。關在漢中府西鄉縣東北百六十里。關陷，遂由金州而東渡漢江，敗金兵於禹山，山在南陽府鄧州西南九十里。遂自唐州趨汴。窩闊台亦自同州趣河中，由河清縣白坡渡河，河清縣屬河南府，宋時縣治白坡鎮，在今懷慶府孟縣西南，金移治河南岸，改曰孟津，此蓋據舊縣而言。入鄭州，遣將攻汴，而命拖雷引兵來會。金軍從鄧州赴援，至三峰山，在今開封府禹州西南二十里。蒙古南北兵悉合，大敗金人，遂取鈞州。鈞州，金所置，即今開封府禹州。汴中危急，召潼關兵入援。援兵方發，其守將即以潼關降蒙古。蒙古兵長驅入陝州，追援兵於鐵嶺，嶺在河南府陝州盧氏縣北四十里。復敗之。金人益困。蒙古主乃留速不臺攻汴，而與拖雷北還。速不臺力攻汴城，不克，乃許和，仍散屯河、洛之間。紹定六年，金主守緒以汴京糧援俱絕，乃東巡駐於歸德，金改宋應天府爲歸德府。是時金主自汴東行，復向河北，遣兵攻衛州，不克，敗還歸德。尋走蔡。速不臺復引軍向汴，汴京降，洛陽亦陷。宋復取申、唐、鄧諸州，申州即信陽軍也。遣孟珙帥師會蒙古兵，圍蔡。端平初，蔡州下，金亡。

僅得唐、鄧二州地。申州本宋信陽軍，時又兼得息州，本宋蔡州新息縣，故曰「唐、鄧二州」，而陳、蔡以北，悉屬蒙古。新息，即今光州息縣。及議復三京，三京，見前。而禍本成矣。

史略：宋因金亡，緣邊諸將間收取淮北地，趙范、趙葵，遂欲乘時撫定中原，建守河據關謂大河、潼關也。收復三京之議。吴潛以爲：「今日事勢，當以和爲形，以守爲實，以戰爲應。河南空城，取之若易，守之實難，千里饋運，勢必難繼。方興之敵，氣盛鋒鋭，開釁致兵，非長計也。」不聽。詔全子才自廬州趨汴，趙葵自滁州取泗州，由泗趣汴，與子才會，遂入汴。時金故將李伯淵等以汴京降。葵復遣徐敏子等先入洛，蒙古引兵南下，洛軍潰還。又決黄河寸金淀在開封府北二十里。灌汴軍，葵等棄城南還。蒙古以敗盟責宋，邊釁日滋矣。

自是而後，蹂躪我川峽，摇盪我荆襄，芟夷我淮甸，

史略：端平二年，蒙古命闊端等侵蜀，忒木䚟等侵漢口，温不花等侵江、淮。自是蜀中四路，悉被殘破。孟珙、余玠相繼帥蜀，僅保夔州一路及潼川路之順慶、瀘、合，西有嘉定一府而已。玠又築大獲、釣魚諸城，大獲山，保寧府蒼溪縣東三十里，余玠徙閬州治此，以固蜀口。釣魚山，在今合州東三十里，玠復城之，以徙合州，蜀始可守。以固根本，圖進取，而沔、利二州爲敵所守，蜀土遂不可復。又荆湖、淮西，時亦悉被侵陷，孟珙爲荆湖帥，杜杲爲淮西帥，悉力拒守，乃復舊疆。

繼以似道背盟，襄、樊失守，

史略：淳祐十一年，蒙古蒙哥立，命其弟忽必烈總治漠南，開府金蓮川。在今宣府鎮雲州堡東北百里。忽必烈置經略司於汴，分兵屯田，西起襄、鄧，東連清口、桃源，清口，在今淮安府清河

縣南。桃源，今淮安府屬縣。列障守之。明年，蒙古以中州封同姓，忽必烈盡得關中、河南地。尋與兀良合台從臨洮而南，臨洮，今府。自金沙江乘革囊及筏以濟，金沙江出雲南麗江軍民府西北，一名麗江，亦曰瀘水，流經四川叙州府東南合於大江。詳見雲南大川。降摩荻，麗江摩些蠻是也。取附都、鄯闡、烏爨等部，附都，或曰即今元江府東境諸蠻。鄯闡，今雲南府。烏爨，今楚雄軍民府南安州是也。轉入吐蕃，降其酋而還，仍留兀良合台攻諸蠻未服者。合台自吐蕃進克白蠻、烏蠻、鬼蠻、羅羅斯、阿伯、阿魯諸部國，俱在今四川南境及貴州、雲南境內。又克交阯，今安南國。西南夷悉降附。寶祐五年，復分道南寇。其將張柔從忽必烈攻鄂，趨臨安；塔察兒攻荆山，今鳳陽府懷遠縣。而命兀良合台自交、廣引兵會鄂。又命李璮自山東進攻海州。蒙古主乃帥大軍次六盤，見上六盤山。分軍三道，一自洋州趨米倉，米倉關，在今漢中府西南百四十里米倉山南。一自潼關趨沔州，而自以部兵由隴州趨大散，兩川望風降破。李璮等亦克海州漣水軍。忽必烈至光山即光州也，宋曰光山軍。會軍渡淮，南入大勝關，關在信陽州羅山縣南百四十里，與湖廣黄陂縣接界。使張柔出虎頭關，在黄州府麻城縣北百里。分道並進，拔陽邏堡，在黄州府西百二十里。渡江圍鄂州，又陷臨江、瑞州。兀良合台亦自交阯還，破横山，横山，在南寧府東八十里，宋横山寨置於此。進陷賓州及象州，入静江，進破辰、沅，直抵潭州圍之，中外震動。會蒙古主攻合州不克而殞，忽必烈恐北方有變，謀引還，賈似道時宣撫荆湖，亦遣使議和，請稱臣割地，忽必烈乃退。兀良合台亦解潭州圍，趨湖北，由新生磯渡江而去。新生磯，在今蘄州西二里。似道還朝，匿其謀。忽必烈既襲位，遣使徵前議，皆拘執不遣。忽必烈怒，復謀南侵。會劉整以瀘州叛，獻計於蒙古曰：「攻宋方略，宜先從事襄陽，如得襄陽，浮漢入江，宋可平也。」忽必烈遂徵諸路兵，命阿朮等經略襄陽，據險築城，綿亘水陸，以斷宋人糧援之道。攻圍五年，樊城陷，襄陽遂降。

伯顏以偏師入臨安，大江以南，遂無立草。

史略：咸淳十年，元遣伯顏等寇宋。伯顏由襄陽入漢濟江，分遣博羅歡自棗陽帥騎兵由淮西趣揚州。伯顏越漢破新郢，新郢，在承天府城西南，漢江南岸，宋築城戍守於此。進攻復州及漢陽，潛師越漢口，攻陽邏堡，見上。由間道渡江，圍鄂州。漢陽降，鄂州亦下，乃留阿里海涯守鄂，使規取荆湖。伯顏遂引軍而東，濱江南北州軍，望風欵附。德祐初，池州陷，賈似道敗績於丁家洲，洲在池州府銅陵縣東北二十里。元兵長驅入建康。博羅歡亦軍下邳，即邳州也。取清河、漣水軍。清河，今淮安府屬縣，清口在焉。海涯陷岳州，悉收湖北州郡。元主命伯顏屯建康，經略臨安。阿朮合博羅歡軍攻廬、揚諸州，斷淮南援師。又命李恒及海涯等略江西、湖南地。時文天祥奏：「分境内爲四鎮，建都統居中，以廣西益湖南，而建閫於長沙；以廣東益江西，而建閫於隆興；以福建益江東，而建閫於鄱陽；謂饒州也。以淮西益淮東，而建閫於揚州。責長沙取岳，隆興取蘄、黄，鄱陽取江東，江東謂建康、宣、潤也，時並没於蒙古。揚州取兩淮。地大力衆，足以抗敵，約日齊舉，有進無退。彼備多力分，疲於奔命，自當引却。」不報。既而伯顔發建康，分兵三道：阿剌罕帥右軍自建康出廣德四安鎮，鎮在湖州府長興縣西南八十里。趨獨松關；在杭州府餘杭縣西北九十里。詳浙江重險。董文炳等帥左軍出江並海，由鎮江入江陰，趨澉浦、華亭；澉浦，在今嘉興府海鹽縣南三十里。華亭，今松江府附郭縣。伯顔帥中軍陷常州，自平江趨嘉興，所至奔潰。阿剌罕進克獨松關，朝廷大懼。時兩淮猶爲朝廷守，而李庭芝在揚州，與真州守苗再成等戰守尤力。文天祥以爲：「淮東堅壁，閩、廣全城，敵人未必智力全備，但乘勝長驅耳。若一戰以挫其鋒，則主客懸殊，敵必引退。因命淮師截其後，國猶可爲也。」陳宜中等不從，遂籍地出璽，奉表降元。伯顔自長安進至皐亭山，時伯顔自平江而南，嘉興降。又取安吉州，遂進至長安鎮。安吉州即湖州也。長安鎮，在杭州府海寧縣西北二十五里。皐亭山，在杭州府東北二十里。三路之師皆會。旋自湖州市入臨安，湖州市，在杭州府北十里。少帝、太后北去，於是兩淮、江西、湖南及川峽諸州郡，次第悉陷。張、陸兩公，艱難海上，迄無成功，天不祚宋，奈之何哉！

史略：德祐二年，張世傑、陸秀夫共立益王昰於福州，欲保閩、廣，以圖興復。元阿剌罕以舟師出明州，逼福州。塔出等以騎兵出江西，踰梅嶺，即大庾嶺也，見前。趨廣州，所至殘破。廣西州郡復爲阿里海涯等所陷。文天祥等竭蹶於閩、廣之間，卒不獲振。景炎二年，天祥復梅州及廣、潮、漳諸州，邵武、興化等軍，旋爲元所陷。三年復克廣州，既而元兵取瓊州，廣州復陷。祥興二年，張世傑等奉帝昺以舟師保崖山，在今廣州府新會縣南八十里。兵散國亡。

遼起自臨潢，臨潢，在大寧廢衛東北七百餘里，當朵顏衛北。其城南臨潢水，即阿保機所都。史略：契丹本東胡種，九國志云：「匈奴種也。」世居遼澤中潢水南岸，分其種爲八部，唐貞觀末内屬，置松漠都督府，授其酋長兼統諸州。時八部各置州，授其別帥，而以大賀氏窟哥爲松漠都督，總諸州軍事。其後叛服不常，咸通以後，中原多故，契丹始益强，唐紀：「契丹八部皆更代爲王，咸通中有習爾者，土宇始大，欽德繼之，因中原多故，時入盜邊。」阿保機遂以臨潢之衆起於東陲，爲强國。

太祖阿保機，西兼突厥，東併勃海，有城邑之居百有三，會中華衰亂，始有營、平二州地。史略：唐天復中，阿保機始代爲契丹王，益雄勇，侵滅旁部，九國志：唐末契丹遙輦氏益强，闢地東西三千里。阿保機以迭剌部之衆起臨潢，代遙輦氏，其後別部仍欲受代，阿保機不從，尋擊滅七部，併爲一國。北擊室韋、女真，室韋，在契丹之北，亦契丹類也。有二十餘部，其近契丹者凡七姓，謂之七姓室韋，唐末阿保機擊之，皆服屬焉。女真又在室韋之東，亦曰靺鞨。西取突厥地，先是回鶻據有突厥故地，至是世衰，阿保機因拓地至陰山之西，韃靼咸服屬焉。遼志：「阿保機攻突厥、吐谷渾、党項、小蕃、沙陀諸部，悉破降之。」自吐谷渾以下，皆西夷屬也。滅奚，奚凡五姓，阿保機擊滅之。後復立奚王，使契丹監其兵。今大寧廢衛即奚地。遼志：「阿保機悉平東西奚，盡有奚、霫之衆。」霫在今故營州東北塞外，亦奚類也。東并勃海，勃海，在高麗之北，亦靺鞨種也。武后時有大祚榮者，保東牟山，漸並扶餘、沃沮、弁韓、朝鮮諸國，地方五千里，稱振國王，先天初封爲勃海王。其後至大彝興，地益拓，尋僭號。境内有五京、十五府、六十三州，爲海東盛國，阿保機滅之。東牟山，在今兀良哈東境。於是城邑日增。天祐四年，朱温篡位，阿保機始寇雲州，與李克用約和而還。尋叛附於朱温。會劉守光稱帝，契丹據有營州，復攻平州陷之。五代史：「朱梁乾化三年，晉兵滅劉守光，取其平州。」遼史：「劉守光稱燕帝，求援於契丹，遂割營、平二州畀之。」未爲實録。蓋乾化初契丹已陷平州，未據其地也。迨周德威爲幽州節度，契丹屢自平州入寇，遂竊取之。朱友瑱貞明二年，阿保機始稱帝，都臨潢，國號契丹。石晉天福二年始改國號曰遼，宋太平興國四年仍稱契丹，治平四年復改曰遼。

太宗德光援立石晉，取燕、雲十六州，後復南侵至汴，滅晉而還。史略：後唐清泰二年，石敬瑭以太原叛，求援於契丹。德光引兵南下與敬瑭兵會，敗唐軍於晉陽，遂立敬瑭爲帝，取燕、雲十六州而還。及晉主重貴嗣位，契丹屢南寇，開運三年直入大梁，執晉主，中原州鎮相繼降附。既而北去，所得之地皆不能守。

穆宗述律時，周世宗復取關南地。其後宋師兩問燕、雲，而不能有也。史略：五代周顯德六年伐契丹，取瀛、莫二州。時又兼取易州。宋太平興國四年，時遼主賢嗣立，太宗議復燕、雲之境，遂自太原東討，取易州及涿州，進攻幽州，薊、順二州降，既而敗還。雍熙二年，復遣曹彬等分道伐契丹，時遼主隆緒嗣位。進取涿州及寰、朔、雲、應諸州，尋又敗却。端拱初，契丹陷宋涿州，明年陷易州，先是曹彬等敗還，二州尚爲宋守。自是數犯河北州郡。景德初大舉南寇，真宗禦之於澶淵，即澶州，見前。議和而還。

於是與宋以白溝河爲界，白溝河亦曰巨馬河，亦曰界河，其上流合淶、易諸水，自易州而東，經保定府新城、雄縣間，至順天府霸州城北，又東至通州武清縣直沽口合衛河以入海。西至金山，金山，在今陝西甘肅徼外哈密衛北。迄於流沙，流沙，見前。北至臚朐河，在漠北千餘里，今名飲馬河。東至海，延袤萬里，建五京。

史略：契丹以臨潢爲皇都，亦曰上京，朱梁貞明四年阿保機始城臨潢，謂之皇都。石晉天福初德光稱爲上京，府曰臨潢。遼陽曰南京，亦曰東京，後唐天成三年德光稱遼陽城爲南京，即今遼東都司城。石晉天福初改曰東京，府曰遼陽。遼西曰中京，宋景德四年，隆緒城遼西爲中京，府曰大定，自上京徙都焉。即今廢大寧都司城也。幽州曰南京，亦曰燕京，石晉天福初契丹升幽州爲南京，又謂之燕京，府曰析津，常爲行都。雲州曰西京，宋慶曆四年，契丹主宗真以雲州爲西京，府曰大同。所爲五京也。

有府六，曰定理府，故挹婁國地；曰率賓府，故率賓國地；曰鐵利府，故鐵利國地；皆在今瀋陽衛東北境。曰安定府，曰長嶺府，皆在今遼東都司北境。曰鎮海府，在都司南境。皆阿保機時所置。又有黃龍府，本勃海扶餘府，契丹改曰黃龍，宋太平興國七年，契丹主賢以軍將燕頗叛，改曰龍州，在今遼東三萬衛塞外，見前。又有開封府，故濊貊地，勃海曰龍原府，阿保機時廢，宋太平興國七年契丹主賢始置開封府，亦在今三萬衛東北。又興中府，即故營州，契丹改曰霸州，宋慶曆二年契丹主宗真始升爲興中府。黄龍既廢，而開封、興中後置，故不及焉。又金史：張穀曰契丹八路，蓋契丹以五京爲五路，而興中府及龍州、平州共爲八路云。州、軍、城百五十有六，縣二百有九，部族五十有二，即奚、室韋等諸族類也。屬國六十。自吐谷渾以下諸夷凡六十國，皆役屬於契丹。自阿保機至延禧，傳九世國亡。

金起自海濱，至烏古迺而始大。

史略：女真本東夷種，宋國史：女真，古肅慎氏之裔，其後東漢曰挹婁，北魏曰勿吉，隋曰靺鞨，五代時始曰女真。宋天聖末契丹主宗真嗣位，因諱「真」曰「直」。世居混同江東長白山鴨緑水之源。混同江，在今遼東三萬衛北千餘里。長白山，在三萬衛東北千里。鴨緑水，在今遼東都司東五百六十里，又東南流入海，其源出長白山。金史：「女真之地，南鄰高麗，北接室韋，西界勃海鐵甸，東瀕海，方千里。」唐開元中嘗通於中國，唐紀：「開元十四年黑水靺鞨入貢，以其國爲黑水州。」宋史：「隋時靺鞨分七部，唐初有黑水、粟末二部，粟末盛强，爲勃海國，黑水役屬焉。勃海爲契丹所滅，黑水因附於契丹。契丹徙其民於遼陽南境曰熟女真，其在北者曰生女真，即金之先也。」宋建隆中復入貢。建隆三年，女真由登州泛海貢馬。淳化中來言，契丹置三柵於海岸，絶其朝貢之路。天聖以後，不復通於中國。其後烏古迺爲酋長始益强，烏古迺姓拏氏，又號完顏氏。宋慶曆以後，烏古迺漸并旁部，始盛强，契丹授生女真節度使，始有官屬。熙寧七年，其子劾里鉢嗣，部族益盛。又五傳而至阿骨打。太祖阿骨打乃謀叛遼，西陷黄龍，南取遼陽，進陷臨潢，取中京。又西得雲中，遂入居庸，并幽、薊。

史略：宋政和三年，阿骨打嗣位。初，劾里鉢傳其弟頗剌淑，頗剌淑傳其弟盈哥。盈哥死，劾里鉢長子烏雅束嗣，其弟阿骨打繼之，後更名曰旻。四年，遂叛遼，陷寧江州，州在今三萬衛塞外。屢敗遼軍，阿骨打敗遼軍於混同江西，又取賓、延、祥等州，其地俱在今三萬衛塞外。遂稱帝，國號金。渡江即混同江。陷黄龍府，見前。遼主延禧自將討之，復敗還。時遼主渡混同江，會其下耶律章奴作亂，遂引還，金人追敗之。六年，遼將高永昌據遼陽以叛，阿骨打擊破之，遼東京路州縣悉没於金。明年拔顯州，今爲廣寧衛。遼西諸州次第降下。宣和二年陷遼上京，四年陷中京，盡略居庸以北地。進取遼西京路諸州縣，又取遼之東勝州，在大同府西境，見前。乃還入居庸，遼人以燕京降，於是五京諸路皆爲金有。

太宗吴乞買既斬遼祚，即議南侵，汴都傾覆，還陷兩河。繼又遣將取陝西、河南及山東地，乃立劉豫於河南，與宋相持。

史略：初，遼主延禧往來雲中，大同府以西北，古雲中地也。未及還，金人悉取燕、雲地，宋政和五年，遼主敗於鴛鴦濼，爲金人所襲，遁走雲中。遼人立耶律淳於燕京，淳旋卒。金人攻燕、雲，悉取其地。鴛鴦濼，在今宣府鎮雲州堡西百餘里。屢敗遼主於天德、雲内之間。天德軍，在榆林鎮北千餘里。雲内州，在大同府西北五百餘里。宣和五年，阿骨打殂，弟吴乞買代立。後更名晟。七年，擊擒遼主於應州新城東六十里，新城，今大同府西南百里新平城也。時金將婁宿襲獲遼主於應州新城間。遼亡。遂遣將分道南寇，粘没喝自雲州圍太原，斡離不自燕山寇河北，渡河攻汴，不克而去。時粘没喝亦自太原分兵陷威勝軍、隆德府，復還雲中。既而粘没喝陷太原，復南寇，斡離不亦自保州陷真定，引軍南下，合攻汴，汴京陷，改立張邦昌爲帝。建炎元年，金人盡取兩河州郡，復分道寇京東、西及陝西諸路，所至摧陷。宗澤守東京，與金人相持。時北京亦爲宋守。西京屢爲敵所陷，河南統制翟進旋復取之。二年，金人略取陝西諸州鎮，又陷大名，略河、濟而南。三年陷徐州，遂逾淮、泗入揚州。時京東諸州多没於金，金人以劉豫知東平府，界舊河以南，俾豫統之。未幾兀朮大舉入寇，陷磁、單諸州及興仁府，進陷南京，遂入淮南，乃分道一自滁、和入江東，一自蘄、黄入江西，東陷明、越，西陷潭，岳乃還。自是中原四京及陝西六路悉陷於金，金人盡以畀劉豫。紹興二年，豫自大名遷汴，屢引金人南寇。

熙宗合剌廢劉豫，悉有中原地，屯田募兵，增設守備，與宋分疆。

史略：宋紹興五年，金阿骨打之孫合剌嗣位。合剌改名亶。是時劉豫數引金人入寇，爲宋所敗。八年金人遂襲汴，執劉豫，廢徙臨潢，臨潢，見前。因議以河南、陝西地與宋。十年，兀朮復自黎陽趨河南，撒離喝自河中趨陝西，盡奪所歸地，宋因詔諸將進討。岳飛等軍屢勝，中原州鎮，次第恢復，而秦檜專主割地請和，詔飛等班師，兀朮等旋復南寇。十一年，和議始定，西復大散，東限長淮，皆爲金境。襲遼制，建五京，置十四總管府，是爲十九路。史略：金人以會寧府爲上京，金舊土也。初稱爲内地，金主亶天眷初號曰上京，府曰會寧。金亮貞元初自上京遷燕，明年削上京之名，止稱會寧府。金主雍大定十三年復曰上京。今遼東三萬衛東北塞外有廢會寧城。臨潢府爲北京，即遼上京，金初因之。金主亶天眷初改曰北京，金亮天德二年廢北京，止稱臨潢府。遼陽府爲南京，即遼東京也。金主晟天會初改曰南京，金亮改曰東京，府仍曰遼陽。又金主旻天輔七年嘗以平州爲南京，天會七年復曰平州。大定府爲中京，仍遼舊也。金亮貞元初改曰北京，後因之。大同府爲西京，仍遼舊也。又金主亮貞元初定都故遼之燕京，改爲中都，府曰大興。又改故汴京爲南京，府仍曰開封。金主璟興定初以宋故西京爲中京，府曰金昌。金史：天眷五年，宋和議既定，遂建五京。是爲五京。曰河北東路，治河間府。曰河北西路，治真定府。金主晟天會七年分宋河北路爲東西兩路。曰河東南路，治平陽府。曰河東北路，治太原府。天會六年分宋河東路爲南北兩路。曰山東東路，治益都府。即宋青州也，天會中改宋京東東路置。曰京兆路，治京兆府。曰鄜延路，治延安府。曰慶原路，治慶陽府。曰熙秦路，治臨洮府。金主亶皇統四年並陝西六路爲四路。曰汴京路，治開封府。金亮貞元初改曰南京路。曰大名路，治大名府。初置統軍司，金亮天德二年罷，正隆二年復置總管府。曰咸平路，治咸平府。初曰咸州路，金亮天德二年升咸州爲府，路因改焉。今遼東鐵嶺衛東北有廢咸平府。後又分熙秦爲鳳翔、臨洮二路，金主雍大定二十七年分置鳳翔路，治鳳翔府；臨洮路，治臨洮府。是爲十四總管府。而五京亦曰上京、北京、南京、中京、西京等路，金亮改南京路爲東京路，仍治遼陽。又改北京路爲臨潢府路。於河北東路析津府改建中都，因增置中都路。大定中又廢臨潢府路并入北京大定府路。共爲十九路。蓋北京廢而中都置，臨潢廢而熙秦分，始終爲十九路也。

閒散府九，北京路府二：曰廣寧，今遼東廣寧衛；曰興中，遼所置府也，見前。汴京路府二：曰歸德，曰河南。俱見前。河北西路府二：曰彰德，故相州；曰中山，故定州也。山東東路府一，曰濟南。河東南路府一，曰河中。秦鳳路府一，曰平涼。此九府也。凡不繫五京十四路所治，而稱府者曰閒散。又有德興府，故新州也，金主允濟大安初升爲府；晉安府，故絳州也，金主璟興定二年升爲府；蓋後所增置。節鎮三十六，防禦郡二十二，刺史郡七十三，軍十有六，東京路軍一，曰來遠，大定二十二年升爲州，今遼東都司西南有廢來遠城。汴京路軍一，曰潁順，本劉豫置，大定二十二年升爲州，二十四年改爲鈞州，即今開封府禹州。山東東路軍二：曰城陽，大定中升爲州，尋改曰莒州，即今青州府莒州；曰寧海，大定中升爲州，即今登州府屬州。山東西路軍二：曰滕陽，亦大定中升爲州，尋改曰滕州，今兖州府滕縣；曰泰安，大定中升爲州，今濟南府屬州。河東北路軍六：曰平安，大定中升爲州；曰晉寧，大定中升爲州，尋改爲葭州；曰火山，大定中升爲州，尋改爲隩州；曰寧化，曰嵐，曰保德，俱大定二十二年升爲州，見宋河東路。鄜延路軍二：曰保安，曰綏德。熙秦路軍二：曰鎮戎，曰積石。大定二十二年俱升爲州，見宋陝西路。縣六百三十二，城、寨、堡、關百二十二，鎮四百八十六。金志：大定以後，盡升軍爲州，或升城、堡、寨、鎮爲縣，其後京、府、州凡百七十有九，縣六百八十有三。東極海，西逾積石，積石山，在西寧衛西南百餘里。見陝西名山。北過陰山，見前。南抵淮、漢，地方一萬餘里。自阿骨打至守緒，傳九世國亡。

元起於和林，和林亦曰和寧，在磧北千餘里。至也速該而始大。

史略：蒙古本北狄别種，蒙古即韃靼也。歐陽修曰：「韃靼在奚、契丹東北，其後爲契丹所攻，部族分散，居陰山者號韃靼。」宋史：「蒙古在唐時爲蒙兀部，亦號蒙骨斯。紹興中，金人屢遣兵攻之，爲所敗，乃與議和，且册其酋敖羅孛極烈爲蒙輔國王，不受，自號大蒙古國，尋稱帝。」元史：「蒙古自孛端叉兒始蕃衍，居烏桓北，與畏羅、乃蠻、九姓回鶻、故城和林接壤，世奉貢於遼、金，而總領於韃靼。」其後爲也速該。至也速該并吞諸部，始盛大。其子曰鐵木真。

太祖鐵木真乃謀叛金，鐵木真姓奇渥温氏。略取漠南、山北、遼海、河朔、山東及關右地，

史略：初，金人以鐵木真爲察兀秃魯，鐵木真侵并旁部，衆益强。會塔塔兒部叛金，乃會金師擊滅之。金人以其有功，拜爲察兀秃魯，猶中國招討司也。宋開禧二年始稱帝，既而盡并附近諸部。嘉定四年始侵擾金雲中、九原之境，進取西京，遂分兵四出，盡略山後諸州，東過遼河，南至清、滄，清、滄二州也。西南入雁門。雁門關，見前。既又入居庸，逼中都，乃引而北。六年，復圍中都，又分軍爲三道，出遼西，殘河東，躪濟上，詳見前。還至中都，與金平而還。七年，金遷汴，蒙古復圍中都，分軍取其北京。既而中都亦下，於是諸路州郡相繼降附。十年，蒙古建行省於燕、雲，經略太行以南，河北、山東、河東以及陝西諸路州郡遂相次陷没。寶慶三

年，蒙古主入京兆，金人惟守河據關，潼關也。以爲控禦云。

時又并西域，

史略：初，鐵木真擊滅乃蠻諸部。乃蠻部與斡亦剌、〔一〕蔑里乞諸部，俱在蒙古西南，時鐵木真悉擊滅之。宋嘉定二年，畏吾兒國降於蒙古。畏吾兒，即唐之高昌也，今曰火州。四年，西域哈剌魯部來降。在今甘肅塞外哈烈衛東。十一年，擊西域諸國，取訛答剌城。在今西域天方國境内。十五年，入回回等國，回回，今西域默德那國也。至忻都，見前。滅西域四十餘國而還。其後端平二年，蒙古主窩闊台復遣兵攻西域，嘉熙初下欽察等部。欽察，在今西域于闐國西南。又寶祐初蒙古主蒙哥遣旭烈等伐西域，五年平乞石迷等百餘國，乞石迷，在今西域茀菻國北境。轉鬪萬里，西渡海，收富浪國，富浪國，在西海西岸。於是西域之地，悉歸蒙古。

兼西夏，

史略：初，鐵木真敗乃蠻之兵，遂掠西夏之境。宋嘉定三年，引兵入靈州，夏主安全乞降。十年，又圍夏興州，夏主遵項奔西京。西京即靈州也。時夏人以興州爲東京，靈州爲西京。寶慶元年，取夏甘、肅州、西涼府，又取靈州，進次鹽州川，即故鹽州也。夏境州郡，望風降下。三年，盡取夏城邑，夏主德旺出降。自元昊至德旺凡九世，國亡。

降高麗。

史略：宋嘉定十二年，蒙古攻契丹部叛人於高麗之江東城，城在今朝鮮境内大同江東。遂攻高麗，高麗王王暾請降。其後叛服不常，屢遣兵侵之。景定初蒙古忽必烈嗣位，高麗王倎復降附。

太宗窩闊台遂滅金，據有中夏，蠶食宋郊。

史略：宋紹定二年，窩闊台嗣位於和林，尋入陝西，陷金鳳翔，遣其弟拖雷等寇宋，破漢中、蜀口諸州郡，陷饒風關，見前。乃沿漢而東，自金州略鄧州，軍於唐州，進陷鈞州。窩闊台亦自河中至河清見前。渡河，入鄭州，會兵攻汴，西取潼關，東圍歸德，時又陷睢州，既而引去。金人大困，蒙古主乃留别將攻汴而還。金主尋走歸德，復遷蔡，汴京及中京遂相繼入於蒙古。蒙古軍復與宋師合攻蔡，克之，金亡。端平二年，以宋敗盟，入汴、洛，遣兵分道西侵蜀、漢，東掠江、淮，川、峽、襄、郢及淮西諸州多爲所陷，時利州、成都、潼川三路悉被殘破，又襄陽亦降於蒙古，蒙古遂陷隨、郢諸州及德安府、荆門軍，而淮西之蘄、舒、光諸州亦爲蒙古所陷。後漢上、淮西旋還舊境，蜀土遂不可復。宋之邊釁於是始滋矣。

憲宗蒙哥滅大理，定吐蕃，殘交阯，復舉兵蹙宋。

史略：宋淳祐十一年，蒙古蒙哥嗣位，尋以河南、陝西地封其弟忽必烈。寶祐初，忽必烈引兵取大理諸蠻部，遂略定吐蕃，而分遣其將兀良合台攻諸夷未附者。合台盡平西南夷，時白蠻、烏蠻、鬼蠻諸部俱順命，羅羅斯、阿伯二國乞降，又攻下阿魯諸國，凡得五城，八府，四郡，蠻部三十七。復入交阯，敗交人於洮江。洮江，即富良江也，見前。是時交阯王陳日煚遁入海，遂屠其人而還。既而交阯復據其地，降於蒙古。五年，蒙古主入寇，尋入劍門，略川、峽諸州之未下者。别將侵淮東，陷海州漣水軍。開慶初，忽必烈渡江圍鄂州，侵軼江西州郡。時蒙古陷臨江軍，入瑞州。兀良合台亦自交阯而北，圍潭州。會蒙古主殂於合州城下，忽必烈等乃相繼引還。世祖忽必烈因累世之業，改號曰元，至元八年始改稱元。摧滅弱宋，遂一天下。

史略：忽必烈襲位於開平，今宣府鎮東北七百里有開平廢縣。遣使如宋議和，不報。宋咸淳四年，遣兵攻襄陽。九年襄陽陷，乃命伯顏等沿漢入江，長驅東下。别將出淮西，趣揚州。既而伯顏入鄂，復分軍規取荆湖以南。德祐初，伯顏入建康，尋分道趣臨安，宋奉表請降，伯顏以帝后北去。自是窮陬遠島，宋無遺境矣。

踵遼、金故迹，仍都於燕。

都邑攷：太祖鐵木真十五年，定河北諸郡，建都和林。自是五傳皆都於此。世祖中統初，建開平府，營闕庭於其中，而分立省部於燕京。先是鐵木真克金中都，改曰燕京路，而大興府仍舊。五年號開平爲上都，至元初又稱燕京爲中都。四年改營中都城，遂定都焉。九年改中都曰大都，又至元五年改開平府曰上都路，二十一年改大興府曰大都路。自是大都歲嘗巡幸。

立中書省一，行中書省十有一，至大二年行中書省俱改曰行尚書省，四年復故。

史略：元立中書省，統河北、山東、山西地，謂之「腹裏」。領大都等路二十九；曹州等州八；又屬府三，順寧、中山、河中也；屬州九十一。順寧，即唐之武州，今爲宣府鎮。而立行中書省分鎮藩服，曰嶺北，領和寧路，即和林也。蒙古初建都於此，曰元昌路，尋改轉運和林使司，中統以後不復建都，置宣慰司及都元帥府於此。大德十一年始改立和林等處行中書省，皇慶初改曰嶺北行省，而和林路亦改曰和寧路，漠北諸屯戍皆屬焉。曰遼陽，領遼陽等路七，咸平府一，屬州十二，遼東、西諸城鎮以及高麗之西京皆屬焉。元志：「至元六年，高麗統領李延齡等以國中乖亂，挈西京五十餘城內附，八年改西京爲東寧府，尋改曰東寧路以領其地。」西京，即高麗平壤城也。咸平府，金所置，見前。曰河南，亦曰河南江北等處行中書省，領汴梁等路十二，南陽等府七，荆門州一，屬州三十四。自河南至淮東、西，又湖北之境亦分屬焉。元志：「至元十年，嘗置河南等路行省於襄陽，十三年又置淮南行省於揚州，尋皆改廢。至正中復置淮南行省於揚州。」汴梁路，即宋開封府。荆門州，即宋荆門軍也。曰陝西，領奉元等路四，鳳翔等府五，邠州等州二十七，屬州十二。自陝西以至漢中，又西南至四川西山諸州之境皆屬焉。奉元，即宋京兆府也。曰四川，領成都等路九；府三，潼川、紹慶、懷德也；又屬府二，曰保寧、廣安；屬州三十六；軍一，長寧也。自四川及湖廣、貴州諸蠻境皆屬焉。元志：「中統三年置陝西四川行省，治京兆，二十二年始分置四川行省於成都。」懷德府，在今酉陽宣撫司西南。保寧府即宋閬州，廣安府即宋廣安軍，與長寧軍俱見前。曰甘肅，領甘州等路七；州二，曰山丹、西寧；又屬州五，西凉、瓜、靈、鳴沙、應理也。元至元八年以置西夏中興等處行中書省，二十五年改中興府爲寧夏路，元貞初并寧夏行省於甘肅。山丹、西寧，今陜西屬衛也。應理州，在今莊浪衛東，元所置。餘並見前。**曰雲南**，領中慶等路三十七；府二，曰仁德、柏興，又屬府三，曰北勝、永昌、騰衝；屬州五十四。自雲南接四川西南，又東接貴州西境諸蠻皆屬焉。中慶路，即今雲南府。仁德，今爲尋甸軍民府。柏興，今四川建昌行都司鹽井衛也。北勝，今雲南直隸州。永昌，即今永昌軍民府。騰衝，今爲騰衝軍民衛。又雲南境内有甸寨軍民等府，不在路府州之列。**曰江浙**，領杭州等路三十；府一，曰松江；州二，曰江陰、鉛山；屬州二十一。自兩浙以至江西之湖東，又福建境内俱屬焉。元志：至元二十一年，自揚州遷江淮行省治杭州路，改曰江浙行省。又至元十五年置福建行省於泉州路，十八年遷治福州，自是徙治不一。二十二年併入江浙行省，其後復析置。大德初改爲福建平海等處行省，仍治泉州，至正中還治福州。蓋時廢時置也。松江即今府，元所置。江陰州，即宋江陰軍。鉛山，今江西饒州府屬縣。**曰江西**，領龍興等路十八，南豐等州九，又屬州十三。自江西至廣東之境皆屬焉。龍興路，即今南昌府。南豐，今建昌府屬縣。**曰湖廣**，領武昌等路三十；歸州等州十三；府二，曰漢陽、平樂；安撫司十五；軍三，曰南寧、萬安、吉陽；屬州十七。自湖廣至廣西、貴州及四川南境皆屬焉。至正中又分置廣西行省於靜江路。漢陽，即宋漢陽軍。平樂，即宋廣西路之昭州。南寧等軍俱見宋廣西路。**曰征東**，與高麗國同治。領府二，曰瀋陽等路高麗軍民總管府、耽羅軍民總管府，又慶尚等道勸課司使五，高麗國境皆屬焉。元志：「至元中以征日本，置征東行省於高麗，尋廢。大德三年復置，自是屢廢屢置。」瀋陽，今遼東屬衛。耽羅，今朝鮮全羅道南境濟州城也。而邊境番夷皆立官分職以統隸之，如宣慰、宣撫之屬。蓋疆理之遠，軼於前代矣。

路一百八十五，府三十一，州三百五十九，軍四，四川一，湖廣三。見上。安撫司十五，皆在湖廣境内。曰播州沿邊安撫司，即唐播州也；曰思州軍民安撫司，亦即唐之思州；曰慶遠南丹溪洞等處軍民安撫司，即宋之慶遠府；曰乾寧軍民安撫司，即宋之瓊州；曰順元等路軍民安撫司，即今貴陽府；曰新添葛蠻安撫司，即今貴州新添衛；曰盧番静海軍安撫司，今貴陽府盧番長官司也；曰程番武勝軍安撫司，今爲程番長官司；曰方番河中府安撫司，今爲方番長官司；曰卧龍番南寧州安撫司，今爲卧龍番長官司；曰金石番太平軍安撫司，今爲金石番長官司；曰小龍番静蠻軍安撫司，今爲小龍番長官司；曰大龍番應天府安撫司，今爲大龍番長官司；曰羅番遏蠻軍安撫司，今爲羅番長官司；俱屬貴陽府，蓋羈縻諸蠻地也。元志「思播諸州以及順元諸番安撫司，初皆屬四川，至元二十八年始改屬湖廣」云。縣一千一百二十七。東盡遼左，西極流沙，南越海表，北逾陰山，東西萬餘里，南北幾二萬里。

鄭氏曰：「分州始於人皇，州統縣、縣統郡始於周，郡統縣始於秦，州統郡、郡統縣始於漢。割據之世，置州乃多，隋文析天下爲州，煬帝改州爲郡，而州郡相等。唐混州郡爲一，於建置京邑之州則始命爲府，宋又府州並列矣。自元建路府州之制，州乃益降而小，幾與縣同列云。」王氏曰：「元人制路府州縣之等，分路始於宋，金人從而附益之。元分路益多，路遂與府州並屬於行省。其制大率以路領州，州領縣；亦有以路領府，府領州，州領縣者；又有府與州不隸路，而直隸省者。其户口之多，輿地之廣，雖漢、唐極盛之際有不逮焉。何也？元起於沙漠，遂兼西域，其西北所至，未可以里數限也。要荒之甸不分，疆索之防不設，古今中外之勢，至此一變焉。噫，亦乾坤之異數已！」

及元運將傾，驅除輩出，劉福通潁上一呼，實爲之倡。

史略：元主妥懽帖睦爾嗣位，綱維日紊，民心怨叛，多以妖術聚衆，近自畿輔，遠至嶺海，倡亂者以百數。至正十一年，劉福通聚衆破潁州，福通潁州人，以妖術事欒城韓山童，至是起兵，以紅巾爲號。欒城，今真定府屬縣。據朱皋，朱皋鎮，在潁州南七十里。引兵西略，轉陷汝寧府及光、息二州。十五年，迎韓林兒爲帝，林兒即山童子。時山童被殺，林兒遁武安，福通自碭山夾河迎立之，號爲小明王。武安，今河南磁州屬縣。碭山，今徐州屬縣，夾河在縣西南五十里。據亳州，稱宋。既而爲元軍所敗，林兒走安豐。時元兵敗福通於太康，進圍亳州，林兒南走。太康，今陳州屬縣。安豐即壽州也，元曰安豐路。十七年，福通等復熾，遣其黨毛貴陷膠州，而北略山東諸州郡；倪文俊陷陝、虢諸州，破潼關，掠同、華以西；李武等亦入武關，見前。破商州，趣長安。文俊等尋爲察罕帖木兒所敗，引還。福通尋引兵攻汴梁，復分遣關先生等趣晉冀，元以平陽府爲晉寧路，太原府爲冀寧路，故謂之晉冀也。白不信等趣關中，而毛貴據益都，時山東城邑多附於貴。勢大振。福通尋陷曹濮、大名及衛輝諸路，白不信等轉入南山，終南山也，見前。破興元，陷秦、隴，據鞏昌，窺鳳翔。尋復爲察罕所敗，遁入蜀。十八年，田豐陷東平，豐本元將，降於福通。毛貴陷清、滄諸州，據長蘆鎮，今滄州治是也。時田豐陷濟寧及東昌路，貴復陷濟南及般陽路。般陽即宋淄州。遂取河間，踰直沽，今河間府靜海縣北九十里小直沽是也，衛河合白河之水由此入海，天津衛在焉。攻薊州及漷州，漷州，今通州漷縣。略柳林，在漷縣西，縣又有棗林，時毛貴等自漷州至棗林，遂略柳林。逼畿甸，京師震恐。尋爲元將劉哈剌不花所敗，潰還濟南。關先生等分二道，一出絳州，一出沁州，踰太行，焚上黨，破遼州及晉冀、雁門、雲中、代郡，雲中謂大同府，代郡謂蔚州也。烽火數千里。遂出上谷，謂宣府鎮。大掠塞外諸郡，焚毁上都宫闕，自是元主不復時巡至上都矣。轉掠遼陽入高麗。其後二十三年福通敗亡，關先生餘黨復引而西，攻上都，元孛羅帖木兒擊降之。福通亦陷汴梁，據其城，自安豐迎韓林兒都之。元將周全以懷慶路降於福通，王信亦以滕州降田豐，復陷順德等路，於是巴蜀、荆楚、江淮、齊魯、遼海西至甘肅，所在兵起，與福通相聯結。十九年，毛貴爲其黨所殺，部將因互相仇敵，勢遂弱。會察罕帖木兒起義兵擊賊，察罕，沈丘人，至正十二年起義兵，所向有功。沈丘，今陳州屬縣。先定關、陝，復清河東，引兵南下，遂拔汴梁，福通復以林兒走安豐，於是河南悉定。察罕乃圖山東，會兵進討，所至降下。二十二年，察罕圍益都未下，爲降賊田豐所殺，先是田豐進陷保定路，以察罕來攻，引還濟寧，復降於察罕。保定，今北直屬府。其子擴廓帖木兒代總其兵，盡平餘寇，於是元人復有山東、陝西、河南地，然江、淮以南不敢復問矣。二十二年張士誠將吕珍入安豐，殺福通，林兒南走，二十六年終於建康。於是乘時並奮者，方國珍據浙東，史略：至正八年黄巖民方國珍兵起，黄巖，今台州府屬縣。國珍結黨入海，劫掠漕運，元兵討之不克，勢遂熾。十一年焚掠沿海州郡，元遣使招之，自是屢降屢叛，閩、浙運道遂爲所阻，國珍擁巨艘千餘，據海道，阻絶糧運，元人始困。尋據有台、温、慶元三郡地。二十五年元授國珍淮南行省左丞相，分省慶元。

張士誠據浙西，

史略：至正十三年，泰州白駒場亭民張士誠兵起，白駒場，在今高郵州興化縣東北百二十里。陷泰州及興化，即今興化縣。進據高郵，稱王。士誠自稱成王，國號周。十四年寇揚州，陷盱眙及泗州。盱眙縣，今屬泗州土。既而脱脱擊敗士誠於高郵城外，取天長、六合諸城戍，天長縣今屬泗州，六合縣屬應天府。士誠窮蹙。會脱脱獲罪去，泰不花代總其兵，士誠遂復熾。十六年陷平江路據之，士誠改平江路爲隆平府。進陷湖州、松江、常州諸路，又遣兵破杭州，既而元復取之。陷淮安。十七年士誠降元，二十三年稱吴王。時士誠遣兵據杭州，又并嘉興路，表求王爵，元主未許，遂自稱吴王。又兼有紹興路，北逾江，據通、泰、高郵、淮安、徐、泗、宿、濠、安豐諸郡，號爲富强。

陳友諒據湖廣，

史略：先是至正十一年，羅田人徐壽輝兵起，壽輝一名貞一，〔三〕與麻城人鄒普勝共起兵，亦以紅巾爲號。羅田、麻城，今黄州府屬縣也。陷蘄水縣及黄州府，蘄水縣亦屬黄州府。壽輝遂據蘄水稱帝，國號天完。遣兵陷饒、信諸州。十二年陷漢陽、武昌及安陸、沔陽，安陸府，今曰承天府。沔陽府，今承天府屬州。又陷興國、九江，宋興國軍，元爲興國路。九江，元曰江州路。復分兵略東西諸州郡，時西陷鄂州及房州，東陷南康及袁、瑞諸州，又别將項普略自饒州轉陷徽州及杭州，爲元將董摶霄所敗。杭、徽二州復爲元有。又遣將據池陽、太平諸路。池陽，元曰池州路。太平路即今府。時壽輝將趙普勝據池陽、太平，遂攻安慶。元將星吉募兵進擊，克池州及江州，普勝與吉戰於湖口，吉敗死，遂復據其地。十三年，元兵攻壽輝於蘄水，壽輝走黄州。時江西、浙江、湖廣行省共討壽輝，復饒州、江州、富州、臨江、瑞州及武昌、漢陽諸郡，進攻蘄水，拔之。富州，今南昌府豐城縣也，元置州於此。十五年，壽輝將倪文俊復破沔陽入襄陽，襄陽旋爲元兵所復。轉陷中興路。即今荆州府。十六年又取漢陽，遂營宫室，迎壽輝入據之。復進陷常德、澧州、衡州、岳州諸路。明年陷峽州，遂入蜀，使明玉珍守之而還。尋謀殺壽輝，不果，乃奔黄州。别將陳友諒襲殺文俊，并其兵，自稱平章。友諒本沔陽漁人子，從壽輝等起兵，隸文俊麾下，尋别領一軍爲元帥。既并文俊兵，遂强遽不可制。十八年，友諒陷安慶路，又破龍興路，復略吉安、建昌，進攻贛州及汀州諸路，皆陷之。十九年，取信州路，進略衢州，分遣兵陷襄陽府，又南入杉關。先是友諒遣將攻邵武未下，至是復分兵陷杉關，侵福建諸州郡。杉關，在今邵武府光澤縣西北九十里。詳福建重險。既而徙其主壽輝於江西，自稱漢王。初，壽輝聞友諒破龍興，欲徙都之，至是引兵自漢陽東下。友諒忌其逼己，伏兵江州城西，壽輝至，伏發，盡殺其部曲，止存壽輝一人，居之江州。二十年，友諒陷太平，弑其主壽輝於舟中，友諒帥舟師犯太平，挾壽輝俱東，太平陷，急謀僭竊，乃殺之於采石舟中。僭稱帝，國號漢。都江州。時湖廣、江西以及江東境内州郡，多爲友諒所竊據，地廣兵强，爲上游勁敵。

明玉珍據兩川，

史略：至正十七年，徐壽輝將明玉珍從倪文俊入蜀，玉珍，隨州人，從壽輝起兵，爲别將。所至降潰，文俊因命玉珍守成都而還。文俊既死，玉珍以蜀地險遠，易固，遂謀據之，益掠取附近諸城邑。二十一年取嘉定等路，又悉并東川郡縣。明年引兵侵雲南，屯金馬山。在雲南府東二十五里。既而敗却，於是東扼夔關，即夔州府。南戍瀘水，即金沙江也，見前忽必烈逾金沙江。時玉珍屢越瀘水侵雲南，皆不克。稱隴蜀王。既又分兵克龍州青川，今龍安府東百二十里青川所是也。掠興元、鞏昌諸路，復敗還。二十三年稱帝，國號夏，都成都。二十六年卒，子昇嗣。

陳友定據福建，

史略：至正十九年，清流人陳友定起義兵擊賊，清流，今汀州府屬縣。以功授行省參政。二十三年復取汀州路，時汀州爲陳友諒所有。元主命友定分省汀州。二十四年遷於延平，尋授福建行省平章事，友定遂據有八閩之地。

何真據廣東，

史略：至正二十年，東莞人何真起義兵擊賊，東莞，今廣州府屬縣。元主立江西分省於廣州，命真爲右丞。真據東莞，兼有循、惠二州地。

擴廓據山西，

史略：初，擴廓帖木兒代父任，擴廓一名王保保，本察罕姊子也。總兵柄，至正二十五年封河南王，時命擴廓總制關陝、晉冀、山東諸道，并迤南一應軍馬，討江、淮、川、蜀拒命者。擴廓屯懷慶，尋移彰德，調度各路軍馬。節制諸軍。會陝西諸將李思齊等不受命，擴廓遂治兵相攻。時擴廓以陝西行省參政張良弼首謀拒命，遣兵攻之，軍於鹿臺。李思齊等遂與良弼合兵拒擴廓。擴廓因遣軍屯濟南以控山東，而悉力與思齊等相持。鹿臺，在今西安府高陵縣西南三十里鹿苑原上。二十七年詔解擴廓兵柄，擴廓遂還據澤州，復遣兵入太原，時元主以擴廓擁兵彰德，擅攻陝西諸將，疑其有異志，命太子總天下兵馬，使擴廓自潼關以東清江、淮，李思齊等自鳳翔以西取川、蜀，陝西行省禿魯等出武關取襄、樊。擴廓復不受分兵之命，於是其將貊高、關保等皆叛，且列擴廓罪狀於朝，請討之。元主落擴廓職，使以河南王食邑汝州，所在諸將分統其兵，擴廓復不受命。既而自澤州西保晉寧。初擴廓趣澤州，衛輝、彰德爲貊高所據，至是澤、潞二州爲關保所據，與高合兵攻平陽，尋皆爲擴廓所擒。元主尋復其官，擴廓引兵北出，據守太原。

李思齊、張思道等據關中，

史略：初，羅山人李思齊與察罕共起義兵，羅山，今河南信陽州屬縣。積功爲陝西行省。至正二十五年，擴廓受總制諸軍之命，思齊不奉詔，與張良弼等合兵拒之，良弼一名思道，至正二十四年爲陝西行省參政，屯藍田，與思齊相攻，至是與其黨奉思齊爲盟主以拒擴廓。藍田，今西安府屬縣。擴廓遣兵攻之，不克，思齊等遂專制陝西之地。

劉益據遼東，

史略：劉益仕元，至正中爲遼陽行省平章事，遂據有其地。

梁王、段氏據滇、洱。

史略：把匝剌瓦爾密一名孛羅。世守雲南，至元四年封皇子忽哥赤爲雲南王，爲都元帥寶合丁所毒死。二十七年改封皇孫甘麻剌爲梁王。自是鎮雲南者，多以梁王及雲南王爲封爵。至正初把匝剌瓦爾密以宗室襲封梁王。而段氏亦世爲大理酋長，段思平自石晉天福中據有南詔地，稱大理國。宋寶祐三年蒙古忽必烈攻大理，段興智迎降，因改置大理萬户府授之，尋又改爲大理路總管，使世守其職。共據滇、洱之境。滇池在雲南府城南，洱海在大理府城東，俱詳見雲南大川。

劉氏曰：「元德既衰，九土糜沸，鴟張狼顧之豪，彌滿山澤，萬姓魚喁，無所籲告。真人出而撻伐之，起自東南，掃平氛翳，然後拾宋掇秦，掣趙拔燕，不數載而天下定。進取先後，因時乘勢，夫豈偶然之故歟？」

校勘記

〔一〕斡亦剌　「斡」，底本原作「幹」，今據敷本、鄒本及元史卷一太祖紀「斡亦剌」改。

〔二〕壽輝一名貞一　底本原脱「一」字。明史卷一二三徐壽輝傳云：「壽輝，羅田人，一名貞一。」新元史卷二二六徐壽輝傳亦云：「徐壽輝，一名貞一，蘄州羅田人。」今據補。

讀史方輿紀要卷九

歷代州域形勢九　明

惟明受命，奮起淮甸，首定金陵，史略：太祖初起濠州，興濠録：「元至正十一年，太祖春秋二十五矣。時潁州劉福通、徐州芝麻李、蘄州徐壽輝等相率起兵，攻陷城邑，太祖欣然欲往從之。明年，定遠人郭子興與其黨孫德崖等起兵，襲據濠州，太祖遂馳入濠，隸子興麾下，以材勇見親信。久之，子興與諸帥不相能，軍中多故，太祖乃别將一軍，略淮南地。」略定遠諸山寨，定遠，今鳳陽府屬縣。馮國用進説曰：「金陵龍蟠虎踞，真帝王都。願先拔金陵定鼎，然後命將四出，掃除羣寇，天下不難定也。」於是南下滁州，進克和州，時郭子興自濠州南入滁，既而卒於軍。渡采石，采石圻，在太平府北二十里。見前。取太平路，乃分遣諸將下溧水、溧陽、句容、蕪湖，溧水、溧陽、句容，今應天府屬縣。蕪湖，今太平府屬縣。進攻集慶路，應天府，元曰集慶路。遂克之，建府治焉。於是東取鎮江、廣德、常州、江陰以扼吴寇，常州府江陰縣時爲江陰州。西保太平、池州以拒漢兵，北取維揚、泰興以窺淮、泗，元至正十六年，太祖取集慶，遂取鎮江、廣德路，明年取常州路、江陰州，遂取揚州路。南收宣、歙，出昱嶺，昱嶺關，在今杭州府昌化縣西七十里。詳浙江重險。取建德、婺、衢、處、信諸州以控閩、粵，開國事略：「元至正十七年，太祖取寧國、徽州。明年取婺源州，又取建德路、蘭溪州，進克婺州。又明年克諸暨州，然後取衢州及處州路，二十年始取信州路。」建德路，今嚴州府。婺源，今徽州府屬縣。蘭溪，今金華府屬縣。諸暨，今紹興府屬縣。元時皆爲州。而形勢强根本固矣。

顧氏曰：「太祖既定金陵，未聞圖度兩淮北首中原也，而亟亟焉出昱嶺取浙東諸郡，何哉？或曰：元人方强，姑委之羣盜以疲其力，因乘間爲南出之謀耳。是不盡然也。夫方國珍、陳友定之徒，皆盤據閩、浙之交，而友諒有江西州郡，與浙東接壤，浙西諸州已盡屬之士誠。使或盜有數州，謂衢、處、信諸州。羣寇之交合，則東南之勢分，而窺伺之隙多，根本之備疏矣，故急取而守之。士誠、友諒既中梗而不敢肆，國珍、友定亦屏息而不敢争，據吭背而絶要膂，不必陳師决勝，彼數寇者已在我掌握中者也。上兵伐謀，此之謂也。」

西靖湖、湘，東兼吴、越，

史略：初，陳友諒陷我太平，稱帝，旋還江州。明年復引而東，元至正二十一年也。約張士誠東西並舉，謀襲建康。太祖恐兩寇合發，勢必震動，因以策先致友諒，友諒果帥舟師至龍江，今應天府西北儀鳳門外有龍江關。敗去。我師乘勢追擊，復取太平、池州及安慶。既而安慶復爲友諒所陷，太祖尋親帥舟師抵安慶，破其水砦，攻城未下，劉基請徑抵江州，傾其巢穴。遂長驅而進，過小孤，小孤山，在九江府彭澤縣北九十里江中。越湖口，湖口縣也，見前。距江州五里，友諒始覺，懼，夜奔武昌。我師入江州，復進拔蘄、黄諸路，旋師收安慶，又遣使招諭江西州郡，於是龍興而下，皆望風降附，時太祖引軍至龍興，於是建昌、饒州、袁州、寧州、吉安皆來降。寧州元置，今屬南昌府。太祖乃東還。友諒憤其疆域日蹙，遂大造戰艦，悉師趣洪都，太祖取龍興路，改曰洪都。攻圍數月。太祖引軍馳救，相持於鄱陽湖之康郎山，鄱陽湖，在南康府城東五里，即彭蠡湖也，西接南昌，東抵饒州，長亘三百里。詳見江西大川。康郎山在饒州府餘干縣西北八十里，當鄱陽湖之南涯。至涇江，即禁江也，在湖口縣東北九十里，下接小孤、上通九江。王師前後夾擊，友諒戰死。其將張定邊奉其子理遁還武昌，復立爲帝。太祖進攻未克，留兵守之而還。尋復自將伐漢，陳理出降，於是湖廣、江西州郡次第平定，思、黔諸蠻亦內附。思、黔二州見前。又今湖廣辰州府西南至貴州境內，皆曰思、黔。開國事略：「至正二十三年，太祖敗友諒於鄱陽。二十四年，太祖建國號曰吳，復攻武昌，陳理降，因進取中興路及歸、峽、澧、衡等州郡。明年取寶慶路，友諒故將熊天瑞以贛州、韶州、南雄降，尋又破安陸府及襄陽等路。後二年，又取沅州等路，楚地始悉定。」初，太祖謀用兵，吳、漢孰先？劉基曰：「士誠自守虜耳！友諒據上流，且名號不正，宜先除之。陳氏既滅，張氏囊中物矣。」太祖曰：「然。友諒剽而輕，士誠狡而懦，若先攻士誠，友諒必來救，是我疲於二寇也。」及友諒滅，喜曰：「此賊平，天下不難定矣。」先是士誠屢謀西侵，以舟師寇我鎮江，又陷宜興，宜興，常州府屬縣。於是太祖命將攻常州，別將由廣德取長興。長興，今湖州府屬縣。常州既下，進克江陰，皆以重兵鎮守。事在元至正十一年。三城形勢聯絡，東南屏障始固。遂進復宜興，又取武康、安吉諸州邑，武康，湖州府屬縣。安吉，湖州府屬州。以踦士誠之後，因得專意西討。太祖既平漢，遂取廬州路。明年取泰州，泰州，今屬揚州府。是時兩淮之地，多爲士誠所據。既而盡收兩淮地。時取高郵州及淮安、安豐等路，又收濠、泗、徐、潁諸州。先是太祖南下，濠、泗諸州，士誠皆遣兵掠取之。士誠羽翼既剪，心腹漸虛。是時其將張士騏拒守湖州，吕原明拒守杭州，而紹興、嘉興亦皆分兵屯據。士誠坐擁姑蘇，城堅粟多，太祖知其未可猝拔，因命徐達率大軍先攻湖州以疲之，而分遣華雲龍向嘉興，李文忠自嚴州趣杭州。徐達發兵龍江，聲言直擣姑蘇，潛師自宜興出太湖，徑趣湖州，圍其城。士誠遣兵來救輒敗去。其舊館兵戰敗來降，舊館，在今湖州府東三十里。州城亦下。嘉興、杭州、紹興聞之，率先歸附。徐達乃移師攻平江，别將俞通海分兵略太倉、松江諸郡縣，太倉，元時立水軍萬户府於此，張士誠復城其地，今爲蘇州府屬州。松江府，即今府。悉下之。達等旋拔平江，蘇州府，元曰平江路。士誠亡，其地悉平。事略：「士誠既亡，通州、無錫二州始歸於我。」通州屬揚州府。無錫，今常州府屬縣。是時方國珍以浙東三郡來歸，復懷反側，乃命湯和等討之，克台州及温州路，又取其慶元路，國珍窮蹙來降，浙東、西悉定。陳建曰：「當士誠北有淮、泗，南據浙西，江陰、長興皆要害也。長興據太湖口，陸走廣德諸郡，江陰枕大江，扼姑蘇、通州之要衝，得長興則士誠步騎不敢出廣德而窺宣、歙，得江陰則士誠舟師不敢泝大江而上金、焦，金山在鎮江府治西北七里，焦山在府治東北九里，二山相望十五里，爲大江中流之險。故雖全軍西出，可以無東顧憂，而士誠卒於不振，亦以此也。」

於是遣將北伐中原，南征嶺徼，

史略：吴元年，元至正二十七年也。太祖以江南既定，命徐達等北取中原，諭之曰：「元建都百年，城守必固，若懸師深入，屯兵堅城之下，餽餉不繼，援兵四集，非吾利也。今宜先取山東，徹其屏蔽，旋師河南，斷其羽翼，拔潼關而守之，潼關見前。據其户檻，天下形勢，入我掌握，然後進兵元都，彼勢孤援絶，不戰可克。既克其都，鼓行而西，雲中、九原雲中謂大同，九原謂河套地。以及關、隴，關，關西。隴，隴右。可席捲而下也。」達受命，渡淮而北，至沂州，沂州屬兖州府。守將王信以城降，莒、嶧諸州皆來附。莒州，今屬青州府。嶧州，今兖州府嶧縣，元曰嶧州。達命别將韓政率精鋭扼黄河衝要，黄河衝要，謂曹、單諸州也。以斷援兵，進攻益都，即青州府。拔之，濟南、東平、濟寧、東昌等路次第皆下，山東遂平。事略：「達克益都，即進取般陽路，於是西下濟寧，東取萊州。遂收濟南、東平等路。明年乃克東昌，取棣州，山東悉下。」般陽見前。棣州，即今濟南府武定州。洪武元年，達等泝河西上，遂克永城、歸德，永城，今歸德府屬縣。分兵下陳、許諸州。大軍至陳橋，即陳橋驛也，見前。汴梁降，諸城邑悉下。乃入虎牢，見前。趣河南，謂河南府。敗元兵於洛水北，遂克河南，進克陝州，入潼關，取華州，李思齊等西遁，於是命將守潼關。別將鄧愈又討平南陽、汝、裕諸山寨，南陽府及汝州、裕州也。河南州郡，悉入版圖矣。

先是太祖之遣將北伐也，即命胡廷瑞等由江西取福建，楊璟等由湖南取廣西。廷瑞遂自建昌出杉關，建昌，即今江西建昌府。杉關見前。取邵武，攻建寧今福建屬府。未下。復命湯和由明州海道取福州。自寧波府定海縣沿海而南，即南取福州之逕道。和奄至城下，一鼓拔之，遂趣延平，初陳友定分省延平，後遂移軍府於此。克其城，執陳友定。胡廷瑞亦下建寧，尋又進取興化，即今興化府。於是汀、泉、漳、潮諸路悉降。既又命廖永忠自福建海道進取廣東，陸仲亨自贛州進兵，時仲亨爲贛州指揮使，因就命之。由韶州擣德慶，今肇慶府德慶州。爲犄角之勢。永忠取惠州，至東莞，見前。何真迎降，廣州亦下。仲亨悉平英德、連州、肇慶、德慶諸州郡，英德，今韶州府屬縣，元曰英德州。與永忠會於廣州之龍潭，即龍江也。西江下流經廣州府順德縣北謂之龍江。廣東境内，悉來降附。復奉詔引軍趣廣西，遂由肇慶泝西江而上，〔一〕西江自廣西梧州府會黔、鬱、桂三江之水，東流歷肇慶府境，至廣州府城南注於海。詳川瀆盤江及廣東大川。抵梧州，州郡望風迎附。時楊璟方克永州，南攻靜江，靜江見前。事略：「初，寶慶歸於我，既而復失。洪武元年，楊璟引荆、襄之衆出湖南，取寶慶路，進克永州及道州，又取全州，遂攻靜江，復分兵略郴州及桂陽路下之。」桂陽，今衡州府屬州。永忠等自平樂而進，合兵攻城，克之，廣西境内悉定。事略：「洪武元年別將朱亮祖克梧州，進攻平樂。廖永忠分兵收藤州，進次潯州及南寧路，貴、象、鬱林諸州悉下。亮祖等與楊璟會師攻静江，遂克之。既而海南、海北來降，右、左江諸蠻亦相率歸附。」

顧氏曰：「太祖之取天下，善於用因而已。夫郭子興齷齪常才也，太祖因之，而集虓虎之師。韓林兒厮養竪子也，太祖因之，而成開闢之業。雖然，委曲以脱子興之難，猶可能也；至南征北伐，功業既赫然矣，乃龍鳳紀年，終林兒之身而後已，林兒歿於元至正二十六年，明年始稱吴元年，次年遂即位，改元洪武。豈非善自遵養，因以成無競之烈者歟？故曰：居天下之後，始可以承天下之弊；辭天下所共争，乃能集天下所難成。此太祖締造之功，所以紹漢軼唐也。彼汲汲然稱王僭號，自逞雄心者，豈足與語此哉？」

汛掃幽、燕，芟除秦、晉，

史略：太祖以河南平，乃北巡汴梁，召諸將授方略，取元都。徐達等分布士馬，經略河北，檄山東諸將悉會於東昌。達遂由中灤渡河，中灤鎮，在今開封府封丘縣南二十六里。衛輝、彰德悉下。進收磁州，今彰德府屬州。取廣平路，又克趙州，今真定府屬州。取臨清、今東昌府屬州。東昌。諸將皆來會，於是大軍北發，下德州，今屬濟南府。克長蘆，即河間府滄州。逾直沽，見前毛貴逾直沽。〔二〕舟師步騎，夾河而進，夾白河而進也。白河源出宣府鎮龍門所東，下流經順天府通州東，又南流合於直沽。大破元兵於河西務，河西務，在通州武清縣東北三十里。遂入通州。元主由居庸北走上都，居庸關見前。上都，見元都邑攷。徐達督諸軍進至元都，攻齊化門，今京城東南門也。填塹登城而入，軍民安堵。於是遣兵守居庸、古北諸阨口，古北口，在昌平州密雲縣東北。見前。以斷敵人窺伺之道，復下永平諸路以固東藩，然後旋師西討，取保定、中山，中山即定州，見前。下真定，趣太行，真定府西去太行山百里，與山西分界。選將守要害，即太行諸山口，如紫荆、倒馬諸關之類。并收未附諸山寨，於是井陘、故關及平定州諸險隘井陘關，在今真定府獲鹿縣西十里。見前。故關在真定府井陘縣西五十里，與山西太原府平定州接界。時擴廓據山西，慮其乘間侵突也。紫荆，見前。倒馬，在定州西北二百五十里。詳北直重險。次第就平。又檄河南守將馮宗異等由懷慶徇太行，太行山南去懷慶府城二十里。宗異遂克武陟，武陟，今懷慶府屬縣。下懷慶，拔盌子城，盌子城山，在懷慶府北五十里，有關，當太行山道，至爲險要。取澤、潞二州。擴廓遣兵分道拒守。會元主召擴廓出太原，由保安入居庸保安，今北直保安州也。侵燕京，擴廓引衆而東。徐達等謀曰：「燕京守備足以拒敵，今若乘其不備，直抵太原，傾其巢穴，彼進不得戰，退無所依，引兵還救，爲我牽制，必成擒矣。」遂由平定徑趣太原，擴廓自保安還救，軍於城西，達等襲敗之。擴廓北走，遂克太原。常遇春等追至大同，擴廓復西走甘肅，大同亦下，於是南收汾州，入霍州，進克平陽，略定隰、絳諸州。汾州今爲府。霍、隰、絳三州今俱屬平陽府。二年克河中府，山西悉定。乃造浮橋，由蒲津渡河，蒲津關，在蒲州城西。見前。克同州，時鄜州守將亦以城迎降。趣鹿臺，鹿臺，在西安府高陵縣西南。見前。時張思道等軍鹿臺，聞大軍將至，遂遁去。渡涇、渭，涇水去西安府城六十里，渭水去城五十里。軍於奉元城北，奉元降。進向鳳翔，李思齊遂棄城奔臨洮。時張思道在慶陽，諸將議先取之，達曰：「慶陽城險兵悍，未易猝拔。思齊乍走臨洮，衆心未固，以大軍蹙之，彼不走絶徼，則束手降矣。臨洮克，旁郡可不攻而下。」遂趣隴州，克之。進取秦州及鞏昌，前軍抵臨洮，思齊果降，慶陽聞之震恐。時張思道懼，乃留其弟良臣守慶陽，將步騎走寧夏，遇擴廓，爲所執。會擴廓引兵窺境，出沒平涼，徐達遣顧時等略蘭州以西，自引軍入安定，今鞏昌府屬縣，元爲定西州。克會州，今鞏昌府會寧縣，元徙會州於此。下靜寧、隆德，靜寧州及隆德縣，今俱屬平涼府。道蕭關在平涼府鎮原縣北，見前。取平涼。會張良臣既降復叛，達遂趣涇州，分命諸將抄其出入之路，又以精兵守原州斷其外援，慶陽平，擴廓等皆遠遁，陝西悉爲王土。三年，復詔達等東西進討，平元遺裔，於是劉益亦以遼陽來降。自是窮追遠討，威行漠外矣。太祖嘗從容謂徐達等曰：「向者朕圖北伐，或勸朕先平羣寇，後取元都；或勸朕直走元都，兼舉隴、蜀，皆非朕意。朕所以命卿先取山東，次及河、洛者，先聲既震，幽、薊自傾。且朕親駐大梁止潼關之兵者，知張思道、李思齊皆百戰之餘，未肯遽降，急之非北走元都，則西走隴、蜀，并力一隅，未易定也。故出其不意，反旆而北，元衆膽落，不戰而奔。然後西征張、李，二人望絶勢窮，不勞而克。惟擴廓猶力戰以拒朕師。向使未平元都，而先與角力，彼人望未絶，聲勢相聞，困獸猶鬭，勝負未可知也。較之士誠、友諒，事勢正相反，用兵固不可以一例論也。」

乃平巴、蜀，進取滇南，

史略：初，徐達既定關中，引軍南下漢、沔，取興元路，漢中府元曰興元路，時爲蜀所據。留兵戍守。事略：「洪武三年，達等出秦州，拔略陽入沔，分兵由鳳翔入連雲棧，合攻漢中，克之。蜀人震恐。尋以饋運不繼，還軍西安。」略陽，即今漢中府寧羌州屬縣。沔，今寧羌州沔縣，元曰沔州。連雲棧即入蜀之道路，古曰褒斜道，起自漢中府鳳縣以北，南達褒城縣，皆曰連雲棧。洪武四年，詔遣湯和等帥舟師，由瞿唐趣重慶，瞿唐峽在夔州府東八里，見前。是時明昇都重慶。傅友德由秦、隴趣成都。又密諭友德曰：「蜀人聞我西伐，必悉精鋭東守瞿唐，北阻金牛；金牛峽在漢中府寧羌州北三十里。又自沔縣西南至保寧府劍州之大劍關口，皆曰金牛道。漢中入蜀要路也。若出其意外。直擣階、文，階、文，今鞏昌府階州文縣，元爲階、文二州。門户既隳，腹心必潰。」友德至陝，謂西安府，非陝州也。聲言出金牛，而疾趣陳倉，即鳳翔府寶雞縣。徑抵階州，克之。進拔文州，出江油道，江油道，見前鄧艾入蜀。渡白水江，在今龍安府青川所東三十餘里，〔三〕爲東西往來者必經之道。趣綿州，據其城。會漢水漲，即雒水也，在漢州城南，亦曰中水，見前劉裕伐譙縱。伐山造戰艦，渡漢江，圍漢州，蜀人出戰大敗，又敗其援兵於城下，遂拔漢州，蜀人震慴。時蜀固守瞿唐，湯和等自夷陵入峽，即西陵峽，在夷陵州西。見前。次歸州，進攻未克。帝聞友德屢捷，詔和乘機速進，於是廖永忠以奇兵出瞿唐上流，而分兵兩道水陸急攻，遂奪其險。師入夔州，湯和亦至。和率步騎，永忠率舟師，並趣重慶。永忠至銅羅峽，峽在重慶府城東二十里，有銅羅關。明昇母子以城降。友德方攻成都，其守者聞重慶已下，亦出降。友德復進克保寧，蜀地悉定。十四年，命傅友德率諸將討雲南，諭之曰：「進取雲南，當自永寧，今四川永寧宣撫司，元爲永寧路。〔四〕宜先遣一軍向烏撒，今四川烏撒軍民府。而大軍繼自辰、沅入普定，貴州普定衛，元曰普定府。分據要害，乃進兵曲靖。雲南曲靖軍民府。曲靖，雲南之噤喉，彼必并力於此，當出奇取之。既下曲靖，即分一軍趣烏撒應永寧之師，而大軍直擣雲南，彼疲於奔命，破之必矣。雲南既克，乃分兵趣大理，先聲既振，勢將瓦解，其餘郡邑部落，可撫而有也。」友德至湖廣，即分遣郭英等出四川，自永寧趣烏撒。英擊破蠻兵於赤水河，赤水河在永寧宣撫司東南百四十里。雲南大震。友德乃率大兵由辰、沅趣貴州，克普定，境内諸苗悉降附。復攻普安下之，貴州安順府之普安州，元曰普安路。進兵曲靖，敵果以重兵拒守，友德等進擊，大破之於白石江，江在曲靖府城北八里。遂下曲靖。於是遣沐英、藍玉兩軍趣中慶，自引軍向烏撒，爲郭英聲援。沐英等未至，把匝剌瓦爾密先自盡。英駐師金馬山，山在雲南府東，見前。父老迎降，澂江、武定、臨安、威楚諸路，次第悉下。威楚，今爲楚雄軍民府。友德至烏撒，大破蠻兵，東川、今四川東川軍民府。烏蒙、烏蒙軍民府。芒部芒部軍民府。諸蠻皆内附。沐英進攻大理，破下關，在大理府城西點蒼山南，亦曰龍尾關。山北有關曰上關，亦曰龍首關。遂拔其城，擒酋長段世。時大理總管段明卒，叔世權國事。分兵略鶴慶、麗江，破石門關，關在麗江軍民府巨津州西百里。詳雲南重險。下金齒，永昌軍民府，元曰金齒宣撫司。於是車里、今車里宣慰司。摩些、在麗江軍民府西徼外，吐蕃種也。和泥、亦曰倭泥，在車里司西。平緬、今隴川宣撫司，元曰麓川路。諸蠻相繼臣服，雲南平。

顧氏曰："太祖起自東南，奄有西北，爲古今異數。嘗攷其用兵之法，實一出於孫、吴，攻瑕擣虚，是以所向無敵。夫有取天下之志，而無取天下之略，自開闢以來，未見有成功者也。太祖明於先後緩急之宜，分合向背之理，始則決機於兩陳，繼直制勝於廟廊，大略同於漢高，精密媲於光武，猗歟，豈非百代爲昭者歟！"王氏曰："太祖自渡江之日，親御戎行者九，而戰苦蹈危，久而後决者，惟鄱陽之役。自克武昌後，下僞吴，取中原，六飛俱不在行間矣。"

六合同風，宸居首奠，體國經野，載在職方。

都邑攷：太祖初入金陵，改曰應天府。洪武元年，詔以開封府爲北京，應天府爲南京。尋罷北京，而應天爲京師。二年，以臨濠府爲中都。又改臨濠府爲中立府，七年改曰鳳陽府。太宗永樂元年，建北京於北平府。七年始改北京爲順天，時仍以南京爲京師，而巡幸則駐於北京。正統以後遂以北京爲京師，而南京爲陪都。

史略：太祖有天下，高麗、安南、占城、日本、西域海外諸蠻夷悉來朝貢，聲教所被，盡禹迹而止。是時雖定都金陵，而建北京，營中都，西北諸邊，屯戍相接，揆文奮武，中外宴然。猶屢命儒臣，編列天下地理形勢爲書，藏之太府。又令州郡以及沿邊衛所，各繪圖來上，山川險易，道里遠近，城池倉庫，關津亭堠，無不畢載，聖謨蓋深遠矣。黄氏曰：「太祖締造規模，彬彬盡善，惟建都金陵，未愜創垂之義。蓋有天下者，慮萬世之安危，不計一時之勞逸；權九服之輕重，不狥一己之從違；奈何狃目前而忘後患也？〔五〕他日陵寢未安，禁廷蹀血，謂非偏重之勢，有以致之歟？成祖卜宅燕都，南臨中夏，較之金陵形勢爲勝，然肩背有單露之虞，西南有遥隔之勢，居廟廷之上者，未可習爲已然，不爲之長慮却顧也。」

京師一。領應天等府十四，徐州等州四。今爲南京。

布政司十三：會典：「洪武九年改故行中書省爲布政使司，凡十二，十五年始增置雲南布政司，凡十三，以分領天下之府州縣。大約州縣俱隸府，縣又或隸州，州或直隸布政司。」曰浙江，領杭州等府十一。曰江西，領南昌等府十三。曰福建，領福州等府八。曰湖廣，領武昌等府十三，安陸等州五。曰山東，領濟南等府六。曰山西，領太原等府三，潞州等州五。曰北平，領北平等府八，隆慶等州二。今爲京師。曰河南，領開封等府七。曰陝西，領西安等府八。曰廣東，領廣州等府十。曰廣西，領桂林等府十二，江州等州八。曰四川，領成都等府七，潼川等州五，東川等軍民府四，龍州等宣撫司二，播州等宣慰司二，又黎州安撫司一，平茶洞長官司一。曰雲南。領雲南等府十二，曲靖等軍民府七，者樂甸等長官司二，又羈縻孟定等府二，車里等宣慰司五，鎮康等州四，干崖長官司一。

顧氏曰：「三代而上爲九州，漢爲十三部，唐爲十道，宋爲十五路。太祖定天下，京師而外，分爲十三布政使司，此即唐、虞分州建牧之義，監數代而得其中者也。世俗不之攷，乃襲元人舊稱，猶目之爲分省，謬矣。」

又於邊圉疆索，置行都指揮使司七，以安内攘外：曰遼東，洪武三年遼東來歸，四年遣馬雲、葉旺鎮守其地。時故元將納哈出屢入寇，雲等拒却之。二十年馮勝等破納哈出於金山，悉平其衆，於是遼東守衛益固。邊略：「洪武八年置遼東都指揮使司，十年盡革所屬州縣，改置定遼等衛，以制防朶顔三衛諸部落，兼東限高麗，南備倭寇。」金山，在三萬衛西北三百五十里。曰大寧，洪武十二年遣馬雲征大寧，克之。二十年馮勝討納哈出，始修葺故城，奏置北平行都指揮使司於此，又列置興、營等二十餘衛屬焉。自是屢由此出師北伐，邊地益闢。邊略：「大寧鎮撫降夷，控扼北邊，西翼開平，南衛遼海，藩屏要地也。」興州衛於故興州置，在今廢開平衛東二百里。營州衛於故營州置，在今大寧廢衛東三百里。曰萬全，洪武二年常遇春追擴廓於大同，即遣兵下順寧府，於是山北州郡皆歸於我。四年命墟其地，悉徙其民入關。二十六年置萬全都指揮使司於此。邊略：「萬全犄角大同，翼衛畿輔，屹爲重鎮。」曰大同，洪武二年常遇春下大同，留兵駐守。既而元將脱列伯等入寇，李文忠赴援，大破之，於是守將金朝興等遂略取東勝諸州地。四年，置山西行都司於城内。邊略：「大同控禦漠南，唇齒幽、冀。時又置東勝左、右衛於大同，降城相望，河套以内，兵民耕牧，寇不敢窺，蓋備邊之策，是時爲得全算也。」東勝州，在大同府西。降城，三受降城也。俱見前。曰甘肅，洪武五年遣徐達等分道北伐，馮勝與傅友德出西路，自蘭州趣西凉，下永昌，略甘肅，收瓜、沙，河西悉内屬。二十六年置陝西行都指揮使司於甘州衛。邊略：「甘肅制馭西域，隔絶羌部，爲必守之地。又是時吐番、西域諸君長俱奉朝貢，即其地設司、衛、所三十有六，俾統理降夷，西藩益鞏固矣。」曰建昌，洪武二十五年，降將月魯帖木兒以建昌叛，藍玉討平之，以便宜請增置衛所，從之。二十七年，置四川行都指揮使司於此。邊略：「建昌外控番夷，内馭蠻僰，界滇、蜀之間，封守攸重。」曰貴州。明初既平湖廣、四川，〔六〕於是八番、順元諸蠻夷悉内屬，因建置貴州等衛所，八年設貴州都司以統之。邊略：「貴州綏輯谿峒，式遏苗夷，爲川、湖之屏蔽。」大政攷：「洪武八年，於各省會設都指揮使司，九年改行中書省爲承宣布政使司，其不與布政司並治者，爲行都指揮使司。七司而外，别有福建行都指揮使司，置於建寧。大抵無事則屯田練兵，愼固封守，有事或命將專征，隨宜調發，既畢則將還於朝，士歸於伍，一時軍政，最爲嚴肅。」而開平、洪武二年克開平。三年李文忠自興和北伐，克應昌。五年文忠復追元裔於土剌河，北至稱海而還。自是遣將北討，往往以開平爲中屯。太祖嘗曰：「北騎南寇，不趣大寧，即襲開平。」因屯軍置衛於此，以扼寇衝。興和、應昌，俱在今大寧廢衛境。土剌河及稱海，俱在故元和林境内。洮州，洪武四年置衛，十年命鄧愈等討西番，取朵甘、納鄰、七站地，於是增置岷州衛。又命與河州衛相聯絡，以控番部。太祖嘗曰：「洮州西番門户，築城戍守，是扼其咽喉也。」朵甘，即今西番朵甘諸部。亦皆置軍戍守。東起朝鮮，西接吐蕃，南至安南，北距大磧，東西一萬一千七百五十里，南北一萬九百里。

顧氏曰：「太祖挈漢、唐舊壤還之職方，比於去昏墊而之平成，功烈有加焉。獨是大寧設矣，而不知營州爲五服故封；東勝城矣，而不知三受降城爲馭邊遠略；豈功倦於垂成歟？抑當時謀國者無深識遠猷之士也。嗚呼，創造之初，一或不審，日蹙百里之虞，遂伏於此焉。君子觀於履霜之占，童牛之象，未嘗不反覆而三嘆也。」

太宗起自燕藩，舉兵内向，戰勝攻克，纘承大統。

史略：初，太祖大封諸王，秦、晉、燕、齊，地逾千里。又以北方邊警，沿邊諸王，俱得典兵征伐。太宗英武夙成，屢立戰功，建文即位，朝野皆疑燕有異志，會來朝，卓敬密奏曰：「燕王智慮絶人，而北平者强幹之地也，宜徙封南昌，以絶禍本。夫萌而未動者機也，量時而爲者勢也，勢非至勁莫能斷，機非至明莫能決。」不聽。既還，遣張昺、謝貴等相繼赴燕，防察日迫。建文元年有詔逮燕官屬，燕王遂定謀，殺昺、貴等，據北平，舉兵略定通、薊諸州邑，乃曰：「居庸者居庸見上。北平之噤喉，必據此始可無北顧憂。」遂引兵趣居庸，拔之。又曰：「懷來未下，懷來，即宣府鎮懷來衛。居庸有必争之理。」復引兵襲破之，於是山後諸州鎮多爲燕有，永平、灤河皆降附。灤河，即永平府灤州。朝廷遣耿炳文帥師屯真定，燕兵破其前鋒於雄縣，縣屬保定府。又破别將於莫州，今河間府任丘縣北三十里廢莫州城也。進至真定，炳文迎戰大敗。詔遣李景隆代炳文，將大軍駐河間。燕王以景隆易與，議北取大寧，誘景隆進攻北平乃還師扼之。會遼東兵攻永平，燕王馳救，遼兵遁走，遂謀北向。諸將曰：「大寧必道松亭關，關在薊州遵化縣東北。志云：縣東北七十里至大喜峰口關，又東北百二十里乃松亭關也。關門險隘，守備方嚴，恐難猝拔。」燕王乃從劉家口徑趣大寧，劉家口關，在永平府遷安縣北。襲破之，松亭遂來歸。因誘執寧王，盡擁大寧諸戍卒而南，燕兵益盛。李景隆方渡盧溝橋，橋在順天府城西南三十五里，跨盧溝河上。築壘攻城不能克。燕王還至會州，會州在松亭關東北百二十里，明初築城置驛於此。整軍而南渡白河，白河經昌平州順義縣東，即是時渡處也。攻景隆營，時景隆營於鄭村壩，在順天府城東北二十里。景隆大敗，走德州。二年，燕兵取廣昌，下蔚州，廣昌，蔚州屬縣。進攻大同。會李景隆復聚兵北向，燕王引還，大破之於白溝河。白溝河經保定府新城縣南三十里，即景隆敗處。遂乘勝南下，拔德州。攻濟南，鐵鉉固守，力攻不克，乃還。鉉等進復德州，詔盛庸將兵屯守，又分兵守定州、滄州以拒燕軍。未幾，燕王襲滄州，拔之。時燕兵出遼東，既而移師還通州，渡直沽，趣滄州，破之。尋至臨清，東昌府屬州。攻盛庸於東昌。時庸自德州移營東昌。庸出戰，大破燕軍，追至真定，燕王還北平。先是詔庸等將兵北進，庸進軍德州。燕王自臨清移屯館陶，進至汶上，略濟寧，庸引兵躡之，營於東昌。燕軍至，庸出兵合戰，燕王大敗，退屯館陶。庸乘勝追北，燕王引還。汶上，今東平州屬縣。館陶，今臨清州屬縣。三年，燕王駐保定，議所向。時盛庸復屯德州，平安等屯真定，吳傑屯定州。丘福以定州備弱，議先取之。王曰：「野戰易以成功，攻城難於奏效。若屯師城下，庸等合勢來援，勝負未可知也。今真定距德州二百餘里，真定距德州五百餘里，曰「二百餘里」，傳訛也。我出其中，敵必迎戰，先破一軍，餘自破膽矣。」遂南行。盛庸拒戰於夾河，夾河在北直武邑縣北三十里，自清漳水分流，東入滹沱。敗績，走還德州。燕軍西渡滹沱，敗真定諸將於藁城，滹沱河自真定府東南經藁城縣北，又東流入晉州界。是時平安、吳傑合兵保真定，盛庸既敗而南，燕王遂謀取真定，誘諸將來戰。前渡滹沱，平安等逆戰於單家橋，大敗。復戰於藁城，又敗，遂潰還真定，閉門固守。單家橋，在河間府獻縣南二十里。進次大名，略順德、廣平諸郡，皆下之。燕王以南兵萃德州，資糧所給，皆在徐、沛，遂遣輕師破濟寧，掠穀亭、沙河、沛縣穀亭鎮在山東魚臺縣東二十里，沙河鎮在南直沛縣西北六十里，皆餉道所經也。水陸糧運，軍資器械，悉爲煨燼，京師大震。德州軍聞之氣益沮，庸遂謀南還。四年，燕兵破東阿、東平，東阿即東平州屬縣。南至沛縣，分軍攻徐州及宿州。燕王南駐渦河，渦河自河南鹿邑縣東南流，至南直懷遠縣城東入淮。燕王駐兵處，即懷遠之北也。平安引兵躡其後。燕王設伏於淝河以待之，安大敗，淝河自宿州東流，經懷遠縣入淮。徵信録：「平安先自真定引兵扼燕餉道，不克。又以大同守將房昭東下保定，燕兵圍之於西水寨，分兵赴救，敗還。尋又敗燕兵於楊村，進攻通州不克，聞燕軍深入，乃趣而南，爲燕王所敗。」西水寨，在北直易州西南百里。楊村，在北直武清縣東百里。徐、宿二州皆降於燕。會何福敗燕軍於小河，小河即睢水，自河南陳留縣東南流，至南直宿遷縣東南而合於泗。詳見南直大川。何福戰處，在宿州靈壁縣北六十里。徐輝祖亦敗燕軍於齊眉山，山在靈壁縣西南三十里。燕師小却。旋召輝祖還，何福勢孤，移營靈壁，燕軍攻拔之，遂入泗州渡淮下盱眙。縣屬泗州。時諸將分屯鳳陽、淮安，燕將或請先攻鳳陽，或欲先取淮安，燕王曰：「二城兵多食足，攻之不易。今乘勝鼓行，揚州、儀真，儀真，揚州府屬縣。軍弱備寡，可招而下。既得真、揚，淮安、鳳陽人心自懈。我耀兵江上，聚舟渡江，京城震駭，必有内變，可計日而收效也。」遂趣天長泗州屬縣。入揚州，江北諸州多來附。又克儀真，立營於高資港，在儀真縣東南四十里，近大江南岸。命將集艦於瓜洲，揚州府南四十里瓜洲渡。鎮江守將亦送款於燕。徐輝祖迎戰於浦子口，浦子口渡，在應天府江浦縣東五十里。燕師不能勝。盛庸復戰，大敗，舟師悉降於燕。燕軍濟江，次龍潭，在應天府東北九十里，大江南岸。進攻金川門，在應天府城西北面。守者以門獻。建文出亡，燕王入京師即大位，内外悉定。

顧氏曰：「成祖以幽、薊赳桓之旅，加江、淮脆弱之師，處既形便，勢有地利，當時之事，不戰而已知其爲燕矣。雖然，南國君臣，亦未始不足有爲也，合晉、秦之步騎，乘西山而入三關；萃江、海之舟航，扼天津而斷午道，午道，糧道也。一隅之燕，豈遂足以當天下之衆？乃賢如方、卓諸君子，曾未聞以出奇制勝，選將訓兵爲先務。既已喪敗日聞，猶汲汲焉取太祖制度而更張之，若不知問罪者已在户外也。吁，此實人事之不臧，論者概謂之天道，豈其然乎？」

既又北逐亡元，

史略：永樂八年，親征蒙古餘裔，至斡難河以北，斡難河見前，是年賜名玄冥河。俘獲而還。十二年北征瓦剌，瓦剌爲韃靼别種，其長馬哈术等既降復叛，因討之。追敗之於土剌河，在斡難河西數百里。乃班師。二十年，復征蒙古，其長阿魯台復叛也。獲其輜重於殺胡原，原在臚朐河西，斡難河之東。永樂八年賜臚朐河名曰飲馬河。乃移師征兀良哈，洪武二十二年，元族屬故遼王阿里失禮等内附，因置三衛以授之，曰朵顔、泰寧、福餘，統名曰兀良哈，故營州北境地也。是時叛附阿魯台，因移軍討之。大破之於屈裂河。河在朵顔北境。二十一年，復征蒙古。追阿魯台不及而還。明年，復北征，至答蘭納木河，在元故和林城東北境，亦曰闊闊納吾兒海。不見敵而歸。蓋五出塞北，窮追伏影，千乘萬騎，勒銘殊庭，自古帝王未有之烈也。

南平交阯，

史略：初，安南黎季犛弑其主陳日焜而代之，國號虞。永樂元年表請署國事，詔封其子蒼爲安南國王。明年老撾送陳天平來朝，老撾宣慰司，屬雲南。天平，故安南王孫也。詔詰季犛，季犛詭請天平歸國。四年，天平還入境，季犛賊殺之於芹站，芹站，在安南諒山府北。并害使臣，因遣朱能等進討。能至龍州卒，副將張輔代總其事。龍州，廣西屬州也。五年，張輔等至交州，屢敗賊兵，尋大破之於富良江，在安南國城北三十里，見前。窮追至奇羅海口，在安南境内乂安府東南。

擒季犛父子，安南平，詔求陳氏後，無所得。因置交阯布政司統其地。六年，交阯賊簡定等復叛，定尋自稱上皇，推其黨陳季擴爲帝，國號越，復命輔等討擒之。時定黨陳季擴等猶出没海上，沐晟討之未克，尋請降，詔授交阯布政使司。復叛稱越國王。九年，復命張輔進討，破賊於月常江。在安南清化府境内。十年，大破之於神投海口，在安南建平府南。明年破之於愛子江。在安南順化府東北。十三年擒季擴，悉平其黨，交阯復定。

西藩哈密，

史略：永樂元年，元裔安克帖木兒入貢，明年設哈密衛。安克帖木兒，本蒙古族屬，襲封肅王，至是改封忠順王，統回回、畏吾兒、哈剌灰三種，仍設都督授其部長。衛本漢之伊吾廬、唐之伊州也。唐衰，不屬於中國，至是始内附。其地爲西徼噤喉，自是定制，凡西域諸夷入貢，必哈密譯其文乃得發。又設沙州及赤斤蒙古、曲先等衛，與哈密相表裏，以固西藩，沙州、赤斤蒙古衛，永樂二年置，曲先衛四年置。先是太祖置罕東、阿端、安定三衛，至是又增置三衛，與哈密爲七，六衛在嘉峪關西，哈密又在六衛之西。而甘肅益爲境内矣。

東靖女真。

史略：永樂九年，遣將將水軍駕巨艦至混同江上，招集女真諸部落，於是女真悉境内附。置努兒干都司，其地即金會寧府也。元置合蘭府、水達達等路於此。授其封爵，兼分置衛所城站以授其部族。自是建置益廣，凡衛百七十九，所二十，又地面五十八，站七，寨一，悉屬於都司。正統中復增置五衛。其後代有添設，萬曆中多至三百八十餘衛。又置馬市於開元城，即今三萬衛。俾貢馬給值，賜賚以時，爲遼東外蔽。

建北京，改北平布政司爲北京。何氏曰：「成祖之建北京，何異成王之營洛邑。夫兩都並建，自周以前未有也。漢、魏而降，五都四京，後先相襲，然近者相去數百里，遠者亦不過千里。若懸隔三千里之外，踰江越淮，泝河浮濟，而欲巡幸會同，歲時無失，此又必不得之數也。然則何以爲善法成周？曰金陵財賦所萃，幽陵士馬所資，控西北以震疊河山，綏東南以供輸京闕，此成祖繼述之善，冠古爍今者也。或者曰漕河絶續，則咽喉可慮；關、隴遥闊，則肩背爲虞；毋乃未攷於馭邊籌漕之初制乎？」

列交、貴，永樂五年設交阯布政使司，領交州等府十七，廣威等州五，屬州四十二，縣一百五十七。十一年設貴州布政使司，領貴州宣慰司一，思州等府六，普安等州四，金筑安撫司一。威略赫焉。然棄大寧，移東勝，慮亦稍疏矣。

史略：初，太祖分兀良哈爲三衛，居潢水北，潢水，見遼起臨潢。領於北平行都司，三衛斂息順命。建文元年，太宗劫大寧兵南下，并召兀良哈三衛率部落從行。永樂元年徙北平行都司於保定，興、營諸衛俱移置於順天、永平境内。遂以大寧分畀三衛。自廣寧前屯歷喜峰，廣寧前屯衛屬遼東都司。喜峰見前松亭關注。近宣府者屬之朵顏；自錦、義歷廣寧逾遼河錦州今廣寧中屯衛，義州今廣寧後屯衛，俱屬遼東都司。遼河，在廣寧鎮東北二百里，與遼東都司分界，見前。至白雲山，在遼河東。或曰即廣寧衛東北九十里之白雲山，非是。屬之泰寧；自黄泥窪在瀋陽衛西北三百里。逾瀋陽鐵嶺至開元者屬之福餘。朵顏於三衛最强，地形亦最險，自是防維單外，誘導北兵，連屬諸部，漸萌窺伺。又是年議者以東勝孤懸難守，乃移左衛於永平府，右衛於薊州遵化縣，河南沃野，遂成棄壤，他日邊釁紛紜，蓋肇於此也。

宣宗當宁，復廢交阯，

史略：先是交賊黎利復叛，黎利本陳季擴將，永樂十二年來降，授清化土官巡簡。十六年利據清化以叛，稱平定王，遣兵討之，不克。十八年赦利，授清化知府。二十二年復叛。清化，在交州西南六百里。宣德初遣軍進討，敗績於茶籠州。在乂安府北。既而大發兵討之，皆敗績。二年黎利攻交州，尋敗官兵於昌江，進陷隘留關，大帥柳升進討，至鎮夷關敗没。昌江，在諒江府南。隘留關，在諒山府北。關南爲鎮夷關，故雞陵關也，永樂五年改曰鎮夷關。會黎利請撫，朝議以損威棄財，於計非便，遂許其請，命諸將班師，所建官吏亦皆北還，黎氏遂據有其地。

又棄開平，

史略：宣德三年，議者以大寧既棄，開平懸遠難守，因城獨石，徙置開平衛於此，今衛屬宣府鎮。棄地三百餘里，遂失灤河、龍岡之險，灤河，在舊開平衛南，下流經永平府境入海。見北直大川。龍岡，即舊衛北三里之卧龍山。而邊陲斗絶矣。

迨土木告變，土木堡，在宣府鎮懷來衛西二十五里。四海震驚，非少保之忠勤，社稷幾於不守。

史略：英宗在位，屢興大兵，南北騷動。正統六年大發兵討麓川叛酋，平之。八年再叛，復遣兵進討，并進破緬甸。是年又分兵五道出塞，討三衛。十二年浙東賊葉宗留反，明年福建賊鄧茂七反，而麓川酋仍伺間出没。又湖廣、貴州羣苗皆叛，所在遣兵撲勦，遠近騷動。麓川，今爲隴川宣撫司，與緬甸俱屬雲南。正統十四年，瓦剌也先犯大同境，時北部分道入寇，脱脱不花犯遼東，阿剌犯宣府圍赤城，也先寇大同至猫兒莊。赤城，今宣府鎮赤城堡。猫兒莊，在大同府北百二十里。太監王振勸上親征，出居庸，歷懷來、宣府至大同，兵氛甚惡，乃班師。大同帥郭登請上從紫荆關入，關在易州西，見前。振不聽。還至宣府，敵自後追襲，遣將拒戰皆敗没。次土木，人馬疲渴，而鐵騎四合，死傷無算，上爲也先所得，遂詣塞外，京師震駭。百官遵太后命，奉郕王攝政，尋即位。于謙掌機務，收輯喪亡，經理捍禦。也先以送上皇還京爲名，過大同至廣昌，蔚州屬縣。破紫荆關，抵京城西北，于謙督石亨等營城外，奮擊敗之，也先復奉上皇遁去。時郭登固守大同，羅亨信固守宣府，京師恃爲肩背。謙又於天壽山、在順天府昌平州東北十八里，陵寢奠焉。居庸關及涿州、通州、易州、保定、真定涿州、通州屬順天府，易州屬保定府。皆屯宿重兵，衛畿輔，而自遼、薊以至甘肅，中間邊關堡塞皆得人戍守，敵入寇輒敗去，於是國勢大振。也先遣使求和，不許。敵知中國有備，而挾上皇爲空質，奸謀遂消。上皇旋自北還，宗社奠安，謙一人力也。鄭氏曰「于公受命於倥偬之際，是時東至遼東，西至陝西，皆敵騎充斥，浙、閩賊黨猶未盡平，而黄蕭養復聚衆作亂，攻逼廣州，南蠻、西番亦相率蠢動。公内固京師，外籌九服，開鎮臨清以控漕渠，收復獨石八城堡以壯畿甸，任良牧而貴州輯寧，擇大帥而粵東盪定，未幾强敵款塞，羣盗消亡，由指麾條畫，動中機宜故也。」

武宗盤游，釁孽屢作。

史略：正德五年，寘鐇反寧夏，寘鐇，慶藩諸子安化王也。時慶藩封寧夏。鎮將仇鉞討平之。鉞爲寧夏遊擊將軍，襲執鐇。十四年，宸濠反南昌，永樂元年寧王權自大寧徙封南昌，宸濠其四世孫。陷南康、九江，攻安慶不克，贛撫王守仁等討平之。守仁克南昌，引兵出鄱陽，宸濠還戰，兵敗被執。是時邊塞屢被寇擾，中原遠近盗賊羣起。其最甚者劉六、劉七、趙燧等起於畿輔，轉掠北直、山東、河南、湖廣、南畿，久而始滅。劉六等起於正德四年，所至殘破，七年始敗滅。又藍廷瑞等起保寧，犯漢中、鄖陽及川東、貴州境；廷瑞等起於正德三年，九年餘黨始平。謝志珊等起於南、贛，謂南安、贛州二郡。掠江西、湖廣、福建、廣東境，志珊等正德初盤據山險，連結徒黨，久爲患害，十二年撫臣王守仁等討之，次第盪平。雖相繼誅滅，而所在困弊矣。

世宗興邸潛飛，興藩，憲宗次子，封湖廣安陸州，再傳入繼大統，以州爲承天府。中興之望，朝野欣欣，而斥絶言路，保任大奸。初既棄哈密，

史略：哈密西去土魯番千餘里。土魯番，西夷別部，在火州西百里。成化以後哈密衰，土魯番益强，屢肆吞噬，國家以哈密外領西域，内蔽邊郡，非此則無以離戎、朔之交，因務設方略以存復之。土魯番雖驕横，亦未敢安據其地。嘉靖三年，土魯番入塞，犯甘州，邊臣敗却之，又追敗之於肅州。八年復犯肅州，敗走，尋請降，且以哈密來歸。朝議以哈密既殘破，且去邊遠，疲中國以存外夷，非計也，遂棄不復有，嘉峪關外，皆爲寇境。關在肅州衛西六十里。時沙州諸衛皆爲土魯番所侵掠，與哈密諸部餘民悉安插肅州及甘州境内，而七衛之地皆墟矣。七衛，見前。又是時亦不剌盤據西海，亦不剌，北方別部也。瓦剌結巢北山，北山，謂賀蘭山。北山在寧夏衛西六十里，綿亘數百里。詳見陝西名山。於是河西三面受敵，備羌禦朔，日不暇給。

繼復棄河套，

史略：明初李文忠敗元於豐州，事在洪武七年。既而城東勝，在洪武二十七年。河套以内，耕屯相望。永樂初方事遠略，棄東勝不守，其後大兵數出，亡元遠竄，窺伺益少。正統中稍稍多事，乃議築榆林諸城堡，成化中復築榆林邊墻千餘里，而河套漸成甌脱，然議者未嘗不欲復漢、唐故事，爲扞邊固圉計也。河套自天順以後爲毛里孩等所窺伺，既而火篩等屯牧其中。正德初

楊一清議大舉恢復，不果。嘉靖以來，北邊部落益强，往往窟穴套中，時台吉吉囊住牧套中，俺答住牧豐州，二部於諸部最强，爲邊患。吉囊死，其種落仍屯套中，而聽命於俺答。河東、關西歲被蹂躪。二十五年，督臣曾銑以復套爲己任，規畫甚偉，爲嚴嵩所搆棄市，自是邊事日壞。敵旋入宣、薊，犯京師，蔓衍以至遼東，朝廷旰食，無敢議及河套者。

又倭寇縱横，東南糜爛，方中之勢，寖以昃矣。

史略：明初並海郡縣，屢被倭患。洪武十七年，命信國公湯和巡視海道，自山東至江南北、浙東西以及閩、嶺皆築城置戍，控扼要害。二十年，復命江夏侯周德興築城於福建濱海諸處，國史：「是時南直、山東、浙江、福建、廣東、西皆置行都司，以備倭爲名。」自是雖間有倭警，旋即退散。嘉靖二年，倭黨互争貢，遂起釁相攻，殺掠寧波以至紹興，自是浸淫至兩浙、江、淮、閩、廣之境，縱横出没，所至屠掠一空。至四十四年餘患始息，殘破郡邑殆以百計，東南素稱富庶，至是爲之衰耗。

是時版圖，爲直隸二，承宣布政使司十三：

京師，亦曰北直隸。會典：「永樂十八年革北平布政司爲直隸。府八，曰順天、保定、河間、真定、順德、廣平、大名、永平；州二，曰隆慶、保安；屬府州十有七；屬縣一百十有六。」而昌平州、通州、易州爲三輔，又居庸、倒馬、紫荆爲内三關，特設重臣於保定以提督之，與薊州、宣府互爲形援，以厚京師之藩衛。隆慶初改隆慶州曰延慶州。倒馬關，在定州西北百二十里。詳北直重險，餘見前。

南京，亦曰南直隸。府十四，曰應天、鳳陽、安慶、廬州、淮安、揚州、蘇州、松江、常州、鎮江、徽州、寧國、池州、太平；州四，曰廣德、和州、滁州、徐州；屬府州十三；屬縣九十六。而淮安爲漕運通渠，鳳陽爲陵寢重地，安慶爲陪京上游，蘇、松爲邊海襟要，皆特設重臣，申嚴封守。

山東，府六，曰濟南、兗州、東昌、青州、登州、萊州；屬府州十有五；屬縣八十有九。分道三，濟南道轄濟南府一，東兗道轄東昌、兗州府二，海右道轄青、登、萊等府三。又有遼海、東寧道，則分轄遼東衛所。而臨清、濟寧、東平諸州爲漕運咽喉，登、萊爲遼東應援，皆重地也。

山西，府四，曰太原、平陽、大同、潞安；州四，曰汾州、遼州、沁州、澤州；屬府州十有六；屬縣七十有七。分道四，冀寧道轄太原府一，河東道轄平陽府一，冀北道轄大同府一，冀南道轄潞安府及沁、澤、遼、汾四州。而太原控扼關塞，大同限隔漠南，並爲重鎮。萬曆二十三年升汾州爲府，今爲府五、州三。

陝西，府八，曰西安、鳳翔、漢中、平凉、鞏昌、臨洮、慶陽、延安；屬州二十有一；屬縣九十有四。分道五，關内道轄西安府一，關西道轄平凉、鳳翔府二，關南道轄漢中府一，河西道轄慶陽、延安府二及寧夏衛、寧夏中衛，隴右道轄鞏昌、臨洮府二及河、洮、岷、靖四衛，文縣一所。又有西寧道，則分轄甘肅、西寧諸衛所。自西安、鳳翔、漢中而外，皆逼近邊陲，環設重兵，以壯形勢。萬曆十一年，增置長武縣，屬邠州，今爲縣九十有五。

河南，府八，曰開封、歸德、彰德、衛輝、懷慶、河南、南陽、汝寧；州一，汝州；屬府州十有一；屬縣九十有七。分道四，大梁道轄開封、歸德府二，河南道轄河南府一、汝州一，汝南道轄南陽、汝寧府二，河北道轄彰德、衛輝、懷慶府三。萬曆初以上諱，改開封府鈞州曰禹州。

浙江，府十一，杭州、嘉興、湖州、嚴州、紹興、寧波、台州、温州、金華、衢州、處州；屬府州一；屬縣七十有五。分道五，杭嚴道轄杭、嚴二府，嘉湖道轄嘉、湖二府，寧紹道轄寧、紹、台三府，金衢道轄金、衢二府，温處道轄温、處二府。而濱海諸郡，控禦島夷，防維特重。

江西，府十三，南昌、饒州、廣信、南康、九江、建昌、撫州、臨江、吉安、瑞州、袁州、贛州、南安；屬府州一；屬縣七十有四。分道五，南昌道轄南昌、瑞州府二，湖東道轄廣信、建昌、撫州府三，湖西道轄吉安、臨江、袁州府三，九江道轄饒州、南康、九江府三，嶺北道轄贛州、南安府二。而南、贛接連楚、粤以及閩海，山川深險，奸民易以嘯聚，特設重臣於贛州，兼督南、贛、雄、韶、惠、潮、汀、漳、郴、桂諸州郡。而九江控帶大江，連接安慶，亦爲中流重鎮。又隆慶二年增置定南縣，萬曆三年置長寧縣，俱屬贛州府。萬曆六年置瀘溪縣，屬建昌府。今縣凡七十七。

湖廣，府十五，武昌、承天、漢陽、黄州、德安、襄陽、鄖陽、荆州、岳州、長沙、常德、衡州、永州、寶慶、辰州；州二，郴州、靖州；屬府州十三；屬縣一百有六。分道七，武昌道轄武昌、漢陽、黄州府三，荆西道轄承天、德安府二，上荆南道轄荆州、岳州府二及施州諸衛所，下荆南道轄襄陽、鄖陽府二，湖北道轄常德、辰州府二、靖州一及永順、保靖二宣慰司，上湖南道轄衡州、永州府二、郴州一，下湖南道轄長沙、寶慶府二。而鄖陽山川糾結，連接秦、豫，特設重臣於鄖陽，兼督荆、襄、汝、鄧、商洛、漢中諸境。又以辰州密邇川、貴，蠻獠紛錯，亦設重臣，提督辰、沅、靖州以及偏橋、銅仁、思州、播州、西陽、麻陽、永順、保靖、施州等境。又萬曆二十八年增置天柱縣，屬靖州，今縣一百有七。

四川，府八，曰成都、保寧、順慶、重慶、夔州、敘州、龍安、馬湖；州六，曰潼川、嘉定、眉州、雅州、邛州、瀘州；屬府州十四；屬縣一百有七；而長官司四，屬馬湖府。又羈縻軍民府四，曰鎮雄、東川、烏撒、烏蒙；宣慰司一，曰播州；宣撫司一，曰永寧；安撫司一，曰黎州，所屬長官司凡六。分道五，川西道轄成都、龍安府二及松潘、疊溪諸衛所，川北道轄保寧、順慶府二及潼川州一，川東道轄重慶、夔州府二，川南道轄敘州、馬湖府二，又鎮雄、東川軍民府二及嘉定、眉、瀘、邛四州、播州、永寧等司，上川南道轄雅州及建昌行都司、黎州、天全等司。而松、茂控扼土番，建昌限制番族，皆爲西偏襟要。萬曆十七年改馬湖府附郭泥溪長官司爲屏山縣。二十四年改黎州安撫司爲千户所。二十七年平播州，改爲遵義府；又改置屬州一，屬縣四。今爲府八，屬州十五，屬縣一百十一，長官司九。

福建，府八，福州、興化、泉州、延平、建寧、邵武、汀州、漳州；州一，福寧；屬縣五十有七。分道四，福寧道轄福州、興化、泉州府三、福寧州一，武平道轄邵武、延平府二，建寧道轄建寧府一，漳南道轄汀州、漳州府二。

廣東，府十，廣州、肇慶、韶州、南雄、惠州、潮州、高州、雷州、廉州、瓊州；屬府州七；屬縣七十四。分道五，嶺南道轄廣州、韶州、南雄府三，嶺東道轄惠州、潮州府二，嶺西道轄肇慶、高州府二，海北道轄廉州、雷州府二，海南道轄瓊州府一。萬曆四年於德慶州之瀧水縣置羅定州，又增置東安、西寧二縣屬焉，州直隸布政司，而分轄於嶺東道。崇禎六年增置鎮平縣，隸潮州府。今直隸州一，縣七十有七。〔七〕

廣西，府七，桂林、平樂、梧州、潯州、南寧、柳州、慶遠；屬州十六，而羈縻者居八；又羈縻府三，曰太平、思明、鎮安；

軍民府一，曰思恩；直隸羈縻州十一，羈縻屬州十八，屬縣五十，羈縻縣八，長官司四。分道四，桂平道轄桂林、平樂府二，蒼梧道轄梧州府一，左江道轄南寧、潯州、太平府三，右江道轄柳州、慶遠、思恩、思明、鎮安等府五及羈縻直隸諸州縣。而南寧鎮撫南蠻，憑祥、龍州控扼交阯，爲守禦要地。隆慶四年改桂林府古田縣爲永寧州，六年又增置新寧州，萬曆十八年置下雷州，與新寧州俱屬南寧府。今州共四十有八。

雲南，府五，曰雲南、大理、臨安、澂江、楚雄；軍民府六，曰曲靖、姚安、武定、永昌、鶴慶、麗江；羈縻府十，曰尋甸、廣南、廣西、鎮沅、景東、永寧、順寧、蒙化、孟定、孟艮；羈縻軍民府一，曰元江；屬州三十；羈縻直隸及屬州共十一，屬縣二十八，羈縻縣二；又有羈縻宣慰司六，宣撫司三，長官司共二十有四。分道四，安普道轄雲南、曲靖、尋甸府三，臨元道轄澂江、臨安、廣西、廣南、元江府五、新化州一，洱海道轄姚安、楚雄、武定、景東、鎮沅府五，金滄道轄大理、永昌、鶴慶、麗江、順慶、永寧、蒙化府七及北勝州、瀾滄衛各一。而臨安南出交阯，永昌鎮攝羣蠻，皆爲要地。萬曆十三年於孟艮府增設耿馬安撫司，又改舊孟密安撫司爲宣撫司，仍析置蠻莫安撫司。蓋增設宣撫司一，安撫司一。

貴州。府八，程番、鎮遠、黎平、都匀、思州、思南、銅仁、石阡；羈縻直隸州四，曰安順、鎮寧、永寧、普安；屬府州二；縣六；又宣慰司一，曰貴州；安撫司二，曰金筑、凱里；長官司凡八十。分道四，貴寧道轄程番府及貴州宣慰司，威清道轄安順等州四及威清諸衛所，都清道轄鎮遠、黎平、都匀等府三及新添、平越諸衛所，思石道轄思州、思南、銅仁、石阡等府四。隆慶六年改程番府曰貴陽府，萬曆中改爲軍民府。又改安順州爲軍民府，平越衛爲平越軍民府，而於貴陽府改置定番州、廣順州、開州及新貴縣，平越府增置黄平州及餘慶、甕安、湄潭三縣。又增置貴陽府附郭貴定縣；於思南府置附郭縣一，曰安化；銅仁府改置附郭縣一，曰銅仁；石阡府改屬置縣一，曰龍泉。今府凡十，州九，縣十三。

夏氏曰：「國朝疆理天下，輕重本末，犁然備舉。夫建都燕京，則不得不重山、陝，山、陝天下之項背，而京師之頭目也。山、陝有事，其應之也當甚於救焚拯溺，一或不備，而禍不可挽矣。必也選將訓兵，興屯廣牧，常畜其有餘之力，則天下雖有大故，而根本可以無患。遼東局處一隅，依山阻海，雖逼在肘腋，而御得其道，可畫疆守而阻關固也。山東、河南、南直、湖廣，其天下之腰膂乎？江、浙、川、廣、福建、雲、貴，其天下之四肢乎？夫不知天下之全勢，而言創言守，兩無當也。十五州之形勝具在，何不一揆其措置之理乎？」

又設九邊，以衛中夏：

遼東，屬衛二十五；所十一，關二，曰三岔、撫順；營、堡凡百。三岔關，在海州衛西七十里。撫順關，在瀋陽衛撫順所東二十里。

薊州，屬關一百十三，寨七十二，營、堡、城一百十五。大寧廢而薊州遂爲極邊，藩垣淺近，防禦甚棘。

宣府，屬衛十五，所二十六，關、城、堡五十有三。開平棄而敵在近郊，宣、大日以多事。

大同，屬衛八，所七，堡五百八十有三。

榆林，屬營六，堡二十八。東勝棄而榆林築，大河以南遂爲戎藪，關中多事，莫如榆林爲最。

寧夏，屬衛二，中衛、後衛；所四，興武、靈州、韋州、平虜；營、堡二十二。自河套棄而寧夏益爲寇衝，踦角榆林，屏蔽固原，恃爲重鎮。

甘肅，屬衛十有三；所六十；關一，嘉峪；堡五十有一。哈密棄而關門不啓，戎馬生郊矣。

太原，屬關三，雁門，寧武，偏頭；堡三十九；口十九。河套守而太原爲内地，套棄而朔騎充斥，偏頭當其東下之衝，寧武、雁門東西交警，因特設重臣提督三關，遮絶寇衝，障蔽畿甸。太原之棘，嘉靖間爲最也。雁門見前。寧武關，在山西崞縣西北百十里。偏頭關，在河曲縣北百十里。

固原。屬衛三，固原、靖虜、蘭州；所四，西安、鎮戎、平虜、甘州；營、堡一十有六。時固原爲河套南下之衝，因特設重臣巡鎮，兼督榆林、寧夏、甘肅三邊，互爲指臂。後又以洮、岷、河三衛及諸城鎮，並屬於固原。

東起遼海，西盡嘉峪，南至瓊、崖，北抵雲、朔，東西一萬餘里，南北一萬里。

凡天下府百有四十，南、北直隸府二十二，布政司所屬府百十八。州百有九十三，南、北直隸所有州四十，布政司所有州共百五十三。縣千一百三十八，南、北直隸所有縣二百一十，布政司所有縣九百二十八。又羈縻府十九，州四十七，縣六。廣西二，雲南四。此俱嘉靖時制，其後互有增損，沿革今具載篇中。編里六萬九千五百五十有六，户九百三十五萬二千一十有五，口五千九百五十五萬八百有一。夏秋二税，共米麥二千六百零八萬五千九百一十六石。京、通二倉，臨、德、徐、淮四倉，每年運漕四百萬石，亦俱以嘉靖末年爲準。而兩京都督府，分統各都指揮使司十六，萬全、遼東、大寧凡三，又十三布政司各設都司一。大寧徙保定，見前。行都司五，山西大同，陝西甘肅，四川建昌，湖廣鄖陽，福建建寧。留守司二，中都留守司駐鳳陽，興都留守司駐承天。所屬衛共四百九十三，屬所二千五百九十三，守禦千户所三百一十五。内外官軍共計八十四萬五千八百餘員名，馬騾二十萬一千一百餘匹。又夷官宣慰司十一，湖廣二，永順、保靖；四川二，播州、董卜韓胡；雲南六，車里、木邦、孟養、緬甸、老撾、八百大甸；貴州一，貴州；播州，今改爲遵義府。宣撫司十，湖廣四，施南、散毛、忠建、容美，俱屬施州衛；四川三，永寧、酉陽、石砫；雲南三，南甸、干崖、隴川。萬曆中增置一，曰孟密。安撫司二十二，湖廣八，東鄉、五路、忠孝、忠路、金洞、龍潭、大旺、忠峒、高羅，俱屬施州衛；四川九，黎州見前，八郎、麻兒札、阿角寨、芒兒者俱屬松潘衛，黄平、草堂、甕水屬播州宣慰，雜谷屬董卜韓胡宣慰；雲南二，潞江屬永昌衛，孟密屬灣甸州；貴州二，金筑、凱里。萬曆中雲南增置耿馬、蠻莫二安撫司，而孟密升爲宣撫司，四川改廢草堂、黄平、甕水三安撫司。招討司一，天全六番。長官司一百六十九，湖廣二十四，四川四十，廣西四，雲南二十一，貴州八十。萬曆以後，數有增易改廢。蠻夷長官司五。鎮遠、隆奉、南平、東流、臘壁峒，俱屬湖廣施州衛。四夷君長奉朝貢稱外臣者，至一百十有三國。東北朝鮮、眈羅等國二，東日本國一，南安南、占城等國六，西南浡泥等國四十九，西哈剌等國四十六，西北哈密等國七，北朵顔、韃靼等國二。一代之制，略可睹焉。

王氏曰：「地囿於天者也，而言地者難於言天。何爲其難也？日月星辰之度終古而不易，郡國山川之名屢變而無窮也。雖然刪繁去繆，舉要提綱，首以州域，次以都邑，推表山川，論列形勢，古今興替成敗之鑒，莫能違也。此大易設險守國，春秋書下陽、彭城、虎牢之義歟？」〇趙氏曰：「自有宇宙即有山川，山川封域之經也，封域山川之緯也。然郡國固有廢興，陵谷亦嘗遷改，杜佑有言：『凡言地理者在辨區域，徵因革，知要害，察封土。』纖芥畢書，動盈百軸，豈所謂撮機要者乎？」

校勘記

〔一〕遂由肇慶泝西江而上　「泝」，底本原作「沂」，職本、敷本、鄒本並作「泝」。說文解字：「逆流而上曰泝洄。」職本等作「泝」是，今據改。

〔二〕克長蘆至逾直沽　此十九字敷本、鄒本全脱。

〔三〕在今龍安府青川所東三十餘里　「青川所」，底本原作「青州所」，今據職本、敷本、鄒本及明史卷九〇兵志改。明志卷四三龍安府平武縣下或作「青州所」，或作「青川守御千户所」，核諸兵志，當以「青川所」爲是。

〔四〕元爲永寧路　「路」，底本原作「州」，敷本、鄒本並作「路」。元志卷六〇、明志卷四三均作「永寧路」，敷、鄒本是，今據改。

〔五〕奈何狃目前而忘後患也　「目」，底本、職本作「日」，敷本、鄒本作「目」。今從敷、鄒本。

〔六〕明初既平湖廣四川　「明初」，底本原作「國初」。顧祖禹初作讀史方輿紀要，叙述明代事實，統稱爲「國初」、「國朝」，至定稿時又改爲「明初」、「明朝」，然圈改未盡，除此「國初既平湖廣、四川」

外，全書還有十處仍作「國初」、「國朝」，即卷九「國初築城置驛於此」、「國初李文忠敗元於豐州」，卷三一淄川縣下「國初日般陽府」，卷四二永寧關下「國初俱置巡司戍守」，卷四七封丘縣中欒鎮下「國初徐達下汴梁」，卷五〇襄邑廢縣下「國初省」、商城縣馬頭山下「國朝正德中」，卷五一承休廢縣下「國初廢」，卷九六侯官縣洪塘浦下「國初置」，卷一〇七臨桂縣桂林城下「國初楊璟取静江」。今爲使全書體例一律，均改作「明初」、「明朝」。

〔七〕縣七十有七　底本原作「縣七十有六」，據上文所云，廣東原領七十四縣，萬曆四年增置東安、西寧二縣，崇禎六年又增置鎮平一縣，則總數當爲七十七縣。明志卷四五廣東下云「縣七十五」，然實際所列亦爲七十七縣。今按實數改爲七十七。

北直方輿紀要序

據上游之勢以臨馭六合者，非今日之直隸乎？說者曰：昔黃帝邑於涿鹿之阿，幽陵自昔建都地也。太史公曰「學者多稱五帝」，然孔子删書斷自唐、虞。昔舜分幽州，周列燕國，漢、唐以來，大都可知也。石晉以燕、雲入契丹，耶律德光於晉之天福二年始號爲南京，耶律隆緒又於宋之祥符五年改爲燕京。及女真得其地，廢主亮以宋之紹興二十三年定都於燕，謂燕爲列國之名，改爲中都。蒙古鐵木真於宋之嘉定八年克燕，謂之燕京路。忽必烈以至元元年復號爲中都，四年更置城郭而徙都焉，九年改稱爲大都路。然則女真因遼，蒙古因金。燕都者，遼、金、元之故都也。明太宗而復都於燕也何居？曰：太宗潛龍之地也。太宗初就封於燕，當是時，蒙古之餘裔猶熾，習見燕都之宫闕朝市，不無窺伺之情，太宗靖難之勳既集，切切焉爲北顧之慮，建行都於燕，因而整戈秣馬，四征弗庭，亦勢所不得已也。鑾輿巡幸，勞費實繁，易世而後，不復南幸，此建都所以在燕也。說者曰：天下有偏重之處，幽燕去河、洛爲遠，而去關中爲尤遠。唐都關中，以范陽、盧龍斗絶東垂，爲契丹、奚、室韋、靺鞨所環伺，於是屯戍重兵，增置節鎮，禄山乘之，遂成天寶之禍。終唐之世，河北常爲厲階。其後契丹得幽燕，因以縱暴於石晉；女真得幽燕，因以肆毒於靖康。勢莫如建爲京師，俾禁旅雲屯，才勇輻輳，以潛消天下之禍本。況苦寒沙磧之地，莫甚於燕，而天子且以身先之，夫誰敢耽安樂而避艱難者。曰：是未可以槩論也。周都豐、鎬，封召公於燕，不聞周室之亂自燕始也。漢都長安，高帝五年封盧綰於燕，十一年綰叛降匈奴，〔一〕其時之叛者不獨綰，且有燕而亦不能守也。後或爲燕國，或爲廣陽郡，終漢之世，不聞燕之起而爲厲。東漢初，祭肜著折衝之略，則戎夷懷畏。迨於末季，劉虞牧幽州，猶能撫循其民，歌思遍於境内。雖篡竊紛紜之際，稱雄者或不乏，然革易之初，爲亂且遍天下，咎又不獨在燕矣。夫漁陽之禍，亦唐自召之耳。使委任得人，而制御有方，安在禄山之能爲變哉！史思明、李懷仙、朱滔、劉怦之徒相繼而拒命也，朱克融之徒復以盧龍叛也，論者乃不察其本，遂比盧龍若異域，謬矣。夫王者長駕遠馭，不難威行萬里，幽燕，禹迹内地耳，乃謂鞭箠所不能及乎？且吾聞之，天子有道，守在四夷，勇夫重閉，君子所貴。以萬乘之尊，而自臨於危險之地，未爲長策也。有定天下之勞者，享天下之逸，亦不必寒苦沙磧之地而後可以建都也。曰：然則幽燕不可以建都乎？曰：奚爲不可也。人亦有言，建都之地關中爲上，洛陽次之，燕都又次之。洛陽吾無論矣。漢都長安，則置朔方之郡，列障戍於河南，又開河西五郡，以絶羌與匈奴相通之路。唐人築三受降城，則守在河北，又置安西、北庭都護，則西域盡爲臣屬，故關中可以無患。及至德以後，河、隴之地盡没於吐蕃，而涇陽渭北戎馬且充斥焉。然則朔方不守，河西不固，關中亦未可都也。都燕京而棄大寧，棄開平，委東勝於榛蕪，視遼左如秦越，是自剪其羽翼而披其股肱也。欲求安全無患，其可得哉！然則自遼及元，何以必都燕京？曰：遼起於臨潢，南有燕、雲，常慮中原之復取之也，故舉國以争之。置南京於燕，西京於大同，以爲久假不歸之計。女真自會寧而西，擅有中夏，仍遼之舊，建爲都邑，内顧根本，外臨河、濟，亦其所也。蒙古自和林而南，混一區宇，其創起之地，僻在西北，而仍都燕京者，蓋以開平近在漠南，而幽燕與開平形援相屬，居表裏之間，爲維繫之勢，由西北而臨東南，燕京其都會矣。明代之都燕也，當法漢、唐之成算，以開平、大寧、東勝、遼陽爲河西、朔方之地，乃坐而自削，有日蹙百里之譏，無乃與都燕之初意相刺謬乎？說者曰：以燕京而視中原，居高負險，有建瓴之勢，太宗深鑒於金陵之已事，建都於此，實爲萬世計也。曰：形勝未可全恃，而燕都之形勝又不足恃也。太史公曰：「燕北迫蠻貊，内錯齊、晉，崎嶇强國之間，最爲弱小，幾滅者數矣。」及秦人滅趙，敗燕軍於易水之西，而國隨以亡。臧荼、盧綰國於燕，不旋踵而隕斃。彭寵以漁陽賈禍，公孫瓚以易京覆宗。王浚掩有幽州，幸晉室多故，冀以自雄，而見戕於石勒。段匹磾有幽州而仍不能自立也，杜洛周、葛榮、韓嬰之輩旋起旋滅，皆不足道。高開道竊有漁陽，身死而地歸於唐。天寶以後，以河北叛亂者凡十七起，其能免於誅戮保其宗祀者，不數見也。迨夫李匡籌見滅於克用，劉守光復繫組於存勗，而幽燕卒并於河東矣。契丹倔强者八世，竟敗亡於女真；女真恣睢者百年，終剪滅於蒙古，烏在其爲險固者歟？嗚呼，以燕都僻處一隅，關塞之防日不暇給，卒旅奔命，挽輸懸遠，脱外滋肩背之憂，内啓門庭之寇，左支右吾，倉皇四顧，下尺一之符，徵兵於四方，恐救未至而國先亡也。撤關門之戍，以爲内援之師，又恐軍未離而險先失也。甚且籍虎以驅狼，不知虎之且縱其搏噬；以烏喙攻毒，而不知烏喙之即足以殺身也，不亦悲哉！然則當去燕京而都金陵乎？曰：金陵可爲創業之地，而非守成之地也。局促於東南，而非宅中圖大之業也。然則建都者當何如？曰：法成周而紹漢、唐，吾知其必在關中矣。

讀史方輿紀要卷十

北直一

古冀州。舜分置十二州，此爲幽州。傳曰：「舜分冀東恒山之地爲并州，東北醫無閭之地爲幽州。」則北直爲幽、并二州地。通典：「舜分衛東爲并州，燕以北爲幽州。」禹貢亦爲冀州。周禮職方：「東北曰幽州。」應劭曰：「北方太陰，故以幽冥爲號。」杜佑曰：「山海經幽州有幽都山，州蓋因以名。」今山列北荒矣。武王封召公奭於燕，此爲燕地。其在天文，尾、箕則燕分野，亦兼趙、魏之疆。真定、順德、廣平、河間，春秋時晉地，後屬於趙。大名，春秋時衛地，後屬魏。大名在禹貢亦爲兗州之域。衛、趙分野，今見河南、山西沿革。秦并天下，置漁陽、上谷、邯鄲、鉅鹿、右北平等郡。漢置十三州，此亦爲幽州及并、冀二州地。後漢因之。後漢以幽州理薊，今順天府治也。冀州理鄗，今見趙州栢鄉縣。而并州則理晉陽，今山西太原縣。晉亦爲幽、冀諸州，幽理涿，今涿州。冀理房子，今見趙州高邑縣。後爲石勒、慕容儁及苻堅所據。堅敗，屬慕容垂，其後入於後魏。魏末高齊據之，宇文周復滅齊而有其地。隋分十三部，此亦爲冀州，而不詳所統。唐分十道，此爲河北道，天寶以後强藩往往竊據焉。五代時石晉割燕、平諸州入于契丹，周世宗復三關，於是與契丹以白溝河爲界。見保定府雄縣及順天府霸州境內。宋仍爲河北路，後又分河北爲東西路，慶曆中嘗分爲四路。今詳見州域形勢説，下倣此。最後建燕山路而宋以亡。金初亦分河北爲東西路，廢主亮定都于燕，因改置中都等路。蒙古初置燕京路，至元四年定都于此，改大都路，置中書省，統山東、西及河北地。明洪武九年置北平等處承宣布政使司，永樂元年建北京，稱爲行在。十八年始定都焉，改布政司爲直隸，洪熙初復稱行在。正統六年定爲京師，統府八、州二、屬州十七、縣一百一十六，總爲里三千二百有奇。夏秋二税，大約六十萬一千一百五十二石有奇。而衛所參列其中。

順天府，屬州五，縣二十二。

大興縣，附郭。宛平縣，附郭。良鄉縣，固安縣，永清縣，東安縣，香河縣。

通州，屬縣四。

三河縣，武清縣，漷縣，寶坻縣。

霸州，屬縣三。

文安縣，大城縣，保定縣。

涿州，屬縣一。

房山縣。

昌平州，屬縣三。

順義縣，懷柔縣，密雲縣。

薊州，屬縣四。

玉田縣，豐潤縣，遵化縣，平谷縣。

保定府，屬州三，縣十七。

清苑縣，附郭。滿城縣，安肅縣，定興縣，新城縣，雄縣，容城縣，唐縣，慶都縣，博野縣，蠡縣，完縣。

祁州，屬縣二。

深澤縣，束鹿縣。

安州，屬縣二。

高陽縣，新安縣。

易州，屬縣一。

淶水縣。

河間府，屬州二，縣十六。

河間縣，附郭。獻縣，阜城縣，肅寧縣，任丘縣，交河縣，青縣，興濟縣，靜海縣，寧津縣。

景州，屬縣三。

吴橋縣，東光縣，故城縣。

滄州，屬縣三。

南皮縣，鹽山縣，慶雲縣。

真定府，屬州五，縣二十七。

真定縣，附郭。井陘縣，獲鹿縣，元氏縣，靈壽縣，藁城縣，欒城縣，無極縣，平山縣，阜平縣。

定州，屬縣三。

新樂縣，曲陽縣，行唐縣。

冀州，屬縣四。

南宫縣，新河縣，棗强縣，武邑縣。

晉州，屬縣三。

安平縣，饒陽縣，武强縣。

趙州，屬縣六。

栢鄉縣，隆平縣，高邑縣，臨城縣，贊皇縣，寧晉縣。

深州，屬縣一。
衡水縣。
順德府，屬縣九。
邢臺縣，附郭。沙河縣，南和縣，任縣，内丘縣，唐山縣，平鄉縣，鉅鹿縣，廣宗縣。
廣平府，屬縣九。
永年縣，附郭。曲周縣，肥鄉縣，雞澤縣，廣平縣，成安縣，威縣，邯鄲縣，清河縣。
大名府，屬州一，縣十。
元城縣，附郭。大名縣，魏縣，南樂縣，清豐縣，内黄縣，濬縣，滑縣。
開州，屬縣二。
長垣縣，東明縣。
永平府，屬州一，縣五。
盧龍縣，附郭。遷安縣，撫寧縣，昌黎縣。
灤州，屬縣一。
樂亭縣。
直隸延慶州，屬縣一。

永寧縣。

直隸保安州，〔三〕

萬全都指揮使司，屬衛十五，所三。

宣府左衛，附郭。又有宣府右衛、前衛及興和所，俱在郭內。

萬全左衛，

萬全右衛，

懷安衛，又保安右衛在郭內。

懷來衛，又延慶右衛在郭內。

開平衛，

龍門衛，蔚州、延慶左、永寧、保安四衛別見。

龍門所，廣昌、美峪二所別見。長安嶺、鵰鶚、赤城、雲州、馬營五堡附見。

舊開平衛，附。

舊大寧衛。附。

東濱海，

自山海關以南與遼東接界，天津衛以南與山東接界，皆大海也。

南控三齊，

燕、齊地界相錯，由京師走山東德州七百里而近，楚、粵、江、浙、閩海之趨京師者，皆以山東爲梯航之會。

西阻太行，

太行中分冀州之界，圜環數千里，唐、宋河北、河東皆以太行爲限蔽。

北届沙漠。

幽州之地，控帶沙漠，明初列戍漠南，鎖鑰深固，後防維日壞，無復初制矣。

其名山則有恒山，

恒山，亦曰常山，亦曰北嶽，在真定府定州曲陽縣西北百四十里，亘保定府以西及山西大同府東境。保定府志：「府境自唐縣以北接於易州，皆恒山也。」山西渾源州志：「恒山在州南二十里，北接蔚州之境。」舜典：「歲十一月朔，巡狩至于北岳。」禹貢：「太行、恒山。」周禮職方：「并州，其山鎮曰常山。」爾雅：「恒山爲北岳。」祠典五岳之一也。」水經注謂之玄岳。史記趙世家：「趙簡子告諸子曰：『吾藏寶符於常山上。』諸子馳之常山上，求無所得。毋恤還曰：『已得符矣。』簡子曰：『奏之。』曰：『從常山上臨代，代可取也。』」又楚世家：「張儀説楚曰：『秦地半天下，席捲常山之險，必折天下之脊。』」燕世家：「燕聽張儀計，願獻常山之尾五城於秦。」漢天漢三年祠常山，瘞玄玉。後漢初平四年，袁紹與黑山賊張燕等戰於常山。建安三年，紹攻公孫瓚於易京，見雄縣。瓚欲將突騎出傍西山，擁黑山之衆，不果。西山即恒山。黑山在今濬縣西北。張燕等聚衆於此，依西山爲險。天文志：「恒山，辰星鎮焉。」晉建興四年恒山崩。義熙五年恒山又崩。太元十一年，丁零翟真餘黨鮮于乞保曲陽西山，聞慕容垂南略地，時垂都中山。乃出營望都，今慶都縣。爲慕容麟所敗。二十一年，慕容垂自將伐拓跋珪，〔三〕引兵密發，踰青嶺徑天門，鑿山通道，出敵不意，逕指雲中。青嶺即恒嶺。天門亦曰鐵門，今爲倒馬關。隆安初，拓跋珪圍中山，燕慕容麟作亂，自中山出奔西山，依丁零餘衆。二年，拓跋珪自鄴還中山，將北歸，發卒萬人治直道，自望都鐵關鑿恒嶺至代五百餘里。劉伯莊曰：「即倒馬關路也。」義熙十三年，北魏將叔孫建擊丁零翟蜀、洛支等於西山，平之。劉宋永初三年，北魏主嗣謀侵宋，將諸國兵南出天關，即天門也。踰恒嶺。元嘉五年，定州丁零鮮于臺陽等二千餘家叛入西山，北魏將叔孫建復討降之。二十年，北魏主燾自平城如恒山之陽。隋大業四年，祠恒岳。唐武德五年，突厥寇定州，總管雙士洛擊敗之於恒山南。五代周顯德六年，將復關南之地，詔義武帥孫行友捍西山路，使漢不得越西山以合契丹也。行友因引兵拔契丹之易州。地記：「恒山北臨代，南俯趙，東接河、海之間，天下形勝處也。」唐十道志：「河北名山曰常岳，常水出焉。」括地志：「北岳別名華陽臺，自上曲陽縣西北行四百五十里，得常山岌，〔四〕號飛狐口，北則代郡也。」名山記：「恒山高三千九百丈，上方三千里，有大玄泉。其山有五名：一曰蘭臺府，二曰列女宫，三曰華陽臺，四曰紫微宫，五曰太乙宫。」又北岳記：「恒山頂一名無恤臺，以趙襄子嘗登此觀代國，下瞰東海也。」地志云：「恒山高侵霄漢，頂名天峰嶺，下建北岳觀。觀前風出如虎吼，名虎風口。其餘峰巖洞壑，隨地立名者以數百計。」中山志：「中山西北二百里有狼山，自狼山而西南連常山，山谷深險，漢末黑山張燕、五代孫方簡兄弟皆依阻其地。」沈括曰：「北岳恒山一名大茂山，宋以大茂山脊與契丹分界。」胡氏曰：「自恒山至代有飛狐之口，倒馬之關，夏屋、廣昌、五回之險。」夏屋見山西代州。廣昌見山西廣昌縣。五回見易州。夫恒山挺峙於冀州之中，爲東西屏蔽，巖谷高深，道路阻險，出奇者所必由也。

太行，

太行山，亦曰西山，在順天府西三十里。志云：太行首起河内，北至幽州。今由廣平、順德、真定、保定之西，回環至京都之北，引而東直抵海岸，延袤二千餘里，皆太行也。從鎮、定、澤、潞諸州而言則曰山東西，自燕、雲諸州而言則曰山前後。石晉以山前後十六州入於契丹，爲中原之禍者數百年。蓋太行隔絶東西，實今古之大防，州軍鎮戍，沿山錯列，憑高控險，難於突犯。亦謂之燕山，河北所恃以爲固者也。志勝云：今界内諸山，凡强形巨勢，争奇競險，拱翼畿甸者，皆太行之支峰别阜耳。又太行凡八陘，其在河北者有四：曰井陘，曰飛狐，曰蒲陰，曰軍都。餘詳見河南名山太行。

碣石。

碣石山在永平府昌黎縣西北二十里。禹貢：「夾右碣石入于河。」又云：「太行、恒山，至于碣石。」蓋河北之大山也。戰國策：蘇秦曰：「燕南有碣石、雁門之饒。」山海經：「碣石之山，澠水出焉，東流注於河。」史記：「秦始皇三十二年，之碣石，刻碣石門，壞城郭，決通隄防。二世元年，東行郡縣，刻碣石，並燕，〔五〕南至會稽。漢武帝元封元年，東巡海上，至碣石。」北魏主濬太安三年，東巡，登碣石，望滄海，改碣石山爲樂遊山。北齊主高洋天保四年，破契丹還至營州，登碣石山，臨滄海。後周大象初，發山東民脩長城，立亭障，西自雁門，東至碣石。唐十道志：「河北道名山曰碣石。」孔穎達曰：「碣石在平州東，離海三十里。遠望其山，穹窿似冢，有石特出山頂，其形如柱，當即禹貢之碣石。」爾雅釋名：「碣石者，碣然而立在海旁也。」水經注：「碣石山在驪成縣西南，枕海有石，如甬道數十里，當山頂有巨石如柱形，立於巨海中，莫知深淺，世謂之天橋柱。舊在河口海濱，歷世既久，爲水所漸，淪入於海，去岸五百里。」漢平帝時，司空掾王橫言「昔天嘗連北風，海水溢，西南出浸數百里」，故張君云「碣石淪在海中」，班固亦云「商碣周移」也。武后萬歲登封初，契丹酋帥李盡忠、孫萬榮作亂，據營州，進圍檀州，遣將軍曹仁師等擊之，戰於硤石谷，唐兵大敗。明年，王孝傑與孫萬榮戰於東硤石，契丹兵退，孝傑追之，行背懸崖，契丹回兵薄之，孝傑敗没。唐志「平州有東、西硤石二戍」，硤石即「碣石」之訛也。又武后末，唐休璟練習邊事，自碣石以西踰四鎮，綿亘萬里，山川要害皆能紀之。通釋曰：「碣石凡有三：鄒衍如燕，燕昭王館之碣石宮，身親往師之，此碣石特宮名耳，在薊縣東二十里寧臺之東，非山也；秦築長城，起自碣石，此碣石在高麗界中，亦謂之左碣石；杜佑曰：「秦長城所起之碣石在漢樂浪郡遂城縣地，今猶有長城遺址，東截遼水入高麗。隋大業八年伐高麗，分遣趙孝才出碣石道是也。」其在平州界内者，即古大河入海處，爲禹貢之碣石，亦曰右碣石。」元金仁山亦云：「碣石有左右二山。」此皆傳譌也。郭造卿云：「今昌黎縣北十里有仙人臺，即碣石頂也。其臺崇廣，絶壑萬仞，仰凌霄漢，回視邊塞，俱在眉睫間。又有一巨石，形如甕鼓，疑即所稱天橋柱。昔人謂碣石淪在海中，似未然也。」

其大川則有桑乾河，

桑乾河，源出山西馬邑縣西北十五里洪濤山，亦名累頭山，㶟水出焉，即桑乾河上源也。漢志注謂之治水，治讀曰除。水經注謂之濕水，又謂之索涫水。東流經大同府南，山陰縣、應州、渾源州之北，又東流經廣靈縣及蔚州北境，入北直保安州界，經州西南出西山，至順天府西南曰盧溝河，俗呼小黄河，以其流濁而易淤也，亦謂之渾河，出盧溝橋下，東南流爲看丹口，或悮爲燕丹口，元史作「東麻谷」，去府四十里。分二派：一東流至通州南高麗莊在州西南十三里，稍東南即張家灣也。

合白河，一南流經良鄉縣東，固安縣西，爲巨馬河，與霸州界河合，東流經永清縣及東安縣，南至武清縣小直沽達於海。後漢建武十三年，王霸治飛狐道，陳委輸事，從濕水漕以省陸輓之勞，即此也。漢志注：「治水過郡六，雁門、代郡、上谷、涿郡、廣陽、漁陽。行千一百里。」又桑乾水入幽州境亦謂之南桑乾水。隋煬帝大業七年伐高麗，宜社於南桑乾水上是也。宋宣和四年，童貫侵遼，遣劉延慶等出雄州，至良鄉爲遼所敗。降將郭藥師請奇兵，夜半逾盧溝襲燕京，入迎春門，以軍無後繼，不能克。延慶營於盧溝橋，潰還，遼人追至涿水而去。乾道六年，金人議開盧溝河以通京師漕運，自金口河導至京城北入濠，又東至通州北入潞水。既而以地峻水濁，不堪舟楫，漕渠竟不成。元致和元年，上都諸王忽剌臺等入紫荊關，游兵進逼盧溝橋，爲燕帖木兒所敗，遁去。盧溝蓋京師南面之巨塹也。志云：渾河流濁勢盛，自大興而東南入東安、武清界，金、元時皆修築堤岸，以防潰決，綿亘三四百里，而武清崩圮尤甚，每費修塞。有明隄防之役，亦常不乏焉。

滹沱河，

滹沱河，源出山西繁峙縣東北百二十里之大戲山。由繁峙縣折而西南流，經代州東南，又西南經崞縣、忻州及定襄縣東，復折而東南流，經五臺縣南、盂縣北，又東入北直真定府平山縣界，經縣北，又東經靈壽縣及真定府城南，歷藁城縣北，趨晉州城南，繞保定府東鹿縣南，又過安平縣南，達深州北，復東出饒陽縣北，歷河間府獻縣南、交河縣北，入青縣界，至縣東南岔河口合於衛河，東北流至静海縣小直沽入於海。周禮職方：「并州川曰虖池。」虖池讀曰呼駞。禮記「晉人將有事於河必先滹沱」是也。亦謂之惡池。惡讀曰汚。戰國策：「趙攻中山以擅滹沱。」漢志注：「虖沱，過郡六，代郡、太原、真定、常山、鉅鹿、勃海。行千三百七十里。」更始二年，世祖自下曲陽見晉州。馳至滹沱渡河，所謂倉卒滹沱河麥飯也。建武十三年，以匈奴寇邊，遣馬武屯滹沱河以備之。建安中，曹操自饒陽北引滹沱河爲平虜渠。後魏時，冀州刺史王質以滹沱河流屈曲，疏而直之。又刺史楊真請改滹沱河爲清寧河。唐六典：「河北大川曰滹沱。」自安、史之亂，滹沱南北常爲戰争之所。五代時契丹南牧，晉人每禦之於滹沱。宋咸平中，何承矩築隄儲水以限戎馬，則引滹沱爲塘泊。蓋滹沱横亘於河北，燕、趙有事，滹沱上下皆津渡處矣。

衛河，

衛河，源出河南輝縣西北七里之蘇門山，東流經新鄉縣北，過衛輝府城北一里，又東北入北直大名府濬縣境謂之白溝，淇水入焉，亦謂之宿胥瀆。志云：衛水，小水也。後漢建安九年，曹操於淇水口下大枋木遏淇水東入白溝，是時淇水入大河，故操遏使東北流以便漕運，衛河乃附淇水而東。淇水見河南淇縣。隋大業四年，又引白溝爲永濟渠，亦曰御河，自是衛河專有御河之名，而淇水之名遂掩。今衛河由濬縣經内黄縣北、魏縣東南，又經大名府城南，東北流與故屯氏河相接；屯氏河亦名王莽河。歷山東東昌府館陶縣西，漳河合焉；又東北流至臨清州西，與元人所開會通河合，流濁勢盛，漕河得此始無淺澀之虞；由此歷武城縣及恩縣之西，至北直故城縣南，又東北歷山東德州西，又北歷北直景州東境、吴橋縣西境，過東光縣西，交河縣東，南皮縣西，又北抵滄州西及興濟縣西，又北至青縣南岔河口而合於滹沱；又北至静海縣與霸州文安縣接界，引而東達天津衛，又東百里而入於海。曲折幾二千里，此衛河之大略也。宋時黄河北流，往往浸溢衛河，屢費修塞。元初漕舟涉江、淮入河，至於封丘，河南開封府屬縣。陸運一百八十里至淇門，今衛輝府淇縣。入於御河，達於京師，蓋用衛河之全也。國家復濬會通河，乃用衛河之半云。詳見川瀆漕河。

易水，

易水，源出保定府易州西山谷中。漢志注：「易水出故安縣閻鄉。」水經注亦云：「易水出故安縣閻鄉西山。」故安即今易州也。顔師古曰：「閻鄉在故安西，（六）入廣昌縣界。」周禮職方：「并州浸淶、易。」戰國策：蘇秦曰：「燕南有滹沱、易水。」又云：「趙之攻燕也，渡滹沱，涉易水，不至四五日而距國都矣。」史記：「燕太子丹使荆軻刺秦王，祖道易水上。又始皇二十年，秦軍破燕易水之西。」漢志：「易水東至范陽入濡。」一云至范陽入淶。漢范陽縣，在今易州東南六十里。建安十一年，曹操伐烏桓，還至易水，上郡、代郡烏桓皆來賀。晉永安初，幽州都督王浚入鄴，還至易水，以所將鮮卑多掠鄴中婦女，命敢有挾藏者斬，於是沉於易水者八千人。二年，石勒襲浚至易水，督護孫緯欲拒戰，勒紿浚至薊奉戴，浚信之，因禁諸將勿擊，勒遂滅浚。還渡易水，緯遮擊之，勒僅免。唐光化三年，汴將張存敬攻定州，幽州帥劉仁恭遣子守光救之，軍於易水上，存敬襲擊守光，殺獲甚衆。此易水，蓋安州以東之南易水。朱梁乾化二年，晉將周德威伐燕，劉守光東出飛狐，與鎮定軍會於易水，進下祁溝關。此易水，蓋即易州境之北易水。祁溝關見涿州。樂史云：「易水有三源，流經易州南三十里者曰中易水；出州西北三十里窮獨山者謂之濡水，亦曰北易水；出州西南六十里石獸岡者謂之雹水，一作「鮑水」。亦曰南易水。」中易水流經定興縣西亦謂之白溝河，淶水縣之拒馬河流合焉；拒馬河即淶水，漢志所云「東入淶」者也。自是易水兼有白溝河、拒馬河之名。宋人引之與遼分界，於是又有界河之名。又東經安肅縣北及容城縣北，濡水流合焉；所謂北易水也。又經新城縣南，亦曰拒馬河，歷雄縣北及順天府霸州之北，良鄉縣之琉璃河，固安縣之盧溝支河皆流合焉。又東經東安縣及永清縣南，宋霸州治永清，時拒馬河經縣北，金、元時始徙流縣南。入武清縣之三角淀，又東南至小直沽與衛河合達於海，此易水之東出者也。其南易水，即雹水也。自安肅、容城縣南，又東南經安州北，曹河、徐河、石橋河、一畝泉河、滋河、沙河、鵶兒河、唐河與易水共爲九河，合成一川，統名爲易水，東至雄縣南亦名瓦濟河，又東歷河間府任丘縣北，霸州之保定縣、文安縣南引而東，合於滹沱，同注於海。此易水之别出而東南流者也。蓋易水之源並出於易州，而其流自不相亂。或曰易水，或曰故安河，則推其本而言之也。或曰拒馬河，或曰白溝河，則從其流而言之也。其於南易水或曰滋河，或曰沙河、唐河，則因其所匯合之川言之也。宋何承矩議引易水爲塘埭，謂：「既可以限敵騎，又可以利耕屯。」然自宋人引水作塘之後，而川流之故道益亂矣。或曰易水本無正流，附合支川以達於海，故自漢以來言易水之源流者，多未得其詳云。

漳水，

漳水有二源：濁漳水出山西長子縣西五十里之發鳩山，地理志謂之鹿谷山。經潞安府西南二十里，東北流歷襄垣、潞城、平順縣北、黎城縣南，入河南彰德府林縣境，過縣北至臨漳縣西而合於清漳。清漳水出山西樂平縣西南二十里之少山，地理志謂之大黽谷。入遼州和順縣，經縣西至州東南，又歷潞安府黎城縣東北，入彰德府涉縣南境，過磁州南，至臨漳縣西而合於濁漳。此漳水之上流，歷久不變者也。自是而下，雖決徙不常，然大抵分爲兩途：其一爲漳之經流，禹貢所稱横漳者也。由臨漳縣東北入北直廣平府境，經成安縣南，廣平、肥鄉縣北，至曲周縣西，又東北歷雞澤縣，東合沙、洺諸水入順德府平鄉縣境，杜佑曰：「洺水縣南有衡漳瀆，禹貢『覃懷厎績，至於衡漳』，蓋謂此。」洺水今威縣也。漳水嘗由此東北過順德府廣宗縣東入真定府冀州界。又北至南和縣西合於澧河，〔七〕舊流自平鄉縣東，又北經廣宗縣西、鉅鹿縣東而北注於大陸澤。近代決徙不常，遂合澧河而注於大陸。經任縣東，至趙州隆平縣東北匯於大陸澤，又經寧晉縣南，又東過新河縣及南宮縣北、冀州西北，又經深州之南，衡水縣及武邑縣之北，又經武强縣東而入河間府阜城縣西北境，又東經交河縣南合於滹沱。或謂之衡水，或謂之枯洚水，或謂之葫蘆河，或謂之長蘆河，其實皆漳水也。通釋：「漳水舊從德州長河縣今見河間府景州。東北流經瀛州平舒縣今霸州大城縣。入於河，周定王五年河徙而南，故漳水不入河而自達於海。」夫陵谷變遷，誠難意測，今漳水附滹沱而入海，不自達海也。其一爲漳河之支流，從臨漳縣東入北直大名府魏縣界，經縣南分新舊二漳，歷府城西，東北流入山東東昌府館陶縣西境而合於衛河，漳濁衛清，衛得漳流始盛而水亦濁，過臨清西而合運河，運河弱而衛强，於是設閘於河口以防夏秋潦溢之患，運船至此，謂之「出口」，東北達於天津由小直沽入海。自元以來，類資漳河爲轉輸之助，故經流日就湮塞。間或從臨漳挾滏水東北出，議者鰓鰓然憂之，恐衛流漸弱不足以濟運也。志云：河間府東光縣城西有濁漳水，由東昌府之恩縣入景州之故城縣界，又經吳橋縣東，復北流入東光縣合於衛河。此即漳、衛合流之水隨時散溢者，今湮塞已久，非漳河正流也。萬曆初，漳河嘗北徙，由魏縣入曲周縣之滏陽河，而館陶之流幾絶。是後臨漳、濬縣、内黄、魏縣之境往往決塞不時，蓋水流淤濁之故也。大抵經流盛則支流衰，支流盛則經流竭，消長有時，而臨漳已下漳水已合爲一，志或言清或言濁者，不過參錯言之，非合流之後又有二漳水也。清漳合濁漳以後，清者亦爲濁所奪，故通典多言濁漳。夫横漳之稱，肇於禹貢。職方：「冀州其川漳。」戰國策：蘇秦言：「秦甲渡河，踰漳據番吾，見真定府平山縣。則兵必戰於邯鄲之下矣。」張儀曰：「秦、趙戰於河、漳之上，再戰而趙再勝。」至於史起鑿渠以富國，曹公導流以通漕，皆漳水也。詳見河南彰德府。漢志注：「漳水過郡五，上黨、魏郡、清河、信都、勃海。行千六百八十里。」唐十道志：「河北大川曰漳水。」

灤河。

灤河，源出宣府衛西百二十里之炭山，東北流經雲州堡北六十里、馬營堡南二十餘里，又北流經廢桓州南入舊開平衛境，東南流經古北口邊外小興州東，又東南與邊外九道流河及諸小水合勢始大，由薊州遵化縣東北團亭寨入内地，經永平府遷安縣東，至府西合於漆河，又經灤州東至樂亭縣南入於海。自源徂流横亘於北境，蓋千有餘里。水經注：「濡水自塞外來，過令支、肥如、海陽等縣入於海。」濡水即灤水也。濡，乃官反，音與灤同。亦謂之灅水。晉元康五年，鮮卑拓跋禄官分其國爲三部，一居上谷之北濡源之西，即今宣府以西地也。義熙三年，北魏主珪北巡至濡源，自是以後，往往爲巡行頓舍之處。十三年，魏主嗣遣將延普渡濡水，擊叛將庫傉官斌，斬之，進攻燕令支。劉宋元嘉六年，魏主燾大破柔然、高車，徙降附之衆於漠南，東至濡源，西暨五原陰山，三千里中，使之耕牧而收其貢賦。九年，魏主燾至濡水，遣將奚斤發民兵運攻具出南道，會和龍以伐北燕。括地志：「灤水導流深遠，爲幽、平之外塹。」北使録：「灤水闊不盈丈，而中甚深。兩岸柳條叢生，秋時採爲箭簳。彝人以河水青緑急流，呼曰『商都』。」此謂今開平廢衛以東之灤河。元至元二十八年，議疏濬灤河，漕運上都。大德五年，灤水漲溢，平州城郭俱被其患。元人亦謂灤河曰御河。元史：「延祐四年，上都城南御河西北岸圮。開平縣亦言東關灤河水漲，衝損北岸，議脩築之。」泰定二年，永平路復請築堤以防灤水。三年，上都言灤水嚙堤，請及時修治。蓋灤水源高流迅，易於決溢，自開平棄，而灤河中流遂屬荒外，倘狡焉者爲壅塞之謀，平、灤一帶能不以沉溺爲慮哉！

其重險則有井陘，

井陘關，在真定府獲鹿縣西十里，山西平定州東九十里。呂氏春秋：「天下九塞，井陘其一。」亦曰土門關。地記：「太行八陘，其第五陘曰土門關。」今山勢自西南而東北，層巒叠嶺，參差環列，方數百里，至井陘縣東北五十里曰陘山。穆天子傳謂之鈃山。其山四面高平，中下如井，故曰井陘。燕、趙之間亦謂山脊爲陘也。徐廣曰：「陘，山絶之名。」趙武靈王二十年，〔八〕使趙希并將胡、代。趙與之陘。蓋并將胡、代、趙之兵與諸軍向井陘之側也。始皇十八年，王翦攻趙，下井陘。三十七年，始皇死，行遂從井陘抵九原。二世二年，趙王武臣使李良略太原，至石邑，秦兵塞井陘，未能前。漢三年，命韓信、張耳東下井陘擊趙，趙聚兵井陘口，廣武君李左車謂陳餘曰：「信、耳乘勝遠鬭，其鋒不可當。今井陘之道，車不得方軌，騎不得成列，其勢糧食必在後，願假臣奇兵三萬，從間道絶其輜重，足下深溝高壘勿與戰，彼前不得鬭，退不得返，野無所掠，不十日而兩將之頭可致麾下，否則必爲二子所擒矣。」餘不聽，信遂下井陘，斬陳餘。漢志亦謂之石研關，上黨三關之一也。研讀曰刑，關蓋與上黨連界。晉太元十八年，慕容垂自中山伐西燕，遣慕容瓚等分道出井陘，攻晉陽。二十一年，拓跋珪伐後燕，潛自晉陽開韓信故道，遂出井陘趨中山。北魏主濬興光二年，丁零數千家匿井陘山中爲盜，陸真討平之。魏主詡武泰初，葛榮據有冀、定以北，秀容酋長爾朱榮請帥所部，自井陘以北、滏口以西滏口見河南武安縣。分據險要，攻其肘腋。遂勒兵召集義勇，北捍馬邑，東塞井陘。普泰初，高歡舉兵信都，爾朱兆自晉陽出井陘趣殷州，即今趙州。歡擊敗之於廣阿。見隆平縣。明年，爾朱兆復攻高歡於鄴，敗保晉陽。歡尋自鄴引兵入滏口，遣别將庫狄干入井陘擊兆，兆北走。宇文周建德五年克齊晉陽，齊高孝珩請以幽州兵入土門趣并州。隋仁壽末，漢王諒舉兵并州，分遣其將劉建出井陘略燕、趙，詔李子胡發幽州兵擊却之。唐十道志：「河北道名山曰井陘。」武德三年，竇建德南渡河，救王世充於洛陽，詔并州總管劉世讓出土門趣洺州。時建德都洺州。調露初，突厥降部叛寇定州，詔將軍曹懷舜屯井陘以備之。天寶末，安禄山叛，遣養子安忠志軍土門。既又使其將李欽湊守井陘口，代忠志守也。以備西來諸軍。會常山太守顔杲卿起兵殺欽湊，聲言朝廷已遣大軍下井陘，河北諸郡皆響應。未幾，常山爲賊將史思明所陷，河東帥李光弼出井陘，遂復常山。朔方帥郭子儀復自井陘東出，與光弼合，軍聲大振。既而聞潼關陷，見陝西重險。光弼等乃復入井陘，留兵守常山。諸將懼力不敵，遣宗仙運請於信都太守烏承恩曰：「常山北控燕、冀，路通河、洛，有井陘之險，足以扼其咽喉，莫若移據常山而守之。」承恩不能用。寶應初，徵回紇兵討史朝義於洛陽，藥子昂奉詔勞回紇於忻州，見山西。請回紇自土門略邢、洺、衛、懷而南，不從。會昌四年發諸道兵討澤潞，太原兵乘間作亂，詔别將王逢自榆社還軍討之，榆社見山西。而命成德帥王元逵自土門入，應接逢軍。景福二年，李克用敗鎮冀兵於平山，進下井陘，尋引還。光化二年，朱全忠將葛從周救魏博，破幽州兵，乘勢自土門攻河東，拔承天軍。承天軍見真定縣。五年，全忠侵河東，使葛從周以兖鄆及成德軍入自土門趨晉陽；又別將白奉會成德兵亦自井陘入，拔承天軍。梁開平四年，全忠謀并鎮定，鎮定請救於晉，晉王存勗命周德威引兵出井陘，屯趙州以拒梁兵。後唐清泰末，契丹圍晉安砦，見山西太原縣。〔九〕盧龍帥趙德鈞請自土門路西援。石晉末，契丹入汴，分軍自土門西寇河東。既而契丹北還，劉知遠稱帝於晉陽，進羣臣議進取，諸將咸請出師井陘，攻取鎮、魏，先定河北，則河南拱手自服矣。周顯德六年，命李重進自土門擊北漢，敗北漢兵於栢井。見陽曲縣。宋太平興國中，車駕自太原幸常山，由土門路。靖康元年，种師閔及金斡離不戰於井陘，敗績，斡離不遂入天威軍，陷真定。元至正十八年，劉福通之黨關先生等大掠晉、冀，分軍四出，察罕勒重兵屯列要隘，塞井陘，杜太行，擊却之。明初取元都，亦自真定而西入井陘，下平定州。見山西。蓋太行爲控扼之要，井陘又當出入之衝，今特設官軍戍守。

渝關，

渝關，一名臨渝關，漢志注：「渝音喻。」亦曰臨閭關，唐志：「渝關一名臨閭關。」今名山海關，在永平府撫寧縣東百里，遼東廣寧前屯衛西七十里。近志：舊渝關在撫寧縣東二十里，明初徐達將兵至此，以其非控扼之要，移建於舊渝關東六十里。按通典、通釋並云渝關在平州盧龍縣東百八十里，則關實隋、唐以來故址也。詳見撫寧縣。北倚崇山，南臨大海，相距不過數里，實爲險要。隋開皇三年，城渝關。

十八年，命漢王諒將兵伐高麗，出臨渝關，值水潦，餽運不繼而還。大業九年，楊玄感叛，李密謂玄感曰：「天子出征，遠在遼外，據臨渝之險，阨其咽喉，可不戰擒也。」隋志：「盧龍縣有臨渝宫。」大業十年復議伐高麗，至臨渝宫是也。唐貞觀十九年征高麗，還自臨渝。開元二十年，契丹可突干叛，幽州道副總管郭英傑屯於渝關外，爲可突干所敗。天寶十五載，安禄山叛，平盧帥劉客奴挈地來歸，尋遣先鋒使董秦襲渝關，入北平。唐志「柳城西四百八十里有渝關守捉城」，所謂盧龍之險也。天復三年，契丹阿保機遣其將阿鉢寇渝關，劉仁恭子守光戍平州，誘執之。五代梁乾化中，渝關爲契丹所取。薛居正曰：「渝關三面皆海，北連陸。自渝關北至進牛口，舊置八防禦兵，募土兵守之，契丹不敢輕入寇。及晉王存勗取幽州，使周德威爲節度使，而德威恃勇不修邊備，遂失渝關之險，契丹芻牧於營、平二州間，大爲中國患。」歐陽修曰：「渝關東臨海，北有兔耳、覆舟山，山皆斗絶。並海東北有路，狹僅通車，其傍可耕植。唐置東硤石、西硤石、舊志：東西二硤石，蓋因碣石山麓而名。緑疇、米磚、長楊、黄花、紫蒙、白狼城以扼之。」新唐書：「又有温溝、白望及昌黎、遼西，共十二戍。」後唐清泰末，趙德鈞鎮盧龍，即幽州。石敬瑭以太原叛，求援於契丹，耶律德光許之。其母述律后曰：「若盧龍軍北向渝關，亟須引還，太原不可救也。」蓋渝關控據形要，制臨蕃、戎，實爲天險。幽、平之間，以五關爲形勝，而渝關又其最也。宋宣和末建燕山路，而渝關爲女真所得，覆敗不旋踵焉。金國節要云：「燕山之地，易州西北乃金坡關，今名紫荆關。昌平之西乃居庸關，順州之北順州，今順義縣。乃古北關，景州東北景州，今遵化縣。乃松亭關，平州之東乃渝關。」渝關，金人來路也。自雄州今保定府雄縣。東至渝關，並無保障，沃野千里，北限大山，重岡複嶺，中五關惟居庸、渝關可通餉饋，松亭、金坡、古北止通人馬，不可行車。其山之南，則五穀良材良木無所不有，出關未數里，則地皆鹵瘠，蓋天設之險，宋若盡得諸關，則燕山一路可保矣。金人既據平州，則關内之地蕃、漢雜處，故斡離不遂自平州入寇，此當時議割地者不明地理之誤也。志云：渝關下有渝水通海，自關東北循海有道，道狹纔數尺，僅通一軌，傍皆亂山，高峻不可越。宋白曰：「渝關西皆亂山，至進牛柵凡六口，柵戍相接，此天所以限中外也。」明初以其倚山面海，名曰山海關。築城置衛，爲邊郡之咽喉，京師之保障。

居庸，

居庸關，在順天府昌平州西北二十四里，延慶州東南五十里。關門南北相距四十里。今有南口、北口兩千户所。兩山夾峙，下有巨澗，懸崖峭壁，稱爲絶險。地理志：「居庸塞東連盧龍、碣石，西屬太行、常山，實天下之險。有鐵門關。」呂氏春秋、淮南子皆曰：「天下九塞，居庸其一也。」亦謂之軍都關。地記：「太行八陘，其第八陘爲軍都。」酈道元曰：「居庸關在上谷沮陽城東南六十里。軍都在居庸之南，絶谷纍石，崇墉峻壁，山岫層深，側道褊狹，林鄣邃險，路才容軌。胡氏曰：「漢志上谷郡有軍都、居庸兩縣，蓋縣各有關。」按蘇林注但言居庸有關，而軍都則否，蓋北魏時曾分置兩關耳。唐志：「幽州昌平縣北十五里有軍都，陘縣西北三十五里爲居庸關，亦謂之軍都關。」又居庸關亦名納款關，通典：「北齊改居庸關爲納款關。」唐志亦稱居庸爲納款。又名薊門關，唐十道志：「居庸關亦名薊門關。」而居庸、軍都，其通稱也。後漢初，更始使者入上谷，耿況迎之於居庸關。建武十五年，遷代、上谷諸郡民於居庸關以東。安帝元初五年，鮮卑犯塞，屢寇上谷。建光初復寇居庸關。初平四年，幽州牧劉虞遣掾田疇奉章詣長安，疇以道路阻絶，願以私行，乃自選家客二十騎，上西關出塞，傍北山直趨朔方，循間道至長安致命。西關即居庸也。胡氏曰：「疇蓋由居庸歷陰山而西。」既而劉虞討其部將公孫瓚，爲所敗，北奔居庸，瓚追攻之，城陷。東晉咸康六年，石虎積穀樂安城，見永平府盧龍縣。欲擊慕容皝。皝曰：「虎以樂安城防守重複，冀城南北必不設備，今若詭路出其不意，可盡破也。」遂帥諸軍入蠮螉塞，直抵薊城，破武遂津見保定府安肅縣。入高陽，今縣。大掠而還。永和六年，慕容儁使慕容霸將兵二萬，自東道出徒河，見廢大寧衛。慕容輿自西道出蠮螉塞，儁自中道出盧龍塞。又太元十年，慕容垂初復燕，遣慕容農出蠮螉塞，歷凡城趣龍城，討叛將餘巖於令支。凡城等俱見廢大寧衛。蠮螉，或曰即居庸音轉耳。二十一年拓跋珪大舉伐後燕，分遣其將封真等從東道出軍都襲幽州。北魏孝昌初，杜洛周反於上谷，圍燕州，五代志幽州治昌平，〔一〇〕即今昌平州也。幽州刺史常景與都督元譚討之，自盧龍塞至軍都關皆置兵守險，譚出屯居庸關。既而安州、今密雲縣。石離等戍石離戍見薊州平谷縣。反應洛周，洛周自松岍赴之。松岍亦見平谷縣。常景使別將崔仲哲屯軍都關以邀之，戰沒，居庸亦潰。又關之南口亦曰幽州下口。北齊高洋天保七年北巡至達速兒嶺，或曰在山西朔州塞外。行視山川險要，將起長城。既而發民築長城，自幽州下口西至恒州九百餘里。水經注：「濕餘水出沮陽縣東南，流出關謂之下口。」北齊書訛爲「夏口」。唐會昌初，幽州軍亂，雄武軍使張仲武起兵擊之，雄武見薊州。遣軍吏吳仲舒詣京師言狀。李德裕虞其不克，仲舒曰：「幽州糧食皆在嬀州及北邊七鎮，七鎮，見密雲縣。萬一未能入，則據居庸關絕其糧道，幽州自困矣。」五年詔毀天下寺，并勒僧尼歸俗，五臺僧多奔幽州。李德裕以責幽州帥張仲武，乃封二刀付居庸關曰：「有遊僧入境則斬之。」景福二年，幽州將劉仁恭戍蔚州，引兵還襲幽州，至居庸敗奔河東。乾寧元年，李克用擊幽州，拔武州、新州，進攻嬀州，李匡籌發兵馳救，出居庸關，爲克用所敗，幽州遂入於河東。五代梁乾化三年，劉守光據幽州，晉王存勗使劉光濬攻之，克古北口，燕居庸關使胡令圭等遂奔晉。宋宣和四年，金人謀取燕京，遼人以勁兵守居庸，金兵至關，崖石自崩，戍卒多壓死，遂潰，金人度關而南入燕京。嘉定二年，蒙古攻金至古北口，金兵保居庸不得入，蒙古主乃留可忒、薄察等頓兵拒守，而自以衆趣紫荆關，拔涿、易二州，轉自南口攻居庸，破之，出北口與可忒、薄察軍合。四年，蒙古薄宣平，〔二〕見宣府鎮萬全左衛。克縉山，今延慶府。遊兵至居庸關，守將棄關遁，蒙古兵克之，遊奕至都城下，襲金羣牧監，驅其馬而還。元致和元年，元主殁於上都，大都留守平章政事燕帖木兒起兵迎立懷王圖帖睦爾於江陵，遣其弟撒敦守居庸關，唐其勢守古北口。既而上都諸王襲破居庸關，遊兵至大口。今良鄉縣北之天津口。天曆初，詔居庸關壘石爲固，調丁壯守之。至正二十四年，孛羅帖木兒遣兵犯關，亦入自居庸。元史：「初，居庸立南、北口，屯軍徼巡盜賊，各設千户所。至大四年，樞密院奏：居庸關古道四十有三，今軍吏防守處僅十有三，舊置千户，位輕責重。於是改千户所爲萬户所，〔三〕增置屯軍，於東西四十三處設十千户所，立隆鎮上萬户以統之。皇慶初始改隆鎮衛親軍都指使司，延祐三年又增置千户所隸焉。」明初既定元都，洪武二年大將軍達壘石爲城，即今南口城也。以壯幽燕門户。三年，徙山後諸州之民於關內，於居庸關立守禦千户所。及靖難兵起，燕王曰：「居庸關路狹而險，北平之噤喉也，百人守之，萬夫莫窺，必據此乃可無北顧憂。」永樂二年置衛，時立隆慶衛及隆慶左衛於此。宣德元年徙隆慶左衛於永寧縣，而關獨有隆慶衛。領千户所五，以爲京師北面之固。自是北邊告警，居庸、倒馬、紫荆以迄天壽山、潮河川、白羊口並爲戍守要地。景泰初，英宗車駕還至居庸。又正德十三年幸昌平至居庸關，既遂，數出居庸。說者曰：居庸東去有松林數百里，中間間道，騎行可一人，謂之札八兒道，即元太祖問計於札八兒，從此趨南口者。元史：「太祖攻居庸不能下，問計於札八兒，對曰：『從此而北，黑樹林中有間道，騎行可一人，若勒兵啣枚以出，終夕可至。』太祖乃令札八兒輕騎前導，自暮入谷，黎明已在平地，疾趨南口，金人駭潰。」紫荆、倒馬二關，隘口多，守禦難偏，內達保定、真定，皆平夷曠衍，無高山大陵之限，騎兵便於馳突。惟居庸重岡複嶺，關山嚴固，三關之守，居庸險而實易。近時闖賊犯闕，亦自宣府歷懷來，入居庸薄都下。嗚呼，地利果安在哉！

紫荆，

紫荆關，在保定府易州西八十里，山西廣昌縣東北百里。路通宣府、大同，山谷崎嶇，易於控扼，自昔爲戍守處，即太行蒲陰陘也。地記：「太行八陘，第七陘爲蒲陰。」或曰即古之五原關。原，一作「阮」。漢陽朔三年，關東大水，詔流民入函谷、天井、見山西重險。壺口、謂龍門也。見山西河津縣。五阮關者勿苛留。後漢建武二十一年，烏桓爲寇，遣馬援出五阮關掩擊之。水經注謂之子莊關，易水與子莊溪水合，北出子莊關是也。宋人謂之金坡關。志云：以山多紫荆樹，因改今名。崖壁峭矗，狀如列屏，爲易州之巨防。宋嘉定二年，蒙古攻居庸，金人拒守不能入。蒙古主乃趣紫荆關，敗金兵於五回嶺，亦見易州。遂拔涿、易二州；遣别將自南口反攻居庸，破之。元人所謂「勁卒擣居庸北附其背，大軍出紫荆南搤其吭」是也。致和初，上都諸王忽剌臺等入紫荆關，遊兵逼大都城南，燕帖木兒敗之於盧溝橋，乃却。明初，華雲龍言：「紫荆關蘆花山嶺尤爲要路，宜設千户所守禦。」從之。正統末親征也先，至大同乃議旋師，諸將皆言宜從紫荆關入，王振不從，遂有土木之禍。未幾也先自大同入犯紫荆，擁上皇而南，從間道攻關破之，進薄都城，爲官軍所敗，也先遁去，其弟伯顏帖木兒復奉上皇駕出紫荆關。天順三年，孛來等寇大同，直抵雁門、忻、代，詔帥臣顏彪、馮宗率兵屯紫荆、倒馬二關爲聲援。既而石亨欲以大同叛，嘗言：「據大同，塞紫荆，京師何由得至哉？」弘治四年，高銓言：「紫荆關之險實被拒馬河界破，若賊據其地，我軍戰守非宜。拒馬河即易水。河北有三里鋪，地勢平展，可以駐劄，下視關城，纖悉莫掩。請即其地增築城堡，撥軍戍守。」從之。自是備禦益密。十年，火篩自大同深入，分遣大臣戍守居庸、紫荆、倒馬諸關口。正德九年，小王子入宣、大塞，分遣兵守古北口及紫荆諸關。嘉靖三十二年，俺答入大同，徑趣紫荆關，急攻插箭、浮圖等峪，官軍拒却之。插箭、浮圖，見山西廣昌縣。志云：紫荆與大同密邇，爲京師西偏重地。向有舊關，明初撤而新之，城高池深，足稱雄固，當居庸、倒馬間，實爲輔車之勢。

倒馬。

倒馬關，在真定府定州西北二百五十里，志云：在保定府唐縣西北百里。山西廣昌縣南七十里，即戰國時鴻之塞也。戰國策：「趙武靈王伐中山，取爽陽、鴻之塞。」史記作「華陽、鴟之塞。」華陽蓋恒山别名。鴭，徐廣曰當作「鴻」。亦曰鴻上關，今謂之鴻城，在唐縣西北。博物志：「唐關在中人西北百里，見唐縣。或以爲鴻上關。」酈道元以爲鴻山關。漢時亦名常山關。後漢建武十五年，徙雁門、代郡、上谷民置常山關、居庸關以東。關當常山之嶺道，故曰常山關，漢志「代郡有常山關」是也。晉太元中，拓跋珪自鄴還中山，將北歸，發卒治直道，自望都鐵關鑿恒嶺至代。說者曰：鐵關即故鴻上關，今爲倒馬關路。又北魏武泰初，定州爲上谷賊杜洛周所圍，刺史楊津請救於柔然。柔然前鋒至廣昌，賊塞隘口，不能進而還，即此路也。沈括曰：「飛狐路在大茂之西，自銀冶寨北出倒馬關，却自石門冷水鋪入瓶形、枚回兩寨間，瓶形，今平刑關也，見山西繁峙縣。其相近有故枚回寨。可至代州。」胡三省曰：「括所稱代州，蓋謂雁門。自此亦可至漢之代郡，但非直道。今自蔚州廣昌縣東南山。南出倒馬關，至中山上曲陽縣，關山險隘，實爲深峭，石磴逶迤，沿途九曲，誠控扼要地也。」宋嘉定十三年，蒙古木華黎至滿城，今保定府屬縣。使蒙古不花將兵出倒馬關，適金恒山公武仙遣將攻臺州，今山西五臺縣。不花與之遇，敗之。既而引兵趣倒馬關，金人遂以真定降。說者謂真定之安危，視倒馬之得喪也。三關攷：「倒馬關有二城，稍北者爲上城，南者爲下城，相去三里許，山路崎嶇，按轡徐行，庶無銜橛之患，故以『倒馬』爲名。」國家以雁門、寧武、偏頭爲外三關，而居庸、紫荆、倒馬爲内三關。西偏有警，必分列戍守於此。外三關，詳見山西代州及崞縣、河曲縣。正德八年虜由大同入犯寧武及倒馬關，〔三〕諸將拒却之。蓋在京師肘腋間，備不可不豫，慮不可不密也。

按北直雄峙東北，關山險阻，所以隔閡奚、戎，藩屏中夏。說者曰：滄海環其東，太行擁其右，漳、衛襟帶於南，居庸鎖鑰於北，幽燕形勝，實甲天下。又曰：文皇起自幽燕，奠涿鹿而撫軒轅之阪，勒擒胡而空老上之庭。前襟漕河，北枕大漠。川歸轂走，開三面以來八表之梯航；奮武揆文，執長策以扼九州之吭背。秦、晉爲之唇齒，而斥堠無驚；江、淮貢其囷輸，而資儲有備。魚鹽棗栗多於瀛海、碣石之間，突騎折衝近在上谷、漁陽之境。修耕屯而塘泊之利可興，振師干而開寧之疆在握，此真撫御六合之宏規也。然而居庸當陵寢之旁，古北在肘腋之下，渝關一線爲遼海之噤喉，紫荆片壘係燕、雲之保障，近在百里之間，遠不過二三百里之外，藩籬疏薄，肩背單寒，老成謀國者，早已切切憂之。而不僅此也：九原、雲中制我上游之命，李鄴侯靈武之謀，欲並塞北出，犄角以取范陽，蓋地勢形便，川原斥鹵，馳騾易達也；三齊爲我南屏，而輓輸數百萬，皆假道於此，設有脫巾挺刃之徒乘間而起，則京師之大命倒懸於山左矣，可勿爲意外之虞乎？嗟夫，中外之勢，千古大防也；勃、碣之間，自古爲都會矣；特以密邇疆索，引弓之徒，猘猘於塞外者不惟一族，故制馭之道爲尤切焉。富氏弼曰：「河北一路爲天下根本。燕、薊之北有松亭關、古北口、居庸關，此中原險要所恃，以隔絶匈奴者也。」吕氏中曰：「燕、薊不收則河北不固，河北不固則河南不可高枕而卧。澶淵之役，寇準欲邀契丹稱臣，且獻幽、薊地，曰：『如此可保百年無事，不然，數十年後，戎且生心矣。』真宗不從，及女真取燕山，遂成靖康之禍。」

校勘記

〔一〕十一年綰叛降匈奴　「匈奴」，底本原作「敵」，職本、敷本、鄒本並作「匈奴」。史記卷九三盧綰傳云：「盧綰遂將其衆亡入匈奴，匈奴以爲東胡盧王。」卷一一〇匈奴傳亦云：「後燕王盧綰反，率其黨數千人降匈奴。」今從職本等改作「匈奴」。

〔二〕直隸保安州　此五字底本原脱，今據職本、鄒本補。

〔三〕拓跋珪　「拓」，底本原作「跖」，今據職本、鄒本改。

〔四〕常山岌　「岌」，底本原作「吸」，今據鄒本改。蓋「岌」或作「岋」，訛爲「吸」也。

〔五〕並燕　史記卷六秦始皇本紀作「並海」。

〔六〕閻鄉在故安西　「鄉」，底本原作「縣」。上文引漢志注及水經注均作「閻鄉」，此忽作「閻縣」，當有誤。職本作「閻鄉」，今據改。

〔七〕又北至南和縣西合於灃河　「灃」，底本原作「澧」，敷本、鄒本作「灃」。明志卷四〇南和縣下云：「南有漳河，合縣西之灃河。」則底本作「澧」誤，今據敷、鄒本改。

〔八〕趙武靈王二十年　史記卷四三趙世家記「趙希並將胡、代」在趙武靈王二十一年，此作「二十年」誤。

〔九〕見山西太原縣　「太原縣」，底本原作「陽曲縣」，職本作「太原縣」，本書卷四〇亦記晉安砦於太原縣下，今據改。

〔一〇〕五代志幽州治昌平　按上文云杜洛周圍燕州，此忽作「幽州」，當有誤。後魏志卷一〇六上、隋書卷三〇地理志（以下簡稱隋志）並云北魏幽州治薊縣，東燕州治昌平，則此「幽州治昌平」當作「燕州治昌平」。

〔一一〕四年蒙古薄宣平　「四」，底本原作「二」，彭元瑞校改爲「四」，職本亦作「四」。宋嘉定四年即金衛紹王大安三年，金史卷一三衛紹王紀云是年「大元太祖法天啓運聖武皇帝來征」，金將「千家奴、胡沙自撫州退軍，駐于宣平」。職本作「四」是，今據改。

〔一二〕於是改千户所爲萬户所　元史卷二四仁宗紀作「改隆鎮萬户府爲隆鎮衛」，則此「萬户所」當作「萬户府」。

〔一三〕正德八年虜由大同入犯寧武及倒馬關　底本原脱「虜」字，今據職本補。

讀史方輿紀要卷十一

北直二

順天府，東至永平府五百二十里，南至河間府四百十里，西至保定府易州二百十四里，北至延慶州百七十里，東南至天津衛三百三十里，西南至保定府三百三十里，西北至萬全都指揮使司三百五十里，東北至古北口二百四十里，自順天府治至南京二千五百五十里。

禹貢冀州地。其在顓頊時曰幽陵，帝堯時曰幽都，帝舜時爲幽州地，夏、商時皆爲冀州地。周亦置幽州，春秋、戰國時爲燕國。秦爲上谷、漁陽二郡地。漢初爲燕國，又分置涿郡。見下涿州。元鳳初改燕國爲廣陽郡，本始初更爲廣陽國。東漢省廣陽入上谷，永平八年復置廣陽郡。三國魏改爲燕郡。郡治薊，又幽州亦治此，魏、晉皆因之。晉爲燕國，晉建興二年，石勒入薊，執幽州都督王浚，以故尚書劉翰行幽州刺史。翰以幽州入於段匹磾，其後復并於石勒。慕容儁嘗都此。其後苻堅、慕容垂代有其地。後魏亦爲燕郡，兼置幽州。北齊於幽州置東北道行臺。後周亦置燕郡，兼立總管府於幽州。隋初郡廢，仍曰幽州，仍置總管府，大業初府廢。大業初改曰涿郡。唐初復爲幽州，初置總管府，尋爲大都督府。天寶初曰范陽郡，范陽節度使治此。上元中史朝義僞改郡爲燕京。乾元初復爲幽州。亦爲盧龍節度使治。李懷仙等據其地，亦曰幽州節度。詳見州域形勢說，後倣此。唐末爲劉仁恭所據。後唐亦曰幽州。石晉初歸於契丹，改爲南京幽都府，又改爲燕京析津府。遼志：「初亦曰盧龍軍，開泰元年改爲永安軍。」宋宣和四年得其地，改爲燕山府。金仍曰燕京析津府，廢主亮改曰中都大興府。蒙古初爲燕京路，至元初建中都，九年改爲大都，而大興府仍舊，二十一年始改爲大都路。明初曰北平府，永樂初建北京，七年改北平爲順天府。今領州五，縣二十二。

府關山險峻，川澤流通，據天下之脊，控華夏之防，鉅勢强形，號稱天府。召公初封於此，享祚八百年，闢國千餘里。自漢以後，幽、燕皆爲巨鎮。光武資其兵力，克復漢祚。其後慕容儁竊據於此，遂兼河北。唐之中葉，漁陽倡亂，藩鎮之患，實與唐室相終始。石晉以燕、雲入契丹，出帝之禍，不旋踵焉。宋争燕、雲而力不能保也，靖康之辱，復蹈石晉之轍矣。自契丹、女真以及蒙古相繼都燕，而中原受控御者垂數百年。金粱襄言：「燕都地處雄要，北倚山險，南壓區夏，若坐堂皇而俯視庭宇也。又居庸、古北、松亭諸關，東西千里，險峻相連，近在都畿，據守尤易。」元木華黎曰：「幽、燕之地，龍蟠虎踞，形勢雄偉，南控江、淮，北連朔漠，駐蹕之所，非燕不可。」至明成祖分藩於燕，遂因以奄有九服。或者曰：燕都北倚邊塞，南通齊、趙，誠用武之地，但飛芻輓粟，必寄命於數千百里之外，似非完策。元虞集嘗言：「京師之東，瀕海數千里，北極遼海，南連青、齊，萑葦之場也。而海潮日至，淤爲沃壤，宜用南人法，築堤捍水爲田，召富民耕種，三年而征其税，可以衛京師，可以防島夷，可以省海運矣。」至正十二年，脱脱爲相，因宗其説，議立分司農司，西自西山，南至保定、河間，北抵檀、順，東及遷民鎮，（遷民鎮見遼東廣寧前屯衛。）皆設法耕屯，未幾復罷。明朝徐貞明言：「京東諸州邑，皆負山控海。負山則泉深而土澤，控海則潮淤而壤沃。自密雲以東至薊州、永平之境，河泉流注，疏渠溉田，爲力甚易，而豐潤境内瀕海之田幾二百里，與吳、越沃區相埒。國家據上游以控六合，而遠資東南數千里難繼之餉，近棄可耕之田爲汚萊沮澤，豈計之得者乎？」

今京城，遼、金、元以來故都也。舊志：遼太宗耶律德光升幽州爲南京，亦曰燕京，改築都城，其地在今城西南。内爲皇城，周七里一百三十步。（遼志：「大内在西南隅皇城内，宫門曰宣教，後改曰元和。」）有門五：正南曰南端門，左爲左掖門，（後改萬春門。）右爲右掖門，（後改千秋門。）西曰顯西門，（設而不開。）北曰子北門。外爲都城，周三十六里。有門八：東曰安東、迎春，南曰開陽、丹鳳，西曰顯西、清晉，北曰通天、拱辰。金廢主完顔亮改燕京爲中都，命增廣都城。（其内城周九里三步，南門曰通天門，大定五年又改曰應天門。）有門十三：東曰施仁、曰宣曜、曰陽春，南曰景風、曰豐宜、曰端禮，西曰麗澤、曰顯華、曰彰義，北曰會城、曰通玄、（金大安三年，蒙古遊奕至都城下，金主命术虎、高琪屯通玄門，即此。曰崇智、曰光泰。又有廣陽門。金大安三年，命將分屯彰義、廣陽二門。或曰廣陽門即陽春門也。元至元初謂之中都。四年於舊城東北改築都城，亦建皇城於其中。都城方六十里，有門十一：正南曰麗正，南之右曰順承，南之左曰文明；北之東曰安貞，北之西曰健德；正東曰崇仁，東之右曰齊化，明初取元都，自齊化門入。東之左曰光熙；至正二十四年，孛羅帖木兒自大同遣兵犯闕，太子愛猷識理達臘戰不勝，出光熙門，東走古北口。正西曰和義，西之右曰肅清，西之左曰平則。九年名曰大都城。至正十九年十一門皆築甕門，造弔橋，以爲守禦。明初改置北平布政使司，永樂初建爲北京。四年營建宮殿，百度惟新，十八年宮殿始成。乃繕治京城。於内爲宮城，周六里一十六步。亦曰紫禁城。南曰午門，亦曰承天門。東曰東華門，西曰西華門，北曰玄武門。宮城之外爲皇城，周一十八里有奇。南曰大明門、曰長安左、右門，東西曰東安、西安門，北曰北安門。京城周圍四十里，爲九門：南曰麗正門，今曰正陽門；正統初改。南之左曰文明門，今曰崇文門；右曰順成門，今曰宣武門；東之南曰齊化門，今曰朝陽門；之北曰東直門；西之南曰平則門，今曰阜成門；俱正統初改，餘四門仍舊。之北曰西直門；舊名彰義門。正統末也先薄京城，石亨敗之於此。北之東曰安定門；景泰元年英宗回鑾，詔廷臣以次迎於龍虎臺、居庸關，尋入安定門，上自迎於東安門。之西曰德勝門。正統末也先薄都城，于謙闔德勝門，軍城外，即此。嘉靖二十三年又築重城，包京城南面，轉抱東西角樓，長二十八里，爲七門：南曰永定門、左安門、右安門，東曰廣渠門、東便門，西曰廣寧門、西便門。四十二年又增修各門甕城，是後以時修治，所謂京邑翼翼，四方之極也。

大興縣，附郭，在城内東北隅。秦置薊縣，漢以後因之，州郡皆治此。遼改曰薊北縣，尋又改爲析津縣，金貞元二年改曰大興。今編户三十六里。

宛平縣，附郭，在城内西北隅。本薊縣地，唐建中二年析置幽都縣，遼開泰二年改曰宛平。今編户七十五里。

薊城，今府治東。古燕都也。記曰：武王克商，封帝堯之後于薊。其後燕并薊地，遂都於薊，以城西北有薊丘而名。秦始皇二十一年，王賁取燕薊城，因置薊縣，屬上谷郡。項羽封臧荼爲燕王，都薊。漢盧綰亦封焉。後爲廣陽國治。更始二年，光武以王郎新盛，北徇薊。其後爲刺史治。自魏、晉及唐皆曰薊縣，州郡嘗治此。石晉初没於契丹，始改廢焉。元和志：「薊城南北九里，東西七里，開十門。燕慕容儁都此，鑄銅爲馬，城東南因有銅馬門之名。」又舊唐書：「幽都縣管郭下西界，建中二年取羅城内廢燕州廨署置，在府北一里。」即今宛平縣治。

陰鄉廢縣，府西南二十五里。漢置陰鄉縣，屬廣陽國，後漢省。其遺址俗謂之籠火城。唐武德三年，竇建德遣將高士興擊羅藝於幽州，不克，退軍籠火城。藝襲擊，大敗之。未幾，復敗建德軍於籠火城是也。○玉河廢縣，在府西四十里。本薊縣地，五代時劉仁恭置。遼志：「仁恭於大安山創宫觀，師煉丹羽化之術於方士王若訥，因分薊縣，置此縣以供給之。」遼亦爲玉河縣，今廢。

賓義廢縣，在府城内。唐貞觀初，置順州於營州南五柳戍，後寄治於幽州城内。天寶初曰順義郡，乾元初復曰順州，領賓義縣一。後廢。唐書：幽州管内有廣平縣，天寶初分薊縣置。三載廢。至德以後復分置，後又省入薊縣。

征北小城，在府東。或曰即後漢末公孫瓚所築。初平四年，瓚與幽州牧劉虞積不相能，瓚築小城於薊城東南居之。虞發兵討瓚，反爲所敗。晉置征北將軍嘗治此，因名征北小城。建興三年，劉琨自太原奔段匹磾，時匹磾治薊，琨別屯征北小城是也。

納降城，在府城西。唐會要：幽州城内有經略軍，有納降軍。本納降守捉城，故丁零川也，後置納降軍使戍守於此。西南又有安塞軍、赫連城。又舊志：迴城，在薊縣東。唐營州嘗寄治此。又有閻城，在府西南三十五里。亦曰關城，故城址在焉。○土城，在府西北八里，唐時戍軍頓舍處也。或曰元置。正統十四年，乜先奉上皇車駕登土城，詔廷臣王復等出謁，即此矣。

西山，府西三十里。太行山之別阜也，巍峨秀拔，拱峙畿右，稱爲名勝。稍北曰玉泉山，金章宗璟嘗避暑於此，行宫故址在焉。其相近者曰香山，有香山寺，萬曆初駕嘗幸此。志云：香山之東接平坡山。其上平原百里，烟雲林樹，皆稱奇勝，成化中車駕嘗幸此。其並峙者曰覺山、盧師山。又香山西南有五峰山，以五峰秀峙而名。自此而西，山之得名者凡數十處，皆西山也。○金山，亦在府西三十里。亦曰甕山。其西有龍泉，匯而爲池，曰甕山泊，瀦通太湖。又有卧龍岡，在府西北四十五里。正統間車駕嘗幸此。又西五里曰翠峰山，山形奇峭。其陰有横嶺如列屏，曰遮風嶺。

仰山，府西七十里。峰巒拱峙，中有平頂如蓮花心，旁列五峰。金主璟嘗遊此。又潭柘山，在府西八十里。山勢磅礴，連擁三峰。傍有二潭，潭上有古柘，因名。自西山諸峰連綿而西，潭柘爲尤勝。○顏老山，在府西北百九十里。山之西南有石青洞，東北有柳林水。其相近者曰小龍口山。山有兩崖，東崖在清白口社，西崖在清水社。有泉，東入盧溝河。

分水嶺，府西四十五里。山澗諸水，至此分而爲二，一入盧溝河，一入房山縣界。又十八盤嶺，在府西北八十里。其山縈曲，十有八折。○青山嶺，府西百五十里。山四面高聳，中坦平，多產杉漆諸藥。又摘星嶺，在府西二百餘里。高聳雲霄，僅通一徑。

薊丘，在舊燕城西北隅。古薊門也。戰國策「薊丘之植，植於汶篁」，謂此。今有二土阜，林木蓊鬱。○龍頭岡，在府西北四十五里。五代梁乾化二年，晉將周德威攻燕，擒劉守光將單廷珪於此。正統中，車駕嘗幸焉。舊志云：幽州東南有龍頭岡。悮。

盧溝河，府西南四十里。自保安州流經西山中，東南出，地勢平而土脉疏，最易衝決。有劉師堰，魏劉靖所築，後廢。又東南爲白狼窩口，舊築堤於此，袤百六十餘丈，曰固安堤。又東分二流，入通州及良鄉縣界。詳見大川桑乾河。

大通河，在府城東南。元史：「至元二十八年，都水監郭守敬言水利，欲導昌平白浮村神山泉，西折南轉，過雙塔、榆河，引一畝泉、玉泉諸水，經甕山泊至西水門入都城，環匯於積水潭，復東折而南出南水門，東至通州高麗莊入白河，共一百六十四里有奇。每十里置一牐，以時蓄洩。從之。二十九年開大通河，明年成，亦曰通惠河，自是都民免陸輓之勞，公私稱便。」歐陽玄曰：「通惠河首導昌平白浮之水，次循太行西山之麓，會諸山之流爲七里泊，東流入都城西水門匯積水潭，又東傍宮墻，環大内之左合金水河，東折而南出都城東水門，經大通橋，東流至通州城西北永通橋，又東會於白河是也。」河漕攷：「元時通惠河築堰，起白浮村至青龍橋，長五十餘里，以障諸水入都城。」明永樂四年，北京行部言：「宛平、昌平二縣西湖、景東、牛欄莊及青龍、華家、甕山三閘，水衝決堤岸百六十丈。」命發軍民修治。五年復言：「自西湖、景東至通流凡七閘，河道淤塞。自昌平東南白浮村至西湖、景東流水河口一百里，宜增置十二閘，請以時修治。」今並湮廢。又通州陸輓至都城僅五十里，元人開運河，總計百六十里，置牐壩二十四所。然通州以西，雖有慶豐、文明、會川等閘，皆河流淺淤，而積水潭在禁城北，漕舟既集，亦無停泊之所，又分流入大内，然後南出，其啓閉蓄洩，非人所得專，故通惠河幾廢。嘉靖六年始濬大通橋至通州城北之石壩凡四十里，地勢高下四丈。修慶豐上下二閘，平津上中下三閘。又東爲普濟閘以蓄水，造剥船製布囊盛米，遞相轉輸，以達都中，軍民稱便。俗謂之裏漕河。

高梁河，在府城西。自昌平州沙澗，東南流經高梁店，又東南流入都城積水潭。宋太宗伐遼，與遼將耶律沙等戰於高梁河是也。金人亦謂之皂河，上有高梁橋。蒙古兵入居庸，至皂河欲度高梁橋，爲金將胡沙虎所敗。水經注：「高梁水至潞縣注於潞河。」今大通河蓋即高梁河下流也。

沙河，府北六十里，即榆河也。志云：源出居庸。河至昌平舊縣南而伏，又南十餘里復出，流入宛平縣界。水經注謂之濕餘河，遼史作「溫榆河」。自府北合清河，東流入順義縣，下流會於白河。或曰沙河有二源：一出昌平州西南五十里龍泉寺，合西山諸泉東流爲南沙河；一出昌平州西南之四家莊，逕雙塔村東流爲北沙河。二河分流，至沙河店東南竇家莊合爲一，入通州界注於白河。沙河店在二河之間，故名。永樂十二年北征，駕次清河，明日次沙河，又明日次龍虎臺是也。○玉河，在府西。源出玉泉山，流注西湖，經大内出都城，東南入大通河。亦謂之御河。

清河，府北二十里。源出昌平州一畝泉，流經雙塔店合雙塔河，入府境東南流，經此又東會沙河入白河。一云源出玉泉山，分流北出，會於沙河。元至正二十四年，孛羅帖木兒鎮大同，與太子有隙，遣兵犯闕，入居庸關，兵至清河，太子東走。未幾，太子還宫，孛羅復犯闕，入居庸。太子率兵禦於清河，軍潰，遂南遁。

金口河，在府西三十五里東麻谷，即盧溝河東岸。金人於此分引盧溝河一支東流，穿西山而出以通漕運。下視都城，高十四丈餘，金末恐暴漲爲害，塞之。元至元二年，郭守敬議按故迹開導，上致西山之利，下廣京畿之漕；又於金口西預開減水口，西南還大河，令深廣以防漲水突入之患。不果。至正二年，議者又欲於通州高麗莊開新河百十餘里，而放西山金口河及引渾河之水東流合御河達通州接引海運，至大都城輸納。脱脱從之，役夫萬餘人，開河置牐。許有壬言：「渾河之水，湍悍易決，足以爲害，淤淺易塞，不可行舟。況西山水勢高峻，金時在城北，入郊野雖有衝決，爲害亦輕；今在都城西南，若霖潦漲溢，加以水性湍急，宗社所在，豈容僥倖。設或成功一時，亦不能保其永無衝決之患。」不聽。河成，果水急泥壅不可行舟，復罷之。

海子，志云：在宛平縣治西三里。舊名積水潭。凡西北諸泉入都城皆匯於此，汪洋如海，因名。又有南海子，在京城南二十里。舊爲下馬飛放泊，内有按鷹臺。永樂十二年增廣其地，周圍凡一萬八千六百六十丈，乃育養禽獸、種植蔬果之所。中有海子，大小凡三，其水四時不竭，一望瀰漫。因禁城北有海子，故别名爲南海子。正德十二年獵於南海子，即此。

太湖，府西南四十五里。廣袤十數畝，傍有二泉湧出，經冬不涷。東流爲洗馬溝，俗傳光武狥薊時洗馬於此。○西湖，在府西玉泉山下。玉泉之水出石罅間，瀦而爲池，廣三丈許。池東跨小橋，水經橋下，東流匯爲西湖，周十餘里。荷蒲菱芡，沙禽水鳥，稱爲佳勝。

車箱渠，在府西北。曹魏嘉平二年，劉靖督河北諸軍事，登梁山，觀水道源流，乃立堨於水，導高梁河，造戾陵堨，開車箱渠，依北岸立水門。景元二年，又遣謁者樊良更制水門，水流乘車箱渠，自薊西北逕昌平，東盡漁陽潞縣，凡所含潤四五百里，灌田萬有餘頃。晉元康五年，靖子弘復修治之。水經注：「高梁水首受濕水於戾陵堰，水北有梁山，山有燕剌王旦陵，故以名堰。」後廢。後魏正光二年裴延儁刺幽州，案戾陵諸堨，廣袤三十里，表求修復營造，溉田甚廣，百姓賴之。

百泉溪，在府西南十里麗澤關。平地有泉十餘穴，匯而成溪，東南流爲柳村河，下流注於盧溝河。

七里泊，府西北三十五里，地名碾莊。自昌平州流經此合高梁河，有青龍橋跨其上。又燕家泊，在府西北二十五里。廣袤五十餘畝，東南流入府西十里之玉淵潭，亦曰丁家潭。○飛放泊，在府東南，地名北成店。廣三十餘頃。又西有黃埃莊飛放泊。

玄福宮，府北三十二里。道出昌平，永樂以後，車駕巡幸每爲駐頓之所。弘治十七年置宮於此，俗呼回龍觀。又北十八里至沙河店，即昌平州之鞏華城也。○臨朔宮，在府治西南。隋時置宮於此。大業七年伐高麗，至涿郡，之臨朔宮，將發，又類上帝於宮南。尋廢。

西苑，在皇城内。中有太液池、愛華島。又苑之東北有萬歲山，高聳明秀，蜿蜒磅礴。一名煤山。○御馬苑，在京城外鄭村壩等處。牧養御馬，大小二十所，相距各三四里。繚以周垣，垣中有厩；垣外地甚平曠，自春至秋，百草繁茂。羣馬畜牧其間，生育蕃息，爲國家之利。

永平館，府南十里。一名碣石館，遼時朝士宴集處也。又望京館，在府東北三十里。亦遼時所建，爲南北使餞息之所。宋王曾上契丹事「出燕京北門，至望京館」，即此。沈括曰：「幽州東北三十里有望京館，東行少北十餘里出古長城，又二十里至中頓，又踰孫侯河行二十里至順州，其北平斥，土厚宜稼，又東北行七十里即檀州矣。」

愍忠閣，府西南十五里。唐太宗征遼陽，憫忠義陣亡之士，建此閣。後爲愍忠寺，明朝改名觀音閣。又延壽寺，亦在府西南舊燕京城内。宋靖康二年，金斡離不刼上皇，自青城由滑州至燕山，館於延壽寺，繼又刼上皇及帝后居愍忠寺，即此。

王平口，府西百二十里。中有百花陀，四圍皆山，中爲平川，約數十畝，地暖而肥，杉漆藥草多生焉。金主璟嘗遊此。明初華雲龍言：「自王平口西至易州西北五十里之官坐嶺，關隘有九，相去約五百餘里，俱衝要地，宜設兵屯守。」是也。○安禮寨，在府西南。宋太宗時，宋琪言：「安禮寨東瞰燕城，纔及一舍，此周德威取燕之路也。」

盧溝橋，府西南三十五里，跨盧溝河上。洪濤東注，若迅雷奔馬，不可測識，橋爲往來之孔道。金明昌初所建，長二百餘步，名廣利橋。元至元十四年，命造過街塔於橋上。明正統中、崇禎初皆嘗修治。元史：「天曆初，上都兵入紫荆關，遊兵逼都城南，大都兵與戰於盧溝橋，敗之。」明建文中，李景隆謀攻北平，燕將請守盧溝橋以禦之。燕王曰：「彼方圖深入，舍此不守，彼必肆志，將受困於堅城之下。此兵法所謂利而誘之也。」

黄金臺，府東南十六里。又北里許爲小黄金臺。燕昭王嘗於易水東南築臺，以延天下士，後人慕之，因築焉。○謊糧臺，府東南六里。相傳唐太宗征高麗時，嘗虛設囷倉於此，以疑敵人。

鄭村壩。在府東二十里。建文初，李景隆攻北平，時燕王在大寧，景隆因結營於鄭村壩以待其還。又平安攻北平，營於平村，距城五十里。平村亦在府東。

良鄉縣，府西南七十里。西至涿州七十里，東至通州武清縣百七十里。春秋時燕中都地。漢爲良鄉縣，屬涿郡，後漢因之。晉屬范陽國，後魏屬燕郡，北齊省入薊縣。尋復置。隋屬幽州，唐因之。聖曆元年改爲固節縣，神龍初復故。舊治在涿州北四十里，五代唐長興三年移治於此。今編户二十五里。

廣陽城，縣東八里。漢縣，屬廣陽國。後漢建武初封劉良爲侯邑，屬廣陽郡。晉屬范陽國，後魏屬燕郡，北齊省入薊縣。唐總章中，以新羅降户置歸義州於此。後廢。開元二十年復置，以處降奚。唐書「時信安王禕破奚、契丹，奚酋李詩降，賜爵歸義王、歸義州都督，徙部落於幽州境内」，即此。上元三年，史朝義自歸義東奔廣陽。此廣陽謂密雲郡之廢燕樂縣，後魏置廣陽郡於燕樂，故云。所謂歸義，即此城也。州尋廢。或曰金廣陽鎮蓋置於此。

陽鄉鎮，在縣西北。漢縣，屬涿郡。建武四年討彭寵，祭遵屯良鄉，劉喜屯陽鄉是也。尋省。晉置長鄉縣，屬范陽國。後魏因之，魏收志作「萇鄉」。高齊時廢。

龍泉山，縣西十五里。下有石龍口，出泉不竭，東流入鹽溝河。○伏龍岡，在縣西十里。以形勢蜿蜒而名。又遼石岡，在縣治東三里。志云：岡有古城五座，方圓棋布。岡頂有多寶佛塔，隋建。金志作「料石岡」。

盧溝河，縣東三十里。自盧溝橋下分流經此，又東南流入固安縣界。

閻溝河，在縣南。源出縣西北龍門關口，東南流合於廣陽水。五代史：「契丹數抄盧龍諸州境，涿州運糧入幽州者，輒伏兵於閻溝掠取之。唐長興三年，趙德鈞鎮盧龍，城閻溝而戍之，因移良鄉縣治焉，自此糧運稍通。」一統志謂之鹽溝水。○廣陽水，在縣東。源出房山縣北三十里之公村，經廣陽故城下，南流與鹽溝水合，注於桑乾河。

琉璃河，縣南四十里。金史謂之劉李河。舊志云：即古聖水也。自房山縣流經縣界，至霸州入拒馬河。元延祐四年於盧溝橋、澤畔店、琉璃河並置巡簡司，即此。○龍泉河，在縣西。源出房山縣大安山下，西南流與琉璃河合。河濱有金時盤寧宮故址。又胡良河，亦在縣西。源自房山，經涿州東北流入琉璃河。金史謂之胡梁河。

天津關。在縣北百餘里。自北而西至易州淶水縣，出大龍門凡十五關口，中間差大者曰天門關口。或云天津口一名大口。宋嘉定六年，蒙古鐵木真破金人瀛、莫等州，自大口逼中都。又元致和元年，上都諸王梁王、王禪等襲破居庸，遊兵至大口。天曆二年，明宗和世㻋即位於和林北，南還，文宗圖帖睦爾迎之。發京師，明日至大口，越二日次香水園，又十九日次於上都之六十店。所謂大口，皆天津口也。

固安縣，府西南百二十里。東至東安縣九十里。漢置方城縣，屬廣陽國，後漢屬涿郡，晉屬范陽國，後魏屬范陽郡，北齊廢。隋開皇八年改置固安縣於此，屬幽州。唐武德四年屬北義州，貞觀初復屬幽州，大曆四年改屬涿州，遼、金因之。元屬霸州，又改屬大興府，中統四年升爲固安州。明初復爲縣，編户三十八里。

方城舊城，括地志：「在今縣東南十七里。」本燕舊邑。趙悼襄王初，李牧伐齊，取方城。韓非子：「燕以河爲境，以薊爲國，襲涿、方城，殘齊平山。」是也。漢因置方城縣，曹魏封劉放爲侯邑，高齊時廢。劉昫曰：「漢固安縣即今易州，隋開皇中始改置於故方城縣，仍改『故』曰『固』。唐武德四年徙治章信城，貞觀二年又移今治，西北去涿州九十里。」是也。五代史「周世宗伐契丹，下關南瀛、莫二州，遣先鋒將劉重進先發，據固安」，即今縣治。

臨鄉城，在故方城縣南十里。漢縣，屬涿郡，後漢省。劉昭曰「趙孝成王十九年與燕易土，以臨樂與燕」，即此城也。城邑攷：「縣西北有武陽城，相傳燕昭王所築。」

桑乾河，縣西北二十里。自良鄉縣流經縣界，又東南流入東安縣境，合於拒馬河。志云：明正德中，桑乾河堤潰決，禾黍之場悉爲巨浸。嘉靖初徙流縣北十里入永清縣界，雨潦浹旬，輒有衝決之患。

拒馬河，縣西南二十里。志云：盧溝河入縣境復分流入霸州界，謂之拒馬河，或謂之安陽河。五代周顯德六年，世宗遣先鋒將劉重進據固安，自至安陽水作橋，謀取幽州，會有疾而還。又明建文時燕王駐兵固安，渡拒馬河，即此。

韓寨營，在縣南。或以爲古韓城也。水經注：「方城故城東南有韓城。」詩「倬彼韓城，燕師所完」，鄭玄曰：「韓爲獫夷所逼，稍稍東遷也。」王肅曰：「涿郡方城縣有韓侯城，世謂之寒號城，非也。」今爲韓寨營。又縣西南十八里有李牧將臺，一名雀臺，音譌也。

栗園。在縣界。括地志：「固安之栗，天下稱之爲御栗，因有栗園。」北魏孝昌三年，上谷賊杜洛周遣其黨曹紇真掠薊南，幽州刺史常景遣將於榮擊破之於栗園是也。〔一〕

永清縣，府東南百七十里。西至東安縣三十里。漢置益昌縣，屬涿郡，後漢省。唐如意元年，分安次縣置武隆縣，屬幽州。景雲初改爲會昌縣，天寶初改曰永清，屬范陽郡。石晉時没於契丹，周世宗復取之。宋初爲霸州治，景祐二年并入文安縣。金復置。今編户二十一里。

通澤廢縣，在縣西五里。隋大業七年置，屬涿郡。尋廢。

拒馬河。在縣南。自霸州流經東安縣境，又東入縣界而注於武清縣之三角淀，即盧溝河及易水之下流也。

東安縣，府東南百五十里。東北至漷縣百十里。本漢安次縣地，初屬燕國，後屬渤海郡。後漢屬廣陽郡，晉屬燕國，後魏仍屬燕郡。隋屬涿郡，唐屬幽州。元初屬霸州，中統四年升爲東安州，屬大都路。明初復爲縣。編户四十四里。

安次廢縣，在今縣西北。漢舊縣也。光武初追破尤來、大槍諸賊於安次，即此。城冢記：「唐武德四年移治石梁城，貞觀八年又徙常道城，開元二十三年又移耿就橋行市南。明洪武三年避渾河水患，又移今治。」志云：今縣西北去舊治二十六里，在渾河水次，居民輳集。名舊州頭，以元置東安州也。

常道城，在舊州頭西五里。酈道元曰：「故鄉亭也。三國魏燕王宇之子璜封常道鄉公，甘露五年司馬昭迎立之。」又晉司空劉琨嘗守此以拒石勒，北魏主宏封宇文英爲常道鄉公，皆此城也。魏收志安次縣有故萇道城。〇石梁城，在舊州頭東南五十里。或云南北朝時所置戍守城也。其地又有崧州城，相傳遼古喇王所置州。

拒馬河。

盧溝河，在縣西。自固安縣流入境。元志「皇慶初渾河水溢決東安境内黄堝堤一十七所」是也。又東南合霸州之

易水，在縣南。舊易水過安次縣界爲固安河，今與拒馬河同爲一川矣。又縣境有白祠溝水。水經注：白祀溝出

廣陽縣之婁城店，東南經常道城西，去良鄉城四十里。今堙。

東沽港，縣南五十八里。志云：自縣西渾河分流，而東入武清縣三角淀。港南有垂楊渡，下通河間府静海縣。

盧王屯。在縣東。舊志：在常道鄉東南二十五里。漢初，盧綰屯軍與劉賈夾攻燕者，綰尋封燕王，因名曰盧王屯。

香河縣，府東南百二十里。北至通州三河縣六十里，西至漷縣四十里。本武清縣之孫村，遼於新倉置榷鹽院，因居民

聚集，遂置香河縣，屬析津府。金屬大興府。元初因之，後屬漷州。明初改今屬，編户十里。

扳罾口河，在縣西。源出通州之孤山麓，流經縣界入於白河。

龍灣河，縣南四十里。有大、小龍灣，夏秋之際，二水合流，經寶坻縣界入永平府昌黎縣之七里海。相傳遼時海運

故道。又有百家灣河，在縣北。其水無源，四時不竭。

駱駝港。在縣北八里。自三河縣之兔兒山流經縣界，下流入於白河。

附見

興州中屯衛。在良鄉縣治東。本在舊開平衛境，永樂四年移置於此。○營州前屯衛，在香河縣治東。本在舊大

寧衛境，永樂元年移置於此。

通州，府東四十里。東至薊州一百二十里，南至天津衛二百十里，西北至昌平州一百十里。

春秋時燕地。秦屬漁陽郡，兩漢因之。晉屬燕國，後魏仍屬漁陽郡，北齊時分置潞郡。隋志作「漁陽郡」。隋初郡廢，屬幽州。唐武德二年置玄州，貞觀初州廢，仍屬幽州。遼因之。金天德三年改置通州，取漕運通濟之義。元因之。明初以州治潞縣省入。編户三十二里。領縣四。

州控馭營、平，屏蔽京邑，屹爲襟要。五代唐長興中，趙德鈞節度幽州，以契丹數入寇，乃城潞河而戍之，近州之民始得耕稼。明初大兵由直沽下通州，元主遂北走。今爲積儲重地。成化間議者都督馬永建議。以州當東西北諸邊之中，且有倉場草場可供芻牧，欲訓練重兵於此，隨宜徵調，以壯虎豹在山之勢。議雖不行，識者韙之。嘉靖二十九年，俺荅闌入古北口，掠懷柔、順義。憲臣王忬聞警，馳入通州，嚴津戍，焚薪芻，彼不得逞。蓋州當檀、薊東下之衝，襟河爲險，犄角近郊，形援易達，況轉輸數百萬畢集於此，綢繆可勿豫乎！

廢潞縣，今州治。漢置縣，屬漁陽郡。後漢興平二年，劉虞從事鮮于輔等起兵報仇，破斬公孫瓚所置漁陽太守鄒升於潞北，即潞縣北也。晉屬燕國，後魏屬漁陽郡，隋屬涿州。唐初爲玄州治，尋屬幽州。金爲通州治。明洪武初省縣入州。城邑攷：「州北三里有長城，相傳秦將蒙恬所築。五代唐趙德鈞鎮幽州，時契丹寇掠諸道，乃沿舊址城潞縣而戍之。元初隳壞城郭，兵燹之後，祇編籬寨而已。明洪武元年，燕山侯孫興祖從大將軍徐達定通州，督軍士修之，始甃以磚石，周圍九里十三步，高四丈六尺。在潞河之西，因以潞水爲濠。又有新城，在州西門外。景泰初所築，周七里有奇。中有西、南二倉。蓋國家歲入東南漕運四百萬石，折十之三貯於通倉，故爲城以屏蔽之。萬曆二十二年增修。」志云：州舊城西北隅有佑勝教寺，内建浮屠十三層，高共四百尺，創於唐貞觀七年，歷五代、遼、金、元而始成，爲州城之形勝。

平谷城，在州北。漢置縣，屬漁陽郡。後漢建武初，光武遣十二將追破大槍、五幡於平谷，即此縣，仍屬漁陽郡。晉省。石趙復置，北魏太平真君七年廢入潞縣。○安樂城，在州西北。亦漢漁陽郡屬縣，更始初吴漢爲安樂令，即此。後漢仍屬漁陽郡，曹魏景元四年滅蜀，封後主禪爲安樂公。晉亦曰安樂縣，屬燕國。北魏太平真君十年廢入潞縣。

孤山，州東四十里。四面平曠，一峰獨秀，因名。靖難初，李景隆攻北平，燕王自大寧還至孤山，列陳於白河西。嘉靖中，酋俺答入犯，亦營於此。

白河，州東二十里。源出宣府衛龍門所東滴水崖，東流入密雲縣北境之石塘嶺，過縣西入通州界；其支流亦從石塘嶺過懷柔縣西、順義縣東，入通州東境合焉；東南經漷縣、武清縣東而入直沽，合衛河入海。一名潞河，亦曰沽水。水經注：「鮑丘水出禦夷鎮北塞中，俗謂之大榆河，南過潞縣爲潞水。」後漢建武二年，遣將鄧隆討彭寵於漁陽，隆軍潞水南，爲寵所敗。宇文周宣政初，幽州人盧昌期起兵據范陽，高寶寧時據和龍，引兵聲援，至潞水，昌期已爲周軍所平，乃還。唐武后萬歲通天二年，契丹孫萬榮作亂，寇掠河北諸州，既而敗走潞水東，爲其下所殺。宋宣和六年，金斡離不自平州破檀、薊至三河，郭藥師迎戰於白河，敗還，遂以燕山一路降金。明嘉靖二十九年，俺答自古北口闌入近境，都御史王忬馳至通州，收艚舟艤潞河西，勿使爲敵用。俺答屯河東二十里孤山、洳口諸處，阻水不得渡是也。志云：河兩岸皆白沙，不生青草，故名。一統志：「白河一名白遂河。」

渾河，在州西南。自盧溝橋分流，經州南十五里謂之張家灣。志云：張家灣以元時萬户張瑄督海運至此而名。今東南運艘，由直沽至河西務凡百十里，又百三十里至張家灣，乃運入通州倉。官民舟航，皆駢集於此。燕録「白河至州東折而迤西處曰張家灣」，蓋盧溝河與白河會流處也。今置張家灣巡司於此。

通惠河，在州城西。即大通河也。自京城東至州城南，會於白河，又南會直沽入海，凡二三百里，俱曰通惠河。元至元十七年濬通州運河，即此。今城西六里有永通橋跨通惠河之上，正統十三年建。餘詳京城大通河。

金盞兒淀，州北二十五里。廣袤三頃。水上有花如金盞，因名。或云即古夏謙澤。胡氏曰：「夏謙澤在薊北二百餘里。」

大通關，在州南張家灣之長店，百貨彙集處也。其相近有廣利閘提舉司及鹽場批驗所。又舊城北門外有北關巡司。○虹橋，在州南。元至正二十五年，孛羅帖木兒自大同引兵犯闕，遂擅政。也速自永平勒兵西討，孛羅遣其黨姚伯顏不花拒之，至通州，河溢，乃營虹橋以待。也速出不意，襲斬之。志云：州南三十里有宏仁橋。今置巡司於此。

高麗莊。在州西十二里，盧溝河所經。又州西二十里曰大黄莊，州西十里曰東留村，州東十里曰召里店，皆官軍巡哨處也。邊防攷：「州境有煙墩五：曰召里店、烟郊、東留村、大黄莊、高麗莊。」又有馬房八，俱在州北二三十里內。又草場三，曰崇教、鳴玉、花園，俱在城西南十里内。又有和合驛，在州東南三十五里舊城東關外。又有潞河水馬驛。

三河縣，州東七十里。東至薊州七十里。本潞縣地，唐開元四年分潞縣置三河縣，以地近七渡、鮑丘、臨泃三水而名，屬幽州，十八年改屬薊州。金改隸通州。今編户三十五里。

三河城，舊城在今縣東三里泃河南，被水衝廢。後唐長興三年幽州帥趙德鈞於幽州東北百餘里城三河縣，以通薊州運路，契丹來争擊却之，邊人恃以少安。城邑攷「今城即趙德鈞所改置。城方六里，濠闊三丈，深半之。嘉靖二十九年俺答臨城下，知縣張仁增高五尺。四十二年辛愛夾城南掠，知縣劉文彬又增高五尺」云。

臨泃城，在縣南。石趙所置，以臨泃水而名。亦曰臨渠城。晉永和六年，燕慕容霸伐趙，出徒河收樂安、北平兵糧，與其主儁會於臨渠，即此城也。後魏廢。唐武德二年置臨泃縣，屬玄州，貞觀初省。新唐書薊州有臨渠府，府兵所居也。時蓋置於此。徒河見廢大寧衛，樂安見永平府。

華山，縣北三十里。一名兔兒山，即香河縣駱駝港之源也。其地又有石城、青梁諸山口。○靈山，在縣北十五里。三面出泉，形勝記所謂「北倚靈山」者也。又縣東二十里曰段家嶺，在官道傍。

鮑丘河，在縣西南。即白河之别名也。自密雲縣流經通州東境米莊村，又流經縣界，至寶坻縣境合於泃河。

泃河，在縣北。自薊州平谷縣流入縣境，又東南流入寶坻縣界合於鮑丘河。竹書：「梁惠成王十六年，齊師及燕戰於泃水，齊師遁。」或以爲即是水也。又唐志：「縣北十二里有渠河塘，西北六十里有孤山陂，溉田三千頃。」渠河即泃河之訛矣。

洳河，在縣西。自密雲縣石城山流經縣境，至縣東南入泃河。嘉靖中俺答突犯，營於孤山洳口，即洳河之口也。○七渡河，在縣西北。一名黄頒水。源自順義縣黄頒峪，流經縣界，下流入於白河。

泥窪鎮。縣西二十里，有巡司。又西十里曰夏店，舊有五槐公館。又西二十里烟郊店，與通州接界，有官兵戍守。○唐會莊，在縣境。屯政攷：「縣多曠土，宜耕屯。有唐會莊，爲昔時墾植之址。」

武清縣，州東南九十里。又東南至天津衛百二十里，東至寶坻縣九十里。漢置雍奴縣，隸漁陽郡，後漢因之。晉屬燕國，後魏仍屬漁陽郡。隋屬幽州，唐因之。天寶初改爲武清縣。元屬漷州，明初改今屬。編户二十八里。

雍奴城，在縣東。漢縣也。後漢建武二年，遣朱浮等討彭寵，浮軍雍奴。又光武封寇恂爲侯邑。魏志：「張郃從擊袁譚於勃海，圍雍奴，大破之。」城邑攷：「唐改雍奴爲武清，其舊城距白河十七里，在今丘家莊南。明初因水患移今治，去舊城八里。舊無城，正德六年罹賊變，知縣陳希文始築土垣爲固。嘉靖二十二年改築土城，隆慶三年甃以磚石，即今城也。」

泉州城，縣東南四十里。漢縣，屬漁陽郡，後漢因之。晉屬燕國，北魏太平真君七年廢入雍奴縣。志云：縣西南三十里有長城故址，延袤數百里，相傳戰國時燕所築。

白河，縣東三十五里。即運河也，北接漷縣，南達天津。元志云：「盧溝河與白河合流，潰決爲害。至大二年決縣境皇甫村，延祐初決劉家莊，皆興役修塞。」

泉州渠，在縣南。建安十一年，曹操將擊烏桓，鑿平虜渠、泉州渠以通運。操紀云：「鑿渠自呼沱入泒水名平虜渠，又從泃河口鑿入潞河名泉州渠，以通海。」泒音孤，或曰即直沽也。泃音句。水經注：「泃水出無終縣西山，西北流過平谷縣而東南流，又南流入潞河，又東合泉州渠口，操所鑿也。渠東至遼西郡海陽縣樂安亭南與濡水合而入海。」海陽、樂安，今見永平府。

三角淀，在縣南。周迴二百餘里，即古雍奴水也。水經注：「雍奴者，藪澤之名。四面有水曰雍，不流曰奴。」其源曰范甕口，王家沱河、掘河、越深河、劉道口河、魚兒里河，皆聚於此，東會於直沽港入於海。一名笥溝水。

直沽，縣東南百二十里。衛河、白河、丁字沽合流於此。又東南四十里名海口，通典謂之三會海口，元延祐三年於此置海津鎮。明天順二年議自小直沽鑿河四十里達薊州以免海運，每三年一濬，尋罷。志曰：大河以北之水多從直沽入海，此即古者九河入海之處。地勢卑下，一遇霖潦，直與海平，昔人嘗欲因其墳淤置稻田以足賦。今府境諸水，類以直沽爲壑。有小直沽巡司。○清沽港，在縣南八十里。西接安沽港，東合丁字沽入於海。丁字沽，以三水會流如丁字也。沽東南去天津六十里。

河西務，縣東北三十里。自元以來，皆爲漕運要途。元史：「至元二十五年置漕運司於此，領接海運。」明初，大軍由直沽敗元人於河西務。今爲商民攢聚、舟航輻輳之地，設户部分司駐焉。隆慶六年築城環之，可以守禦。有河西驛，并置巡司於此。

楊村驛，縣南五十里。輿程記：「楊村而東二十里爲桃花口，又二十里爲丁字沽；由楊村而西北四十里爲黄家務，又三十里爲河西務；皆運道所經也。」明建文三年，平安敗燕兵於楊村，進攻通州，不克。宣德初，駕征高煦，駐於楊村，即此。舊有巡司，今革。管河通判駐於此。○楊青驛，在縣東南一百五十里。舊置驛并遞運所於此，嘉靖十九年改置於天津衛，今屬河間府静海縣。志云：縣南百里又有韓家樹河泊所，今亦廢。

新莊，在縣西南八里。亦運河所經。今爲新莊鋪。元志：「縣有北王村莊、劉邢莊及永興、廣賦諸屯，〔二〕俱並渾河堤岸，修塞不一。」又縣有八里莊，正德中賊劉六等作亂，官軍擊之於八里莊，敗績。

霍堡。在縣西。唐武德初，竇建德攻幽州不克，乃分兵掠霍堡及雍奴等縣，爲幽州總管羅藝所敗。堡蓋居人霍氏所築以自固處也。又馬百户屯，在縣西南十五里；又縣北三十里有漷水店；皆爲往來孔道。

漷縣，州南四十五里。南至武清縣七十里。漢泉州縣地，遼初爲漷陰鎮，後升爲漷陰縣，以在漷河之南也。元至元十三年升爲漷州，〔三〕屬大都路。明初復爲縣，改今屬。編户十五里。本朝順治十六年裁併通州。

白河，縣東四里。自通州流至此，又東南入武清縣境。志云：白河濱有長陵營、馬頭店、白浮圈、曹家莊諸堤鋪，皆運河必經之道也。

漷河，在縣西。一名新河，自盧溝河分流，至縣界析而爲三：其正河爲漷河，東入白河；其一爲新莊河，南流入武清縣界；其一爲黄洰河，東注馬家莊之飛放泊。各去縣十里。

延芳淀，在縣西。廣數百畝，中多菱芡鶩雁之屬。遼時每春季則弋獵於此。

得仁務，縣南二十五里，又縣東十二里有兩家店，皆官道所經也。○晾鷹臺，在縣西南二十五里。高數丈，周一頃。元時遊獵多駐於此。

棗林。在縣西北。元致和元年，上都兵破通州，燕帖木兒與戰於檀子山之棗林，敗之。至正十八年，山東賊田貴等攻漷州，至棗林，敗元兵，遂略柳林，逼畿甸。檀子山，或曰縣境小阜也。○柳林，在縣西。元至元十八年如漷州，又如柳林。是後皆以柳林爲遊畋之地，建行宫於此。

寶坻縣，州東南百二十里。北至薊州九十里，南至天津衛百六十里。漢泉州縣地，後唐於此置鹽倉。金初爲新倉鎮，大定十二年置寶坻縣，承安三年升爲盈州，尋復爲寶坻縣，以境内産鹽而名。元隸大都路，明初改今屬。編户三十二里。

秦城，縣南十里。相傳秦始皇并燕，築城置戍。唐太宗征高麗，嘗駐蹕焉。又縣東南有梁城。志云：唐末劉仁恭所築。劉守光爲燕王，曾屯兵於此。即今梁城所也。○三叉城，在縣東北。唐志檀州有三叉城，蓋置於縣之三叉口。

潮河，在縣東二十里。一名白龍港。其上源一自遵化縣之梨河，一自三河縣之洵河、鮑丘河至縣界三叉口合流，亦曰糧運河，東南入於海。志云：縣治東北有渠河，自香河縣來。蓋洵水經香河縣而後東入縣界，故縣有渠陽之稱。

柳沽河，縣東北三十里。玉田縣之水匯流入縣境曰柳沽河，下流注於白龍港。又縣東南有草頭湖，遵化、豐潤縣境之水流入縣界，溢而爲湖，俱匯潮河入海。

紅心堤，志云：在縣東南二百里，逼近海口。相傳秦始皇所築。潮水雖滿，而堤不没。

朱家莊，在縣西十里。又西十里有崔家莊，皆當往來通道。又楊家莊亦在縣西，近時官軍嘗敗賊於此。○王甫營，在縣北三十里。又縣北八里有橋頭店，縣東南百二十里有黄沽店，俱官軍巡戍處。

駐馬臺。縣南五里。金主璟曾駐於此，一名歇馬臺。志云：縣東南百六十里有將臺，五代時燕劉守光所置。亦名蘆臺。今有蘆臺巡司。

附見

通州衛，在州治南。建文四年，成祖置衛於此。又有左、右二衛，俱永樂中建。

神武中衛。亦在州治南。建文二年燕王所置。又有定邊衛，在州治西南，則建文四年所置。○興州後屯衛，在三河縣治西，永樂二年改建於此。又營州後屯衛，在縣治東南，亦永樂二年建。又武清衛，在武清縣治東，永樂四年建。

梁城守禦千户所。在寶坻縣東南百四十里。建文二年，燕王於故梁城置。

霸州，府南二百十里。東至天津衛二百六十里，南至河間府二百里，西至保定府二百七十里。

春秋時燕地，秦屬上谷郡，漢屬勃海郡，後漢屬廣陽郡。晉屬章武國，後魏屬章武郡。隋初屬瀛州，大業初屬河間郡。唐初屬幽州，天寶初屬范陽郡。五代石晉時入於契丹，周世宗收復，始置霸州，爲重鎮。宋亦曰霸州，治文安縣，郡名永清。金、元仍舊。改治益津縣。明初以州治益津縣省入，仍曰霸州。編户三十一里。今因之，領縣三。

霸州倚神京之重地，控瀛海之要衝，作鎮屏藩，東西聯絡。自周世宗收復關南，而河北之民稍安。宋修其制，增戍浚塘，白溝帶水，儼然天塹，州處畿輔間，實據堂奥以内之勢，此形之似緩而實切者也。〔四〕

益津廢縣，今州治。唐爲永清縣地，置益津關於此。後没於契丹。五代周顯德六年收復，因置霸州，治文安縣，關屬焉。宋因之。金大定二十九年始置益津縣，徙州治此。元亦爲霸州治，明初省。志云：州城相傳燕昭王所築，宋將楊延朗增修；又州南關有古城址，相傳趙武靈王築：皆傳訛也。城邑攷：「州舊有土墉，蓋金、元時所築。明弘治中始磚甃北面，正德中復修完三面，嘉靖十九年增修。城周六里有奇。」

信安城，州東五十里。唐置淤口關，後没於契丹。周世宗收復，置淤口寨。宋太平興國六年置破虜軍，景德二年改信安軍。金大定七年降爲信安縣，屬霸州，元光初升爲鎮安府。元府縣俱廢。志云：信安東三十里有狼城。又十里爲圻城，宋將楊延朗屯兵拒契丹於此。○平曲城，在州東三十里。寰宇記：「漢景帝六年，隴西太守公孫渾邪封平曲侯，即此城也。」括地志云：「平曲城在瀛州文安縣北。」

莫金山，州南十八里。相傳以莫、金二姓居此而名。宋設莫金口寨於此，俗名口頭村。○臺山，在州東三十里。舊爲九河所經。臺基有三，如鼎峙。又東南五里有雁頭山，以鴻雁羣集而名。宋時有雁頭寨。又南山，在州東七十里。喬林修竹，周匝十數里，爲州之勝。

巨馬河，舊在州北。宋界河也。自保定府雄縣流入。志云：巨馬河自盧溝河分流，經固安縣，過州治北，東合白溝河，後徙流州治西會霸水至直沽入海。今霸水淤塞，巨馬、琉璃諸河復合流，經州治北，東入東安、永清縣界。○霸水，在州南三里。舊志云：白溝河之支流也。自雄縣流入境，東會於巨馬河。州以此名。今堙廢。

沙河，在州南。又有唐河與沙河合流而東，蓋九河之水匯流於安州雄縣之界，溢而旁出者也。東經文安縣界入海。其入海處呼爲飛魚口。寰宇記謂之五渠水，又謂之長鳴水。志云：城西有瓦河水，亦流合於沙河。○琉璃河，在州西北五十里。自良鄉縣合上流諸水東南流入州界，會於巨馬河，至州東四十五里苑家口，洪濤瀰望無際。或謂之夾河。今有苑家口巡司。又有通濟河，自苑家口達㭶栳圈以注於高橋淀。弘治中作大橋於苑家口，既以障衝波，復以便行旅。

永濟渠，在州東。宋志：「信安軍有永濟渠，咸平中置。緣邊塘濼，東起乾寧軍，西至永濟渠，合鵝巢淀、陳人淀、燕丹淀、大光淀、孟宗淀諸水，横廣百二十里，縱三十里，或五十里，深丈餘，或六尺，以爲邊備。」今皆廢。

高橋淀，州東七十里。周迴三十里。其西有㭶栳圈，衆流所聚也。志曰：州川原平衍，厥壤卑下，西北諸山之水，多匯於州境，然後東流出丁字沽，注白河以入於海。弘治中築河堤，起涿州東境，接固安，至州境之趙村務臨津水口，經州南關，長三百餘里。廣尋有二尺，趾倍之。崇丈有八尺。傍植榆柳以爲固。其間爲水口一百六十有七。至文安縣之蘇家橋、大城縣之辛張口而止。今多崩壞。

益津關，見上益津縣。五代周顯德六年，周主自乾寧軍獨流口泝流而西，至益津關，契丹將以城降，自是以西，水路漸隘，乃捨舟而進至瓦橋關是也。乾寧軍見河間府青縣，瓦橋關見保定府雄縣。○淤口關，即廢信安縣。五代周顯德六年取益津關，又取淤口關。王應麟以淤口爲三關之一。

鹿角砦。州東南六十里。宋置鹿角等八砦，俱屬文安縣。元豐四年割鹿角寨隸信安軍。金廢。○大良驛，在州東八十里。又州東南百二十里有蘇家淺，亦往來孔道也。

文安縣，州東南七十里。東南至河間府靜海縣八十里。漢舊縣，屬渤海郡，後漢屬河間國，晉屬章武國，後魏屬章武郡，隋屬瀛州。唐初因之，景雲二年改屬莫州。宋爲霸州治，金大定中徙州治益津，以縣屬焉。今編户三十四里。

文安城，縣東三十里。漢置縣於此。今縣治乃三河口之豐利縣，當三河合流處。隋大業九年，煬帝征遼經此，以其衝要，乃立縣治焉，亦屬瀛州。唐初因之，貞觀二年徙文安縣治豐利，以豐利縣并入，而文安舊城遂廢。周世宗置霸州，發濱、棣丁夫城其地，即今縣城也。

廣陵城，縣西北二十里，與保定縣接界。宋時聚糧於此，以守益津關。城冢記：「縣西二十七里有古南北二盧蒲城。左傳昭三年：齊侯放盧蒲嫳於此，營二城以居，後入燕境。」

易水，在縣西。自保定縣流入境，即沙河諸水下流也。水經注：「易水東至文安與滹沱河合。」寰宇記：「滹沱河在縣西三十里，又東溢爲趙淀。」圖經云：「縣有狐狸淀，俗謂之掘鯉淀。」今川原改易，滹沱經縣東南，未嘗經縣西也。

火燒淀，縣東二十五里。廣四十餘畝，縣境有石溝、折河、急河三水，皆聚流於此，東入衛河達於直沽。元志：

「河間府境有黄龍淀，自鎖井口開鑿，至文安縣玳瑁口通灤水，經火燒淀轉流入海。」今堙廢。

水紋淀，舊在縣西。宋起塘濼，東自信安軍永濟渠，西至霸州莫金口合水紋淀、得勝淀、下光淀、小蘭淀、李子淀、大蘭淀爲一水，横廣七十里，縱或十五里，或六里，其深六尺，廣七尺。尋廢。

武平亭，括地志云：「在文安縣北七十二里。」今名渭城。戰國時地屬趙。史記趙世家：「惠文王二十一年徙漳水武平西，二十六年徙漳水武平東。」蓋是時漳水北入大河也。○安平寨，在縣西北三十里。宋置，金廢。宋志「縣有劉家渦、刁魚、阿翁、雁頭、黎陽、喜渦等寨，政和三年改劉家渦曰安平，阿翁曰仁孝，雁頭曰和寧，喜渦曰喜安」是也。

蘇家橋。縣東二十里，當往來孔道。靖難初，燕王自固安縣渡拒馬河，駐師蘇家橋，即此。

大城縣，州南百三十里。東至河間府青縣八十里，西至河間府任丘縣七十里。漢爲東平舒縣，屬勃海郡。以代郡有平舒縣，故曰東平舒。後漢屬河間國。晉爲章武國治，後魏爲章武郡治。北齊改縣曰平舒。隋初廢郡，縣屬瀛州。唐武德四年，縣屬景州，貞觀初仍屬瀛州。五代唐改爲大城縣，周改屬霸州。今編户二十二里。

章武城，縣南四十七里。漢置縣，屬勃海郡，武帝封竇廣德爲侯邑。後漢仍屬勃海郡，三國魏因之。晉屬章武國。後魏屬浮陽郡，又析置西章武縣，屬章武郡。高齊省入平舒縣。○平陵城，在縣東北百里。漢武帝封蘇建爲平陵侯，蓋邑於此。

黄汊河，縣東北八十里，即易水下流。自文安縣分流入境，又東北入武清縣之三角淀。

孝順窪。在縣西。相傳唐太宗征遼，萬馬所飲而成。又縣北有麒麟窪，昔嘗產麟於此。

保定縣，州南四十里。本涿州新鎮地，宋太平興國六年置平戎軍，景德初改保定軍，宣和七年降爲保定縣，屬莫州。金屬雄州，元初省入益津縣。尋復置，屬霸州。今編户六里。

玉帶河，在縣北。遶縣東南入於磁河。或曰即霸水之下流也。宋志：「緣邊塘濼，其一水東北起霸州莫金口，西南至保定軍父母砦，合糧料淀、回淀諸水，橫廣二十七里，縱八里，其深六尺。」後廢。又云：「初霸州至保定軍，並塘岸，水最淺，故延平、景德中契丹南牧，每以霸州信安軍爲歸路。」

磁河，在縣西南。一統志：「源自保定府安州，聚九河之水至雄縣爲瓦濟河，至保定縣爲磁河，東南流入文安縣界。」志云：縣東北自路疃村起，直抵西營、唐頭等村，計長四十里，其南爲文安縣界，北則霸州也。議者謂決霸州之堤以疏水性，而築大堤於南以衛文安，則畿南十數州皆可免於水患。

桃花砦。在縣北。宋志：「保定軍舊有砦二，曰桃花，曰父母。政和三年改父母曰安寧，而桃花仍舊。」金皆廢。

涿州，府西南百四十里。南至河間府二百七十里，西南至保定府一百九十里，東南至霸州一百二十里。

古爲涿鹿之野，春秋時爲燕之涿邑。秦爲上谷郡地，漢分置涿郡，治涿縣。後漢因之。三國魏改爲范陽郡，晉爲范陽國，後魏爲范陽郡，俱治涿縣。魏收志：「永安三年嘗移置平州於此。」後齊、後周因之。隋初廢郡，屬幽州，大業初改幽州爲涿郡。治薊。唐仍屬幽州，大曆四年析置涿州。幽州帥朱希彩表置，領范陽、歸義、固安三縣。五代晉入於契丹，仍曰涿州，亦爲永泰軍。宋宣和四年收復，改軍名曰威行。亦爲涿水郡。金仍爲涿州，元初升涿州路，中統四年復爲涿州。明初因之，以州治范陽縣省入。編户四十六里。領縣一。

涿州控西山之險，據上游之勢，北通上谷，俯視關南，居庸、紫荆爲之外障，大安、房山爲之内阻。漢置涿郡，形勝甲於河北。五代時河東由此并燕。宋争幽、薊，往往取道於涿州，以其地爲四達之區也。明朝設兵置戍，特爲肘腋要害，而振旅出師，涿鹿故其孔道云。

范陽廢縣，今州治。本燕之涿邑，漢置涿縣，爲涿郡治，魏、晉以後范陽郡國皆治焉。後魏孝昌三年，上谷賊杜洛周南趣范陽，幽州刺史常景破之。隋廢范陽郡，縣屬幽州。唐武德七年，改涿縣曰范陽。寶應二年史朝義敗走范陽縣，其將李懷仙遣兵拒守，朝義至，不得入。大曆四年幽州帥朱希彩復奏置涿州於此，後因之。明初廢縣入州。城邑攷：「州城形如凹字，相傳漢初盧綰所築舊址，明景泰初增修，周九里有奇。」

西鄉廢縣，州西北二十里。漢縣，屬涿郡，後漢省。或謂之都鄉城。又良鄉舊城，在州北四十里。漢置縣治此，五代時始移今治。○廢凛州，在州境。唐志：「天寶初置於范陽縣界，以處降人。」

獨鹿山，州西十五里。下有鳴澤。漢元封四年，由回中北出朝那蕭關，歷獨鹿、鳴澤，從西河還，即此。○龍安山，在州西北五十里。時有雲氣騰攫如龍，山蓋大房諸山之支隴也。

涿水，在州北三十里。源出保安州之涿鹿山，經山谷中，歷房山縣界，東南流至州北，又南合於挾河。○胡良河，在州東北二十里。源出房山縣大安山東麓，流入州境，又南與挾河合流入良鄉縣界注於琉璃河。志云：琉璃河即聖水也。自房山縣流經州北，大房山之孔水入焉。石橋跨其上，形勢巨麗，亞於盧溝。

挾河，州西北二十里。一統志：「自房山縣流入州界，與胡良河合入於琉璃河。」一名挾活河。湯有光曰：「涿水源從大同得勝堡外地界入，至老班溝，一入淶水縣，一入涿州，沙水俱活，東西不定，故謂之挾活水，又謂之聖水也。經督亢亭及州南一帶，至新城縣，皆是涿水下流。北魏刺史盧文偉修爲陂，以資灌溉，民享其利。」亦名巨馬河。水經注：「巨馬水經督亢澤北屈匯於桃水、督亢水，又南謂之白溝水。」

范水，在州南。自易州淶水縣流入境，下流合於巨馬河。范陽之名本此。又州境舊有桃水。水經注：「桃水出涿縣西南奇溝東八里大坎下，東北與洹水合，至涿縣東與聖水合。」今水流遷徙，非復舊迹矣。

北涉溝，在州西北。自淶水縣流入，即故洹水也。又南涉溝，即故督亢水也。一統志：「良鄉縣東有南涉溝、北涉溝。」蓋謂州北故良鄉縣耳。

岐溝，州西南四十里。亦曰奇溝，又爲祁溝。唐末設關於此。晉王存勗天祐十年，遣周德威出飛狐攻燕，與鎮定兵會於易水，進攻祁溝關，下之，遂圍涿州，守將以城降。胡氏曰：「關在易州拒馬河之北，自關而西至易州六十里，由拒馬河而東至新城縣四十里。」宋雍熙三年，曹彬、米信等與契丹將耶律休哥戰於岐溝關，敗績。彬等夜渡拒馬河，南趣易州，休哥領精兵追及，溺者不可勝計。宣和中亦嘗設關於此以備金。

督亢陂，州東南十里。其地沃美，即燕太子丹使荆軻賫圖以獻秦者。劉向別録云：「督亢，燕膏腴之地也。」北魏主詡時，幽州刺史裴延儁案舊迹修督亢陂，溉田萬餘頃。又北齊主高演初，平州刺史稽曄開督亢陂置屯田，歲收稻粟四十萬石。括地志：「督亢陂逕五十餘里。」寰宇記：「陂在范陽故城東南，跨連涿州、新城之界。」

岐溝關，在州西南，據岐溝之險以置關也。詳見上。○駝羅口，在州東北。宋雍熙中圍涿州，契丹主隆緒由駝羅口應援，即此。

范村，在州西南。宋宣和四年，童貫伐遼至高陽關，遣种師道總東路兵趣白溝，辛興宗總西路兵趣范村，既而興宗至范村，爲遼人所敗。

樓桑村，州西南十五里。後漢末劉先主所居。明建文時，燕王嘗屯兵於此。又南三里有酈亭，後魏酈道元所居。亦曰酈村。志云：州南二十五里有柳河村營，西南去保定府新城縣四十里。

督亢亭。州東南十五里，以督亢陂而名。亭南有月池，廣三頃，其形如月。史記正義：「方城縣有督亢亭。」方城，今固安縣也。

房山縣，州西北四十里。東至府城百二十里，西至保定府易州淶水縣八十里。本良鄉、宛平、范陽三縣地，金大定二十九年始置萬寧縣以奉山陵，明昌二年改爲奉先縣。元至元二十七年改爲房山縣，屬涿州。今編户十六里。

大房山，縣西十五里。境内諸山，此山最爲雄秀，古碑云「幽燕之奥室」也。山下有聖水泉。西南有伏龍穴，一名龍城峪，湯泉出焉。又有孔水洞，在山之東北，今訛爲雲水洞，懸崖千尺，石竇如門，深不可測。志曰：山亦名大防山，亦曰大房嶺。五代梁貞明三年，契丹圍幽州，晉王存勗遣李嗣源等趣救。至易州，以步多騎少，不利平原，乃自易州北踰大房嶺，循澗而東，距幽州六十里與契丹遇。契丹却，晉兵翼而隨之。契丹行山上，晉兵行澗中，每至谷口，契丹輒邀之，嗣源等力戰，敗契丹兵於山口，乃得出至幽州。金廢主亮貞元三年，以大房山靈峰寺爲山陵，遷其太祖阿骨打、太宗吳乞買葬焉，故縣有萬寧之名。

般州山，縣西南四十里。上有般州山寨。又西南十里爲石經山。山之東爲石經洞，沙門鏤石以傳其教，因名。志云：山峰巒秀拔，儼若天竺。○穀積山，縣西北五十里。峰巒突起，如積穀然。下有三石洞，名曰三學，中可容數千人。

大安山，縣北八十里。山高險。薛居正曰：「大安，幽州西名山也。唐天祐末幽州帥劉仁恭築館居其上，曰：『此山四面懸絶，可以少制衆，名曰大安館。』其子守光遣兵攻之，虜仁恭以歸。」又三峰山，在縣西北五十里。志云：有三峰並峙，高插雲霄。

挾河，出縣東南中浣谷，流入涿州界。又胡良河，亦自縣北流經縣東，入涿州界。

聖水，在縣西。水經注：「聖水出上谷郡西南谷中，東流經大房嶺。」或曰今大房山下聖水泉，即聖水之上源。其委流爲琉璃河，經涿州北入良鄉縣界。又有龍泉河，出縣北大安山；廣陽水，出縣北三十里之公村；俱流入良鄉縣界。

杖引泉，縣西南六十里。泉水湧出，匯而成溪，流經涿州東南，入胡良河。

黄山店口。縣北三十里。又西六十里曰大谷口，又三十里即淶水縣北之乾河口也。○孤山口，在縣南五十六里，涿、易二州分路處。名勝志：「縣南五十里有上方寺，在兩崖間，鑿石爲磴，攀絙而上。絶頂有泉如斗，汩汩不窮，其寺曰斗泉寺。又有亂塔寺，山曰紅羅崄，俱稱陡絶。」

附見

涿鹿衛。在州治西北。永樂七年建。又有涿鹿左衛，在州治西。永樂八年建。涿鹿中衛，在左衛西。永樂十一年建。

昌平州，府北九十里。東至薊州一百八十里，西至延慶州八十里，北至廢開平衛七百七十里。

春秋時燕地，秦屬上谷郡，漢因之。後漢屬廣陽郡，晉屬燕國。後魏屬燕郡，太和中分恒州東部置燕州於此，治昌平。尋又置昌平郡。東魏爲東燕州及平昌郡，北齊因之。後周州郡俱廢，尋又置平昌郡。隋初郡廢屬幽州，大業初屬涿郡。唐亦屬幽州，石晉時入於契丹，屬析津府。金屬大興府，元屬大都路。明初屬北平府，永樂中屬順天府，正德元年升爲昌平州。旋罷，八年復升爲州。編户二十七里。領縣三。

昌平州枕負居庸，處喉吭之間，司門户之寄，京師大命，嘗繫於此。雖古北有突入之虞，紫荆多旁窺之慮，而全軍據險，中權在握，不難於東西撲滅也。居庸一傾，則自關以南皆戰場矣。于少保嘗言：「居庸在京師，如洛陽之有成皋，西川之有劍閣。而昌平去關不及一舍，往來應援，呼吸可通，宜高城固垣，頓宿重旅，特命大將駐此，以固肩背之防，此陸遜所云『一有不虞，即當傾國争之』者也。」正統十四年，于謙城昌平以扼北寇突入之道。

昌平廢縣，今州治。本漢舊縣，屬上谷郡。後漢初，寇恂至昌平，襲殺邯鄲使者，奪其軍。又耿弇走昌平，就其父況。建武中，盧芳入朝，南及昌平是也。尋改屬廣陽郡。三國魏黄初中，拜田豫爲烏桓校尉，持節并護鮮卑，屯昌平。晉仍爲昌平縣，屬燕國。後魏廢入軍都縣。或云初爲燕州及昌平郡治，孝昌中陷於杜洛周。東魏天平中復置昌平縣，屬平昌郡，後周因之。隋郡廢，縣屬幽州。唐亦曰昌平縣，武德中徙突地稽部落於此。垂拱三年，突厥骨咄禄寇昌平，即此也。五代唐曰燕平縣，徙治曹村，又徙於白浮圖城，在今州西八里，自遼以後皆治焉。明景泰初築永安城，徙長陵、獻陵、景陵三衛於城内，三年縣亦遷治焉。正德八年改爲州治。萬曆元年又於州城内增築新城，置裕陵、茂陵、泰陵、寧陵、永陵五衛於城内。今十二陵衛署皆在城中，各領左、右、中、前、後五千户所。州城周十里有奇。

軍都城，在州東。漢立縣於軍都山南，或以爲秦縣也。漢初周勃屠渾都，即軍都矣。後移治於昌平縣東南，屬上谷郡。後漢屬廣陽郡，晉屬燕國。後魏復移治於縣東北二十里，仍屬燕郡。魏收志：「天平中東燕州治軍都城，尋省，縣入昌平。」今州東四十里有軍都村，亦曰故縣址。○居庸城，在州西北。漢縣，屬上谷郡，關因以名。東漢至晉皆爲上谷郡屬縣，後魏、高齊因之，後周廢。

萬年城，在州西南。東魏天平中置萬年縣，屬平昌郡。隋開皇初廢入昌平。○廣武廢縣，在州西境。後魏武定初置徧城郡，領沃野、廣武二縣，屬東燕州，蓋郡縣皆僑置。胡氏曰：「魏太和初分雁門之廣武、朔方之沃野置徧城郡，治廣武縣。縣有三城。」晉咸和九年，後趙石虎將石斌擊叛羌於關中，軍敗還屯三城。或以爲三城亦在州境。

鞏華城，在州東南二十里。其地本名沙河店，永樂中建行宮於此，正統時爲水所圮。嘉靖十六年，車駕駐沙河，嚴嵩議以春秋謁陵，此爲南北適中之處，且居庸、白羊近在西北，邊防尤切，宜修復行宮，築城環之。十七年，始於沙河店之東建行宮。十九年成，城周四里，有四門，置軍戍守。亦曰鞏華臺。

天壽山，在州北十八里。本名黄土山，即軍都諸山之岡阜。志云：山脈自西山蜿蜒而來，羣峰連亘，流泉環遶，永樂五年卜建山陵時幸此，因賜今名，歷朝陵寢皆奠焉。今州東北十五里曰玉帶山，又五里曰筆架山，三峰並列，迥出雲表。中峰之下，太宗玄宫奠焉，所謂長陵也。諸陵自東西兩峰而外，或各名一山，皆以天壽統之。州南四里曰鳳凰山，至城西北紅門凡十里，兩山並峙，連翩如鳳翥。州西北五里曰虎峪山，又西三里曰大虎峪山，巍峨若虎踞。又十里曰照壁山，方如屏障。州東北七里有平臺山，水中間小山也。山圓秀，成祖嘗駐蹕焉。嘉靖十五年作聖蹟亭於山上。十七年臨幸，祀成祖於亭中。當口又有小山曰影山，遠望之其影先見，是爲東山口。州西有小金山，爲西山口。其南有小紅門，距州西門八里。又西北十里曰德勝口。其西三里爲蒲溝巖，有上中下三巖，土人呼爲石梯，深險可避兵。此皆寢園諸山之護翼也。其間水流環通，自諸山口分入，匯爲一流，出東山口入鞏華城東北之沙河。又自紅門而西北四里爲翠屏山，下出泉九穴，瀦而爲池，名九龍池。紅門之東北四里曰仙人洞，深窅無際。南自鳳凰山，西至居庸關，東至蘇家口，北至黄花鎮，皆禁樵牧，林樹森列。正統十四年，乜先入犯，焚毀陵園，于謙遣軍分屯天壽山。弘治十三年，火篩自大同深入，亦遣大臣守衛天壽山。嘉靖二十九年虜俺答犯州東門，官軍潛伏林内，奮出擊却之，蓋控禦要地矣。山水記「天壽山環山凡十口。自州西門而北八里爲大紅門，門東三里曰中山口，又東北六里曰東山口。距州東門八里有松園，方廣數里。又北而西十里曰老君堂口，旁有老君堂，因名。又西十五里曰賢莊口。又西三里曰灰嶺口，官軍駐守於此。又西十二里曰錐石口。三口並有垣，有水門。崇禎九年昌平之陷，自此入也。又南十二里曰鴈子口。又西南三里曰德勝口，距九龍池四里，有垣，有水門。又東南十里曰西山口，距州西門八里。又東二里曰榨子口，距大紅門三里。凡口皆有垣。陵後通黄花城，自老君堂口至黄花城四十里。嘉靖十六年，命塞天壽山東西通黄花鎮路口」是也。又云：「獻陵在天壽山西峰下，距長陵西少北一里。景陵在天壽山東峰下，距長陵東少北一里半。裕陵在石門山東，距獻陵三里。茂陵在聚寶山東，至裕陵一里。泰陵在史家山東南，距茂陵二里。康陵在金嶺山東北，距泰陵二里。永陵在十八道嶺，嘉靖十五年改名陽翠嶺，西北距長陵三里。昭陵在大峪山東北，距長陵四里。定陵亦在大峪山南，距昭陵一里。慶陵在天壽山西峰之右，東南距獻陵一里。德陵在檀子峪西南，距永陵一里。德陵東南有饅頭山、九龍池，南行三里爲蘇山，又南爲銀錢山，又南爲嶴兒峪，又南即鹿馬山矣。又景皇帝陵，則别葬於金山。」

軍都山，州西北二十里。層巒叠嶂，奇險天開，太行第八陘曰軍都，即此山也。後漢永平中，朔騎經軍都，耿舒襲破其衆，斬匈奴兩王。其後盧植嘗隱居於此。晉建興中，段匹磾欲擁其衆徙保上谷，阻軍都之險是也。亦曰居庸山。

又有積粟山，在州西二十里，與軍都山峰巒相屬。

白浮山，州東南十里。上有二龍潭，流經白浮村爲白浮堰。志云：白浮堰在州東南十五里，起白浮村，至府西北三十五里之青龍橋，延袤五十餘里。元至元中，郭守敬引白浮山諸水西折而南，經府西三十里之甕山泊流入積水潭以通漕運，因築此堰，以障雙塔、神山、榆河諸水。其後山水決溢不時，歲常修治。又致和元年，燕帖木兒與上都兵戰於白浮之野，敗之；既又敗之於白浮之西，又追敗之於昌平北。

銀山，州東北六十里。峰巒高峻，冰雪層積，色白如銀，因名。麓有石崖皆成黑色，謂之銀山鐵壁。頂爲中峰，石梯而上約五六里，迥出雲霄。又神嶺山，在州東北三十二里。山高百餘丈。下有龍潭，流入白浮堰，所謂神山泉也。又州東南三十八里有湯山，下有湯泉。又有湯峪山，在州西北二十五里，温泉出焉。

駐蹕山，州西南二十五里。其山綿亘而北，凡二十里。石皆壁立，正北有石梯可登陟。金主璟嘗遊此，因名。又狼山，在州西北四十里。其東北有古陽夏川。或曰山亦名崑山。元致和初燕帖木兒敗上都兵於白浮之野，上都兵走崑山，收集散亡，復戰又敗，走昌平北。○幽都山，志云：山在州西北，古幽州以此名。通典以爲山在北荒也。

榆河，在州南二十里。一名濕餘河。水經注：「源出居庸關，南流出關謂之下口，水伏流十餘里發爲濕餘潭。」志云：濕餘河源出軍都山，至舊縣西而伏，又南復出謂之榆河。其發處爲月兒灣。或名温榆河，即濕餘之訛也。今上流已涸。其下流爲沙河，入宛平縣北境，經順義縣會於白河。元致和元年，燕帖木兒禦遼東之師，次於三河，聞上都兵入居庸，乃還軍次榆河。既而戰於榆河之北，敗之，追奔至紅橋，據之以拒上都之兵。紅橋，在州西南十二里。橋亡而名尚存。

官河，在州西南二十里。源出一畝泉，分爲二流：一曰官河，流入宛平縣合高粱河；一曰雙塔河，在州西南三十里，經雙塔店入榆河。志云：一畝泉在州西南新屯，廣一畝許，因名。又清河，源亦出一畝泉，流入宛平縣界。其下流皆匯於沙河。

黄花鎮川河，在州東北三十五里。源出塞外，自二道關流入黄花鎮口，經州境，歷渤海所至懷柔、順義縣界入白河。俗謂之九度河，以河流九曲也。又芹城水，在州東北四十里。水經注：「芹城水出北山，南逕芹城東南注濕餘水。」志云：芹城在州東三十里。有橋，橋下即芹城水。今爲戍守處。其水西南流至蔺溝入榆河。杜佑曰：「芹城在順州西南五里。」今順義縣，故順州也。似悮。

高梁河，在州西。水經注云：并州，黄河之别源也。經州西南三十里之沙澗泉，又東南逕高梁店入都城。又有清泉水，在州北三十里。諺云「高梁無上源，清泉無下尾」，蓋以高梁憑藉衆流，而清泉分流散漫故也。

虎眼泉，在州西八里舊城下。一作「馬眼泉」，流經州東南豐善村入榆河。河漕考「大通河出白浮村神山諸泉，過雙塔、榆河會一畝泉、虎眼泉，至府城西會玉泉」是也。

居庸關，在州西北三十里。志云：州西北二十四里爲居庸關南口，有城，南北二門。自南口而上，兩山之間，一水流焉。道出其上，十五里爲關城，跨水築之，亦有南北二門，又有水門，宣德三年命修居庸關城及水門者也。又八里爲上關，有小城，南北二門。又七里曰彈琴峽，水流石罅，聲若彈琴。又七里爲青龍橋，道東有小堡。又三里即延慶州之八達嶺矣。嶺上有城，南北二門，元人以此爲居庸北口。又南口而東六里有龍虎臺。臺廣二里，袤三里，與積粟山相峙，如龍蟠虎踞狀。元時往來上都，每駐於此。明太宗北征，屢駐蹕焉。宣宗、英宗，亦嘗駐此。山水記「州西十八里至龍虎臺，又西六里即居庸關」是也。餘詳重險居庸。

黄花鎮，州北八十里。有城。元置千户所於此。當居庸、古北二關之中，北連四海冶，擁護陵寢，爲京師後户。城西有垣，一重曰頭道關，二重曰二道關。關之西南一里西曰撞道口堡，又西爲鷂子峪堡、西水峪堡，堡西即八達嶺也。志云：鎮西三十七里曰棗陽砦，又西三十里爲灰嶺口，又西十八里曰鴈門口，又西五里曰德勝口，又西三十七里則居庸關也。自鎮而西凡十一口至居庸，而灰嶺口極爲衝要。

白楊口，州西北四十里。距居庸南口二十里。亦曰白羊，元置白羊千户所於此。今有城，調官軍戍守。西南又有小城曰白羊新城，南北衝要處也。正統九年也先由此入犯。弘治十一年火篩自大同深入，京師戒嚴，分遣大臣守潮河川、天壽山、居庸、紫荆、倒馬、白楊諸關隘。正德十一年，小王子犯白楊口。嘉靖二十九年，俺答由古北口突犯京師，欲奪白楊口北出，不果。又西北四十餘里曰長峪城，其西小城亦曰長峪新城。又西二十里曰横嶺口城，亦爲守禦要地。嘉靖中俺答自古北入犯，從横嶺逸出，即此。今亦名龍嶺口。口西二十里有鎮邊城。志云：城在長峪西北四十里，三門，正德中設鎮邊守禦千户所，後益增兵戍守。自此西南二十五里至横中山，即紫荆關所轄沿河口界。又自白楊東至居庸凡七口，由白楊而南至良鄉縣天津關凡二十七關口。

蘇家口，在縣東北八十里。嘉靖中許論言：「勃海所當山陵之北，其間有蘇家口，實爲扼塞之處。自此直抵通州張家灣凡百十里。由張家灣至通州北塞籬村四十里，有白河，水深没馬，可據爲守。惟塞籬村至蘇家口七十里，地形平漫，至爲賊衝，若密築敵臺，界之以墻，使京師有重關之險，策之得也。」從之。又慕田峪堡，在州東北百有五里。

其西南有慕田峪城，設官軍戍守。萬曆初，移渤海所於慕田峪關是也。城西有賈兒峪堡、田仙峪堡，城東爲并連口，與密雲縣石塘嶺關接界。

唐家嶺店。州西南四十里。永樂中車駕北征，嘗駐於此。宣德九年、正統十四年亦嘗駐焉。明史「太宗北征，徐行則次唐家嶺，疾行則一日而至榆林」是也。又有榆河驛，在唐家嶺北五里。舊置驛於此，嘉靖三十六年改設於新城內。榆林驛見懷來衛。○皇后店，在州西。元至正二十四年，孛羅帖木兒自大同遣其黨禿堅帖木兒犯闕，入居庸。太子遣兵逆戰於皇后店，潰還。禿堅兵至清河列營，尋入京城。

順義縣，州東南九十里。西南至府城六十里，東南至三河縣九十里，東北至密雲縣七十里。本漢狐奴縣地，北齊始置歸德縣，屬燕郡。後周廢。唐開元中始移燕州於此，仍置遼西縣爲州治。天寶初曰歸德郡，乾元初改爲順州。遼初廢遼西縣，仍曰順州，亦曰歸寧軍，又改歸化軍。宋宣和四年，復賜郡名曰順興。金亦曰順州，元因之。明初改置順義縣，屬順天府，正德八年始改今屬。編户二十七里。

遼西廢縣，今縣治。杜佑曰：「隋開皇中，粟末靺鞨與高麗戰不勝，厥稽部長突地稽率八部勝兵數千人，自扶餘城西北舉部落内附，置順州以處之。本在柳城、燕郡之北，煬帝改爲遼西郡，取秦、漢舊名也，統遼西、懷遠、瀘河三縣。唐初改爲燕州，廢瀘河縣。武德六年自營州南遷，寄治幽州城內。貞觀初省懷遠縣。開元二十五年移治所於幽州北桃谷山，去州九十里，仍置遼西縣爲州治。」五代梁乾化三年，晉將周德威攻燕，拔順州，即此。遼廢縣而州如故。

狐奴城，在縣東北。漢縣，屬漁陽郡，後漢因之。張堪爲漁陽太守，於狐奴開稻田八千餘頃是也。晉仍爲狐奴縣，魏廢。或曰呼奴山有狐奴城，即故縣云。

呼奴山，縣東北二十五里。亦名狐奴山。水經注「水不流曰奴」，蓋以山前瀦澤名也。其北麓鳥道而上，約里許始漸開漸平，有小石城。其西南麓又有一城，相傳後漢鄧訓與上谷太守任興將兵屯狐奴以拒烏桓，此城即訓所築。或曰漢狐奴縣城也。

牛欄山，縣北二十里。宋王曾上契丹事：「順州至檀州漸入山，牛欄是其要地。」明改名順義山。山北里許有小山，名靈蹟山。又有史山，在縣西北三十五里。山高百餘丈，南望京師，盡在目前。

桃山，縣西北三十五里。舊唐書謂之桃谷山。山有五峰，如桃花瓣，巨石錯落，横亘數畝。元致和初，上都兵入古北口，留重兵屯燕樂城，以輕騎進抵桃山，燕帖木兒掩擊之於白狼河，追至桃山，降其衆，燕樂聞之遂潰。白狼河即白河也。一云白狼河在縣西北三十里。志云：桃山在縣南十五里。恐悮。又孔山在縣南二十餘里。水經注：「山洞穴開明，故曰孔山。」

白河，在縣城東。自塞外流經密雲縣石塘嶺，過密雲城下，又歷懷柔縣東流入界，經靈蹟山，黄花鎮川河入焉；又南經牛欄山東麓，潮河流合焉；又南經縣城東門外，至通州爲潞河。宋宣和末，金斡離不入順州，宋郭藥師迎戰於白河，敗績，遂降金。明嘉靖末，督臣劉燾以密雲歲運悉由通州陸運至牛欄山，費多，乃疏此河下達通州，更駕小舟轉粟徑抵密雲，省費什之七。○潮河，在縣東二十二里。自塞外廢興州發源，入古北口，西南經密雲、懷柔縣界至牛欄山東入於白河。

榆河，縣西南二十里。自昌平、大興流入縣境，亦曰西河，又名沙河，經後店、葦溝二村，東至通州而注於白河。○大水峪河，在縣北三十里。源亦出塞外，經懷柔縣流入界，至孫家莊東北合於黃花鎮川河。

石槽砦。縣西北三十里。其地有三石槽，分東、南、北三處。元致和初，上都兵入古北口，遊兵掠石槽，燕帖木兒遣撒敦掩擊敗之，追擊四十里，至牛頭山，餘兵奔竄，復夜襲之，遂出古北口。牛頭山在密雲北境。或以爲即牛欄山，恐悮。○漕河營，在牛欄山東南。有城，設官兵屯戍。志云：自營而北即懷柔縣之犴連口關。又宋城鎮，在縣東北二十里，唐所置戍守處。又安樂莊，在縣西北六里。或曰即漢安樂縣治，後魏廢。今見通州。

懷柔縣，州東九十里。西南至府城百里，東至密雲縣三十里。本密雲、昌平二縣地，唐貞觀六年置懷柔縣，治五柳城。尋改爲順義縣。開元四年置松漠府彈汗州，以處契丹部落。天寶初改歸化郡，乾元初改爲歸順州，治懷柔縣。遼廢歸順州，以縣屬順州。金明昌六年改爲温陽縣。元廢。明洪武十三年復置懷柔縣，屬順天府，正德中改今屬。編户十四里。

紅螺山，縣北二十里。山高二百餘仞。下有潭，流爲紅螺山水。志云：縣西三里有石塘山，遇大工則採石於此。有工部廠。

黍谷山，縣東四十里，跨密雲縣界。亦名燕谷山。劉向曰：「燕有谷地美而寒，不生黍稷，鄒衍吹律以温其氣，因名山曰黍谷，亦曰寒谷。」吳越春秋「北過寒谷」，謂此。山南有高齊時長城。東北有華林、天柱二莊，遼時遊賞處也。

○鵶髻山，在縣東南九十里，以兩峰高聳而名。

白河，在縣東七里。又東十五里即潮河。一統志：「潞水自塞外丹花嶺合九泉水南流，經密雲縣東北，又西南流至縣境，紅螺山水合焉，下流入順義縣。」戚繼光曰：「白河至密雲石塘嶺關分二支，一由密雲西，一由懷柔西，俱入通州界。」似悮。

矸連口關，在縣北。黄花鎮東第十一關口也。其東北二十八里有三角城，本名三角村，徐達敗元於此。○河坊口關，在縣東北，矸連口東第二關口也。口外爲連雲棧，又北爲沙嶺兒隘，窄不能容馬，防守較易。

大水峪關。縣東北三十里。北去密雲縣之石塘嶺四十里。有城。旁地平坦，賊騎易入。其北十八里曰段伏嶺，又有安子嶺在口北八十餘里，皆防禦處。志云：大水峪西北有西石城、東水峪二堡，南有神堂峪堡，皆有官軍屯守。

密雲縣，州東北百二十里。西南至府百三十里，東南至薊州平谷縣五十里。漢白檀縣地，屬漁陽郡，後漢省。後魏置密雲縣及密雲郡，尋又置安州。北齊郡廢，而縣如故。後周又改州曰玄州，隋開皇十六年改置檀州，大業初又爲安樂郡，密雲縣屬焉。唐初仍曰密雲縣，爲檀州治，天寶初爲密雲郡治。遼仍爲檀州，又爲武威軍。宋宣和中亦曰檀州，又爲鎮遠軍、横山郡。金廢州，以縣屬順州，後復爲檀州，以密雲縣併入。元因之。明初又改州爲密雲縣，屬順天府，正德中改今屬。編户十九里。

白檀廢縣，在縣南。漢置，以縣有白檀山而名。後漢廢。建安中曹操歷白檀破烏桓於柳城，即白檀故城也。後魏復置縣，爲密雲郡治。北齊省入密雲縣。唐志：「密雲城内有威武軍，萬歲通天元年置。本漁陽軍，開元二十八年改曰威武。」〔五〕遼因以武威爲軍號。又今城，即金、元時檀州城也。明初改建縣，城周九里有奇。萬曆四年於城東復築新城，兩端相連，周六里有奇，督臣統兵駐焉。

要陽廢縣，縣東南六十里。漢縣，漁陽都尉治此。後漢廢。後魏復置要陽縣，屬密雲郡，北齊廢。魏志「縣有桃花山」，即今桃山，在薊州西南，蓋境相接也。

厗奚廢縣，在縣東南。漢置厗奚縣，屬漁陽郡。厗音蹄。後漢曰傂奚縣，晉廢。魏收志「皇始二年置密雲郡，初治提携城」，即厗奚之訛也。宋白曰：「檀州密雲縣，即漢厗奚縣舊治。」○方城廢縣，在縣東北。魏主燾以方城并入密雲。方城蓋慕容燕所置縣。魏主弘於皇興二年置安州，治故方城。其後魏主恭普泰初復置方城縣，屬廣陽郡，蓋即舊城置。北齊廢。

安市廢縣，縣東北五十里。漢遼東屬縣，後魏僑置於此，太武燾延和初置交州治焉。太平真君二年改置安樂郡，兼領土垠縣。北齊廢土垠入安市。後周廢郡，并廢安市入密雲縣。土垠，見豐潤縣。

燕樂廢縣，在縣東北八十里。漢厗奚縣地，後魏主燾延和元年置燕樂縣，又僑置益州於此。太平真君九年改爲廣陽郡。北齊郡廢，以廣興、方城二縣并入。隋大業初置安樂郡治焉。唐初郡廢，仍爲燕樂縣，屬檀州。亦謂之廣陽城。寶應二年史朝義敗走廣陽，廣陽不受，即此。舊唐書：「燕樂縣初治白檀城，長壽二年移治新興城。」五代梁乾化三年，晉將周德威代燕，劉守光奔燕樂，被擒，縣尋廢。宋白曰：「燕樂、密雲皆漢厗奚縣地，五代時廢爲燕樂莊，其地平曠可屯。」元致和初，〔六〕上都兵入古北口，留重兵於燕樂，其前鋒爲燕帖木兒所敗，遂潰還。

行唐廢縣，亦在縣東。本定州屬縣。遼志：「太祖阿保機掠定州，破行唐，盡驅其民北至檀州，擇曠土居之，凡置十寨，仍名爲行唐縣。」金廢。○漁陽城，孔穎達云：「在縣南十八里。秦郡治此。」二世發閭左戍漁陽，即此城也。又共城，括地志云：「在檀州燕樂縣界，即舜流共工之地。」一作龔城，志云：在今縣東北五十里。

密雲山，縣南十五里。一名横山。晉咸康四年，石虎攻段遼於令支，遼棄令支奔密雲山，虎遣將追獲其母妻。晉紀云「段遼爲石虎所敗，奔於平岡山」，蓋近漢平岡縣界。唐置横山城爲守禦處，蓋置於山下。又石峨山，在縣東。泇水出焉，流入平谷縣界。志云：縣東北八里有冶山，上有塔，石洞深邃，水四時不竭。東有王府洞，昔人淘金址尚存。又有香陘山，在縣東北。水經注：「香陘西北有伏陵山，嵓嶂寒深，凝冰夏結。」

白檀山，縣南二十里。漢書：「李廣弭節白檀。」又曹操伐烏桓，田疇請從盧龍口越白檀之險，出空虚之地，掩其不備是也。又唐志：「縣有隗山。」今山在縣南三十里。○大峪錐山，在縣北。元史：山產鐵鑛，至元十三年立四冶，二十五年罷檀州淘金户。明初亦嘗開採，後封閉。又龍門山，志云：在縣東六十里。有黄崖洞，懸泉如瀑布。

霧靈山，縣東北二百里。南距邊四十里。一名萬花臺。水經注：「孟廣硎山也。下有廣硎水，自黑峪關入，西南流經墻子嶺，西合清水河。其山高峻，有雲霧蒙其上，四時不絶。山之左右，峰巒攢列，深松茂柏，内地之民，多取材焉。」元有霧靈山伐木官。其絶頂可瞰塞内。漕河考：「白河發源於此。」正德中，撫臣王大用議以山錯在朵顔地界，沿南山以守則曲折而難，據霧靈以守則徑直而易，請出不意，築城守之，以扼其險，如唐、宋受降、大順故事。不果。

九莊嶺，縣北三十里。水經注：「鮑丘水自禦夷北塞外南流，逕九莊嶺東」是也。又棒棰崖，在縣東北。隆慶元年，三衛夷酋董忽力勾土蠻十萬犯邊，勢甚猖獗，既拆墻而出，至棒棰崖迷失道，墜坑死者無算。

白河，在縣城西。亦曰鮑丘水，亦曰大榆河。自縣北石塘嶺流經縣界，又南經懷柔、順義縣流入通州境。萬曆中，議者謂順義縣牛欄山而下，白河、潮河二水交會，水勢深廣，漕舟易達。牛欄山而上，水源既分，支流自弱。密雲城西有白河故道，宜於楊家莊地方築塞新口，疏通舊道，使白河自城西經流直至潮河交會，則水勢至大，牛欄山至密雲亦可以舟運矣。

潮河，在縣東南。自古北口流入縣界，西南流至順義縣合於白河。宋景定二年，蒙古忽必烈親將諸軍，由檀、順州駐潮河川。明弘治十三年，火篩自大同深入，分遣大臣戍此。李東陽曰：「朵顏通潮河川，古北口一日而近。」是也。邊防攷：「潮河寬處可一二里，狹處僅二三丈，昔人每以木石縱橫布列，以限戎馬。川之兩旁，築垣立臺。東臺下有鐵門關，爲出入道，常扃鑰不開，而臺上有樓，總督大臣每以撫賞諸夷時涖此。關外爲夾墻，下有小城曰北關營。川口東南又有小城曰潮河川堡，設潮河川守禦千户所戍守。」志曰：潮河川直衝境外，橫闊百七十餘丈，夏秋水漲，則成巨浸，水退則爲坦途，可通萬騎。地皆流沙，不能築城鑿渠。弘治中撫臣洪鍾議以古北口東三里許二砦三砦間，其山外高内低，約餘二丈，鑿爲兩渠，以殺水勢。復於口外砌石堰，使水由川中行。仍於堰内築外關一座，以防寇衝。詔從之。議者謂：「於栢查山築墻，則川在墻内，鑿之無益。」既而功久不成，議者又言：「潮河川古道門外有蜂窩嶺，增墩濬川，設橋其間，可防衝突。」許論謂：「潮河川係殘元上都故道，尤爲寇衝，設橋則浮沙難立，爲塹則漲水易淤；若多建石墩列川中，錯綜宛轉，令不礙水路，亦備禦一法也。」嘉靖中，邊民哈舟兒者，常導俺答自潮河川入京，東逼古北口。萬曆中，議者欲於潮河川、西山、野猪嶺，北至猪嘴寨、河口墩，又迤北至石崖創修橫城一道，以爲險固云。今潮河川新、舊營寨，俱爲防守要地。

要水，在縣東北。亦曰清水。源出古北口外，自大、小黄崖口流入境，至縣西北又東入於潮河。漢要陽縣以此名。又東北有武列水，亦曰三藏川。其水三川派合，曰西藏川、中藏川、東藏川。其合處曰三藏口。晉咸康四年慕容皝伏兵於此，敗趙將麻秋處也。水經注：「要水、武列水、三藏水並注於濡水。」濡同灤，潮水亦有灤河之名。○道人溪，在縣東北石盤峪。志云：源發龍門，流經縣界入於潮河。又黑城川，在縣北四十里。唐書檀州有鎮遠軍，即故黑城川也。

古北口，在縣東北百二十里。兩崖壁立，中有路僅容一車。下有深澗，巨石磊砢，凡四十五里，爲險絶之道。亦曰虎北口。五代史：「唐燕樂縣有東軍、古北二守捉。」古北口，長城口也。五代梁乾化三年，晉將劉光濬攻劉守光，克古北口。石晉開運二年，契丹主入寇，還至虎北口，聞晉取泰州，復南向。宋宣和三年，金人敗遼兵於古北口。明年，金取燕京，遼耶律淳之妻蕭德妃自古北口走天德。既而燕京歸宋，金將蒲莧敗宋兵於古北口，復取燕京。金史：「古北口，國言曰留斡嶺。」嘉定二年，蒙古侵金，兵至懷來，金人拒之，敗還。蒙古乘勝至古北口，金人退保居庸關。元致和元年，泰定帝子阿速吉入立於上都，遣兵分道討燕帖木兒於大都。時脱脱木兒守古北口，與上都兵戰於宜興，上都兵敗走。宜興，元興州屬縣也，在古北口外。至正二十四年，禿堅帖木兒犯闕，太子東走古北口。明洪武二十二年，命燕王出師古北口襲乃兒不花於迤都，降下之。永樂八年，塞古北口、小關口及大關外門，僅容一人一馬。嘉靖二十九年，俺答入寇，官軍禦之於此，敵別遣精騎走間道，從關左黄榆溝出師後，官軍遂潰。自古北口至京師才七舍，漫衍無衛戍瞭望，彼長驅而南，京師大震。既而復循諸陵而北，東循潮河川，由古北口出。今口北有潮河川新營，其北五十五里爲黄天西谷。邊防攷：「自黄花鎮而東，凡四十八關口至古北口。古北口外有萬塔、黄崖，西南接潮河川，即霧靈山之支麓也。自宣府龍門所北萬松溝至此四五百里，皆崇山疊嶂，得而守之，可以斷東西賊往來之路。」天德，見陝西榆林關。

石塘嶺關，在縣西北四十里。有城，周二里有奇。内有石塘營。其北十三里曰栢楂兒嶺，亦曰栢楂山。又北九里曰賈家谷，又北三十里曰青紅嶺，皆備禦處也。志云：石塘嶺西北有驃騎堡，有水關，白河從西北塞外流經此。又東北有石佛堡。

白馬關，在石塘嶺東北四十里。東去潮河川九十里。有城，有水關。其東有陳家峪堡，亦曰陳家峪關。又有弔馬峪關，南有馮家峪堡。邊防攷：「白馬關相近有高家堡。萬曆中朵顔犯石塘嶺，攻白馬關及高家堡，官軍禦却之。關北七十里有湯河，又北百里爲滿套兒，賊衝也。自湯河上稍正南行順白河至石塘嶺可二百里，山惡水深，稱爲天險。」○⿰車瓦朵子關，古北口東第七關口也。又東北爲司馬臺寨，有小城，西去潮河川二十里。其東南爲將軍臺堡。志云：司馬臺北六里曰虎頭山。又有扒頭崖，在司馬臺東。

曹家砦，縣東北九十里。西去潮河川六十里。古北口東第十三關口也，近時嘗爲寇衝。有城，周六里有奇。城西爲新營。口外三十五里爲青沙嶺。又北五十四里即小興州。又有牛心山，在曹家砦土墻邊外十四里。○黑谷關，在曹家砦東北。有水關。其北四十里曰榆樹林。又鴿子塘，在黑谷關東南三十六里。又南十里曰窄道兒，東北過斗裏庫，賊巢也。邊防攷：「黑谷關東南爲吉家莊營，又東五十里曰大安子嶺，又東三十里曰黄土嶺，又東北三十里曰紅門川。又有惡谷砦，在黑谷關南境。」嘉靖間議者請於惡谷、紅土谷、香爐石等處塹崖壁以爲固，其地蓋相近也。

墻子嶺關，縣東北七十五里古北口之東南。城周一里有奇，有水關。嘉靖二十四年，朶顔酋影克糾東西部二十萬騎潰此而入，大掠通州及順義、三河諸縣。四十二年俺答復由此入犯，崇禎十二年官軍敗績於此，守禦要地也。又東北爲磨刀峪關，亦嘉靖時敵由此入犯處。邊防攷：「自墻子嶺而東十六里曰城子谷，又東五里曰響水川，又東有陡子口、李家莊、青羊嶺、三岔口諸處。自三岔口東至紅門川十二里，西至墻子嶺七十二里。又大、小黄崖關在磨刀寨東北。其南爲北水峪堡，東有黄門關堡。又有熊兒峪寨，在墻子嶺東南。東接峨嵋山寨。」志曰：自古北口而東接峨嵋山寨，凡二十四關口。○鎮虜營，在墻子嶺南三十里。有新舊兩城。其東有漁子山堡，西北與熊兒峪相接，東入平谷縣境。

峨嵋山寨，縣東北百十里。其東曰黄松峪關、將軍石關。自將軍石而北十三里曰夾城嶺，又北一里曰私鹽嶺，又北十六里曰斗子峪。又有車道谷，在將軍石關東北五十三里。東至盤道嶺五里。又東七里曰季家臺。志曰：自峨嵋山寨東至薊州之黄崖谷關凡五口。

石匣營，縣東北六十里。營西有石如匣，因名。舊有石閘驛，在縣南里許，宣德四年徙於此。弘治十七年築城，周四里有奇。自是增兵置守，益爲要地。自石匣東北行十里爲腰亭鋪，始入山。又十里爲新開嶺，又十里爲老王店。金史「貞祐二年潮河溢漂古北口鐵裹門關至老王谷」，即此。又十二里至古北口。水淺則涉潮河，水大則紆迴從山頂行，故石匣至古北計程爲六十里。

李家莊，在墻子嶺東三十餘里。嘉靖二十二年，總兵郤永出塞襲李家莊。李家莊爲朵顔别部，善盜邊，然不通北敵。自是以後，往往導之入寇爲邊患。隆慶初三衛酋董忽力勾土蠻入薊州寨，總兵李世忠壁李家莊不敢出，爲彼所困，救至乃解。

保要鎮，在縣境。唐會要：嬀州東至檀州二百五十里。檀州有三叉、横山、米城等三城，臨河、黄崖二戍，又有大王、北來、保要、鹿固、赤城、邀虜、石子甑等七鎮。唐會昌初，雄武鎮將張仲武舉兵討幽州叛卒，遣軍吏吴仲舒至京師，言幽州糧食皆在嬀州及北邊七鎮是也。今薊州平谷縣，即故大王鎮。

金溝館。縣東北四十五里。自順義、密雲至此多山谿之阻，至館川原平曠，謂之金溝淀。沈括曰：「檀州東北五十里有金溝館，自館少東北行乍原乍隰，三十餘里至中頓，過頓屈折北行峽中，濟灤水，道三十餘里鈎折投山隙以度，所謂古北口也。」蓋舊道出古北口由金溝館云。

附見

密雲中衛。在密雲縣治東。洪武四年建。○密雲後衛，在縣東北百二十里。即古北口也。有城，周四里有奇。雄踞山巔，至爲險峻。洪武十一年置守禦千户所於此，三十年改建今衛。又營州左屯衛，在順義縣治東。本屬大寧，永樂初移建於此。

勃海守禦千户所。在昌平州東北百里，黄花鎮城東三十里。弘治中增置，以爲山陵北面之備。萬曆初移置於慕田峪關，四年復還舊治。志云：所西北有擦石口、磨石口、驢鞍嶺、大榛峪、南冶口、大長峪、小長峪等堡。又有銅鑛，嘉靖三十六年封閉。

薊州，府東二百里。東至永平府三百里，南至天津衛二百里，北至古長城二百三十五里。

戰國時燕地，秦置漁陽郡，兩漢因之。晉爲燕國及北平郡地。後魏仍置漁陽郡。隋初郡廢，開皇六年徙置玄州，治無終，即後魏安州也，後周改爲玄州，皆治密雲郡。隋志：「開皇六年立玄州總管府，大業初府廢。」煬帝改置漁陽郡。唐初郡廢，屬幽州。開元十八年析置薊州，天寶初曰漁陽郡，時置静塞軍於郡城内。新唐書：「薊州南二百里有静塞軍，本障塞軍，開元十九年更名。又有漁陽府，蓋貞觀中府兵所居。」乾元初復曰薊州。遼因之，亦爲尚武軍。宋宣和四年賜名廣川郡。金亦曰薊州，屬中都路，元屬大都路。明仍爲薊州，以州治漁陽縣省入。編户二十六里。領縣四。

州控盧龍之險，扼柳城之道，襟帶郊圻，稱爲重地。大寧未移，開平未棄，山川完固，風塵可以無警也。自藩籬日壞，伏戎啟憂，漸成入室之形，遂致剥床之患，正統以後，修完扞衛，亦孔棘矣。今東起山海，西迄居庸，延袤曲折，幾二千里，皆屬薊鎮。九邊志：「薊州自山海關西至居庸東之灰嶺，隘口共一百二處，相去約二千二百里。又自州以西有邊墻三重：由州北黑谷等關西達密雲瓶朵子關爲第一重，自州東北峰臺谷寨西達密雲之墻子嶺南谷寨爲第二重，自州東彰作里關西達密雲峨嵋山寨及香河縣爲第三重。而密雲之桃兒衝寨與瓶朵子相接，邊墻至此始合爲一。又西爲古北口，又西則居庸關也。」邊防攷：「隆慶二年，督臣譚綸、帥臣戚繼光治塞垣，夾垣爲臺，高數丈，矢石相及，環薊而臺者三千垣，周二千餘里，自是外寇不敢深入。」邊分東、中、西三路。東路所急者四：東路帥駐臺頭營，見昌黎縣。曰山海關，轄一片石等衝口，見撫寧縣。曰石門寨，在撫寧縣東。轄義院口、黃土嶺、大毛山諸衝口。曰燕河營，在永平府北。轄界嶺、青山等衝口。曰建昌營。在遷安縣北。轄胡林、泠口諸衝口。中路所急者四：中路帥駐三屯營，在遵化縣東。曰太平寨，在遷安縣西北。轄擦崖子、榆木嶺等衝口。曰喜峰口，在遵化縣東北。轄董家谷、李家口諸衝口。曰松棚谷，在遵化縣北。轄羅文谷、潘家口、洪山口諸衝口。曰馬蘭谷。在州東北。轄寬佃谷、大安口、將軍石、黃崖谷諸衝口。西路所急者四：西路帥駐石匣營，在密雲縣東北。曰墻子嶺，在密雲東北。轄墻子嶺、鎮虜關諸衝口。曰曹家寨，在密雲東北。轄黑谷關、吉家莊諸衝口。曰古北口，在密雲北。轄潮河川、司馬臺諸衝口。曰石塘嶺。在密雲西北。轄白馬關、大水谷諸關口。其邊墻皆依山湊築，大道爲關，小道爲口，屯軍曰營，列守曰砦。郭造卿曰：「守邊者宜專要害，而以餘兵備策應，故兵雖省而不乏，常聚而不分。今不論要害奇正，而徒議擺守。夫薊邊山川盤旋，道路崎嶇幾二千里，就使增兵，豈能徧守。備者多則戰者寡，兵分勢弱，其何以支。積而不改，有各守汛地之虚名，無相機策應之實用，聲援隔絶，首尾衡決，必不免矣。」戚繼光曰：「薊地有三：平易交衝，内地之形也；險易相半，近邊之形也；山谷仄隘，林薄蓊翳，邊外之形也。平原利車，近邊利騎，邊外利步，三者迭用，可以制勝。」

漁陽廢縣，今州治。漢置縣，爲漁陽郡治。後漢因之，晉郡縣俱廢。隋末置漁陽縣，唐初屬幽州。武后時營州陷於契丹，寄治漁陽。神龍初縣改屬營州，開元四年復屬幽州。十八年置薊州治焉。自是州郡皆治此。明初廢。州城洪武四年築，周六里有奇。

北平城，在州境。括地志：「漁陽縣東南七十里有北平城，倚燕山爲板築，西漢右北平郡治平剛，或以爲即此城也。」又州西南有博陸城。薛瓚曰：「博陸在漁陽。」漢宣帝封霍光爲侯邑。○獷平城，在州西。漢縣，屬漁陽郡。服虔曰：「獷音鞏。」東漢因之。建安十年，烏桓攻漁陽太守鮮于輔於獷平，曹操引兵渡潞水救之，烏桓走出塞。晉縣廢。

雄武城，在州東北。唐志：「薊州廣漢川有雄武城。」天寶六載安禄山築此以貯兵器。其後置軍使於此，爲州境要地。會昌二年，回鶻部將那頡啜南趣雄武軍窺幽州，節度使張仲武遣軍敗之。廣明初盧龍帥李可舉奉詔討李克用，侵蔚、朔等州，克用分兵守朔州，自將其衆拒可舉於雄武軍，即此。○安遠城，在州西北。唐末置安遠軍，五代梁時晉將周德威攻燕，劉守光拔安遠軍，薊州將成行言等降於晉。又洪水城，在州東北九十里。唐所置守捉城也。

新唐書：「州有洪水守捉。又東北三十里即鹽城守捉矣。」

盤山，州西北二十五里。一名盤龍山。志云：山高二千仞，周百餘里，勢磅礴而盤桓，因名。圖經云：「南距滄溟，西盡泃水，東放碣石，自遠望之，層巒叠嶂，崒嵂排空，真爲雄勝。山北數峰林立如削，曰紫蓋，曰宿猿，尤爲奇特。其最高者曰上盤，上有二龍潭，下有潮井，又有澤鉢泉。稍下者曰中盤。東行十餘里，蔚然深秀，怪石突起者爲白嵓，其南又有一小嶺，陡絶難行，曰砂嶺。高二百餘仞，周六里。泉水沿石竇而下爲砂河，東流合遵化縣之五里河。

甘泉山，州西北七十里。山下有泉極甘美，因名。一名石棻山。又有桃花山，在州西南六十里，舊志以爲州境之名山也。○崆峒山，在州東北五里。相傳黄帝問道處。又有螺山，在州南五里。圖經：「州西北三里有漁山，高百餘丈，周五里。郡在此山之陽，故曰漁陽。」下有漁水，即今州城南之龍池河也。

藥兒嶺，在州北。胡氏曰：「在雄武軍之西。」唐廣明初，李克用自雄武軍西還，李可舉遣將韓玄紹邀之於藥兒嶺，大破之，即此。

龍池河，州城南。一名漁水。源自州北盧兒嶺口流入，南合遵化縣之梨河，經玉田縣入寶坻縣之白龍港。成化間西北盤山水發，始合州境之砂河、窑河及五里河並入沽水。

泃水，一名廣漢川，在州北四十里。發源黄崖口，一支西南流，經盤山之陰入平谷爲泃河；一支東南流，經盤山之陽過三岔口入寶坻縣之白龍港。宋廣川郡之名以此。水經注：「漁陽有灅水，流經石門峽入徐無縣境。」或云灅水蓋即灤水支流，自遵化縣流逕石門，下流至玉田縣合於梨河。

沽河，州南五里。自陽河以西，泃水以東，諸水皆入焉，其下流經新開河至直沽達於海。漕運泝流而上，直抵城南。通典：「漁陽有鮑丘水，又名潞水，即沽水矣。」後漢興平二年，幽州牧劉虞爲公孫瓚所殺，虞從事鮮于輔等合兵攻瓚，破瓚於鮑丘水。水經注：「鮑丘水從塞外來，南過漁陽縣東，即鮮于輔等破瓚處。」志云：沽水一名西潞水，一名東潞水。或曰在通州東者曰西潞水，在薊州南者爲東潞水，下流皆合於寶坻縣，亦兼有鮑丘水之名。李賢曰：「今海濱有二沽，一曰水套，一曰新開，相去纔十里。」天順初開河通潮，以便薊州漕運，此二水也。

陽河，州西五里。亦名五里河，以去城五里而名。源出城西鵝毛臺，臺亦名紙坊山，下流入於沽水。水性暖，遇寒不冰，故曰陽河。相去一里有涼泉水，泉出地中，方廣丈餘，盛暑彌涼，因名。

平虜渠，在州南。唐志：「漁陽有平虜渠，傍海穿漕，以避海險；又其北漲水爲溝，以拒契丹；皆神龍中滄州刺史姜師度所開。」屯政考「今州北之黃崖營，州西之白馬泉、鎮國莊，州東之馬申橋、夾林河，州西之别山鋪、夾陰流河以至陰流淀，皆可疏渠爲田」云。

白龍港，州南七十里。亦曰白龍江。遶桃花山下，泃河、沽河諸水皆匯焉。入寶坻縣界亦名潮河，以河通潮汐也。志云：州城北有金泉河，平地泉湧，流爲馬申河。

黃崖峪關，州北四十里。其北三十五里曰尋思峪，又北十五里爲柞兒峪。又車道峪堡，在黃崖峪東。志曰：自車道峪、黃崖口直北，即元人之大興州也。○寬佃峪關，志云：黃崖峪東第六關也。自黃崖峪以東至遵化縣之馬蘭關凡十口，而寬佃峪爲要路。

石門鎮，州東六十里。山峽嶄絶壁立，其中洞開，俗呼爲石門口，水經注以爲溼水所經也。後漢中平五年，漁陽張純等叛，詔中郎將孟溢率公孫瓚等討之，戰於石門，純敗走。宋宣和五年，遼蕭幹敗宋兵於石門鎮，遂陷薊州，寇掠燕城，爲郭藥師所敗，幹走死。今爲石門鎮驛。宣德三年征兀良哈，自石門驛出喜峰口是也。志云：石門峽在遵化縣西五十里，蓋境相接云。○五里鎮，在州西五里，因名。宣德三年駕至五里鎮，遂前行至石門驛是也。

雞蘇呰。在州西。五代梁開平二年，劉守文以滄州之衆，并招契丹、吐谷渾共討其弟守光，戰於雞蘇呰，爲守光所獲。

玉田縣，州東南八十里。西南至寶坻縣九十里。春秋時爲山戎無終子國，秦置無終縣。漢因之，屬右北平郡。後漢因之。晉屬北平郡，後魏屬漁陽郡。隋初屬玄州，大業初爲漁陽郡治，隋末廢。唐乾封二年復置無終縣，屬幽州。萬歲通天二年改爲玉田縣。神龍初改屬營州，開元四年還屬幽州，八年復屬營州，十八年改屬薊州。遼因之。宋宣和四年改置經州。金復曰玉田縣。今編户十八里。

無終城，在縣治西。春秋時山戎國也，秦置無終縣。項羽封韓廣爲遼東王，都無終。漢初臧荼擊殺廣於無終，并其地。漢滅荼，亦置無終縣。後漢初，更始以苗曾爲幽州牧，治無終，吴漢斬之。晉隆安三年，慕容盛使其將李旱討叛將李朗於令支。朗請救於魏，自迎魏師於北平。旱克令支，遣别將孟廣平擊斬朗於無終。唐改玉田，而無終之名隱。五代志：「玉田西至幽州三百里。」五代梁開平初，劉守文引滄德之兵討劉守光，戰於玉田，敗還。

徐無城，在縣東。漢縣，屬右北平郡，後漢因之。晉爲北平郡治。咸康三年後趙石虎攻段遼於令支，至徐無。後魏縣屬漁陽郡，後周廢入無終縣。

徐無山，縣東北二十里。後漢末，田疇入徐無山，營深險平敞地而居之，百姓歸之至五千餘家。建安十一年曹操伐烏桓，令疇爲鄉導，上徐無山是也。今其山綿延深廣。志云：縣東北二十五里有小泉山，泉源出石罅間，俗呼爲小泉，西南流五里許合大泉山之水入白龍港。二山即徐無之別阜矣。○無終山，縣東北三十里。圖經云：「無終子國於此。」春秋襄四年：無終子嘉父使孟樂如晉。又昭元年：「晉中行穆子敗無終於太原。」蓋無終本在晉陽之境，後爲晉所敗，因徙於此也。寰宇記：「無終山一名翁同山，又名陰山，蓋亦徐無之支隴矣。」又種玉山，在縣北十里。縣以此名。

燕山，縣西北二十五里。志云：山自西山一帶迤邐東來，延袤數百里，抵海岸。蘇轍詩：「燕山如長蛇，千里限夷、漢。首銜西山麓，尾掛東海岸。中間哆箕、畢，末路牽一線。」蓋寔録也。東晉咸康四年，石虎攻段遼，遼將北平相陽裕登燕山以自固，即此。○傍山，在縣西北二十五里。回崖壁立，突兀嵯峨，有堡可以避兵。其相連者曰麻山。志云：麻山在縣北十五里。又縣西北二十里有石鼓山。

梨河，在縣東二十里。自遵化縣南流經縣境，又南入寶坻縣界，縣東境諸水多流入焉。○藍水，在縣西北二十里。出縣北境三樂臺山，西南流入州南白龍港。

庚水，縣東北四十里。水經注：「庚水出徐無縣北塞中，南歷徐無山，有黑牛谷水、沙谷水並西出山東流注庚水，又有灅水亦自徐無縣西北東南流合於庚水。」庚水下流合於梨河，蓋即豐潤縣之浭水。

後湖莊，在縣北。屯政攷：「縣有清莊塢，導河可田，〔七〕後湖莊疏湖可田，三里屯及大泉、小泉引泉可田也。」○陽樊驛，舊在縣西二十里，嘉靖二年遷於縣之西關。又有雙橋，在縣東四十里，通道所經。

壕門戍。在縣北。唐志玉田縣有濠門、米亭、三谷、礓石、方公、白楊等六戍。又偏林，在縣境。金史「大定二十年，以玉田縣行宮之地偏林爲御林」，即此。

豐潤縣，州東南百七十里。東至永平府百六十里。本玉田縣之永濟務，金泰和中置豐潤縣，屬薊州。元至元二年省，四年復置。明因之。編户二十二里。本朝康熙十五年改隸遵化州。

土垠廢縣，縣西北六十里。漢縣，屬右北平郡，後漢爲郡治。晉屬北平郡。後魏屬漁陽郡，後屬安樂郡。魏收志：「太平真君九年置土垠縣。」似廢而復置也。舊志「土垠城在密雲東百里陳宮山下」，即此城矣。後齊廢。昌平記：「順義城北一里又有廢土垠縣，疑後魏所改置。」未攷今縣有垠城鋪，在縣東十里，以舊縣名也。垠音銀。

俊靡廢縣，在縣北。漢縣，屬右北平郡。靡音麻。後漢因之。建武中，遣吴漢等擊尤來、大槍賊，窮追至俊靡是也。晉屬北平郡，後廢。

鵶鶻山，縣西北二十里。峰巒秀拔，高數百仞，有孟家、趙家二洞。又西有兩山口。兩山者，狼山、管山也。兩崖對峙，中有路通遵化縣。又有蓮花池水注焉。○靈應山，在縣西北四十里。其山懸崖壁立，巖畔有泉，噴流而下，注於沙流河。

馬頭山，縣東二十里。其山數峰馳驟，最南一峰昂若馬首。又有車軸山，在縣南二十里。山孤圓而高，如卧轂然。○朝月山，在縣東八十里。兩峰突起，狀如偃月。山陰爲石坑岡。又腰帶山，亦在縣東八十里。上有石崖繞山半，如束帶然。又西爲大嶺山，亦行旅所經也。

陳宫山，縣北七十里。縈迴數十里，東臨還鄉河，西接黄土嶺。山南有峰，其色蒼翠，一名華山。○崖兒口山，在縣東北八十里。其山綿連而中斷，東爲崖兒口，西爲白霤口，有路自崖而入，因名。

浭水，在縣北八十里。一名還鄉河，或謂之雲浭水。源自遷安縣，歷崖兒口西南流經縣境入玉田縣界合於梨河。又沙流河，在縣西四十里。源出縣西北五十里之黨峪山下，經兩山口，又西南流會於還鄉河。元致和初，懷王襲位，上都兵自遼東入討，撒敦等拒之於薊州東沙流河是也。〔八〕

沙河，在縣南。源出灤州界，西北流經縣之越支社，又屈而東南流入於海。志云：成祖北征三衛還，駐蹕沙河，即此。又韓城鎮河，在縣南五十里韓城鎮。源出車軸山，經鎮北，又西流十餘里入漫泊，下流會還鄉河。

越支社，在縣南百里。亦曰越支場。今有宋家營鹽課司。又義豐驛在縣東三十里，縣西北二十里又有梁家務，皆津途所經。

鵶洪橋。在縣西，與玉田縣接界。一統志：「還鄉河至鵶洪橋合於梨河。」屯政考：「縣南有大寨及刺榆坨、史家河、大王莊之地，東則榛子鎮，西則鵶洪橋，夾河五十餘里，皆可屯之區也。又自水道沽關、黑巖子墩至宋家營諸處，東西百餘里，南北百八十里，地皆瀕海，平曠可耕。」

遵化縣，州東百二十里。東至永平府遷安縣一百五十里。本無終縣地，唐於此置馬監及鐵冶，後唐始置遵化縣，遼置景州及清安軍治焉。宋宣和四年仍曰景州，亦曰灤川郡。金州廢，縣隸薊州，元、明因之。編户二十里。本朝康熙十五年升爲州。

鹽城，在縣北。唐守捉城也。唐志：「出薊州雄武軍東北行百二十里至鹽城守捉。」又東北度灤河即古盧龍鎮。或以爲即漢滑鹽縣，恐悞。〇平安城，在縣西南五十里，周五里。舊傳唐太宗征遼遘疾，經此旋愈，因名。又喜峰口東北有小城，相傳徐達所築，亦謂之徐太傅城。歲久彌堅，遠望如碧玉，懸崖陡聳，人跡罕到。

南龍山，縣南八里。其北有北龍山。兩山相望，蜿蜒如龍。又明月山，在縣西南十三里。高百餘仞。上有石穴，南北相通，望之如月。縣南二十里又有清風山，高三百餘仞。

五峰山，縣東北二十五里。山勢磅礴，突起五峰。又三臺山，在縣東北九十里。其山盤曲三層。又東北二十里爲大團亭山，山北爲小團亭山，皆縣境之險也。

靈靈山，縣東南六十里。山高九百餘丈，爲縣境羣山之冠。又磨臺山，在縣南四十里。山高聳，而頂圓如磨。〇夾山，在縣西南二十五里，以兩山相夾而名。又關山，在縣西北五十里，以山近邊關而名也。

鹿兒嶺，在縣北塞外。明初常遇春討元餘孽，出遵化，度鹿兒嶺至會州，即此。志云：嶺一名鹿路，或訛爲路兒嶺。

龍門峽，縣南十里。其山上合下開，開處高六丈許。水自懸崖傾瀉而下，觸石成井，奔湓之聲，轟然若雷。一名獨固門，以憑藉險固，絶壁雲聳，疏通若門，故名也。水經注以爲沽水所逕。

灤河，在縣東北。自縣北塞外逕圍亭寨流入內地，東南入永平府遷安縣境。唐開元二年，幽州帥薛訥出檀州擊契丹，至灤水山峽中，契丹伏兵遮其前後，從山上擊之，訥大敗，即此地也。今詳大川灤河。

梨河，在縣西南。源出縣北山谷中。舊志云：出灤州界，流入縣境。縣西北有湯河，出鮎魚口；又有清水河，出道溝峪；俱流合焉，經玉田縣入寶坻縣界合於潮河。明建文三年，遼東兵圍遵化，燕兵敗之於清水寺橋，橋蓋在清水河上。○五里河，在縣北五里。源自一片石谷口，流經沙坡峪，至縣西南入於梨河。或謂之沙河。建文初，大寧帥劉貞引兵至沙河攻燕遵化。永樂二年，成祖北征三衛還，駐蹕沙河，即五里河也。

湧泉湖，在縣西南。湖不甚廣，而泉水澄渟不竭。徐貞明曰：「縣西南平安城及沙河鋪、湧泉湖、韭菜溝、上素河、下素河，皆利於耕屯處也。」

馬蘭峪關，縣西北七十餘里。爲守禦要地，有城。關外六十七里曰擇馬嶺。又鮎魚石關，馬蘭峪關東第二關口也。正德四年朵顏入寇，自鮎魚石毀垣入馬蘭峪。十年，兀良哈寇馬蘭峪，參將陳乾戰死。嘉靖三十四年，俺答亦自此入犯。馬蘭峪其東爲大安口，亦要口也。嘉靖三十八年嘗爲寇所陷。口北二十六里曰柳林，又北二里曰白棗林，又北十六里曰新開嶺。又有沙坡峪口，在大安口東。○羅文峪關，在縣西北十里，馬蘭峪東第十四關口也。其北五十九里曰窟窿山，又北七里曰神山嶺，又北十三里曰白馬川，又北十一里曰石夾口。又有三道嶺寨，在羅文峪東。

洪山口關，縣北三十里。有城，其內爲松棚營。關北百十七里爲黄土嶺，又北三十里爲喬家嶺，又北四十里曰車河川。邊防攷：「洪山口東又有龍井兒關，賊衝也。其内爲三屯營，接遷安縣界。其東曰三臺山關。關北五十二里曰寺兒峪，又北十六里曰土松嶺，又北六十七里曰謝兒嶺，又北有惱奴河、傍牌川等處，皆賊徑也。」〇潘家口，在縣東北四十里。嘉靖三十八年，朶顔導把都兒入犯，度灤河，由潘家口而西大掠薊州。其東曰團亭寨，又東即喜峰口也。志云：自馬蘭峪至大喜峰，凡三十一關口。

喜峰口關，縣東北七十里。三衛屬夷入貢通衢也。關城周三里，關口有來遠樓，可容萬人。道里記：「由喜峰口東北六十里曰椵木峪關，又六十里曰松亭關。自松亭關至大寧廢衛凡三百六十里，爲控禦之要。宣德三年，車駕由喜峰口大敗三衛之衆於寬河。嘉靖十年，三衛連兵入犯喜峰口，自此益增兵戍守，爲薊邊重地。又李家口，喜峰口東第三口也。其北四十里曰天津峪，又北十里曰九估嶺。又有董家口，在李家口東。隆慶三年三衛兵突犯，帥臣戚繼光禦却之。其北十里曰桃樹峪，又北六十五里地名聶門，又北三十里曰龍鬚門，又北七十里即廢會州也。」志曰：自喜峰口至永平府遷安縣之青山口，凡七口。萬曆初朶顔犯喜峰，戚繼光勒兵出青山口，敗之是也。

松亭關。在喜峰口北百二十里。遼人自燕京之中京，每自松亭趣柳河。宋至和二年，劉敞奉使契丹，契丹導之行，自古北口至柳河，回環殆千里，欲夸示險遠。敞曰：「自松亭趣柳河，甚徑且易，不數日可抵中京，何爲故導此？」譯相顧駭愧。明洪武二十年，大帥馮勝出松亭關討納哈出。建文初，大寧帥劉貞等引兵出松亭關，駐沙河，攻遵化，燕王馳援，貞等退保松亭。既而燕王謀取大寧，諸將曰：「大寧必道松亭關，關門險塞，守備方嚴，恐難猝拔。」乃從別徑趣大寧，還收松亭是也。大寧廢後，松亭亦棄不守矣。

平谷縣，州西北八十里。西南至三河縣四十里。本漢縣，屬漁陽郡，晉廢，在今通州北。今縣本唐漁陽縣之大王鎮，金始置平谷縣於此。元初廢，尋復置，屬薊州。今編户十三里。

滑鹽廢縣，在縣西北。漢縣，屬漁陽郡。後漢縣廢，明帝時謂之鹽田，世謂之斛鹽城。北魏時有斛鹽戍。水經注：「大榆河自密雲東南流經斛鹽城，西北去獷夷鎮三百里。」孝昌三年安州石離、穴城、斛鹽三戍兵反，應上谷賊杜洛周，洛周自松硎赴之。石離、穴城二戍蓋在斛鹽戍西。松硎，唐志：「營州西北百里有松陘嶺。」或曰在今延慶州界。其地多長松，即今松林地也。括地志：「滑鹽地宜五穀，有鹽池之利。」

瑞屏山，縣北二十里。連峰聳拔，秀列若屏。又妙峰山，在縣東北二十五里。峰巒峻秀，下有九沽泉。志云：縣東北十里有漁子山，上有大冢，相傳爲黄帝陵也。其北有漁子山堡，與密雲縣熊兒峪相接。

城山，縣東六十里。四山高聳，中寬平如城。又碣山，在縣東五十里。峰巒峭拔，林谷深邃。志云：縣南八里又有泉水山，泉流入河，民賴灌溉。

泃河，在縣東南。自薊州流入界，又南入三河縣境。志云：縣東十里有馬莊河，源出縣東北海子，與縣東北三十里獨樂河及縣境之五百溝河、鄉泰河俱合流入於泃河。

洳河，在縣東南五里。源出密雲縣石峨山，流經縣境，又西南流入三河縣界。縣西十里有周村河，源出口外，下流入洳河。

逆流河，在縣東南。一名小泒河。源出縣南泉水山，西北流，凡九十九曲而入泃河。又有龍泉，在縣東南十里。

成祖嘗駐蹕於此，飲水而甘，錫以今名。

夏謙澤，縣東北百餘里。晉隆安初，後燕慕容寶爲拓拔珪所迫，自中山至薊盡徙府庫北趣龍城。珪將石河頭時屯漁陽，引兵追之，及於夏謙澤，爲慕容會所敗。胡氏曰：「澤去薊北二百餘里。」今縣東北有海子，或以爲即故澤也。水經注「鮑丘水南入夏澤，澤南紆曲渚一十餘里，北佩謙澤，眇望無垠，蓋在潞縣境内」云。

黄松峪關，在縣東。又東與密雲縣將軍石關相接。關北爲熊兒峪關，又西爲營兒峪營。今邊界分爲密雲，而其地則逼近縣境。

龍家務莊。在縣境。屯政攷：「縣有水峪寺、龍家務莊，舊有耕屯處。」

附見

薊州衛，在州治東北。洪武八年建。

鎮朔衛，在薊州衛西。永樂中建。又營州右屯衛，在州治北。本在大寧衛境，永樂二年移建於此。

興州左屯衛，在玉田縣東南百四十里。舊在開平衛境，永樂初移建於此。○興州前屯衛，在豐潤縣治西。永樂二年移建。

遵化衛，在遵化縣治南。洪武十年建。

東勝右衛，在遵化衛西。永樂初移建於此。○忠義中衛，在遵化州治東南。永樂初建。

營州中屯衛。在平谷縣治東。永樂二年移建於此。備邊録：「平谷縣西北十里有故城，今營州中屯衛戍於此，與黄松峪等關、熊兒峪等營官軍互爲屯禦，常近數千人。」

寬河守禦千户所。在遵化州治南。建文二年建。

校勘記

〔一〕幽州刺史常景　「常景」，底本原作「常景運」，鄒本無「運」字。魏書卷八二有常景傳，魏書卷九肅宗紀、通鑑卷一五一梁紀十亦作「常景」，此「運」字衍，今據鄒本删。

〔二〕廣賦　「賦」，今中華書局標點本元史卷六四河渠志訂正爲「武」。

〔三〕元至元十三年升爲漷州　「升爲」二字底本原脱，今據職本及元志卷五八補。

〔四〕儼然天塹至此形之似緩而實切者也　按職本原文與底本有異，其文云：「儼然天塹。爾時之霸州，無異漢之上郡、雲中，唐之朔方、靈武。國家鎖鑰深嚴，州在畿輔間實爲堂奥以内。然烽火易警，刁斗相聞，制勝出奇，利于形援。此輔車之勢，習坎之防，州似緩而實切也。」

〔五〕開元二十八年改曰威武　新唐志卷三九檀州密雲郡下作「開元十九年更名」，與此異。

〔六〕元致和初　「致」，底本原作「至」，今據鄒本改。致和爲元泰定帝年號。

〔七〕導河可田　「田」，底本原作「由」，今據職本、鄒本改。

〔八〕沙流河　元史卷三二文宗紀作「流沙河」。